刑事执行专业建设项目成果

社区矫正心理矫治

连春亮　师玮玮　胡　悦　编著

中国人民公安大学出版社

·北　京·

图书在版编目（CIP）数据

社区矫正心理矫治/连春亮，师玮玮，胡悦编著．—北京：中国人民公安大学出版社，2023.8

ISBN 978-7-5653-4719-1

Ⅰ.①社…　Ⅱ.①连…②师…③胡…　Ⅲ.①监外执行—犯罪分子—心理健康—健康教育—研究　Ⅳ.①D916.7

中国国家版本馆 CIP 数据核字（2023）第 114816 号

社区矫正心理矫治

连春亮　师玮玮　胡　悦　编著

出版发行：中国人民公安大学出版社
地　　址：北京市西城区木樨地南里
邮政编码：100038
经　　销：新华书店
印　　刷：涿州市新华印刷有限公司

版　　次：2023 年 8 月第 1 版
印　　次：2025 年 3 月第 2 次
印　　张：18
开　　本：787 毫米×1092 毫米　1/16
字　　数：420 千字

书　　号：ISBN 978-7-5653-4719-1
定　　价：70.00 元

网　　址：www.cppsup.com.cn　www.porclub.com.cn
电子邮箱：zbs@cppsup.com　zbs@cppsu.edu.cn

营销中心电话：010-83903991
读者服务部电话（门市）：010-83903257
警官读者俱乐部电话（网购、邮购）：010-83901775
法律分社电话：010-83905745

前 言

自2003年社区矫正试点工作开展以来，河南司法警官职业学院就十分重视社区矫正的教学和理论研究工作，于2004年正式开设了法律事务（社区矫正）专业，2005年招收了第一届法律事务（社区矫正）专业的学生，至今已近20年。2019年12月28日《中华人民共和国社区矫正法》（以下简称《社区矫正法》）颁布，2020年7月1日实施，使社区矫正作为刑事执行法律制度确立下来。这不仅是法治中国建设历程中的一件大事，也是社区矫正发展史上的里程碑，为推进国家治理体系和治理能力现代化注入了新的活力。

为了深入研究社区矫正工作，在河南司法警官职业学院领导的大力支持下，2021年我院司法行政管理系牵头申报了“社区矫正专业建设项目”，2022年我院刑事执行系牵头申报了“刑事执行专业建设项目”。两系合力开展社区矫正的理论研究和教材开发等工作，先后撰写出版了《社区矫正理论与实务》《社区矫正通论》《社区矫正教育教程》《社区矫正基础理论》《社区矫正管理教程》《基层司法行政工作》等专著和教材。本书也可以说是以上两个项目的共同研究成果之一。

按照《社区矫正法》的立法精神和社区矫正工作的内在要求，对社区矫正对象的教育帮扶是社区矫正工作的核心内容和重中之重。在具体工作中，对社区矫正对象心理健康教育、健全人格培育等是矫正教育的重要内容，而对社区矫正对象心理危机的干预、心理疾病的治疗等又是适应性帮扶活动。因此，社区矫正心理矫治工作既是矫正教育活动，也是适应性帮扶活动，兼具二者的特质。

就目前社区矫正工作开展情况来看，心理矫治虽然是社区矫正工作的重要内容，但是受制于心理学专业人才和专业教材的缺乏，大多数地区从事社区矫正心理矫治工作的基层司法所较少，社区矫正心理矫治工作举步维艰。在这样的情况下，我们深入基层司法局（司法所），在实际调研的基础上，结合社区矫正对象所处的社区矫正环境条件以及特有的犯罪心理、刑罚心理结构和特征，撰写了本书，希望能为社区矫正心理矫治工作提供一定的智识支撑。

本书作者连春亮系河南司法警官职业学院刑事执行系党总支书记、教授、三级调研员；师玮玮系河南司法警官职业学院司法行政管理系社区矫正教研室主任、讲师；胡悦系河南司法警官职业学院司法行政管理系讲师。全书共十二章，撰写分工如下：

连春亮：第一章、第二章、第七章、第八章、第九章、第十二章。

师玮玮：第四章、第五章、第十一章。

胡悦：第三章、第六章、第十章。

连春亮　师玮玮　胡悦

2023 年 3 月 16 日

目 录

第一章 导 论

社区矫正工作涉及刑法学、社会学、刑罚学、管理学、心理学、教育学等多门学科，是一项综合性的工作。从2003年7月社区矫正试点工作开始，社区矫正心理矫治工作就以心理健康教育、心理测评、心理辅导、心理咨询、心理评估等形式介入到社区矫正工作中来。就目前情况来看，对社区矫正对象开展心理矫治已经成为我国社区矫正工作的主要手段。

第一节 社区矫正心理矫治概述

社区矫正心理矫治就是应用心理学的知识、方法和技术对社区矫正对象的心理问题、心理困惑和心理异常给予帮助，消除社区矫正对象的心理障碍，化解其心理矛盾，维护其心理健康的活动。因此，学习社区矫正心理矫治课程，应首先把握以下基本概念。

一、心理与心理现象

（一）心理

心理是人的头脑在生产和生活中对客观事物的主观反映。一提起心理，有些人就觉得很神秘，甚至将它与具有封建迷信色彩的算命、看相等联结在一起，认为它是不可捉摸的东西。其实，人每时每刻都在进行心理活动，心理对每个人来说都是非常熟悉的。在我们的日常生活中，清醒的人无时无刻不在产生心理活动。我们对于周围的事物，用眼看、用耳听、用鼻嗅、用手摸，这就产生感觉和知觉，而感觉和知觉就是最初的心理活动。

科学的心理观认为，人的心理是人脑的机能，脑是产生心理的器官。但是，人脑不能自行产生心理，人的心理的内容来源于对外在客观现实的主观反映。同时，由于反映主体的知识、经验、个性因素等的不同，这种反映具有主观能动性的特点。这种主观反映是通过社会生产与生活实践逐步产生和发展起来的，并随着社会的发展变化而逐步地发展变化的。

（二）心理现象

心理现象是心理学的研究对象。任何学科都有自己特殊的研究对象，心理学就是以人的心理现象作为其研究对象。人的心理现象既包括心理活动的形式，又包括心理活动的内容。心理活动的内容是人对客观现实所反映的具体内容的映象，心理活动的形式是指这种映象存在的方式及其结构、组织形式。虽然人的心理反应的内容各不相同，但是每个人心理反应的形式却是有共同之处的，普通心理学就是专门研究人的心理活动形式共同性的学科。

总之，心理现象是人与客观现象相互作用时客观现象在人脑中的主观反映。具体一点说，就是客观现象在人脑中产生的感觉、知觉、记忆、想象、思维、情绪、情感、意志等心理过程，以及所表现出来的需要、动机、兴趣、理想、信念、世界观、性格、气质、能力等个性倾向与心理特征。所以，心理学就是研究人的心理过程发生、发展变化的规律和人的个性心理倾向与心理特征以及心理状态形成、发展的规律的学科。人的心理活动一方面反映着外部世界的实在性，另一方面又不断地调整自己的认识和行为，以适应外部社会的变化，达到个体与周围环境和外部世界的平衡、和谐、统一。如果这种平衡、和谐与统一被打破，而人自身又不能有效调整，那么就会使人的行为和活动发生困难。这就是心理活动的缺陷或障碍。

二、犯罪心理与犯罪心理结构

（一）犯罪心理

社区矫正对象因犯罪而被社区矫正，所以，每个社区矫正对象既有自己独特的犯因性问题，又有共性的犯罪心理。所谓犯罪心理，是指行为人在准备和实施犯罪行为过程中，起支配和影响作用的各种心理因素的总称。这些心理因素包括认识、情感、意志、性格、兴趣、需要、动机、理想、信念、世界观等。

从概念中可以看出，犯罪心理是犯罪主体——犯罪人的心理，它体现的是犯罪主体的本质特征；犯罪心理是犯罪人准备和实施犯罪行为的心理，只有在产生犯罪行为时，犯罪心理才以一定的形式存在；犯罪心理由若干心理因素构成，若干心理因素对犯罪心理外化为犯罪行为起支配和影响作用。

社区矫正对象虽已被依法判刑，但在社区矫正过程中，曾经支配其发生犯罪行为的犯罪心理，仍然会不同程度地影响社区矫正对象的行为方式，在一定条件下还会支配社区矫正对象的内在心理活动。因此，犯罪心理是社区矫正对象心理问题、心理障碍，甚至心理疾病的主要支配形式，也是对社区矫正对象进行心理矫治的主要依据。

（二）犯罪心理结构

按照结构理论的观点，凡是存在的事物，都有其内在的结构系统，犯罪心理作为外在客观现实的反映，也必然有其内在结构形态。“所谓犯罪心理结构，是指行为人在犯罪行为实施前已经存在的，在犯罪行为实施时起支配作用的那些畸变的心理因素有机而相对稳定的组合。它是行为人个性心理结构中社会心理缺陷的总和，是其发动犯罪行为的内部心理原因和根据。”[①] 犯罪心理结构中的各个要素非常复杂，尤其是要研究哪些心理成分参与策动了或者是支配影响了犯罪行为就更为复杂。因为不同类型的犯罪，不同动机的犯罪，不同的犯罪手段和方式，均有不同的犯罪心理因素在起驱动作用。

三、社区矫正对象及其心理实质

（一）社区矫正对象

社区矫正对象是指实施了犯罪行为被法院依法判处一定的刑罚，由于符合社区矫正的法定事由，在社区接受监督管理和矫正教育的罪犯。社区矫正对象具有以下特点：

第一，社区矫正对象是一个自然人，也是实施了一定犯罪行为并应受到刑罚惩罚的人。社区矫正对象确实是实施了一定的犯罪行为，构成了犯罪，并受到了刑罚惩罚。但是，社区矫正对象首先是作为法律上的一个自然人而出现的，因此，按照《宪法》和相关法律法规的规定，尊重社区矫正对象的人格，满足社区矫正对象的基本需要，保障社区矫正对象的合法权益，是对社区矫正对象实施社区矫正的前提条件和基本保障。

第二，社区矫正对象是被法院判处一定刑罚的人。社区矫正对象是“受刑之人”，这是社区矫正对象的法律属性。从社区矫正对象的类型来看，社区矫正对象要么是犯罪情节相对较轻，人身危险性较小；要么是在服刑过程中表现良好，被依法假释；要么是出现了法定事由而被暂予监外执行。但是，不论是哪种情形，都是被法院判处一定刑罚的人，即法律意义上的身份是罪犯。这是认知社区矫正对象的法律前提。

第三，社区矫正对象是在社区被矫正教育的人。从接受惩罚的空间上来看，社区矫正对象和监狱服刑罪犯的最大不同在于接受惩罚的场所由封闭的监狱转换为开放的社区；从价值取向上来看，二者最大的不同在于以惩罚犯罪行为为核心转换为以矫正教育犯罪人为核心。这一转换代表了现代刑罚的发展趋势，追求社区矫正对象回归社会成为现代刑事执行的价值追求。社区矫正对象在社区被矫正教育更有利于刑罚目的的实现。

第四，社区矫正对象是被限制人身自由的人。现代自由刑的突出特征是将罪犯关押在监狱服刑，以剥夺罪犯的人身自由，使罪犯承受被剥夺自由之苦，达到刑罚的报应之目的。社区矫正在制度设计上，力图改变现代自由刑的弊端，将社区矫正对象置于社区之中，通过限制自由、监督管理、矫正教育、社会帮扶等措施，达到社区矫正对象改过从善、回归社会的目的。因此，社区矫正对象虽身处社区之中，但刑罚惩罚的“利剑”始终高悬于其头顶之上，罪犯的法定身份并未改变，其行为被限定在法定的范围之内，必须遵守法定的规范。

《刑法修正案（八）》和《刑事诉讼法》都对社区矫正对象做了明确规定。尤其是《刑事诉讼法》第269条规定：“对被判处管制、宣告缓刑、假释或者暂予监外执行的罪犯，依法实行社区矫正，由社区矫正机构负责执行。”这是法定的社区矫正对象的范围。《社区矫正法》第2条第1款规定：“对被判处管制、宣告缓刑、假释和暂予监外执行的罪

---

① 罗大华主编：《犯罪心理学》，中国政法大学出版社1999年版，第33页。

犯，依法实行社区矫正。”对社区矫正对象的范围进行了规范。

（二）社区矫正对象的心理实质

心理学的研究认为，人的心理的形成，在实质上就是人脑对外在客观现实主观能动的反映。社区矫正对象作为在社区进行矫正的对象也必然对社区矫正的“客观现实”作出反应。因此，社区矫正对象的心理实质就是在原有个性心理的基础上，社区矫正对象的大脑对与社区矫正有关的刑罚执行、监督管理、矫正教育、社会帮扶等“客观现实”活动所做出的主观能动的反应。

四、对社区矫正对象的心理矫治

传统意义上，一般将心理矫治界定为：运用心理学的理论和方法，通过心理评估、心理测试、心理咨询和心理治疗等途径，对有心理障碍者进行矫正和治疗，消除不健康心理，恢复心理健康的过程。实质上，心理矫治有狭义和广义之分。狭义上，“心理矫治是指运用心理学的理论和技术对特殊人群的心理障碍、焦虑、抑郁、变态心理、人格障碍等和不良品行（如情绪易激惹、酗酒、吸毒、性淫乱等）进行行为矫正或进行心理治疗、心理教育的过程。矫正心理学就是专门研究服刑人员的心理治疗、行为矫正和心理教育等相关问题的学科，可帮助服刑人员、吸毒人员、问题青少年等特殊对象完善其人格，学习情绪控制方式，早日改造成为守法的公民”①。

社区矫正对象仍然是罪犯，从社区矫正心理矫治的内在结构来看，对社区矫正对象的心理矫治包括：开展心理测验、心理评估，为适用社区矫正和社区矫正分类提供依据并与心理咨询和治疗工作对接；进行心理健康教育，培育健康心理，提高社区矫正对象心理调适、社会适应等能力；对社区矫正对象在社区矫正期间的异常心理与危机心理进行干预；对社区矫正对象的人格、情绪、应对方式、心理健康水平、犯因性行为心理分析等进行研究；帮助社区矫正对象认识自己犯罪的根源，克服心理障碍，矫治不良应对方式，学习情绪调节方式，学习建立良好的人际沟通与社会支持系统，改善与家人的亲情关系，提高解矫后的社会认知、社会适应能力等。

从价值取向来看，对社区矫正对象的心理矫治价值追求可以分为三个层面：一是心理障碍矫治，包括针对社区矫正对象的心理问题、心理障碍、心理疾病等进行的矫治活动；二是心理健康的教育与调适，主要是通过对社区矫正对象进行心理健康教育，提高其自我调适心理健康水平，提升社区矫正对象的生活质量；三是发展教育，主要是通过对社区矫正对象进行心理健康教育和调适，挖掘其心理潜力和心理潜能，使社区矫正对象处于最佳的发展状态。

综上所述，对社区矫正对象的心理矫治中“心理矫治”一词是一个广义的概念，本书将其界定为：运用心理学的原理和方法，通过对社区矫正对象的心理评估、心理健康教育、心理咨询、心理治疗、心理预测等一系列的心理学的职业行为，帮助社区矫正对象克

---

① 邱鸿钟主编：《咨询心理学》，广东高等教育出版社 2013 年版，第 16 页。

服不良心理和心理障碍，培育健康心理，维护心理平衡，完善人格结构，挖掘心理潜能，增强社会生活适应性的活动。

五、社区矫正心理矫治的性质

社区矫正心理矫治作为社区矫正的工作之一，首先必须明确其工作性质。社区矫正心理矫治概念的提出，表明了这一工作不是单纯的心理学的职业行为，也不是社区矫正中单一的矫正教育学行为。因此，社区矫正心理矫治的性质可以概括为：社区矫正心理矫治是介于社区矫正监督管理与社区矫正对象矫正教育之间的心理学职业行为。具体可以表述为：

第一，社区矫正心理矫治是一项职业行为。社区矫正工作者与被矫治的社区矫正对象之间是一种职业关系，而不是一般社会成员之间的社会交往关系。社区矫正工作者因为掌握了心理学的基本理论和心理矫治技术，从而取得了从业资格，并基于职业关系，才能从事这项职业行为。社区矫正对象有了心理问题、心理障碍、心理疾病，或者是出于培育健全人格和未来发展的需要，才加入心理矫治活动中来。

第二，社区矫正心理矫治是社区矫正中教育帮扶工作的组成部分。教育帮扶是社区矫正的核心内容，社区矫正工作的重中之重，而教育帮扶的重要手段就是心理矫治。一是帮助解决社区矫正对象自身存在的心理问题和心理困惑，回归健康的心理状态；二是对社区矫正对象进行心理健康知识教育，调适社区矫正中的心理过程，促使其正确认知自我、认知社区矫正的现实形态，实现社区矫正对象人格上的健全和成熟，提升其自我解决心理问题和心理困惑的能力；三是挖掘社区矫正对象的心理潜力，激活社区矫正对象潜在的心理能量，提升社区矫正对象的生活质量。

第三，社区矫正心理矫治是心理学的职业行为和矫正教育行为的有机结合。对社区矫正工作者而言，一方面需要具备心理学职业要求的职业条件、职业道德和职业素养，需要具有心理矫治的专业理论和专业技术。另一方面，社区矫正心理矫治必须和矫正教育紧密结合，才能发挥出综合效能。任何单一的行为都不可能达到社区矫正的最佳效果。

六、社区矫正心理矫治的目标

社区矫正心理矫治作为社区矫正工作的重要措施，其目标和社区矫正工作的目标是协调一致的。《社区矫正法》第1条确立的社区矫正工作目标是："提高教育矫正质量，促进社区矫正对象顺利融入社会，预防和减少犯罪。"在这里，"顺利融入社会""预防和减少犯罪"，不仅要求社区矫正对象回归社会后，成为遵纪守法的公民，而且，要求其心理健康，具备符合现代社会要求的健全的人格。因此，社区矫正心理矫治的目标可以表述为以下四点：

（一）改变社区矫正对象的社会认知结构

从社区矫正对象的四种类型来看，管制犯和缓刑犯属于犯罪情节较轻，社会危害性不大；假释犯是在监狱服刑达到法定的时间，且表现良好，予以假定释放；暂予监外执行的罪犯是由于出现了阻却在监狱服刑的法定事由。从犯罪时所存在的犯因性问题考量，他们在社会认知上的共同特性就是存在社会认知障碍。这些社会认知障碍主要表现为："（1）认知品质不良。诸如认知选择性偏离、认知的绝对化、片面化、极端化等。（2）反社会意识，即与我国社会主义所倡导的思想体系相背离，与正常的社会生活相对立，以极端个人主义为核心的错误观念。（3）不成熟或歪曲的自我意识，如自我认识、自我评价的幼稚性、歪曲性、盲目性，或愚昧无知，或狂妄自大等。（4）与社会需要相背离的职能结构。有些违法犯罪者智力水平低，缺乏必要的文化知识，对于客观事物的善恶、是非分辨能力差。"①除此之外，还有一些社区矫正对象缺乏社会责任感和社会规则意识，比如，在社区矫正对象中，因酒后驾驶危害公共安全的犯罪占极大比例。这些社会认知障碍不仅是支配社区矫正对象犯罪的犯因性因素，也是影响其心理矫治的内在动因。社区矫正心理矫治就是通过心理学理论和方法的针对性矫治，使社区矫正对象的不良认知结构得以改变，确立正确的、客观的、辩证的社会认知能力。

（二）调适社区矫正对象的情绪结构

情绪，是对一系列主观认知经验的通称，是多种感觉、思想和行为综合产生的心理和生理状态。最普遍、通俗的情绪有喜、怒、哀、惊、恐、爱、恨等，也有一些细腻微妙的情绪如嫉妒、惭愧、羞耻、自豪等。情绪常和心情、性格、脾气、目的等因素互相作用，也受到荷尔蒙和神经递质的影响。无论正面还是负面的情绪，都会引发人们行动的动机。情绪既是主观感受，又是客观生理反应，具有目的性，也是一种社会表达。情绪是多元的、复杂的综合事件。情绪构成理论认为，在情绪发生的时候，认知评估、身体反应、感受、表达、行动倾向五个基本元素必须在短时间内协调、同步地进行。社区矫正对象不仅在犯因性问题中存在着不良情绪，而且在社区矫正过程中由于"罪犯身份"的标识效应，也会产生不良情绪，如焦虑、忧郁、恐惧、沮丧、烦恼、愤怒、惧怕、痛苦、怨恨、自卑、失望等。这些否定性的情绪状态如果得不到及时的疏导和调适，就会直接影响社区矫正的效果。社区矫正心理矫治就是通过心理咨询、心理宣泄、心理疏导、心理治疗等措施，促使社区矫正对象平息焦虑、消除抑郁、克服自卑，及时消除因激情或绝望而产生的应激事件，从而坚定信心，提升自信，以良好的心态矫正自我。

（三）矫正社区矫正对象的行为

社区矫正对象的犯罪行为，有许多是在不良的意志品质的支配下产生的，因此，矫正社区矫正对象的行为就成为社区矫正心理矫治的目标。"行为矫正的目的，就是要消除这些习得的非适应的或不良的行为习惯。"② 要求我们根据一定的心理学原理，运用心理矫治技术，改变社区矫正对象的不良行为或病态行为。"行为矫正从它一开始就是植根于实

① 章恩友主编：《罪犯心理矫治技术》，中国物价出版社 2002 年版，第 8 页。

② 连春亮著：《社区矫正通论》，中国人民公安大学出版社 2021 年版，第 55 页。

验的发现之中的。它的基本理论主要来自行为主义的学习原理，其中主要包括经典的条件反射原理、操作条件作用原理和模仿学习原理三个部分。”“我们在对社区矫正对象进行行为矫正时，虽然所做的某些工作与其他类型的工作有相同的地方，比如收集社区矫正对象的有关情况等，但是，只有社区矫正工作者在实际使用来自学习原理的方法时，才能称得上是在进行行为矫正。同时，社区矫正工作者使用这些方法的目的在于削弱和消除社区矫正对象的非适应性行为，或者建立和加强适应性行为，或者二者兼有。”①

（四）完善社区矫正对象的人格结构

健全的、符合现代社会要求的人格，是社区矫正对象回归社会所必备的条件。社区矫正对象中存在的不健全人格，是社会化过程中错误社会化或者不完全社会化的结果，表现为不成熟的人格、矛盾冲突人格、多重人格、反社会型人格等。这些人格缺陷表现为：“（1）社会化水平低或与社会化要求相悖，呈逆向社会化状态；（2）适应社会生活不良，内心经常出现矛盾、冲突、焦虑、紧张和挫折感；（3）行为方式与社会规范相抵触，不能自觉地与他人保持协调、良好的关系；（4）未能掌握一定的社会生活技能，甚至获得了反社会的知识技能。”② 对这些人格缺陷不加以完善，就难以使社区矫正对象成为人格健全的人。因此，社区矫正心理矫治就是重塑人格结构，完善人格品质，遵守社会规范，规范行为方式，协调人际交往，适应社会生活。

第二节 社区矫正心理矫治的演变

一、社区矫正心理矫治的缘起

1989 年，我国将心理矫治作为一种新的矫正手段用于监狱罪犯改造，这是我国司法现代化和人道主义的表现。20 世纪 90 年代，监狱罪犯心理矫治在司法部的强力推动下，得到了蓬勃发展。到 1995 年，心理矫治成为我国现代化文明监狱的一个重要指标。2003 年 7 月，我国开展社区矫正试点工作，心理矫治作为一种矫正手段被引入社区矫正工作中，成为社区矫正对象矫正教育工作的必经环节。但是，我国对于社区矫正心理矫治相关理论的研究工作开始得较晚，根据查阅到的资料，运用心理学理论研究社区矫正的论文最早出现在 2005 年。这一时期对于社区矫正心理矫治的研究只是作为社区矫正方法的一个部分，对于心理矫治的重视度明显不高。随着心理矫治工作的开展，对社区矫正对象进行心理矫治效果明显增强，心理矫治逐渐受到重视，心理矫治的研究逐渐呈现为以文献分析和经验研究方式为主，形成了一部分理论性和经验性的成果，如李兰的《社区矫正工作中的行为控制略论》等。2009 年以后，随着社区矫正效果测评研究的发展，对于社区矫正对象的心理测评研究逐步深入，采用问卷调查和心理测评的方式，重点关注社区矫正对象的心理

---

① 连春亮著：《社区矫正通论》，中国人民公安大学出版社 2021 年版，第 56 页。

② 罗大华主编：《犯罪心理学》，群众出版社 1992 年版，第 56 页。

健康状况和人格测评。截至目前，虽然社区矫正心理矫治的研究逐步展开，越来越受到重视，但是，还存在诸多问题。在理论层面上，对理论的思考不够深入，不够系统，存在理论与实际脱离的情况。对于政策研究较多，而对于实务操作研究较少，本土化理论研究缺乏。在实践层面上，社区矫正对象群体复杂又特殊，个体的犯罪类型、社会背景、性别、年龄等不同，导致针对我国社区矫正对象的心理矫治模式尚未完全建立起来。而已有的研究以问卷和量表形式进行测评，研究工具相对单调，缺乏多种方法的综合运用，难以揭示数据背后的复杂规律①。

二、社区矫正心理矫治的实践探索

英美国家早在19世纪就已经开始开展社区矫正工作的探索，对于社区矫正对象的心理矫治也有较为丰富的经验。英国实行在判决前介入，判断是否适合对被告实行社区矫正；在矫正过程中针对罪犯的心理状态给予精神安抚和心理恢复治疗，纠正偏激人格。美国联邦监狱局设立了中途之家以及综合制裁中心，对缓刑犯和假释犯进行精神健康咨询和心理矫治。

我国在借鉴国外社区矫正心理矫治经验的基础上，在各地开展了不同的心理矫治试点。目前，社区矫正心理矫治主要有以下三种模式：②

1. 上海模式

上海市主要与专业的心理机构或心理专家进行合作，建立专门的工作室开展心理矫治工作。例如，卢湾区司法局聘请专业的心理学专家，建立专门的心理工作室，对社区矫正对象进行系统的心理课程教育，并辅之以心理咨询师的个别心理咨询和心理辅导。这种与专业人员合作建立工作室的模式虽然增强了心理矫治的专业性、全面性，但是不利于社区矫正机构自身心理矫治专业队伍的培养和心理矫治个案的跟踪服务，且其在实践中存在经费不足和专业设施不完善的问题。

2. 桂林模式

桂林市七星区司法局与高校心理专业机构合作建立社区矫正对象心理援助站，利用社区矫正中心的心理咨询室，调动社区矫正工作力量和心理服务机构专业力量，根据新入矫、矫正中和解矫期三个阶段，针对一般心理问题、严重心理问题和心理危机干预三个层面，构建心理支持系统和社会支持系统。这种利用社会力量，以高校心理专业的志愿者为基础建立心理援助站的模式，节约了经费开支，提高了心理矫治的专业性。但是，志愿者的兼职特性不利于对突发心理问题进行及时矫治。

3. 云南模式

云南省重视专业心理矫治队伍的建设，通过培养吸纳专业性人才，与云南省心理学会、高校心理专业在校学生、监狱等合作，不断扩充心理矫治专业队伍。在有充足专业人

① 陈海伦：《社区服刑人员矫正观质性研究》，湖南大学2019年硕士学位论文。

② 卢少锋、沈正柳：《社区矫正心理矫治存在的问题与对策建议》，载《许昌学院学报》2019年第4期。

员的基础上，对社区矫正对象开展常态化的心理矫治，对社区矫正对象进行入矫评估、建立档案，并根据个人情况进行分级矫正，划分不同层级并规范各个层级的工作范畴，协调开展心理矫治工作。这种通过加强自身心理矫治专业队伍建设，由具有心理治疗资质的执行人员自主开展心理矫治的模式，有利于对社区矫正对象进行长期、及时、有效的心理矫治。但是这种模式需要大量专职的心理矫治专业执行人员和充足的资金做支撑，否则就容易出现简单化、形式化的问题。

三、社区矫正心理矫治的现状与问题

在我国社区矫正实践中，心理矫治的理念不断深入人心，各地都在探索社区矫正心理矫治的方式方法，并广泛地应用到社区矫正工作中。例如，天津市北辰区司法局在社区矫正工作中积极运用心理测评，2012 年至 2017 年，对社区矫正对象进行量表测评 61 次；2017 年 7 月至 2018 年 7 月，进行的心理测评和绘画投射测验总计 1430 人（次），是前 5 年测评量的 23 倍①。但是，社区矫正心理矫治工作仍然面临一些问题和挑战。

（一）社区矫正心理矫治的定位不明晰

目前，我国社区矫正工作对社区矫正心理矫治的定位不明晰，有的观点认为心理矫治和思想政治教育有很多共性，是对社区矫正对象思想教育的一部分；也有观点认为心理矫治就是心理健康教育，是矫正教育的一部分；还有观点认为心理矫治是一种对社区矫正对象的行为方式训练②。因为没有明晰的定位，心理矫治开展一度较为混乱，形式大于内容。

在理论基础、实践对象与实践方式上，我们应看到心理矫治工作不能归属或等同于思想政治教育、心理健康教育或行为方式训练，心理矫治的理论基础是系统的临床心理学知识体系，实践对象是在社区矫正工作中需要进行心理治疗和行为矫正的社区矫正对象，这些社区矫正对象在行为和心理方面都有别于普通人，存在心理问题、精神困扰，影响正常的社区矫正工作的实施。通过我国社区矫正实践的不断理清，亟待科学客观地给予心理矫治的专业性和特殊性一个明晰的定位。

（二）心理矫治核心主流理论与技术不确定

理论是行动的先导，是实践的指针和依据，理论基础决定心理矫治实践的内容和技术方式。心理矫治有精神分析、人本主义和行为主义三种主流理论基础，但三种主流理论之下又有细化的技术流派，如精神分析有经典精神分析、客体关系精神分析、自体精神分析，又有由精神分析学家名字命名的流派，如荣格分析心理学、温尼科特流派、比昂流

---

① 天津市北辰区司法局课题组、张忠利、张锦友：《社区矫正心理矫治工作的探索与实践》，载《中国司法》2018 年第 12 期。

② 谢利苹：《我国社区矫正心理矫治工作的探索与思考》，载《司法警官职业教育研究》2020 年第 2 期。

派、拉康流派等，人本主义与行为主义也随时代发展不断有新的技术变革。不同的理论流派的理论基础、技术方法与价值取向将导致不同的心理矫治工作思路和行为。

近年来，哪些是我国社区矫正心理矫治的核心与主流理论与技术并未得到确认。关于社区矫正心理矫治主流理论与技术的确认需要心理矫治实践的效果评估，心理矫治方式不同会导致社区矫正教育办法、矫正教育内容和矫正教育项目的差异，甚至体现为各种矫正理念和方法的矛盾冲突，需要相应的更适合社区矫正工作的主流心理矫治理论与技术的确认，进一步规范社区矫正心理矫治工作。

（三）社区矫正心理矫治理论与实践脱节

在国内，关于社区矫正心理矫治研究多集中在理论层面，而缺乏大量的实践。理论与实践不能进行有效的结合，就会影响社区矫正的发展。总的来说，我国社区矫正心理矫治工作较之国外存在起步晚、理论缺乏本土化和缺少实践研究的缺点，因此，我国的社区矫正心理矫治工作应该扎根中国独特的文化特点，结合国外先进的理论和方法，进行大量实践，形成具有本土化特色的心理矫治方案、心理矫治模式和心理矫治项目是当下工作的重中之重。①。

（四）社区矫正心理矫治条件不完善

当前社区矫正心理矫治所需要的工作环境条件还需不断完善。在硬件上，需要专业的测试软件、仪器设备，需要相对安静和温馨的心理矫治空间等。在软件上，需要相应的法律和政策，对心理矫治进行规范；需要科学的矫正理念作为指导；需要专业的工作人员配备和足够的经费保障等。

根据《社区矫正法》第40条的规定，社区矫正机构可以通过公开择优购买社区矫正社会工作服务或者其他社会服务，为社区矫正对象在教育、心理辅导、职业技能培训、社会关系改善等方面提供必要的帮扶。社区矫正机构也可以通过项目委托社会组织等方式开展上述帮扶活动。除此之外，在社区矫正机构中设立专门的心理服务机构，配备经过专门培训的社区矫正正式工作人员担任心理矫治辅导员也非常有必要。这样，就可以有效地履行心理矫治职责，包括向社区矫正对象进行经常性的宣传教育，鼓励社区矫正对象去接受心理帮助；协助心理服务机构对社区矫正对象进行心理评估和心理健康教育，提出对社区矫正对象心理档案的修改和补充意见；深入社区矫正对象群体之中，及时发现社区矫正对象的心理异常者，并与心理服务机构取得联系；为心理服务机构提供有关社区矫正对象各方面的信息资料②；评估对社区矫正对象进行心理矫治的效果等。

---

① 杨嵩：《社区矫正人员的犯罪类型及对应咨询方案构建》，云南师范大学2017年硕士学位论文。

② 李艳、高文雅：《社区矫正心理矫治体系之构建》，载《山西省政法管理干部学院学报》2021年第2期。

第三节 心理矫治的作用及与相关工作的关系

一、社区矫正心理矫治的作用

社区矫正对象经过入矫宣告，正式进入社区矫正期，在社区矫正中不仅被限制人身自由，而且具有“罪犯身份”标签。多数社区矫正对象将社区矫正看作人生中的一个“坎儿”，其间有许多复杂交错的生活事件动态累积成压力源，从而引起社区矫正对象个人生活、经济状况、人际交往等多个方面的变化。因此，及时地对社区矫正对象进行心理学的职业介入和干预，对社区矫正对象的矫正教育与回归社会有重要的作用和意义。

（一）帮助社区矫正对象解决情绪与心理问题，更好地适应社区矫正过程

心理矫治区别于刑罚执行中惩罚与被惩罚的法律地位，也区别于监督管理中社区矫正工作者与社区矫正对象所处的管理与被管理的行政管理地位，采用的平等、保密、友善、倾听、同情、中立等原则，容易实现心理工作者与矫正对象心理的沟通，帮助他们解决精神困扰。社区矫正心理矫治作为一种矫正活动，能够帮助社区矫正对象改变原有的认知结构，加深对自己的心理以及行为的了解，树立正确的世界观和人生观，正确认识自己与周围人和事物的关系，用正确的态度来看待自己曾经的错误行为和犯罪行为。同时，心理矫治可利用其所具有的特殊优势，对矫正对象进行适当的疏导，可以帮助社区矫正对象用科学的态度对待在社区矫正中可能发生的事情，比如焦虑、自卑、挫折、痛苦等。社区矫正对象通过自我调节不良心理和不良情绪，保持良好心态和稳定、积极的情绪状态，不再重新犯罪。

（二）增强社区矫正对象的人际交往能力，建立守法心理结构

社区矫正对象的人际关系问题也是困扰社区矫正对象的重要因素之一。因此，让社区矫正对象学会以自己的新身份与人交往，尊重他人，尊重自己，懂得换位思考，遵循平等、互惠的交往原则与他人接触，帮助社区矫正对象解决生活中的人际关系问题。心理矫治中的心理咨询能够帮助社区矫正对象调节与人相处的模式，在咨询室模拟人际交往关系的发展，有助于社区矫正对象与周围的人建立和谐、友好的人际关系，成长性地解决日后在生活中遇到的人际困扰。从人际、社会的视角接纳法律规则，自觉自愿用法律约束自己的行为，建立守法心理结构。

（三）增强社区矫正对象的社会适应能力，助力再社会化

适应社会的能力与社区矫正对象心理健康状况有着密不可分的关系。一个心理健康的人肯定拥有良好的社会适应能力。对社区矫正对象而言，在接受社区矫正后由于身份角色的转变而带来的个人生存环境、心理状态、人际关系等方面的变化，往往会使其感到十分

不适应，有时甚至是深深的无力感，这种不适应和无力感如果长时间得不到关注和解决，必然会阻碍社区矫正对象再社会化的进程，影响社区矫正的效果。

对一些由于情绪障碍、个性情绪偏激、不良习惯或心理品质差而导致犯罪的社区矫正对象，思想教育所产生的作用十分有限。而心理矫治有着决定性的意义，能取得很好的效果，能够帮助社区矫正对象转变犯罪心理，抵御外界各种不良诱惑，缓解对立情绪，有助于他们再社会化的实现，为更好地回归社会奠定基础。

二、心理矫治与社区矫正相关工作的区别

社区矫正心理矫治与社区矫正工作中的矫正教育、社会帮扶和社区矫正社会工作关系比较紧密。因此，本书选择了工作性质、职业主体、工作内容、工作目的、理论基础、工作方法、从业人员要求、工作效果的评估标准等几个方面作为比较分析内在区别的基点，将心理矫治与矫正教育、社会帮扶和社区矫正社会工作放在一起进行介绍。

（一）工作性质和职业主体的区别

1. 工作性质的区别

从工作性质看，心理矫治是一种综合性的心理学职业行为。心理矫治工作具有客观性，必须遵从伦理守则，通常扮演支持者或安慰者的角色，有时甚至能拯救社区矫正对象。

矫正教育工作是社区矫正机构的法定职责，依据《社区矫正法》第 36 条和第 37 条的规定，矫正教育的主要任务是社区矫正机构根据需要，对社区矫正对象进行法治、道德等教育，增强其法治观念，提高其道德素质和悔罪意识；对社区矫正对象的教育应当根据其个体特征、日常表现等实际情况，充分考虑其工作和生活情况，因人施教；社区矫正机构可以协调有关部门和单位，依法对就业困难的社区矫正对象开展职业技能培训或就业指导，帮助社区矫正对象中的在校学生完成学业等。由此看来，矫正教育是社区矫正工作的核心内容和重中之重。

社会帮扶则是法律规定的工作任务。依据《社区矫正法》的规定，社会帮扶的种类有：《社区矫正法》第 37 条规定了“就业就学帮扶”，第 38 条、第 39 条规定了“教育帮扶”，第 40 条规定了“心理教育帮扶”“职业技能培训帮扶”“社会融入帮扶”等，以及公开择优购买社区矫正社会工作服务、项目委托等社会帮扶方式。《社区矫正法》第 43 条规定了社会救助、社会保险、法律援助等社会帮扶内容，第 35 条规定了教育帮扶的政府保障，第 41 条规定了国家对社会帮扶的政策支持。

社区矫正社会工作也具有法律规定性。《社区矫正法》第 11 条规定了要求有“社会工作”专业知识的人员，或者有“实践经验的社会工作者”开展社区矫正工作；第 40 条规定了“社区矫正机构可以通过公开择优购买社区矫正社会工作服务或者其他社会服务，为社区矫正对象在教育、心理辅导、职业技能培训、社会关系改善等方面提供必要的帮扶”。由此可以看出，社区矫正社会工作是一种运用科学的方法和艺术的手段去解决社区矫正对象各种各样社会问题的职业，是一种专业的福利服务，是社区矫正工作的主要形式。

2. 职业主体的区别

从职业主体上看，心理矫治的主体是具有心理学、心理矫治专业知识，取得了从业资格的专业工作者，一般是心理咨询师或者心理治疗师，具有单一性。在心理矫治过程中，心理矫治工作者不是教育者，而是心理帮助的提供者。

矫正教育的主体具有多元性，既可以是社区矫正机构的社区矫正工作者，也可以是参与社区矫正的社会工作者、志愿者，或者是社会团体、社会组织等参与人员。在矫正教育过程中，教育主体和社区矫正对象之间的关系是教育者与被教育者的关系。

社会帮扶的主体也具有多元参与性，既有国家政府的直接参与，也有居委会、村委会等自治组织，还有社会组织、企事业单位、社会志愿者、社区矫正对象的监护人和家庭成员、社区矫正对象的所在单位或者就读学校等。

社区矫正社会工作者则是具有社会工作专业知识，获得社会工作从业资格，在社区矫正机构中从事专门性社区矫正工作的专业技术人员。

（二）工作内容和工作目的的区别

1. 工作内容的区别

从工作内容上看，心理矫治解决的主要是社区矫正对象的心理、精神方面的问题，而不是帮助他们解决社会生活中的一般问题。具体来说可以分为心理教育、心理问题的解决和心理资源开发。

矫正教育主要是按照社区矫正机构的要求，对社区矫正对象提供各种知识、进行职业技能培训、提升道德素养等。矫正教育的内容包括政策、思想、法律、心理健康、文化、职业技能培训和生活教育等，包括政治学、伦理学、教育学、法学等内容。矫正教育的重心是对社区矫正对象“攻心治本”，以实施思想改造、心理矫治、公民教育为主。

社会帮扶的工作内容在类别上可以分为，帮助社区矫正对象的就业帮扶、就学帮扶、生活帮扶、心理教育帮扶、教育帮扶、法律帮扶、职业技能培训帮扶、社会融入帮扶、社会救助帮扶、社会保险帮扶等。社会帮扶的重心是社区矫正对象的“基本生存”，帮助社区矫正对象“安身立足”，以修复家庭和社会关系，健全人格，建立社会支持机制，助其就业、就学，实现自食其力发展为主。①

社区矫正社会工作是政府主导社会力量广泛参与的、以为社区矫正对象解困和助人自助为宗旨的、以科学的理论和方法为手段的专业性、职业化的社会服务工作。由此，社区矫正社会工作是一种助人的活动，为社区矫正对象提供服务，创造和谐的社区环境，以提高社区矫正对象的生活质量，是一种不可或缺的专门职业。社区矫正社会工作者通过扮演引导者角色、专家角色、社会治疗角色、计划者角色等帮助社区矫正对象发现问题，并采取解决问题的行动，缓解社区矫正对象的紧张及冲突。

2. 工作目的的区别

从工作目的上看，心理矫治的直接目的是“助人自助”行为，让社区矫正对象摆脱心理上的困扰，实现人格上的成熟和健全，最终促进社区矫正对象心理、行为的改变，人格

---

① 栗志杰：《教育帮扶：社区矫正的“治本”之举》，载《人民法治》2020 年第 2 期。

的成长，心理资源的开发，提升自我解决心理困扰、心理问题的能力。

矫正教育的具体目标是解决社区矫正对象意识形态方面的问题，其主要任务是帮助社区矫正对象树立正确的人生观、世界观、价值观，培养其爱国主义、集体主义观念，养成遵纪守法的习惯，提高社会责任感。

社会帮扶旨在解决社区矫正对象的基本生存条件问题，消除社区矫正对象重新犯罪因素，助其顺利融入社会，成为守法公民。工作的直接目的是维护社区矫正对象的基本权益，以满足精神需求和社会需求为重点，重在解决社区矫正对象的现实问题。

社区矫正社会工作的专业指向是以社区矫正对象的外在困难行为为主。其工作目的：一是社会使命。主要为社区矫正对象“扶弱济贫”，以解决社区矫正对象的社会问题，满足社区矫正对象的合理需求，维护社会稳定，促进社会公平正义。二是专业使命。主要是“助人自助”，即或为处于困境中的社区矫正对象提供专业服务和支援；或通过专业服务，整合社会资源，挖掘潜能，推动社区矫正对象走向“自救、自立、自助和自强”。

（三）理论基础和工作方法的区别

1. 理论基础的区别

从理论基础上看，心理矫治主要是心理矫治工作者依据自己的理论偏好，选择理论流派和矫治技术，从而开展心理服务。理论基础主要包括精神分析理论和矫治技术、行为主义理论和矫治技术、人本主义理论和矫治技术、认知行为理论和矫治技术等，理论体系属于心理科学的范畴。矫正教育的理论基础是社会主义的政治理论和道德、法律规范，属于教育学和法学的范畴。社会帮扶的理论基础主要有人权保障理论、人力资本投资理论、社会救助理论、贫困理论、最低生活保障理论、贫困文化理论、贫困恶性循环理论等。社区矫正社会工作的理论基础主要有社会福利理论、标签理论、心理分析学理论、认知理论、社会系统理论、沟通理论、人文主义理论、行为主义理论等，属于社会学的范畴。

2. 工作方法的区别

心理矫治是心理教育、心理辅导、心理评估、心理测验、心理咨询、心理治疗、心理资源开发等心理学技术的综合运用，是一个系统的、连续的，以社区矫正对象再社会化为最终目标的整体活动。主要通过对社区矫正对象的指导、帮助、启发、劝告、磋商、疏导、宣泄和教育等方法对其进行心理矫治。

矫正教育的工作方法以灌输为主，具有抑制性和约束性，形式多种多样。从矫正教育活动的实践过程来看，矫正教育的方法有基本方法、具体方法和可操作性的方法等不同层次。基本方法指的是矫正教育普遍适用的原则性和基础性的方法，如原则性方法中的实事求是的方法、平等待人的方法、分层次教育的方法和积极引导的方法，这些也是其他教育形式普遍使用的方法；基础性方法有精神鼓励与物质鼓励结合法、言教与身教结合法、典型教育法。具体的方法包括思想信息收集的方法，比如观察法、调查法、预测法；思想信息分析方法，如因果分析法、比较分析法、定性定量分析法、系统分析法、典型分析法、矛盾分析法、敏感性分析法；思想教育实施过程中的方法，如说理教育法、情感分析法、激励教育法、典型教育法、后进教育法、冲突缓解法、心理咨询法等。可操作性的方法主要有聆听方法、谈话方法、对比方法、疏导方法、感染法等具体的技巧性方法。

社会帮扶的主要工作方法是政府主导与社会参与相结合，物质救助与政策扶持相结合，统一实施和因地制宜相结合。通过专项救助和社会扶助方式，达到社会帮扶的目的。

社区矫正社会工作的工作方法：一是社会个案工作方法，即经由个案工作会谈，协助社区矫正对象疏解不满、沮丧或害怕的情绪，引导社区矫正对象面对问题，寻求自我了解，改变偏差行为。二是小组工作方法。主要是采取任务取向的团体方案，或参与团体治疗，以协助社区矫正对象重新建立正确的人际关系，并经由社区矫正参与者的规劝而不再违法犯罪。三是社区工作方法。针对社区矫正对象制定重建工作方案或者更生保护方案，运用社会资源协助社区矫正对象与社区居民建立良好的关系，成为社区所接纳的守法公民。

（四）对从业人员要求的区别

从心理矫治对从业人员的要求来看，因为从业人员面对的是心灵上需要帮助的人，因此，从业人员需要具备心理学职业要求的职业条件和职业素养，要求具备精湛的业务能力，掌握心理矫治的专业理论，具有多方面的知识结构，高尚的职业道德和健康的、积极向上的心理素质。

矫正教育工作对从业人员的要求，除了社区矫正机构的社区矫正工作者外，具有多元参与的群众性、广泛性，一般要求具备较高的政治思想觉悟、良好的组织能力和工作能力，掌握有关政治与德育的理论知识。

对社区矫正对象的社会帮扶首先是社区矫正机构的法定职责，其次对于其他参与者而言，是出于爱心和预防犯罪的社会责任感、使命感。

从社区矫正社会工作对从业人员的要求来看，社区矫正社会工作者要具有尊重、平等、接纳、保密、价值中立等社会工作的价值理念，认同“扶弱济贫”“助人自助”的社会工作专业理念；具有推进服务进程的能力，整合政策资源、物质资源、人力资源等社会资源的能力，运用法律法规的能力，解决疑难问题的能力等。同时，具有对人类的大爱、对人性的关怀、对弱势群体的帮助，表现出同理心、关爱、协助成长等专业品格。

（五）工作效果评估标准的区别

从工作效果的评估标准来看，心理矫治工作效果的评估是依据心理矫治目的来衡量的，主要是看社区矫正对象的心理问题是否解决、解决的程度，以及心理成长水平等。

矫正教育的效果评估是以社区矫正对象思想素质的高度来衡量的，主要是考量社区矫正对象的认识水平、思想觉悟等提高的程度。

社会帮扶工作效果的评估，既具有即时性，也具有连续性和长远性。对于社区矫正对象即时性的物质困难、就业就学困难、医疗困难等，及时救助完成即告终结。而对于需要长期救助的社区矫正对象，则以困难得到解决为救助工作效果的评估标准。

社区矫正社会工作效果的评估标准，主要是《中国社会工作联合会标准体系》（SG-1502）中的《社会工作服务机构评估标准体系》，这一标准体系对社区矫正社会工作的服务标准进行了规范化的规定。

(六) 其他区别

除此之外，心理矫治和社区矫正社会工作还存在实践属性的差异。社区矫正社会工作与心理矫治都是非常注重实践的专业，但二者在服务使命、服务对象与服务内容的实践方面存在差异。

第一，在服务使命上，社区矫正社会工作是为了维护社会的公平和正义。社区矫正对象存在的社会问题有其内在的社会制度因素，因此，作为政府或社会有责任帮助这些因制度不公而陷入困境的社区矫正对象，帮助他们获得公平的待遇。心理矫治的目标是解决人们的心理问题，服务的使命是人的心理健康，它们对问题的解释和解决是从个人心理层面出发的，一般不涉及社会制度层面。

第二，在服务对象上，社会工作者的服务对象包括所有需要帮助的社区矫正对象，大多数情况下，社区矫正社会工作的服务人群是所有社区矫正对象，他们的问题在社会上多具有普遍性。心理矫治的服务对象多是有心理困扰的社区矫正对象个体，他们的问题各不相同，比如人际交往困难、焦虑、强迫症或者恋物癖等。

第三，在工作内容上，社区矫正社会工作从物质帮扶、心理服务到社会行政，其服务内容多种多样，他们时而是转介者，时而是服务者，时而又是管理者，甚至同时以多种角色出现。心理矫治的工作内容相对单一，即求助者的精神世界，他们之间的角色关系也相对单一。心理矫治不承担为社区矫正对象提供资源的服务，也规定了社区矫正对象与心理矫治工作者之间的关系属性，他们之间是一种契约式的人际互动关系。

三、心理矫治与社区矫正其他工作的联系

(一) 心理矫治与矫正教育的联系

从工作的总体目标来看，矫正教育和心理矫治都是社区矫正工作的核心，都是以“改造人”为宗旨，以解决社区矫正对象精神方面的问题为己任，以培养遵纪守法的公民为终极目的。从工作内容来看，心理矫治中的心理知识学习、心理健康教育、心理危机干预、健全人格培育、社会认知提升、人际关系协调、情绪情感管理、心理资源开发、心理潜力挖掘等内容，也是矫正教育的重要组成部分。从组织关系来看，社区矫正中的矫正教育和心理矫治都是给予社区矫正对象的一种社会福利活动，为提高改造质量服务，不能以营利为目的。因此，在机构设置、经费开支、工作开展等方面，都需要在社区矫正机构的主导下进行。

(二) 心理矫治与社会帮扶的联系

很显然，社会帮扶中包括了“心理矫治”的相关内容。心理矫治中的心理保健、心理测验、心理评估、心理咨询、心理治疗等内容，是社区矫正对象提高认知能力，强化自我意识，规范自我行为的重要手段，是对社区矫正对象在心理健康和心理困惑层面的“社会

帮扶”。因此，心理矫治是社会帮扶的有机组成部分。

实践中，心理矫治和社会帮扶是相辅相成的，都是社区矫正工作发挥实效的重要一环。要进行有效的社会帮扶，必须将心理矫治与社会帮扶的作用有效协同，心理矫治解决社区矫正对象心理问题、心理困扰和心理障碍等心理层面的问题，帮助社区矫正对象从根本上转变自我认知和社会认知，完善社区矫正对象的人格结构，规范自我行为，遵守社会规则。这一问题解决得好，就会有力地促进社会帮扶工作的开展。

（三）心理矫治与社区矫正社会工作的联系

社区矫正社会工作和心理矫治在工作目标、专业关系、工作原则和终极目标等方面存在联系。一是社区矫正社会工作和心理矫治在各自不同的领域中都有不同的专门知识和训练，但是，二者助人的目的基本是没有差异的，它们各自从不同的途径去帮助社区矫正对象，使社区矫正对象能发挥良好的功能。二是社区矫正社会工作和心理矫治都特别重视专业关系的建立和维系，它们各自对专业关系的建立有着非常相似的理解，并且都认为专业关系具有治疗的作用。三是社区矫正社会工作和心理矫治所遵循的工作原则也非常相似，比如二者都重视维护人的尊严和权益、严守专业秘密原则、伦理原则、重视专业关系和感情限定的原则等。四是社区矫正社会工作和心理矫治的终极目标都是要使社区矫正对象能够自我认知、自我促进、自我实现，建立良好的人际关系，养成积极向上的生活态度。五是社区矫正社会工作和心理矫治的理论和技术常会有交叉融合。社会工作专业会开设心理咨询课程，个案社会工作是社会工作三大方法之一，个案工作的理论与具体技术大部分来自咨询心理学①。个案社会工作、临床社会工作更加注重心理咨询技术在社会工作中的使用，都关注受助者的心理因素，会帮助受助者缓解情绪，进行心理疏导。在工作过程中，它们都尊重受助者，积极关注，表达同理心，都注重人的行为和人际互动。

① 傅蓉、温舒艺、甄风、邓子璇：《社会工作专业心理咨询课程的教学目标设置——兼议跨专业应用型课程的教学目标设置原则》，载《黑龙江科学》2020年第1期。

第二章 社区矫正对象心理结构

从本质上说，每一个人都有一套独特的心理功能体系与心理特点，社区矫正对象的“罪犯身份”使之既具有一般人的共性心理结构的同时，也形成了个体所独有的心理特征。本章主要分析社区矫正对象在社区矫正中的主要心理结构和表现出来的心理特征。

第一节 社区矫正对象心理构成

一、社区矫正对象心理构成因素

在这里，我们所分析的社区矫正对象在社区矫正过程中的心理结构，主要是指社区矫正对象在社区矫正中占主导地位的消极心理的表现形式。

（一）社区矫正对象心理结构的内涵

社区矫正对象的心理结构，是指在社区矫正中的社区矫正对象所具有的特殊的心理构成形态。这一心理结构，“实际上是在刑罚心理影响下的犯罪心理同常态心理矛盾斗争的复合体”。① 社区矫正对象心理形成后，便以结构的形式存在。这一结构是事物内部相互联系的各种因素之间形成的功能性整体。

（二）社区矫正对象心理结构的分析

运用机能分析模式对社区矫正对象心理结构进行机能分析，从中能够反映社区矫正对象心理结构形式的特质。如果我们从社区矫正对象的心理因素中抽出犯罪的心理结构、刑罚心理、常态心理结构、世界观需要、自我意识、动机、兴趣等最重要的、对社区矫正对象心理的发展方向起到关键性作用的因素，将它们之间的有机联系反映出来，呈现在我们面前的就是社区矫正对象心理结构的机能模式，它从形式与内容的结合上反映出社区矫正对象心理的特殊性。它们相互之间的关系为：②

第一，社区矫正对象心理结构是犯罪心理结构和常态心理结构的复合体和矛盾体，在

① 何为民主编：《罪犯改造心理学》，法律出版社 2002 年版，第 54 页。

② 何为民主编：《罪犯改造心理学》，法律出版社 2002 年版，第 55~56 页。

两者的结合处，明显地受到刑罚心理的影响。就是说，是刑罚惩罚的威慑力和社区矫正工作的作用力，控制了犯罪心理结构的生长，恢复并壮大了常态心理结构，使两者呈矛盾斗争形态。

第二，矫治社区矫正对象心理结构的实质，就是通过监督管理和教育帮扶，使常态心理结构进一步强化，由矛盾的次要方面向主导方面转化，逐渐吞噬、消除犯罪心理结构，使两者达到同一。

第三，在两者的矛盾斗争中，自我意识将发挥重要的调节作用，并通过矛盾斗争的反馈，使自我意识进一步发生变化。

第四，在自我意识的调控下，其世界观、需要、动机、兴趣等起动力作用的结构体也随之发生变化，并对整个社区矫正对象心理结构的改变产生影响。

我们认为，对社区矫正对象心理结构的分析，应与社区矫正对象所处的社区矫正环境结合起来，应当把社区矫正对象置于社区矫正的氛围中。如果这样来分析的话，社区矫正对象心理结构的表现形式，应用下列模式表述：

社区矫正对象心理=常态心理+犯罪心理+刑罚心理+矫治心理

其中，矫治心理=常态矫治心理+违规心理+异常心理

常态矫治心理使社区矫正对象能够适应社区矫正的行为规范和社区矫正要求，约束自己的行为，适应社区矫正生活，一般的社区矫正对象都会呈现出这种心理状态。

二、犯罪心理结构

社区矫正对象的犯罪心理结构，是指社区矫正对象在犯罪行为实施前已经存在的，在犯罪行为实施时起支配作用的那些畸变的心理因素有机而相对稳定的组合。它是社区矫正对象个性心理结构中社会心理缺陷的总和，是其发动犯罪行为的内部心理原因和根据。①

社区矫正对象犯罪心理结构之中的各个要素，依据在犯罪中的地位，可以分为支配要素、主导要素和一般要素；依据在犯罪中起支配要素的数量，可以分为单一要素和多元要素等。为此，在这里，只能就其共性的一般因素予以研究和分析。

（一）犯罪动机

它是驱使社区矫正对象实施犯罪行为的内心起因，是犯罪心理中起决定性作用的动力因素，因而是犯罪心理结构中最主要的因素。社区矫正对象的犯罪动机与社区矫正对象所处的大的社会环境紧密相关，受到诸多社会性因素的制约，是社区矫正对象不良的主体内外因素相互作用的结果，通过犯罪行为得到释放和体现。

犯罪动机的强度与社区矫正对象的主观恶性紧密相连，从某种意义上可以说，二者是呈正比例关系的。我们通过阿伯拉哈姆逊的犯罪行为公式，可以看出犯罪动机的形成与主观恶性的关系。阿伯拉哈姆逊认为，犯罪行为（C）是由犯罪倾向（T）、诱因状态（S）

① 罗大华主编：《犯罪心理学》，中国政法大学出版社 1999 年版，第 33 页。

与对诱因的心理抗拒力（R）相互之间的关系而产生的。其公式是：①

犯罪行为（C）=犯罪倾向（T）+诱因状态（S）/对诱因的心理抗拒力（R）

“从个体心理角度分析，犯罪动机及其行为的产生是对诱因缺乏抗拒力或同时又具有犯罪倾向的结果。相对来说，前者仅仅是因为缺乏对诱因的抗拒力而犯罪，只要降低外界的诱因状态，也就减少了犯罪动机形成的可能，相对地反映了主观恶性的微弱性；后者不只是缺乏对诱因的抗拒力的问题，更重要的是犯罪倾向的存在与发展，在这种情况下，即使当前的诱因状态不存在或者强度不高，个体仍可能形成犯罪动机，产生犯罪行为，表现出主观恶性的严重性。反之，主观恶性的大小，无不与犯罪动机的强弱有关。”② 社区矫正对象在预备和实施犯罪时，往往会产生动机斗争。犯罪动机的强度越大，就越会占据对外在行为的支配地位，进而推动犯罪行为的发展。因此，犯罪动机的强弱，是对社区矫正对象主观恶性评价的重要因素。

（二）错误的价值理念

人们对待外在事物的态度，取决于事物自身所具有的价值的大小，因此，价值理念是一个人在对待外在客观事物，或者选择某一行为时，不论事物自身的价值大小，在做出理性的思考之后所持的态度。也就是说，推动并指引一个人采取决定和行动之前，必须进行理性思考，并做出抉择。而社区矫正对象之所以会产生犯罪行为，大多表现在价值理念的缺陷，最突出的是表现在道德观念和法治观念两个方面。

道德观念是社区矫正对象道德活动中形成的对各种关系及如何处理这种关系的行为准则的反映，包括道德认识、道德情感和道德行为三种心理要素。三者之间是相互联系、相互促进的关系。错误的道德观念是犯罪心理的重要构成部分，它直接导致了社区矫正对象错误的是非观、荣辱观和正义观，产生自我道德评价及道德理想的错误；使之缺乏正义感、责任感、同情心和集体主义与爱国主义情感体验；缺乏应有的道德意志和行为习惯，直接导致犯罪行为的产生。综合起来看，在犯罪动机的形成、犯罪动机的选择和犯罪心理的发展变化中，社区矫正对象的道德观念直接影响到犯罪行为的主观恶性和客观危害的程度。

法治观念是社会成员对现行法律及法律制度的认识、观点和信念，它反映着人们在法律活动过程中形成的各种关系以及如何处理这种关系的行为准则。法治观念由法律认识、法律评价和自我行为的调控三个方面的要素构成，并形成相互作用、相互渗透的内控机制。社区矫正对象法治观念的缺陷主要表现在：一是对法律毫无认识或法治意识淡薄等法律认识的缺陷。二是因对法律实质意义理解的偏差或误区，所导致的对法律评价的错误。三是因意志品质差所产生的不能对自我行为的有效调控。因此，社区矫正对象自身的法律认识的深浅、法律评价的优劣、法律行为的自控力大小，都直接影响着社区矫正对象的法治观念，影响着社区矫正对象心理的发展趋势和方向。

---

① 阮浩主编：《罪犯矫正心理学》，中国民主法制出版社 1998 年版，第 57 页。

② 阮浩主编：《罪犯矫正心理学》，中国民主法制出版社 1998 年版，第 57 页。

（三）不良的需要结构

1. 需要。所谓需要，是个体在社会生活中必需的事物在其头脑中的反映，是人对生存和发展的事物需求的体验。也就是说，它是维持个体生存、延续种族和参加社会生活的客观条件在人脑中的反映，以及由此而产生的人的本性。

马克思曾经说过："人的需要就是他的本性。"需要问题无时无刻不在人们生活中产生着。无论是物质的、精神的，还是社会的、个人的，人们总是在不断地追求着，原有的需要满足了，新的需要又产生了。但人们的需要的产生并不是主观任意的，它有其产生的主客观条件。从客观条件看，主要取决于社会的物质、精神和政治的发展水平。一是社会的物质生产直接给人们提供满足各类物质需要的产品，并且社会物质生产的发展，也使人们不断产生出更高的物质需要。二是社会精神生产的产品直接满足人的精神文化的需要，同时也创造着人们的精神需要。三是社会的政治民主程度，直接影响到人们参与社会公共事务的需要的产生。四是社会文化的教育程度，直接影响到人们对新的物质和精神产品的认识，从而影响人的需要由低向高、由旧向新的发展，以及影响人的需要合理的、正常的发展。五是人所处的具体社会环境也积极影响着人的需要的产生和发展。

从主观条件看，人的需要的产生，主要取决于人的生物生理状态和个人的认识及其选择性。人的生物生理状态直接作用于人的各种自然性需要的产生。客观对象及其环境是人的社会需要的强有力的影响者，但它们都是通过人自身的认识程度才直接影响到人的需要的产生的。

2. 马斯洛的需要理论为研究罪犯需要结构提供了理论依据。美国著名的心理学家马斯洛经过多年的研究，提出了"需要层次学说"，他把人的基本需要归纳为五类，这五类需要有从低级到高级的排列层次。它们依次是：生理的需要、安全的需要、归属与爱的需要、尊重的需要、自我实现的需要。后来，他又将需要细分为七个层次，包括生理、安全、相属关系和爱、自尊、认知、美和自我实现等，并据此绘制了"需要塔"。他的理论在西方有广泛的影响，有合理的成分，许多理论已经得到了实践的验证，尤其是他从研究人的需要来研究人的行为，这样就抓住了问题的关键，这对我们从罪犯的需要结构入手，研究和分析罪犯的犯罪行为及犯罪心理发展变化的动力机制，有着重要的意义。

3. 社区矫正对象需要的特征。归纳起来看，罪犯的需要具有以下几个特征：一是受社区矫正环境和社会条件限制的客观性；二是社区矫正对象怎样实现需要的价值取向和其需要在社会中受到的价值评判，即价值性；三是社区矫正对象的需要也是由低级向高级不断发展的，即具有发展性；四是社区矫正对象的需要带有时代的烙印，即社会历史性；五是社区矫正对象的需要具有贪婪性。

4. 社区矫正对象需要的内在规律。一是社区矫正对象的需要处在不断的发展变化之中；二是社区矫正对象的需要存在一个相对稳定的静态结构，决定社区矫正对象产生犯罪行为的往往不是一种需要，而是一个结构体系、一个系统，其中，优势需要起决定性作用；三是社区矫正对象的需要有一个动态结构，低层次的需要和高层次的需要彼此之间既相互制约和调节，又具有补偿性。

总之，社区矫正对象的需要结构是复杂的，有着各种各样的不同的需要，但从其内在实质上来剖析，社区矫正对象之所以走上犯罪的道路，无不与其畸形的或不良的需要有着直接的关系。可以说，正是由于需要的结构缺陷，直接驱使了犯罪行为的发生。

（四）具有犯罪倾向的个性因素

按照个性心理结构理论，个性倾向性是个性心理的动力结构，个性心理特征是个性心理的特征结构。前者是个性积极性的源泉，对个体活动起着定向作用。因此，个性倾向性是心理活动的核心和动力，心理动力结构属于个性的深层次结构，其心理成分所反映的社会心理内容，集中体现了个性的社会性。而个性心理特征包括了气质、性格、能力三种心理成分。它属于个性心理的表层结构，表现出个性心理活动稳定性的特点和独特的行为方式。下面对各个心理成分分别予以分析。

1. 不良兴趣。社区矫正对象在犯罪前的兴趣，是在其不良需要的基础上逐渐形成和发展起来的，其主要特点是：偏重于感官的兴趣、追求新奇和富于刺激性的兴趣、兴趣的理智水平低而且不稳定。

2. 特定的气质。当社区矫正对象在不良因素作用下走上犯罪道路时，气质对于社区矫正对象的犯罪类型和方式会产生影响，使其在各自的犯罪活动中反映出气质的特征。

3. 消极的性格特征。消极的性格特征是个性社会化缺陷的突出表现。对于社区矫正对象来说，不仅生理素质上存在差异，而且每个社区矫正对象生长的宏观社会环境各不相同，因此，其性格特征也各具特色。因此，在许多情况下，他们往往缺乏坚定的生活目的，不善于控制自己的言行，对周围的人凶狠贪婪，精神世界贫乏，导致他们对社会的不适应。与此同时，每个社区矫正对象在其外在表现、犯罪性质、犯罪动机、犯罪手段、犯罪后的态度、社区矫正中的情绪等方面表现出不同的特点，这些可以说是社区矫正对象性格相对稳定的具体体现。

4. 与犯罪行为相适应的能力。就社区矫正对象的犯罪状况而言，在能力发展水平上出现明显的偏颇现象，一方面有些社区矫正对象的犯罪表现为智力水平低下，缺乏必要的技能；另一方面，却具有较高的犯罪技能、技巧和体能。

综上所述，具有犯罪倾向的个性主要表现在：社会道德人格偏离，具有一定的反社会意识；以自我为中心，缺乏对社会、对集体、对他人的责任感、义务感、同情心；心理平衡能力缺乏，情绪冲动性强，理智性差；对挫折的耐受性差，容易产生消极的激情；社会适应不良等。

（五）其他消极的心理品质

社区矫正对象其他消极的心理品质包括消极的认识、情感、意志品质及个性倾向性等，它们从各个方面综合影响了犯罪动机的形成，并促使了犯罪行为的发生。

三、刑罚心理

刑罚心理，是指社区矫正对象对刑事机关依法惩罚所产生的心理现象的总称。它是社区矫正对象在受到刑罚惩罚时所产生的心理反应。刑罚的本质是惩罚，在社区矫正中，它以剥夺或限制社区矫正对象的权利为手段，实现刑罚的价值。因此，社区矫正对象作为刑罚的直接承受者，它首先是对刑罚现实的反映，这其中，既包括了社区矫正对象对刑罚规范的反映，也包括了对刑罚过程的反映。同时，社区矫正对象也必然对社区矫正环境产生相对应的心理状态，三者产生的影响是全方位和多侧面的。

1. 刑罚的现实惩罚性使社区矫正对象产生消极情感和抵触情绪。刑罚是司法机关根据社区矫正对象的犯罪事实，依法对其法定权利予以剥夺或限制。这种惩罚是现实的，社区矫正对象不得不面对社区矫正的生活环境、生活方式和生活内容，必然会给社区矫正对象带来痛苦的情感体验，产生本能的抵触情绪。

2. 刑罚惩罚的因果性使社区矫正对象产生痛苦心理。在社区矫正对象看来，接受刑罚的惩罚是自己实施犯罪行为的结果，对自己社区矫正前后法律地位的变化，不能不在头脑中形成因果联系。而思考的结果，又会成为多种法律事实的起因，抚今追昔，思前想后，不由地产生痛苦的情感体验。

3. 刑罚惩罚的社会性使社区矫正对象产生失落心理。犯罪行为的社会危害性，必然受到社会公众的谴责，因此，对社区矫正对象的刑罚惩罚，不能不引起社会舆论的关注，必然会受到社会公众否定性的社会评价。这会导致社区矫正对象原有社会地位的丧失，受到人们的冷落甚至歧视，使社区矫正对象产生失落感。

4. 刑罚惩罚的可变性使社区矫正对象产生怨恨心理。刑罚的惩罚具有稳定性特征，但是，这种稳定性是相对的，在具备了一定的法定条件之后，又具有可变性。这种可变性在对社区矫正对象的社区矫正产生积极影响的同时，又和社区矫正对象的内在需求相矛盾，是需要社区矫正对象付出一定的代价的，因此，在社区矫正对象不能得到减刑或者由于法定事由收监执行时，就会产生怨恨情绪。

第二节　社区矫正对象常见心理问题

社区矫正对象的心理问题，“是个体在社会生活中因主客观因素影响而发生的内心体验异常和行为方式异常，以致不能顺利适应社会，自身痛苦并给社会造成消极影响的状况”。① 社区矫正对象心理问题，包括社区矫正前已经存在的心理问题和社区矫正中新产生的心理问题。

一、挫折反应

挫折是个体在从事有目的的活动时受到阻碍或干扰，致使其动机不能获得满足时的情绪状态。挫折反应是这种情绪状态为适应环境的自我调控。受到刑罚惩罚，对社区矫正对象来说无疑是人生中的大挫折，在心理上必然会产生挫折感。但是，面对社区矫正的现实，社区矫正对象又必须对这种状态进行调控，以适应社区矫正规范的要求，以便在社区

① 章恩友、姜祖祯主编：《矫治心理学》，教育科学出版社 2008 年版，第 59 页。

矫正环境条件下完善自我心态。社区矫正对象挫折反应的类型主要有：

1. 文饰作用，又叫合理化。这是一种消极应付和适应挫折情境的自我防御方式。它表现在某些情况下，“当个人的动机或行为不符合社会行为准则或不能达到个人追求的目标时，为减轻遭受挫折的痛苦和维护个人的自尊心，对自己的行为寻找借口做出某种解释”。[①] 也就是说，把自己的行为说成是正当合理的，以隐瞒真实情况，或掩盖错误、掩盖无能。有些所谓“正当合理”的解释，可能是自圆其说的“好理由”，进一步考察其真实动机，未必是“真理由”。有些社区矫正对象还可能歪曲事实来掩饰自己的过错，以期达到维护个人的自尊。因此，文饰作用总的特点是将不合逻辑的事情解释成合乎逻辑。

在社区矫正中，当社区矫正对象个人的动机或行为不符合社会行为准则或不能达到个人追求的目标时，为减轻遭受挫折的痛苦和维护个人的自尊心，社区矫正对象往往为自己的行为寻找借口并作出某种解释，如怨天尤人、强调事实需要、援引成例为己辩解等。所谓怨天尤人，就是把自己的过失归咎于自身以外的原因或推卸责任以减轻内疚的一种适应方式。总之一切过错都不由自己负责，而是由客观原因造成。所谓强调事实需要，是将个人的不合理行为，尽量解释为有客观上的需要，目的在于使社区矫正工作者、管理者或其他人觉得自己有“不得不”的苦衷，以取得谅解和保持个人的自尊。总之，他们可以找出各种冠冕堂皇的事实需要而使自己的过失不受责难。所谓援引成例为己辩解，就是引用现成的例子以证明自己行为的合理性，并以“罪不加众”的理由来减轻个人过失的愧疚感，为自己的过错开脱。在社区矫正对象中常见的文饰作用有：以个人好恶为理由，掩饰错误，维护自尊；将错误或过失归因于个人以外的原因，或推卸责任，以减轻内疚等。

2. 隔离作用。就是社区矫正对象把感觉到的部分事实与意识境界中的观念隔离开来，不让自己意识到感觉的部分，以免引起精神上的不愉快。

3. 转移作用。就是社区矫正对象把对某一对象的情感因无法向其所针对的对象直接表现时，会转向另一个比较可以接受的对象身上，以减轻自己心理上的负担。在社区矫正中表现为，将凶狠而又无法直接发泄的情绪，发泄到其他对象身上。

4. 压抑作用，压抑作用是一种消极的防御方式，“个体把意识所不能接受的冲动、情感经验等排斥于个人意识领域之外，使其不为自己所觉知，以解除自己心理上的负担与紧张”。[②] 此方式是当个人在生活中可能引起的挫折以及与欲望有关的情感、思想被压抑时，个人一方面将其否认，以防引起痛苦的经验再度发生；另一方面将其排除在个人的记忆和意识之外，以减轻暂时的焦虑。由于压抑作用不可能消除焦虑，容易将焦虑由意识的境界压抑到潜意识的境界，当有了适当条件仍会以改头换面的形式表现出来。例如，有些社区矫正对象在日常生活中出现动作失态、记忆错误以及心理失常等心理疾病，就是将不良心理问题压抑到潜意识后的表现和后果。由此可见压抑作用是将不良心理问题压抑到潜意识阶段，只能保持一定时期的心理安宁，而不能从根本上解决问题。

5. 认同作用。“认同作用是一种情感的移入过程。在这一过程的进行和结果中，个体与他人之间存在的情绪联系（情感移入）的基础，有意识或无意识地使自己同化于他人，

① 朱智贤主编：《心理学大词典》，北京师范大学出版社 1989 年版，第 712 页。

② 朱智贤主编：《心理学大词典》，北京师范大学出版社 1989 年版，第 825 页。

或使他人被自己同化，并且假若自己成为那种人，或那种人成为自己，就使自己像那种人行动，或那种人像自己行动”。① 认同作用主要表现在社区矫正对象个体与群体（人群共同体、团体等）之间，个体以群体为认同对象，其过程也是在情感移入的基础上，使自己与群体同化，并把自己作为群体的一员，遵循群体规范，与群体共同行动。

我们对社区矫正对象的挫折反应，可以从以下四个方面来解析：第一，社区矫正对象的挫折反应发生在其为达到一定目标而实施某种行为手段的过程中，这时，社区矫正对象已经实现了一定的“外显”行为。第二，社区矫正对象的行为手段在通向需要目标的道路上，遇到了障碍或干扰。在这一障碍或干扰面前，社区矫正对象既不改变行为，绕过障碍去达到目标，也不改变自己的行为目标，即改变行为方向，而是在障碍和干扰面前无路可走，不能达到目标。第三，面临障碍和干扰的出现，社区矫正对象尽管采取了一定的手段，经过了一定的努力，但其动机仍然得不到满足。这种得不到满足的状况，可能有两种结果：一是行为结果与自己的动机不相关，如社区矫正对象的违规心理外化为违规行为，受到了应有的惩罚；二是行为结果与自己的动机相关，但远远不能满足动机的需求。第四，社区矫正对象的挫折反应作为一种情绪状态，是社区矫正对象主观意识对社区矫正客观现实的反映。

二、焦虑心理

焦虑心理是“一个人预料将会有某种不良后果产生或受到威胁时出现的一种不愉快的情绪体验，并为此而紧张不安、忧虑、烦恼、担心、恐惧等心理现象。这是心理应激引起矛盾冲突所产生的主要心理状态”。②

焦虑心理在主观上让人感到紧张、不快，甚至痛苦，并主要表现为交感神经系统的机能亢奋，它是应激状态下的一种适应行为，包括认知反应、行为反应和生理反应三种反应成分。认知反应是指行为人认识到危险的或者有害的刺激情境时所体验到的恐惧感和受威胁感；行为反应是指行为人迅速逃避有害的现场、坐立不安等表现；生理反应则是指行为人植物神经系统活动增加，肾上腺素分泌增强，血压升高，心率加快，手掌出汗，面部血管收缩，唾液分泌减少，唾液变浓，肌肉内血糖大量分解和血中乳酸增多，严重的甚至出现姿势僵直、身体颤抖等反应。

社区矫正对象的焦虑心理与心理的应激相联系，一定程度的焦虑反应，既可动员机体的生理防卫机制，对即将来临的危险、威胁采取适当的行动，又可增强社区矫正对象的心智活动，以摆脱面临的困境。但如果社区矫正对象长期地或过度地出现焦虑反应，会导致心理失衡，形成不良心理。

事实上，在社区矫正条件下，任何情境都会使社区矫正对象产生焦虑心理，从而威胁其机体康宁，如家庭生活的威胁，社会评价对个人自尊的威胁，超过社区矫正对象个体能力限度的来自各方面的压力，各种矛盾冲突和面对的人生挫折情境等。

---

① 于真、许德琦主编：《调查研究知识手册》，工人出版社 1986 年版，第 361 页。

② 连春亮、张峰著：《人文关怀下的罪犯心理》，群众出版社 2006 年版，第 22 页。

一般来说，社区矫正对象所产生的轻度焦虑，不仅对其无害，而且可以激发他们社区矫正的积极性，唤回他们泯灭的良知，促进人体功效发挥；但是，强烈的焦虑反应却是有害的，是对社区矫正对象社区矫正和身心健康发生损害的主要心理障碍之一。在社区矫正中，社区矫正对象不仅感到刑罚惩罚的痛苦，而且受到了社会的否定性评价，同时还受到各种现实问题的困扰。这些使社区矫正对象具备了产生焦虑反应的内外因素。

三、消极适应心理

社区矫正环境决定了社区矫正对象对自己社会生活的不可选择性，面对社区矫正中新的生活方式、生活内容和新的人际关系，必然会使社区矫正对象产生消极适应心理。社区矫正对象的消极适应心理，突出表现在适应机制上。社区矫正对象的适应机制反映在社区矫正对象对环境变化的适应水平上，即在环境突然变化以后，社区矫正对象用习惯了的行为方式不能适应，于是自觉不自觉地采取一系列的方法，以减少紧张，减轻焦虑，维护自我心理上的平衡。在消极适应心理支配下，社区矫正对象会产生以下三种应对机制：第一，消极适应机制——自我逃避机制。这是社区矫正对象对复杂的社会人际关系感到生疏或害怕，而采取的一种消极的自我防卫手段。这种社区矫正对象对社区矫正感到恐惧，具有深深的闭锁心理，总是避免同别人接触，自我评价低，对自己的弱点和处境过于沮丧，有明显的悲观情绪。第二，不能适应机制——自我防御机制。当社区矫正对象遇到挫折或精神受到干扰，而又不能以合理的、正常的方法解决问题时，便采取一种非理性的手段自我安慰，以达到心理平衡。第三，积极适应机制——攻击机制。有些社区矫正对象由于欲求不能满足，在攻击动机驱使下，采取越轨行为。总之，社区矫正对象的消极适应心理直接影响了社区矫正对象对刑罚规范的评价和认知。

四、自卑心理

在一定的条件下，人人都会产生自卑感。但是，如果人的自卑心理到了影响学习和工作的程度，就成为心理障碍。所以，自卑是一种因过多地自我否定而产生的自惭形秽的情绪体验。自卑感是一种觉得自己不如他人并因此而苦恼的情感。有这种心理状态的人，常常对自己的能力、品质等作出偏低的评价，总认为自己比别人差而悲观失望、丧失信心。通常情况下，自卑感强烈的人，往往有过某一种特别严酷的经历，有过心理创伤。但是，同样的心理创伤，并非所有的人都会产生自卑感，因为心理创伤并不是完全起因于外部的刺激，它还有其主观因素：性格。自卑感较强的人，一般具有小心、内向、孤独和偏见、完美主义等性格特征。

有的心理学家认为，自卑感是人在成长过程中不可缺少的东西，因为任何人都会有所不足，因而也就极易产生自卑，为了克服自卑，便要努力奋斗。反过来说，自卑感并非都是激励人的因素，更多的是阻碍一个人的正常发展。与此同时，长期被自卑感笼罩的人，不仅自己的心理活动会失去平衡，而且生理上也会发生变化。最常见的是心血管系统会受到损害。而生理上的变化反过来又影响心理变化，加重人的自卑心理。因此，应该尽力解脱束缚自己的自卑绳索，打开自卑的枷锁。

社区矫正对象的自卑心理，是社区矫正对象在社区矫正过程中，由于遇到挫折、生理上的缺陷等而产生的一种心理现象。一般来说，社区矫正对象因“敢于”触犯刑律受到刑罚惩罚而给人以“强者”的印象，而事实上在其“强者”的外表之下，又无不体现着弱者的自卑心理。① 他们有的因自身缺陷、家庭贫困等原因感到己不如人，产生自卑心理；有的因受到刑罚惩罚、自感受到歧视等产生自卑心理；有的怨恨自己命运不好、生不逢时等产生自卑心理；有的因社区矫正中违规受罚、减刑无望、人际关系紧张等产生自卑心理。凡此种种，社区矫正对象在这种心理的支配下，对社区矫正缺乏信心，时常有一种失落感。现代心理学的研究表明，具有自卑心理的社区矫正对象，总是和自卑型人格或“失败型人格”紧密相关，而具有这种人格的社区矫正对象，常常表现为害怕问题，怕担责任；碰到困难，缺乏信心，畏首畏尾；遭遇挫折，颓废消沉，自暴自弃。自卑心理既会引起社区矫正对象的消极矫正教育，又会诱发社区矫正对象的自暴自弃行为。

社区矫正对象产生自卑心理的原因，从其浅表层次的直观因素来看，是与其所处的社区矫正环境、社会地位密切相关的。一般来说，社区矫正对象进入社区矫正后，并不意味着他们良知的彻底泯灭，也并不是社区矫正对象存在各个方面的社会化缺陷，而他们只是在一方面或几方面社会化不完全，需要再社会化。除此之外，大多数社区矫正对象还有最基本的道德观念、是非观念，在此道德观念和是非观念的支配下，社区矫正对象通过和自己同龄人的比较，势必会使自己产生己不如人的自卑心理。同时社区矫正对象自卑心理的产生，还与社区矫正对象自身的性格、成熟程度、期望值大小、社会价值观念、遭受挫折的性质、自信心的强弱、心理素质的优劣等一系列因素有着实质性的关系。

社区矫正对象的自卑心理是心理失衡的一种表现形式，对于有自卑心理的社区矫正对象，在社区矫正中，应该不断地诱导他们总结受挫折的经验教训，帮助他们正确认识社会、认识人生、认识自我，使之不断探讨改变自身行为或目标的方法，以便防止罪犯消极激情的发生，鼓励他们树立自尊、自信的信念，逐步建立起坚定的社区矫正的信心，使社区矫正对象的自卑心理转换成促进自身改造的动力。

五、不满心理

不满心理是社区矫正对象在社区矫正过程中表现出来的最为普遍的一种心理现象。主要表现为由于各种各样的欲望和需求不能全部如愿以偿而产生的灰心丧气、焦躁不安等情感上的混乱状态。不满心理具体表现在：对刑罚惩罚不满；对自己被社区矫正不满；对社区矫正的管理方式不满；对刑事执行的各项规章制度不满；对监督管理规范的严格约束不满；对社区矫正过程中所遇到的一些具体生活事件、具体人不满等。

总之，凡是在社区矫正过程中，对社区矫正对象所采取的各种方法、手段、措施和对策，因具有法律的惩罚性和强制功能，都会对社区矫正对象的心理产生刺激，使社区矫正对象感到不适，所以都有可能成为引起社区矫正对象内心不满的因素。从社区矫正

---

① 连春亮、张峰著：《人文关怀下的罪犯心理》，群众出版社 2006 年版，第 30 页。

对象的需要结构来看，在欲求不能满足的状态下，会出现缺乏适应性的种种异常行为。社区矫正对象这些异常行为往往不愿或不敢在社区矫正工作者面前流露，而是通过表面伪装加以掩饰，或者通过自我抑制的方法来恢复对社区矫正的适应性尝试。有时，社区矫正对象的这种思想情感是在无意识中产生的，这就是社区矫正对象的内在心理防卫机制，它对人的心理机制的调节有时是一种生理性的本能活动。但是，社区矫正对象的这种不满心理可能被掩盖于一时，也可能表面上暂时得到解决而不暴露出来，然而，由于它是社区矫正对象的一种心理活动，很难长久地掩饰下去，因而随时都有可能被捕捉和觉察。

一个存有欲求不满心态的社区矫正对象，往往易于在社区矫正中产生攻击性行为，以此来发泄这种消极的情感。而这些攻击性行为，有时直接指向被社区矫正对象认为是直接引起他们欲求不满的人和物。但是，在大多数情况下，社区矫正对象由于惧于其刑罚惩罚的法律地位，而不敢明目张胆地把矛头直接指向社区矫正机构或社区矫正工作者，有时会利用心理防卫机制的转移作用，把不满情绪转向与引起欲求不满没有直接关系的对象身上。实质上，这也是社区矫正对象发泄不满心理的一种途径或方式。

六、愧疚心理

社区矫正对象的愧疚心理是指社区矫正对象对自己的犯罪行为，或回顾自己做过的错事，或说过的错话等行为感到悔恨的一种心理现象，这种心理偏执发展就会形成类似“祥林嫂式”的心理疾患，影响罪犯的改造。

在社区矫正的过程中，我们可以发现，几乎所有的社区矫正对象都曾不同程度地沉陷于对往事的追悔与愧疚之中，只不过社区矫正对象的这种愧疚心理在其表现形式上有所差别而已。有的表现于外部，从言行中流露出来，自认为自己不应受到刑罚惩罚，但是，内心斗争却十分激烈，在一定的时期和一定的阶段内都会产生悔恨心理。从社区矫正的全过程来看，社区矫正对象愧疚心理的表现形式可分为积极的愧疚和消极的愧疚两种。积极的愧疚，就是社区矫正对象谈及或回顾过去自己所做的错事，以及自己的犯罪行为，总是深入地进行思索，自我反省，并在沉思和反省之中总结出教训，以致在内心发誓不重蹈覆辙。消极的愧疚心理，是指社区矫正对象为自己曾经犯过的罪行或做过的错事而难过、悔恨，但这种难过和悔恨是逆向性的，如认为自己犯罪手段不高明、计划不周全而被抓获；选错了犯罪同伙；自己的犯罪行为与所受刑罚惩罚相比，是量刑过重，感到吃亏等。有些社区矫正对象缺乏自我矫正教育的心理基础和坚强意志，在社区矫正中，总是悲观消沉，消极度日，或者置监督管理制度、行为规范于不顾，而违法违纪甚至是重新犯罪。还有一些社区矫正对象在社区矫正中时好时坏、忽冷忽热，没有一种稳定的悔恨情绪体验。实质上，社区矫正对象的这种愧疚心理不仅没有价值，而且还有消极作用。

社区矫正对象的愧疚心理，既受社会环境的影响和制约，也受社区矫正对象已有的心理素质、态度、个性等因素的影响和制约。因此愧疚心理的形成和改变是一个再社会化的过程，对社区矫正对象进行再社会化的若干因素，就是影响愧疚心理形成和改变的诸因素，它们有着内在的联系。例如，社会、文化教育、家庭、社区矫正工作者等因素的影响，都有积极和消极之分，也就是说，在宏观社会环境的影响下，社区矫正对象可能形成积极的愧疚心理，也可能形成消极的愧疚心理。反而言之，这种愧疚心理的形成固然受制于宏观社会环境，但是，社会环境中各种因素或成分的影响力，只有通过社区矫正对象个体的活动、吸收、内化，才能成为内在的因素，并实现其作用。由此可以看出，社区矫正对象的愧疚心理，除了受宏观社会环境因素的影响和制约以外，还受社区矫正对象的主体因素即内在心理活动和生理机制的影响。

七、自我闭锁心理

人类的内心世界是由感情凝结而成的，所以人与人之间才能建立起诚挚的友谊；才能在夫妻间建立起成功美满的婚姻和家庭；社会也才能通过感情的纽带真诚沟通。真挚的感情无影无形，但它却比任何实际东西都更有价值。

由于社区矫正对象自身的法律地位的影响，在社区矫正中，不少社区矫正对象具有自我闭锁心理。但是，以往对社区矫正对象进行心理矫治的实践证明，完全自我闭锁的社区矫正对象并不多，很多社区矫正对象只是在某些领域具有闭锁倾向。自我闭锁心理是指社区矫正对象进入社区矫正后，自觉或不自觉地将自己的心理活动进行自我封闭，不轻易外露自己的内心世界和情感等，甚至把自己与别人隔绝开来的一种心理现象。具有自我闭锁心理的社区矫正对象，在行为上同其他人没有太大的区别，突出的表现是缺乏自信，认为自己很平庸，其他人都比自己强，对外界的信息往往不愿主动地分析和接纳，认为那些与自己无关。在对社区矫正对象矫正教育过程中，社区矫正对象常常由于教育的内容、教育的方法、教育的环境或者由于自身的生理、心理等因素，而进行自我封闭、自我隔绝，不愿意与社区矫正工作者进行心理交流，拒斥矫正教育活动。社区矫正对象的闭锁心理具有以下特征：

第一，隐蔽性。所谓隐蔽性，是指社区矫正对象的心理活动在特定的环境中或一定的时期内，没有明显的表现或显著的反映形式，社区矫正对象的各种心理冲突以及对事物的情绪体验埋藏于心灵深处而不外露。

第二，封闭性。闭锁心理的一个最显著的特征就是封闭性，它是一种带有明显自我封闭倾向的独立的心理活动。随着社会知觉、情绪体验、生活经验的日益丰富，内心世界秘密的增多，自尊心的增强，社区矫正对象会自觉不自觉地采用消极的闭锁心理的方式关闭自己的内心世界，试图把自己关在一个小天地里，不轻易向别人，包括自己的亲人、朋友、社区矫正工作者等敞开自己的心扉，而显露出一种特有的心理封闭性。

第三，自我中心性。闭锁心理带有明显的以自我为中心的特点。社区矫正对象只凭自己的信念，为人处世完全从自己的认识和喜好出发，认为自己的认识和态度是唯一正确的，一旦发现外部世界对自己认可的这个“自我”不予承认，便封闭内心世界。

第四，两面性。闭锁心理的两面性也是社区矫正对象心理矛盾性的一种体现。一方面，由于社会经验的日益丰富、个性的逐渐明朗化和自我意识的发展，社区矫正对象愿意通过人际交往获得他人的肯定和认可，渴望被人理解；另一方面，由于社会阅历尚浅，社区矫正对象心理承受力低，不愿意与人多接触，向人倾谈自己的思想、感受、愿望和理想，将自己的内心感受深深隐藏起来，从而呈现心理活动的闭锁性与相对开放性并存的特点。

第五，自我防卫性。闭锁心理具有自我防卫的特点。心理学研究表明，人有一种“心理防卫机制”，当社区矫正对象在实际交往中遇到挫折或阻碍后，为避免再次受伤害，对周围的人会持戒备心理，把自我封锁于内心，抑制自己的欲望、思想和情感，只在自我内心寻求安慰和满足。

第三章 异常心理及其症状

社区矫正对象的矫治心理包括常态矫治心理、常见心理问题和异常心理。在其他章节中，分析了社区矫正对象常见的心理问题，本章介绍社区矫正对象的异常心理、异常心理形成原因与影响因素，以及异常心理在症状上的表现。

第一节 异常心理及其成因

一、异常心理

人的心理状态会受到很多因素的影响，人的成长、环境的更迭时刻都在发生，不存在心理上一成不变或者完美无缺的人。

异常心理学（abnormal psychology），又称为变态心理学，是专门研究异常心理现象的发生、发展和变化规律的一门科学，是心理学的一个分支。

广义上的“异常”指的是对正常的偏离，是对各种心理或行为异常的总称；狭义上的“异常”指的是这种偏离已经达到一定的严重程度，显著影响了人们的正常生活和日常功能，并且病人深感痛苦，也就是具有诊断意义的异常①。

在社区矫正实践中，存在异常心理问题的矫正对象虽然是少数，但却给工作的有效开展造成了极大的障碍，故需要特别关注。学习和研究社区矫正对象的异常心理状况，能帮助社区矫正工作者了解异常心理现象产生的原因和症状表现，及时发现并积极应对，有效提升社区矫正工作的质量。

二、异常心理的评价标准

要对异常心理现象进行学习和研究，首先就要学会区分心理正常和心理异常，通常以郭念锋教授提出的以下三个原则（病与非病三原则）② 作为依据：

---

① 刘新民主编：《变态心理学》，人民卫生出版社 2008 年版，第 2 页。

② 郭念锋著：《临床心理学》，科学出版社 1995 年版，第 167 页。

（一）主观世界与客观世界统一性原则

心理是客观现实的反映。任何正常的心理活动或行为都必须与客观环境保持一致。在社区矫正中，社区矫正对象的认知、思维或者意向行为与现实不符或者脱离现实，我们就可以认为他的心理活动是异常的。例如，某社区矫正对象坚称在自己不表达的前提下，身边的每一个人都能知道自己的想法，但是这很明显与客观现实不符。人的精神或行为只要与外界失去统一性，必然不能被人理解。

（二）心理活动内在协调性原则

虽然人类的精神活动可以被分为知、情、意等部分，但是它自身是一个完整的统一体。各个心理过程之间具有协调一致的关系，这种协调一致性保证人能够准确、有效地反映客观世界。例如，当某社区矫正对象遇到一件令人愉快的事，会产生愉快的情绪，手舞足蹈，欢快地向别人述说自己内心的体验。这样，我们就可以说他有正常的精神与行为。如果不是这样，社区矫正对象用低沉的语调，向别人述说令人愉快的事；或者社区矫正对象对痛苦的事，作出快乐的反应，我们就可以说他的心理过程失去了协调一致性，称为异常状态。

（三）人格相对稳定性原则

在长期的生活道路上，每个社区矫正对象都会形成自己独特的人格心理特征。人格一旦形成便具有相对的稳定性，在没有重大变革的情况下，不易发生改变。如果在没有明显外部原因的情况下，社区矫正对象的人格出现巨大变化，我们也要怀疑这个人的心理活动出现了异常。例如，一个曾经开朗活泼的人，突然变得沉默寡言；一个性格温和的人，突然变得暴躁易怒。如果在他的生活经历中没有什么事情足以促使他发生改变，那么他的精神活动已经偏离了正常轨道。

在临床实践中，仅仅依靠三原则不能作出准确的判断。因此，在识别心理正常和心理异常时，应该参考多个标准进行分析。张伯源、陈仲庚提出下列区分标准①：

1. 以个体经验为标准

个体经验包括两个方面，其一是病人自己的主观体验。社区矫正对象自己感觉到脑子乱、心情不好、暴躁、易怒、惶恐不安，或者难以控制自己的行为，或者发现自己的情绪和行为与以前大不相同。这个标准通常适用于具有自知力的社区矫正对象。其二是观察者从自己的角度出发，根据经验判断社区矫正对象是否正常。通常无自知力或者自知力不全的社区矫正对象，家人的观察和判断可以作为参考的依据。但是不同观察者的判断标准通常因人而异，具有专业知识和丰富临床经验的观察者通常能得出较为可信的结论。

2. 社会常模和社会适应的标准

在正常情况下，人们的行为都能符合社会准则，人们都能按照社会规范行事，他们的

① 张伯源、陈仲庚编著：《变态心理学》，北京科学技术出版社 1986 年版，第 3~6 页。

行为和大多数人是一致的，也就是符合社会常模，是适应性行为。如果社区矫正对象不能按照社会准则的要求行事，致使行为后果对个体和社会不适应时，我们就会认为此人是异常的。比如，某社区矫正对象坚持认为走路应该靠左边，因为人的心脏在左边。这就与社会准则相违背，通常认为是异常的。

3. 病因与症状存在与否的标准

此标准是医学模式常用的标准。人们心理现象的产生都是以大脑作为物质基础的。医学标准认为，存在心理障碍的病人会在脑部存在病理过程。例如，患有阿尔茨海默病的病人出现记忆障碍、失语、人格和行为改变等认知功能障碍和行为损害，脑部检查会发现存在脑萎缩、颞叶和海马萎缩等。这个标准比较客观，但是也有缺陷，不是任何的心理障碍都有可测量的生物学指标。

4. 统计学标准

通常人们的心理测量结果都是正态分布，大多数人的结果居中，属于正常范围，只有少数人的结果处于两端，则被认为是异常的。所以，根据个体的心理特征偏离平均值的程度来判断他的心理属于正常状态还是异常状态，偏离程度越大则越不正常。目前很多心理测验都是以此为标准的。但是这个标准也有缺陷，比如智力超常的人也会因为偏离平均数被认为是异常的，而且不是每个测验都符合正态分布。

专业人员在进行心理障碍的诊断时，通常使用医学诊断分类描述体系。中华医学会精神病学分会出版有《中国精神障碍分类与诊断标准》（*Chinese Classification and Diagnostic Criteria of Mental Disorders*，CCMD），美国精神医学学会（APA）出版有《精神障碍诊断和统计手册》（*Diagnostic and Statistical Manual of Mental Disorders*，DSM），世界卫生组织（WHO）出版有《疾病和有关健康问题的国际统计分类》（*International Statistical Classification of Diseases and Related Problems*，ICD）。这些诊断系统为异常心理的诊断提供了良好的依据。目前，临床上使用较多的是 2013 年发布的《精神障碍诊断和统计手册（第五版）》（DSM-5）和 2018 年发布的《疾病和有关健康问题的国际统计分类（第 11 版）》（ICD-11）。

正常心理状态和异常心理状态是相对的，是一个不断变化的连续体，中间存在灰色地带，可以相互转化。

三、社区矫正对象异常心理形成原因

长期以来，学者们对异常心理现象进行了大量研究，一致认为个体出现异常心理现象的原因是多方面的，但是具体哪些因素是直接因素至今尚不明确。不过，通常我们会从遗传与生物学、心理社会学和社会文化学角度对与异常心理现象相关联的因素进行分析。

（一）遗传与生物学因素

遗传与生物学因素通常是我们在分析致病原因时首要考虑的因素。在进行原因分析的实践中，通常遵循的是先分析遗传与生物学因素，而后再进行心理学和社会学原因分析。因为我们需要考虑，心理问题的产生是否与生理变化有关系，两者的发展过程中谁是因谁是果，能否通过对生理疾病的治疗来改善心理问题的症状。

1. 遗传

遗传的本质是基因的代际传承。基因是携带遗传信息的染色体片段，是控制生物性状的基本单位。正常人有23对染色体，每对染色体中一条来自父亲，一条来自母亲。很多心理现象都能找到遗传基础，如智商、性格等。几乎所有精神障碍都能找到不同程度的基因根源。在精神疾病患者的家庭中，精神疾病的患者数量明显比普通家庭多，而且血缘关系越亲近，出现精神疾病的概率越大。例如，对精神分裂症的研究发现，父母一方是精神分裂症，子女的终生患病率是13%，患病风险是普通人的10倍；父母双方都是精神分裂症，子女的患病风险是46%①。

2. 躯体疾病

躯体疾病与心理障碍的原发继发关系较为复杂。如果是躯体疾病引发的心理障碍，我们称之为身心疾病；如果是心理障碍引发的躯体疾病，我们称之为心身疾病。例如，可能是出现重大生活事件的刺激导致社区矫正对象出现了抑郁情绪，从而出现失眠、易疲劳等生理反应；也可能是大脑某些部位病变引发了社区矫正对象出现了抑郁状态。大脑是心理活动的物质基础，大脑出现结构性的变化就可能导致心理障碍。某些躯体疾病也可能刺激中枢神经系统，影响神经系统的高级功能，从而引发精神症状。不仅如此，不少生理疾病常伴随着痛苦，作为一种负性刺激，可能引起社区矫正对象的焦虑、恐慌等负面情绪。

3. 神经生化

一些神经递质的变化可能引起心理状态的改变，如乙酰胆碱与神经兴奋性有关；去甲肾上腺素功能不足与重度抑郁有关；儿茶酚胺类物质与情绪活动有密切关系。下丘脑、垂体、甲状腺、肾上腺、性腺等功能障碍引起的激素的变化也可能是促使心理障碍产生的原因，如女性月经期前和产后情绪的改变与性激素的变化有关；皮质类固醇的浓度改变可能导致个体出现抑郁、躁狂、焦虑等情绪。不仅如此，某些精神活性物质如毒品、酒精等会刺激大脑，或者治疗某些疾病的药物可能存在副作用，会以心理症状的形式表现出来，比如烦躁不安、失眠、心慌等，甚至出现幻觉妄想。

4. 性别年龄

性别年龄不是引发心理障碍的因素，但是某些心理障碍通常有易发病的特定性别和年龄阶段。例如，产后抑郁症和更年期抑郁症多发于产后和处于更年期的女性；多动症、自闭症通常发病于儿童时期；窥阴癖和露阴癖通常多发于男性。

（二）心理社会因素

每个人都是社会化的结果。现实生活中的人都不是孤零零的生物体，而是生活在家庭、学校、单位、组织等集体之中。人们需要维持社会关系，处理生活事件，心理状态也必不可少地受到他人和社会的影响。在这里，我们主要阐述几个常见的心理社会因素。

1. 社会支持水平

社会支持（social support）是个体获得来自社会方面的关心、爱护、尊重和帮助，比

① Tsuang M. Schizophrenia：genes and environment［J］. Biological Psychiatry. 2000，47（3）：210-220.

如家庭的温暖、朋友的关爱等。社会支持包括主观支持、客观支持和对支持的利用度。主观支持是个体自我感觉获得别人支持的程度；客观支持是个体实际上获得别人帮助的程度；对支持的利用度是个体在需要帮助时，能够利用别人帮助的程度。社会支持水平对于提高个体心理健康水平有很大帮助，能显著降低抑郁、焦虑等不良情绪，也能显著缓解孤独感。社会支持对于个体异常心理症状的缓解和治疗也有较大帮助。家人的支持、朋友的理解、社会的包容能极大程度地提升社区矫正对象的心理健康水平。靳高风等对中美校园暴力袭击犯罪者的特征进行研究，发现这些暴力袭击者的相同点就是社会支持缺乏。缺乏社会支持会使他们的心理支持、社会控制弱化，内在精神世界崩塌，心理应激反应机制丧失，处于精神紧张状态，难以适应社会进而容易实施暴力犯罪①。

2. 应激性生活事件

应激性生活事件（stressful life event）是指在生活中需要做适应性改变的任何环境变故，如校园欺凌、转学、失业、家人离世、地质灾害、新冠疫情等。应激性生活事件通常是重大变故，事件的发生对人具有重大意义。人们为了适应新的变化可能出现紧张、焦虑、抑郁、痛苦、恐怖等适应性情绪，也可能引发恶心、头晕、胸闷、失眠、头疼等躯体化症状。这些给正在经历事件的人们造成较大的心理压力，给学习、生产和生活带来较大影响。不仅如此，挫折—攻击理论认为，人们的动机和行为遭到挫折后，还可能会出现攻击和侵犯行为，引起犯罪②。社区矫正对象通常经历了犯罪、逮捕、审判等过程，这都是强度较大的应激性生活事件。这些事件有可能成为应激源，引发社区矫正对象的心理和精神问题。杨德森和张亚林于 1986 年编制了生活事件量表（Life Event Scale，LES），含有 48 条我国较常见的生活事件，其中就包括“被拘留、受审”等相关条目③。

3. 家庭环境

人从出生开始，最先接触的社会元素就是家庭，家庭是社会的最小单元。我们的性格的形成，为人处世的方式，甚至是人生观、世界观、价值观的形成都离不开家庭环境的作用。父母的亲密关系、人格特质、榜样作用、教养方式、亲子关系、依恋水平、留守经历等因素时刻对我们的心理过程产生影响。周晓琴等发现，婚姻状况不良的父母较少关注孩子的状况，孩子缺少父母的关爱和引导，会出现行为情绪问题。而家庭教养环境如焦虑型亲子依恋、过度偏爱和保护会影响青少年的犯罪行为和情绪④。也有研究者发现，不和谐的家庭环境会导致青少年品行障碍⑤。

---

① 靳高风、李易尚：《中美校园暴力袭击犯罪比较研究——基于 94 起典型案件的调查分析》，载《中国人民公安大学学报（社会科学版）》2017 年第 6 期。

② 戴维·迈尔斯著：《社会心理学（第 11 版）》，人民邮电出版社 1995 年版，第 356~357 页。

③ 戴晓阳：《常用心理评估量表手册（修订版）》，人民军医出版社 2010 年版，第 60~64 页。

④ 周晓琴、李泽爱、李晓驷等：《犯罪青少年和青少年情绪障碍患者的心理社会因素特征研究》，载《安徽医科大学学报》2014 年第 12 期。

⑤ 张惠敏、宁丽、刘彩谊等：《品行障碍青少年父母教养方式及家庭环境的研究》，载《中国药物依赖性杂志》2011 年第 4 期。

（三）社会文化因素

人们不仅要受到家庭、集体的影响，作为社会的一分子，每个人都会受到社会环境和社会文化的熏陶。来自同一个社会文化群体的成员身上往往存在相似的地方，这会对个体心理状态产生影响。例如，对精神病的临床研究表明，其典型症状幻觉和妄想的内容无论如何离奇古怪、荒诞可笑，都是患者曾感知过、思考过、与特定文化背景有关的事物。

社会的变迁可能是异常心理出现的影响因素。当今社会变化的速度和广度与先辈们在以往任何时候所经历的事情都是不同的。社会生活的方方面面都受到了较大冲击，如教育、工作、生活，甚至是人生观和价值观等方面。我们需要根据不断发生的变化做出大量调整，这也给我们带来巨大压力。如果无法跟上时代的节奏，个体就可能出现失落、无助，甚至是绝望。

社会经济地位会影响异常行为的发生。一般来说，经济地位越低则心理障碍的发生率越高，但是也有个别心理障碍表现出相反的倾向。通常社区矫正对象生活环境动荡，往往面临着就业困难，大部分人社会经济收入较低，他们需要面临更多的生活压力和应激性生活事件，导致对心理疾病易感性较高。

不仅如此，社会对社区矫正对象的歧视也会成为社区矫正对象异常心理出现的原因。由于曾经犯过罪，很多矫正对象会遭到家人拒绝、社会排斥，在面对社会生活时承受了较大的心理压力，出现焦虑、痛苦、自卑等负面情绪，甚至可能出现精神崩溃。

第二节　异常心理的症状

很多心理障碍常常伴随着精神症状，异常心理活动会随着人的外显行为，如语言、动作、表情等表现出来。目前许多心理障碍的病因尚不清楚，缺乏有效的生理指标来对心理障碍进行科学、有效的诊断。目前的诊断主要依据精神检查发现精神症状，再结合个体的病史、家族史进行疾病的分类诊断。心理障碍的症状学是变态心理学的基础，是对矫正对象进行心理诊断和评估的依据。因此，本节主要介绍异常心理在症状学上的表现，以便社区矫正工作者能及时发现社区矫正对象的异常心理状态，对社区矫正对象进行初步的心理判断，给予及时、恰当的干预和处理。

精神检查通常采用观察、交谈和心理测验相结合的方法开展。由于精神症状的内隐性、复杂性，同样的症状可能会在不同的精神疾病中表现出来，加之某些病人失去了自知力，所以仅仅依靠一种方法，得出的结果往往是不可靠的。有时候精神症状不会持续出现，这就需要仔细反复观察。

在对社区矫正对象进行精神检查时，要将个体现在的情况与过去一贯的表现进行对比，与大多数正常人的表现进行对比，也要结合个体的心理背景和所处的环境进行分析。

不同的精神症状也具有相同的特点：精神症状的出现通常不受个体的控制；一旦出现，很难通过注意力的转移令其消失；症状的内容与客观环境不相称；精神症状会给个体带来不同程度的社会功能损害。

精神症状的种类很多，为了方便学习，也沿用普通心理学中对个体心理活动的分类，我们将心理障碍的症状分为认知障碍、情感障碍、意志与行为障碍。

一、认知障碍

在普通心理学中，认知活动包括感觉、知觉、记忆、想象、思维和语言等。社区矫正对象在认知活动中的某一方面出现问题，会产生相应的精神症状。根据认知活动的内容，我们重点介绍认知障碍中常见的感知觉障碍、思维障碍、注意障碍、记忆障碍、智能障碍和自知力障碍。

（一）感知觉障碍

感觉（sensation）是人脑对直接作用于感觉器官的客观事物的个别属性的反映，如红色、甜味、刺耳、香味分别是视觉、味觉、听觉和嗅觉。感觉是认识过程中最简单的阶段。知觉（perception）是人脑对客观事物的整体属性的反映，是对感觉信息的综合与解释。如看到苹果，它是红的、圆的、甜的、香的、硬的，这都是我们对物体个别属性的认识，是感觉；经过大脑的综合，结合过去的经验，我们知道这是一个苹果，这是对事物整体属性进行认识，是知觉。感知觉是认识开始的阶段。临床上将感知觉障碍分为感觉障碍、知觉障碍和感知综合障碍。

1. 感觉障碍

感觉障碍（disorders of sensation）是患者在认识事物的个别属性过程中出现了困难和异常。常见的感觉障碍有感觉过敏、感觉减退、内感性不适和感觉倒错（见表 3-1）。

表 3-1 感觉障碍的分类

名称	特点	举例	常见疾病
感觉过敏	个体的感受性提高，感觉阈限降低，对外界低强度或者一般强度的刺激表现出较强的反应	社区矫正对象感觉到一般强度的阳光刺眼，别人轻声说话的声音刺耳，对别人的脚步声不能忍受等	各类神经症、更年期综合征
感觉减退	又称感觉抑制。个体的感受性降低，感觉阈限提高，对强烈的刺激不能感知或感觉轻微	社区矫正对象身体遭受严重伤害却没有觉察到，出现感觉迟钝的现象	抑郁状态、木僵状态、意识障碍、神经系统器质性疾病
内感性不适	躯体内部产生的性质不明确、部位不具体的不舒适感，以及（或）难以忍受的异样感觉，患者难以表达	社区矫正对象感觉身体内部出现了牵拉、挤压、游走、转动、虫爬等感受，但是部位不明确，描述不清楚	精神分裂症、抑郁状态、神经症、脑外伤后综合征
感觉倒错	较少见。对于外界刺激个体产生与正常人不同性质或相反的异常感觉	社区矫正对象被轻拍，反而产生了强烈的疼痛感；在热水中感觉到寒冷	癔症

2. 知觉障碍

知觉障碍（disturbance of perception）是临床上最常见的精神症状之一，其临床诊断意义普遍大于感觉障碍。知觉障碍主要包括错觉和幻觉。

（1）错觉。错觉（illusion）是对客观事物歪曲的知觉，是将客观存在的事物经过认知歪曲成为与实际情况不一致的事物。错觉的出现是有条件的，条件具备必然产生。错觉的产生通常具有固定的倾向，如在昏暗的光线下，矫正对象都可能将草地上的绳索错认成一条蛇。

生理性错觉通常在光线昏暗的条件下，在恐惧、紧张和期待等情绪作用下偶然出现，经过现实验证后会被纠正，错觉会消失，如杯弓蛇影、草木皆兵、风声鹤唳。

病理性错觉通常在意识障碍时出现，通常带有恐怖色彩，即使经现实检验，患者仍深信不疑，不能纠正，如谵妄状态下的社区矫正对象会将输液针管看成蜈蚣。

（2）幻觉。幻觉（hallucination）是虚幻的知觉，是外界没有现实刺激作用于感觉器官时出现的知觉体验，是临床上最常见的精神病性症状，常与妄想合并存在。

根据幻觉出现的感觉器官，可将幻觉分为幻听、幻视、幻嗅、幻味、幻触、内脏性幻觉（见表3-2）。幻听是最常见的幻觉，其次是幻视。

表3-2 幻觉根据感觉器官进行的分类

名称	特点	举例	常见疾病
幻听	包括言语性和非言语性幻听，言语性幻听更常见。言语性幻听可分为命令性幻听、评论性幻听和争论性幻听	社区矫正对象凭空听到周遭有人在议论他；凭空听到周边有强烈的机器轰鸣声	分裂症等多种精神疾病
幻视	所见事物可以不成形，也可以生动鲜明，与现实不一致	社区矫正对象看到逝去亲人的形象	精神分裂症、器质性疾病、谵妄
幻嗅	嗅到难闻气味，可伴随不愉快的情绪体验，出现塞鼻等行为表现	社区矫正对象嗅到尸臭、烧焦轮胎的味道	精神分裂症、脑器质性疾病
幻味	在食物或者水中尝到不存在的怪味道，出现被害感，伴随着拒食的行为表现	社区矫正对象在食物中尝出毒药的味道	精神分裂症
幻触	感觉皮肤或黏膜上有异样感觉	社区矫正对象感到皮肤上有虫爬、针刺、电灼等异常感觉	精神分裂症、器质性精神障碍
内脏性幻觉	躯体内部有性质很明确、部位很具体的异常知觉体验，可进行生动、具体描绘	社区矫正对象感觉肠子在扭转，肺叶在扇动	精神分裂症、抑郁症

根据幻觉体验的来源，可将幻觉分为真性幻觉和假性幻觉（见表3-3）。

表3-3　幻觉根据体验来源进行的分类

名称	特点	来源	举例
真性幻觉	幻觉形象清晰，鲜明生动，位置精确，具备真性知觉的特点	来源于外部客观空间，需要通过感官获得	社区矫正对象听见有人在跟他讲话
假性幻觉	幻觉形象模糊，不鲜明生动，位置不精确，与客观事物不一致	来源于患者的主观空间，不需要通过感官感知	社区矫正对象闭上眼睛能看到人像

根据幻觉产生的条件，可将幻觉分为功能性幻觉、思维鸣响、心因性幻觉（见表3-4）。

表3-4　幻觉根据产生条件进行的分类

名称	特点	举例	常见疾病
功能性幻觉	在某个感觉器官处于功能活动状态的同时出现的幻觉，与正常知觉同时出现在同一感觉器官，两者同时存在、同时消失、互不融合	社区矫正对象在听见洒水车声音时，听到有人在骂他，洒水车走远了，骂他的声音就消失了	多见于精神分裂症
思维鸣响	特殊形式的幻觉，能听到自己思考的内容	社区矫正对象能听到自己的想法	精神分裂症
心因性幻觉	强烈精神刺激因素影响下出现幻觉，幻觉内容与心理因素密切有关	社区矫正对象在突然失去儿子后经常能看到儿子的形象，听见儿子说话	应激相关障碍、癔症

错觉和幻觉都是对事物整体属性的认知出现差异。但是幻觉的产生没有客观事物的影响，是一种虚幻的知觉，这是与错觉最显著的区别。

（3）感知综合障碍。感知综合障碍（psychosensory disturbance）表现为患者在认知事物时，对事物的整体属性能正确感知，但是对事物的某些特点如大小、形状、颜色、距离等个别属性出现与实际情况不相符的感知。常见的感知综合障碍有视物变形症、非真实感、时间感知综合障碍、空间感知综合障碍（见表3-5），常见于精神分裂症、癫痫、脑器质性疾病等。

表 3-5　感知综合障碍的分类

名称	特点	举例
视物变形症	感知客观事物的大小、长短、形状等个别属性发生变化。分为视物显大症、视物显小症	社区矫正对象看到自己的鼻子变得像大象那样长
非真实感	觉得周围的事物不真实，变得像布景、油画、水中月、镜中花	社区矫正对象在家中感觉自己像活在油画中一样
时间感知综合障碍	对时间的流逝感知出现问题	社区矫正对象感觉时间已经凝固，或者时间飞驰而过
空间感知综合障碍	感到周围事物的大小、比例、深浅、高低、距离发生变化	距离汽车很近的时候，社区矫正对象仍感觉汽车距离自己很远

（二）思维障碍

思维（thinking）是人脑借助于语言对客观事物间接的、概括的反映，反映的是客观事物共同的、本质的特征和内在的联系。思维通常在感觉和知觉的基础上产生，借助语言文字进行表达，是认识的高级阶段。思维包括分析与综合、比较、抽象与概括、具体化和系统化等过程，通过联想和逻辑的过程来实现。正常人的思维具有目的性、连贯性和逻辑性。

思维障碍表现多样，临床上的表现主要包括思维形式障碍和思维内容障碍。

1. 思维形式障碍

思维形式障碍（formal thought disorder）是指患者组织思维和语言的能力出现问题，导致他表达出来的内容令人难以理解，主要包括思维联想障碍和思维逻辑障碍，表现形式主要有思维奔逸、思维迟缓、思维贫乏、思维散漫、思维破裂、病理性赘述、思维中断、思维插入等（见表 3-6）。

表 3-6　思维形式障碍的分类

名称	特点	举例	常见疾病
思维奔逸	联想速度加快，思维活动量增多，经常口若悬河，滔滔不绝，常出现音连意连、随境转移的特点	社区矫正对象被询问姓什么时，答：“姓李，十八子，子曰学而时习之，芝士特别好吃”	躁狂症、双相障碍躁狂发作期
思维迟缓	联想抑制，思维活动显著缓慢，联想困难，思路阻滞，思考问题吃力，反应迟钝，语量少，语速慢，有努力回答的意愿，但反应慢	社区矫正对象觉得自己“脑子不灵了”	抑郁症

续表

名称	特点	举例	常见疾病
思维贫乏	思想内容空虚，概念和词汇贫乏，联想数量减少，沉默少语，谈话内容空洞单调，但语速并不减慢	社区矫正对象被询问在想什么时，回答“不知道”或者“没什么可想”	精神分裂症、脑器质性精神障碍、精神发育迟滞
思维散漫（思维松弛）	联想松弛，内容散漫，缺乏中心思想。表述句子完整，句与句之间可能存在联系，但叙述不够中肯，内容不够切题，答非所问	问：“最近感觉怎么样？”社区矫正对象答：“今天天气真好，明媚的阳光，对面有座山。我喜欢绿色，绿色代表生机。我爸爸是医生”	精神分裂症
思维破裂（破裂性思维）	较思维散漫严重。意识清楚的情况下，思维联想过程破裂，句子结构完整，但句子间缺乏连贯性和逻辑性，严重时会出现语词杂拌	问：“你在做什么？”社区矫正对象答：“天要下雪了，自古英雄出少年，街上汽车很多，我很有钱”	精神分裂症
病理性赘述	交谈时不能简单明了、直截了当地回答问题，夹杂很多不必要的细节，语言啰唆不自知，但最终能讲出谈话主题和中心思想	问：“你今天准备做什么饭？”矫正对象答：“我昨天去超市买的牛肉，牛肉特别新鲜……最后把牛肉和芹菜盛出来就可以了。今天吃牛肉芹菜米饭”	脑器质性精神障碍
思维中断	在意识清晰且无外界干扰的情况下，思维过程突然中断，思维突然消失，不受患者意愿支配	在思维中断后，社区矫正对象说：“当时心里明白，但脑子一片空白，脑子像机器停了一样，像死机一样”	精神分裂症
思维插入	思考时突然出现与主题无关的意外联想。患者有思维的异己感和强烈的不自主感	社区矫正对象认为是别人的想法被强行塞入自己的脑子里，“大脑被钢琴师控制，他按一个键就会插进来一个想法”	精神分裂症
思维扩散	感觉到自己的想法一经出现，不经表达就人尽皆知，毫无隐私可言	社区矫正对象：“我大脑中只要出现一个想法，我还没说出来，大家就都知道了”	精神分裂症

续表

名称	特点	举例	常见疾病
思维云集（强制性思维）	不受患者意愿支配的思潮，强制性地大量涌现在脑内，内容杂乱多变，毫无意义，毫无系统，与环境无联系。突然出现，迅速消失	社区矫正对象感觉自己脑子很乱，想法一个接一个往外冒，像坐高铁一样，一个接一个出现又消失	精神分裂症
病理性象征性思维	患者用普通词句、事物、动作等来表示抽象概念，不经患者解释，别人无法理解	社区矫正对象认为一丝不挂表示光明磊落	精神分裂症
语词新作	患者自创一些新的符号、图形、文字或语言，并赋予其只有患者本人才理解的特殊的含义	社区矫正对象认为“%”意为离婚	精神分裂症
逻辑倒错性思维	推理缺乏逻辑性，无前提根据，因果倒置，离奇古怪，不可理解。患者坚持己见，不可说服	社区矫正对象说：“吃猪肉自己会变成猪；吃饭时米会感到痛苦，因为植物有神经系统”	精神分裂症、偏执性精神病

2. 思维内容障碍

思维内容障碍是患者思维过程中内容上出现了问题，令人无法理解，主要包括妄想、强迫观念和超价观念。

（1）妄想。妄想（delusion）是一种不能随互相矛盾的证据而改变的固定信念（DSM-5的定义），内容通常与事实不符，没有客观现实基础，但患者不接受他人的劝说和事实的纠正；妄想内容往往与患者个人有关，具有自我卷入的特点；妄想具有个人独特性，会受到文化背景和个人经历的影响，有浓厚的时代色彩。妄想是精神病患者最常见的症状之一。

临床上通常按照妄想内容，将妄想分为被害妄想、关系妄想、物理影响妄想、夸大妄想、自罪妄想、疑病妄想、嫉妒妄想、钟情妄想、内心被揭露感等（见表3-7）。

表3-7　妄想根据内容的分类

名称	特点	举例	常见疾病
被害妄想	最常见。患者总坚信不疑有人在监视、跟踪、窃听、诽谤、诬陷、毒害自己	社区矫正对象拒食，认为家人在饭菜中下毒，要毒害自己	精神分裂症、偏执性精神病
关系妄想	患者将实际与他无关的事情都认为与他有关	社区矫正对象认为电视中播放的内容是在讲他的事	精神分裂症

续表

名称	特点	举例	常见疾病
物理影响妄想	患者认为自己的思想、情感、身体、意志行为都受到外界某种力量的支配、控制和操纵，不能自主，通常是某种先进仪器发出的激光、紫外线、射线等	社区矫正对象感觉自己的思想、行为被外星人操控，不让他起床，不让他吃饭，不让他出门	精神分裂症
夸大妄想	夸大自己的财富、地位、身份、能力、相貌等	社区矫正对象逢人便说自己是国家领导人	躁狂症、精神分裂症、脑器质性疾病
自罪妄想	毫无根据地认为自己犯了严重错误和罪行，给国家和他人造成不可弥补的损失，应当受到惩罚	社区矫正对象自杀，认为自己对不起家人，对不起国家，罪无可恕	抑郁症、精神分裂症
疑病妄想	毫无根据地坚信自己患上严重疾病或者不治之症，到处求医，详尽的医学检查和反复的医学验证难以纠正其歪曲信念	社区矫正对象感觉不舒服去各大医院就医，结果正常。他坚信自己得了绝症，是医院没有检查出来	精神分裂症、更年期及老年期精神障碍
嫉妒妄想	无中生有地坚信配偶对自己不忠，有外遇	社区矫正对象坚信妻子与他人有染，每日检查妻子手机、衣物等随身物品，跟踪监视妻子寻找证据	精神分裂症、更年期精神障碍
钟情妄想	坚信某异性钟情于自己，即使遭到对方否认，也认为对方在考验自己	社区矫正对象坚称邻居喜欢自己，并写信、献花向邻居表达爱意，遭到拒绝后，坚信对方在考验自己对爱情的忠诚	精神分裂症
内心被揭露感（被洞悉感）	体验到自己的思想一经出现便会尽人皆知	社区矫正对象坚信自己的想法别人已经知道。逛街时，销售人员会兜售自己想要的物品	精神分裂症

除上述表格中的妄想类型之外，根据妄想内容，妄想还包括特殊意义妄想、非血统妄想、变兽妄想等。

另外，根据妄想的起源，可将妄想分为原发性妄想和继发性妄想。原发性妄想是精神分裂症的特征性症状，往往突如其来，令人无法理解，与现在所处的环境和心境毫无关系，无法找到来源，而且并非来源于其他异常心理活动。继发性妄想是在错觉、幻觉、逻辑推理障碍、情感高涨等病理心理异常的基础上产生，或者在某些妄想的基础上又产生的其他类型的妄想。继发性妄想通常见于多种精神疾病，如抑郁情绪带来的自卑自责可能会引起自罪妄想，情感高涨时出现的自我评价过高可能会引起夸大妄想。

根据妄想的结构，还可将妄想分为系统性妄想和非系统妄想。

不同的精神障碍都可能存在妄想症状，但是妄想的形式和内容是有区别的。这些区别在一定程度上反映了疾病本身的特点，对于疾病的鉴别和诊断具有十分重要的意义。

（2）强迫观念。强迫观念（obsessive idea）又称强迫性思维，指的是某一观念或概念反复地出现在患者脑海中，明知这种想法没有必要，并力图加以摆脱，但是控制不住自己的思维、摆脱不了，患者为此感到痛苦。强迫和反强迫是该症状的两个基本特征。强迫观念主要出现于强迫症的患者中。

临床上常见的强迫观念主要有强迫性穷思竭虑、强迫性怀疑、强迫性联想、强迫性回忆和强迫性对立观念等（见表 3-8）。

表 3-8　强迫观念的分类

名称	特点	举例
强迫性穷思竭虑	反复思考和追究一些对本人实际生活毫无意义的问题，明知没有必要，但难以控制	社区矫正对象每天都在思考：椅子为什么被称作椅子，1 加 1 为什么等于 2 而不是 3
强迫性怀疑	对自己言行的正确性反复怀疑，明知无必要，但又不能摆脱	社区矫正对象出门后反复怀疑门窗是否关好，即使反复检查，还是不放心
强迫性联想	每当听见或看见特定事物，就会控制不住地想到令人恐惧、焦虑、紧张的场景，反复联想到不幸的事情会发生	社区矫正对象看到汽车后，在其脑海中就反复出现车祸的场景
强迫性回忆	反复回忆某些事情的经过，若有细节在回忆过程中出现问题，就会从头再回忆一次	社区矫正对象反复回忆自己早晨出门上班的情景，有一个时间点回忆不清，就会陷入焦虑，从头再来一遍
强迫性对立观念	脑子里总是难以控制地出现与自身意愿、公共道德相违背的想法和观念，或者是出现与接触到的词语、概念相反的概念和词语	社区矫正对象看到“黑色”就想到了“白色”，听到“好人”就想到了“坏人”

除此之外，强迫意向、强迫性恐怖等症状也属于强迫观念。强迫观念的出现通常伴随着强迫情绪和强迫行为，为强迫症的诊断和鉴别提供依据。

（3）超价观念。超价观念（over- valued idea）是意识中占主导地位的错误观念，其出现时常常有一定的事实基础，但是观点片面，与实际情况有出入，并带有强烈的感情色彩，明显地影响到患者的行为。超价观念多见于人格障碍和心因性精神障碍患者。例如，社区矫正对象某次推门进入房间时，发现别人聊天停止，就认为别人在说自己的坏话，从此以后社区矫正对象认为身边的人都在注意他、议论他。

超价观念和妄想的区别在于：超价观念有一定的性格基础，基于现实情况，只是观念有失偏颇；而妄想则是没有客观现实基础，是患者想象出来的。

（三）注意障碍

注意（attention）是心理活动对一定对象的指向和集中，感知觉、思维、记忆等任何的心理活动正常进行都需要“注意”的参与。注意分为主动注意和被动注意。主动注意指的是有意识地、有预定目的地使注意指向一定对象，通常伴有主观努力。被动注意是不自觉地、没有目的地、不需要努力地注意，如社区矫正对象参与集体教育矫治学习就是主动注意；窗台上落了一只鸟吸引了社区矫正对象的注意，这就是被动注意。

注意障碍包括注意增强、注意减弱、注意涣散、注意转移和注意狭窄等，其中注意减弱和注意狭窄在临床上比较常见（见表 3–9）。

表 3–9　注意障碍的分类

名称	特点	举例	常见疾病
注意增强	主动注意的增强	社区矫正对象特别注意邻居的一言一行，认为邻居对他有意见	神经症、偏执性精神分裂症、更年期抑郁症
注意减弱	主动注意和被动注意均减弱	社区矫正对象感觉脑子不好用了，经常感到疲惫，注意力没有办法集中，连书也看不了	神经衰弱、脑器质性精神障碍
注意涣散	主动注意不容易集中，注意稳定性下降	社区矫正对象没有办法集中精力超过 20 分钟	神经衰弱、精神分裂症、儿童多动与注意缺陷障碍
注意转移	被动注意显著增强，主动注意不能持久，稳定性明显降低，容易受到外界环境影响而转换注意对象	社区矫正对象正在跟别人说话，突然要去洗衣服，刚把水龙头打开又要去做饭	躁狂症
注意狭窄	主动注意减弱，注意范围缩小，当注意集中于某一事物时，不能再注意其他事物	社区矫正对象只能将注意力集中在一件事情上	激情状态、专注状态、意识障碍、智能障碍

（四）记忆障碍

记忆（memory）是在人脑中积累和保存个体经验的过程，是人脑对外界输入的信息进行编码、存储和提取的过程。记忆包括识记、保持、再认和回忆四个过程。

临床上常见的记忆障碍主要包括记忆增强、记忆减退、遗忘（顺行性遗忘、逆行性遗忘、心因性遗忘）、错构、虚构等（见表3-10）。

表3-10 记忆障碍的分类

名称	特点	举例	常见疾病
记忆增强	病理性的记忆增强，已经遗忘而且不重要的事情都被回忆起来	社区矫正对象回忆起很久之前碰到的一个陌生人的所有细节特征	躁狂症和偏执状态
记忆减退	远记忆力和近记忆力的减退	老年社区矫正对象前期记不住最近的进食情况，后期遗忘自己的姓名、身份、家人、过去的人生经历	神经衰弱、正常老年人、脑器质性精神障碍、痴呆
顺行性遗忘	不能回忆疾病发生后一段时间内的经历	社区矫正对象遭遇车祸后，遗忘车祸后至完全清醒前发生的事情	脑器质性障碍
逆行性遗忘	遗忘受伤前的经历	社区矫正对象在脑梗后，遗忘发病前几天的经历	脑器质性障碍
心因性遗忘	对生活中特定阶段的经历完全遗忘	社区矫正对象遗忘童年期遭受过虐待的经历	癔症
错构	记忆的错误，对过去曾经经历过的事情，在发生的时间、地点、情节上出现错误回忆，并坚信不疑	社区矫正对象坚称自己在45岁时遭遇过车祸，实则是32岁时发生的事情	痴呆、酒精中毒性精神障碍
虚构	由于遗忘，患者将想象的、未曾亲身经历过的事件说成确有其事。内容多变化，常受暗示的影响	某社区矫正对象45岁，严重酗酒，坚称自己参加过抗日战争	慢性酒精中毒性精神障碍、脑器质性障碍

（五）智能障碍

智能（intelligence）是人们客观认识事物，并能运用既往的知识、经验解决实际问题的能力，是复杂的、综合的精神活动功能，包括注意力、记忆力、综合分析能力、理解力等。

临床上将智能障碍分为精神发育迟滞和痴呆。

精神发育迟滞（mental retardation）又称为精神发育不全，患者先天或在围生期或在生长发育成熟以前（18岁以前），大脑发育不良或受阻，导致智能发育停滞，智能水平明显低于正常的同龄人。致病因素通常有遗传、感染、中毒、头部外伤、内分泌异常、缺氧等。例如，社区矫正对象童年时因打架头部遭受重创，从此以后出现大脑发育不良情况，智力水平低于常人。

痴呆（dementia）是综合多种症状的一类症候群，是在意识清醒的情况下，患者后天出现的记忆、智能的明显受损。主要临床表现为分析、综合判断、推理能力下降，记忆力、计算力下降，后天获得的知识丧失，工作和学习能力下降或丧失，甚至生活不能自理，可伴有行为、精神症状。临床上绝大多数痴呆是脑器质性病变，注意与假性痴呆进行鉴别。假性痴呆通常无脑器质性损害，大多数是由精神创伤引起的。

（六）自知力障碍

自知力（insight）又称领悟力或内省力，是患者对自己精神疾病的认识和判断能力。神经症患者通常能正确认识自己的精神病理状态，能认识到自己的不适，主动叙述病情，主动求治，则自知力完整。精神病患者随着病情的发展，逐渐丧失了对自己精神病态的认识和判断，否认自己有精神疾病，拒绝治疗，则称之为自知力丧失或无自知力。经过治疗，随着病情好转，患者的自知力将逐渐恢复。

自知力是判断社区矫正对象是否有精神障碍、精神障碍的严重程度以及疗效的重要指征之一。

二、情感障碍

情绪（affect）和情感（emotion）是人对现实环境和客观事物产生的主观体验和相应的行为反应，反映了主体需要与客观外界事物之间的关系。其外部表现形式是表情。

情感障碍通常表现为情感的程度、情感的性质发生改变，脑器质性损害也会引发情感障碍（见表3-11）。

表3-11 情感障碍的分类

	名称	特点	举例	常见疾病
情感程度变化	情感高涨	心情愉快，面带笑容，自我感觉良好，精力充沛，内心充满幸福感，语言行为有感染力，能引起共鸣，但易激惹，情绪易波动，有夸大色彩	社区矫正对象感觉最近心情特别好，每天只睡2个小时，认为自己工能力强，要去竞选村主任，将来要当县长、市长	躁狂症

续表

	名称	特点	举例	常见疾病
情感程度变化	情感低落	情绪低落，愉快感丧失，面带愁容，悲观失望，自我评价低，常自罪自责，精力不足，失眠或睡眠过多	社区矫正对象最近感觉压力大，闷闷不乐，什么事情也不做仍旧觉得非常累，认为自己一无是处，活着没有意义	抑郁症、抑郁状态
	焦虑	在缺乏充分的事实根据和客观因素的情况下，感到忧虑不安，紧张恐惧，似有大祸临头，惶惶不可终日。惊恐发作患者能感受到濒死感、失控感	社区矫正对象感到焦虑不安、烦躁，脑子经常胡思乱想，莫名担心：不敢出门，害怕被汽车撞；不敢开冰箱，害怕会触电；害怕工作做不好被领导批评	焦虑症、恐惧症、更年期精神障碍
	恐怖	对特定境遇和事物产生紧张恐惧的心情，出现不必要的恐惧反应，并伴有逃避行为，脱离后紧张恐惧心情即可消失	社区矫正对象害怕一切带毛的东西，如猫、狗、毛绒玩具等	恐惧症
情感性质改变	情感迟钝	对一般能引起正常人鲜明情感反应的事情反应平淡，缺乏相应的情感反应	社区矫正对象对相依为命、身患重病的父亲疏远冷淡、漠不关心，与之前判若两人	精神分裂症早期、脑器质性精神障碍
	情感淡漠	情感迟钝恶性发展的结果。对能引起正常人情感波动的事情和与自己切身利益密切相关的事情缺乏情感反应，对周围事情漠不关心，表情呆板，内心体验缺乏	社区矫正对象病后对以前喜欢的社交、电影等活动不再感兴趣，感觉身边的人和事都无所谓，家人离世也没伤心难过的感觉	精神分裂症衰退期、脑器质性精神障碍
	情感倒错	情感反应与现实刺激不相称	社区矫正对象在亲人的丧礼上表现出高兴、愉快；笑着诉说自己的痛苦和不幸	精神分裂症
脑器质损害引起的情感障碍	易激惹	剧烈但持续时间较短的情感障碍。情感极易诱发，即使轻微的刺激也能引起剧烈的情感反应	社区矫正对象感觉自己最近暴躁易怒，家人的一句话导致社区矫正对象破口大骂、打砸东西	躁狂状态
	情感脆弱	因细小或无关紧要的事情而伤心哭泣或情绪兴奋，无法克制	社区矫正对象因秋天树叶发黄、凋零而伤心落泪，万般难过	脑器质性精神障碍、神经衰弱
	强制性哭笑	在缺乏外界因素的影响下，突然出现不能控制的、缺乏内心体验的哭或笑面部表情	社区矫正对象突然哈哈大笑，但是内心并没有愉快的感受，自己无法控制	脑器质性精神障碍
	欣快	经常面带单调刻板的笑容，缺乏内心体验，没有感染力，给人痴傻、愚蠢的感觉，是在痴呆基础上的情感高涨	社区矫正对象经常面带笑容，自得其乐，令人难以理解	脑器质性精神障碍

三、意志与行为障碍

意志（will）是人们自觉地确定目标，并通过自己的行动克服困难实现目标的心理过程。意志和行为密切相关。

临床上常见的意志行为障碍分为意志障碍、动作行为障碍（精神运动性兴奋和精神运动性抑制）、其他症状。

表 3-12　意志行为障碍的分类

	名称	特点	举例	常见疾病
意志障碍	意志增强	意志活动增多。在病态情感状态和妄想的支配下，患者会持续性坚持重复某些行为	社区矫正对象坚信自己下岗是因为受到别人的迫害，坚持上访多年	躁狂症、精神分裂症
	意志减弱	意志活动减少。对社交、工作、学习、生活等动力不足，兴趣缺乏，意志消沉	社区矫正对象平时生活懒散，感觉做什么事情都没有意义，不上班，不外出，不交往	抑郁症、早期精神分裂症
	意志缺乏	意志活动缺乏，缺乏应有的主动性和积极性，行为被动，生活极端懒散	社区矫正对象不能照顾自己，连进食都需要别人督促，行为孤僻，经常呆坐墙隅	精神分裂症晚期、痴呆
	矛盾意向	对同一事物出现两种完全相反的意向和情感，但患者并没有意识到矛盾的存在	社区矫正对象想到父母曾经严厉指责过自己，就对父母充满怨气；立刻又想到父母抚养自己长大不容易，就又对父母百般孝顺	精神分裂症
	意向倒错	意向活动与一般常情相违背，导致行为无法被理解	社区矫正对象最近赤身裸体乱跑，吃粪便，喝尿	精神分裂症青春型
动作行为障碍（精神运动性兴奋）	协调性精神运动性兴奋	动作行为的增加与情感、思维活动协调一致，有目的，让人可以理解	社区矫正对象最近喜欢与人交往，与人逗乐，爱管闲事，与不相识的人也一见如故。每天狂购乱买，工资经常一扫而光	躁狂症
	不协调性精神运动性兴奋	动作行为的增加与情感、思维活动不一致，动作杂乱无章，动机目的不明确，让人无法理解	社区矫正对象失恋后表现出极度的兴奋，话多事多，语言内容零乱，经常披散着头发，抢别人的东西吃，追逐打骂陌生人	精神分裂症

续表

	名称	特点	举例	常见疾病
动作行为障碍（精神运动性抑制）	木僵	言语活动和动作行为明显减少或抑制。患者不语、不食、不动，对刺激缺乏反应	社区矫正对象身体僵硬，能长久保持一种姿势不动，不吃不喝，不言不语，大小便潴留	精神分裂症、严重抑郁症、心因性精神障碍、脑器质性精神障碍
	蜡样屈曲	在木僵的基础上，肢体任人摆布，即使被摆成不舒服的姿势也能维持很长时间，如同蜡塑	将社区矫正对象的枕头抽走，矫正对象能维持头部悬空，好似枕着枕头的姿势很长一段时间	精神分裂症紧张型
	缄默	缄默不语，也不回答问题，有时可通过手势、姿势、写字交流	社区矫正对象被询问年龄，用手指回答	精神分裂症紧张型、癔症
其他症状	违拗	对别人要求他做的动作表现出抗拒的行为和态度，要么不加反应，要么做出相反的动作和行为	要求矫正对象张嘴，社区矫正对象没有反应，或者反而把嘴闭得更紧	精神分裂症紧张型
	刻板动作	机械刻板地重复某一单调动作，患者不以为苦，不想控制	社区矫正对象经常用手掌使劲拍打脑袋，家人劝说也没有好转	精神分裂症紧张型
	作态	做出幼稚愚蠢、古怪做作的动作、姿势、步态和表情，患者不自知	社区矫正对象最近经常扮鬼脸，做怪动作，痴笑	精神分裂症青春型
	强迫动作	明知不必要，但是难以控制地重复某个动作或行为，否则就会焦虑不安	社区矫正对象每天反复洗手很多次，一块香皂两三天用完，明知没有必要，但还是控制不住自己的行为	强迫症
	模仿动作	无目的地模仿别人的动作	矫正对象最近出现模仿别人行为的特点	精神分裂症紧张型

在实际临床工作中还有意识障碍，社区矫正对象对周围环境和对自己的认知出现问题，可能存在环境意识障碍、自我意识障碍、定向障碍等，在这里不再详细介绍。另外，很多精神疾病的症状不是单一出现，而是以综合征的形式存在，如幻觉-妄想综合征多见于精神分裂症。对社区矫正对象出现的异常心理症状进行综合考虑，有助于社区矫正工作者对社区矫正对象的精神状态作出初步判断。

第四章 心理矫治工作伦理

2007年，中国心理学会制定了《中国心理学会临床与咨询心理学工作伦理守则（第一版）》，2018年在第一版的基础上修订了《中国心理学会临床与咨询心理学工作伦理守则（第二版）》（以下简称《伦理守则》① ），旨在揭示临床与咨询心理学服务工作具有教育性、科学性与专业性，促使心理师、寻求专业服务者以及广大民众了解本领域专业伦理的核心理念和专业责任，以保证和提升专业服务的水准，保障寻求专业服务者和心理师的权益，提升民众心理健康水平，促进和谐社会发展。《伦理守则》是心理矫治工作者需要遵从的职业守则。在社区矫正工作中，社区矫正工作人员需要了解这一守则，尊重社区矫正心理矫治工作的特点，在社区矫正对象对心理矫治工作有所担忧时能够给予相应专业的回应。《伦理守则》包含总则与细则，总则包含5个维度，即善行、责任、诚信、公正、尊重。细则包含：专业关系、知情同意、隐私权和保密性、专业胜任力和专业责任、心理测量与评估、教学培训和督导、研究和发表、远程专业工作（网络和电话咨询）、媒体沟通与合作和伦理问题的处理十大部分。本章就社区矫正心理矫治工作中相关度较高的《伦理守则》进行介绍。在使用基本概念上，本章结合社区矫正中的心理矫治实践，适用“来访者”“心理矫治师”“心理矫治工作者”“心理矫治”等予以表述。

第一节 心理矫治工作伦理概述

心理矫治工作伦理是每一个从事心理矫治工作者必须阅读并熟知的，在我国目前的临床心理学和咨询心理学训练中，伦理的课程也是必修课的重要组成部分。心理矫治工作与医学相类似，关系着来访者的“心家性命”，如果不遵守伦理规范，有可能造成较严重的后果。随着社区矫正心理矫治工作越来越广泛地开展，行业伦理就显得愈加重要。

一、心理矫治伦理的概念

（一）关于伦理

按照字面的意思，伦理就是“人伦之理”“做人之理”。《辞海》将“伦理”一词解释为处理人们相互关系应遵循的基本道理和准则。从这一定义来看，伦理产生于人与人之

① 具体内容详见《中国心理学会临床与咨询心理学工作伦理守则（第二版）》。

间的关系之中，对于人与人之间关系的影响具有一定的原则性。可从以下几个层面来理解伦理：①

第一，价值原则层面。伦理是规范社会行为的价值意识，确定社会秩序的价值原则。价值是人们在抽象的理论层面对人与人、人与社会关系的规定，而伦理是基于价值的实践，即在具体操作层面对行为的指导和判断准则。每个人之间的行为都要遵守相应的行为准则，这样人与人之间的相处才有参考依据和行动指南。

第二，道德标准层面。伦理指社会关系中确定行为的道德标准，用来辨别行为的善与恶。尽管在日常生活中我们并不经常提及伦理这个概念，但伦理作为人与人之间普遍认可的行为规范对我们的生活产生着广泛而深远的影响。我们在为人处世中的行为要符合人际角色的行为规范，一旦人际行为不符合行为规范就是违背伦理的行为。虽然违背伦理不一定会受到法律的制裁，但却会受到他人和社会的谴责。

由此可以看出，社会伦理的内容具有稳定性，虽无明文规定，却反映了社会的主流价值观念。伦理在表现形式上分为两个层次：一是表现为公平、正义、自主、尊重等观念形式，体现出了人性的基本需求，在社会认同上具有高度的一致性。二是表现为伦理规则形态，这种伦理规则具有约束性，来自一定范围内主体的基本道德准则，因此具有地域性和文化性②。我们把伦理表述为："伦理是社会关系中人与人交往方式的原则和标准，这些原则和标准形成了人与人之间互动的行为规范，为人们彼此之间的关系与行为提供了可供参考的规范或准则。"③

（二）心理矫治伦理

随着社会的发展，个人之间的关系变得更加复杂，因此行为准则也变得更加复杂。商业关系的发展引发了许多伦理困境，心理矫治伦理便是其中之一。在许多国家，心理矫治并不是一个受监管的职业，因此需要使用道德标准进行指导。这些标准包括界定心理矫治师提供的服务质量、心理矫治师接受培训的质量和保护来访者的责任，伦理守则为专业人员提供了指导方针。

心理矫治伦理是一种职业伦理。职业伦理，是指职业群体内部所自然形成并有意识地自觉遵循的职业性的行为规则。它以维持职业的专业性水准、保障职业服务对象的权利与利益为基本目标，通过明确而系统的自治性规则来约束同行之间的职业行为方式，并按照相关程序对违背职业伦理规范者进行相关的制裁。职业伦理是在专业价值基础上对心理矫治师提出的专业行为标准，界定了心理矫治师作为专业人员的行事准则，规定了心理矫治师的专业角色行为标准以及与他人互动的专业行为规范。因而，职业伦理是一个具有丰富内容的现代制度。

一个行业对其职业伦理道德遵守的情况是衡量该行业是否成熟的标志。心理矫治的职业伦理道德要求与一般职业甚至医疗业都有较大差异。这是因为在心理矫治中，心理矫治

① 安芹：《心理咨询与心理治疗伦理》，中国人民大学出版社 2022 年版，第 2 页。

② 李子龙：《社区矫正的社会伦理问题研究》，西北政法大学 2015 年硕士学位论文。

③ 安芹：《心理咨询与心理治疗伦理》，中国人民大学出版社 2022 年版，第 3 页。

师与来访者之间需通过形成一种特殊的心理矫治关系，使来访者充分信任心理矫治师以推进治疗的深入，因此这种关系必须有一定的伦理规范来保证当事人的权益不受侵害。心理矫治师遵守职业操守不仅有利于提高咨询效果，也可避免其不当行为引来的投诉。心理矫治较为发达的国家大都拥有较为完善的心理矫治伦理准则，这些伦理准则又随着社会的进步和新的心理矫治手段的出现而不断完善。我国心理矫治工作蓬勃发展的同时，也出现了一些不容忽视的问题，其中心理矫治师的伦理和职业道德便是一个棘手的问题。由于心理矫治师对来访者的干预可能会牵涉到来访者的个人隐私，或是对他们的生活产生重大影响，因此良好的职业道德操守对一名合格的心理矫治师来说至关重要。只有树立良好的职业道德观，才能真正确保广大来访者和心理矫治师的最终权益①。

二、心理矫治工作伦理的作用

遵守专业伦理规范是专业人员的职业操守和专业行为规范，心理矫治师要对专业角色的影响力负责，保证来访者的福祉；对专业声誉负责，致力于提升心理矫治在社会上的公信力。心理矫治工作伦理的具体作用包括：②

（一）提供职业伦理规则或职业行为规范

心理矫治专业伦理规定了专业人员的伦理规则或行为规范。对于从专业身份中获益的专业人员来说，他们有责任遵守专业内部的共同价值，有义务了解并尊重专业伦理规范。任何选择从事助人专业工作的人，都应该清楚地了解专业责任，专业伦理规范为专业人员提供了专业行动指南。

伦理规则或专业伦理规范涵盖了心理矫治相关的专业工作。心理矫治师提供专业服务时，要遵守专业关系中的规则，如尊重来访者的价值观，避免多重关系，不得与来访者发生性亲密行为等，同时还要遵守知情同意、保密及保密例外、心理测验与评估以及教学、培训及督导等方面的伦理规范。

（二）保障心理矫治专业服务的品质

心理矫治的专业伦理是对专业服务水准的重要保障。专业伦理规定了在从事专业工作时的参考框架，既保证了提供服务者的专业资质，又保证了专业服务的属性以及工作过程，在一定程度上是服务品质的重要基础。

专业伦理强调心理矫治专业人员要在专业胜任力范围内从事专业工作。如果心理矫治师超出专业胜任力提供服务是违背伦理的，在专业胜任力范围内提供服务是保证专业服务达到专业水准的前提条件。专业伦理还明确规定了专业工作的设置和程序，遵守专业伦理保证了专业工作的属性，是专业服务水准的重要保障。

① 徐光兴：《心理咨询与治疗临床心理学的理论与技术（第 3 版）》，上海教育出版社 2017 年版，第 104 页。

② 安芹：《心理咨询与心理治疗伦理》，中国人民大学出版社 2022 年版，第 9~10 页。

（三）保护来访者的权益

心理矫治专业伦理保护来访者的权益。心理矫治专业服务的目的是提升来访者的身心健康和幸福感，在专业服务中始终以来访者的福祉为中心，善行是基本的伦理原则，使来访者获益是专业工作的基本要求。因此，保护来访者的隐私，保障来访者的权益是对心理矫治师最基本的伦理要求。

在有些情况下，心理矫治师违背专业伦理不是因为不了解伦理规范，而是因为缺乏专业伦理意识。因此，如果不强化心理矫治师的专业伦理意识培育，不仅会对来访者造成伤害，甚至有可能影响心理矫治师的职业生涯。从这个角度来讲，专业伦理对心理矫治师也是一种权益保护。如果来访者威胁心理矫治师的安全或者来访者拒绝支付心理矫治费用，心理矫治师则有权拒绝继续为来访者提供服务。

（四）建立心理矫治行业与社会的共信

心理矫治专业伦理代表着心理矫治整个行业对外界的专业承诺。从某种角度而言，心理矫治专业伦理可以说是心理矫治职业的公开承诺，告知公众将得到什么样的专业服务，是整个行业与社会共信的基础。属于职业群体的成员都要承诺遵守专业伦理，共同维护职业声誉，使整个行业的专业性得到认可，建立起职业信誉。

三、心理矫治关系中的伦理责任

（一）来访者的利益

心理矫治师应采取一切合理措施，确保来访者在心理矫治期间不会受到身体或心理上的伤害。通过尊重和支持来访者作出选择和决定的能力，促进来访者对他们的生活进行控制。心理矫治师应理解自己在来访者心中的重要地位，避免利用来访者在财务、性、情感或其他方面对其的信任和依赖而损害来访者的利益。

（二）心理矫治关系的边界

首先，建立和监控心理矫治关系和任何其他心理矫治之外关系的边界，并明确地向来访者说明这一点。其次，心理矫治师和来访者有一种以上的关系可能会导致关系的界限不清、滥用权力和专业判断受损，从而伤害到来访者。因此当不能避免双重关系时，心理矫治师应采取适当措施，确保他们的判断没有受到损害，他们的权力没有被滥用，包括必要时寻求督导。最后，在心理矫治期间与来访者进行任何形式的性亲密行为都是不道德的。

（三）订立合同

在心理矫治开始前向来访者提供的任何形式的信息，都应能准确反映所提供的服务的性质以及心理矫治师的培训、资格和相关经验。咨询人员向来访者提供的信息包括咨询的条件、保密程度、安全规定以及咨询费用、取消方式和其他重要事项。心理矫治师和来访者应共同努力，确定心理矫治目标，考虑来访者的能力和情况，并持续审查咨询合同。

社区矫正的心理矫治工作，如果是政府购买服务或者政府购买服务项目在第三方专业机构开展，如何订立相应的工作合同，也是社区矫正机构需要解决的问题。

（四）尊重多样性

心理矫治师应了解自己的价值观、态度、信仰和行为，以及这些价值观如何适用于多元化社会，避免将自己的价值观强加给来访者。他们不应以年龄、肤色、文化、性别、性取向、种族、宗教、残疾、政治倾向、军事地位、社会经济地位或任何其他方面为基础，进行不合理的歧视。

（五）财务关系

在特殊情况下，心理矫治师免费或低费提供专业服务是可以接受的。心理矫治师在心理矫治过程中，在给予和接受礼物和捐赠时，有很大的自由裁量权。根据《社区矫正法》第 40 条规定，社区矫正机构如果是政府购买服务或者政府购买的服务项目，就需要考虑处理好心理矫治工作各方面相应的财务关系，这也是社区矫正机构需要根据心理矫治工作设置与伦理要求创造性解决的问题之一。

（六）与心理矫治来访者的关系

心理矫治师应该始终对他们与心理矫治来访者的关系负责，应该谨慎地与来访者建立任何其他类型的关系。

（七）终止和转介

心理矫治师应采取措施，在任何咨询阶段都不放弃或忽视来访者。如果心理矫治师感到无法向来访者提供专业帮助，应该避免进入或立即终止心理矫治关系，并提出适当的替代方案。如果来访者拒绝了推荐建议，心理矫治师就没有义务继续这种关系了。终止心理矫治关系时，心理矫治师应提前通知，并对即将终止合同的来访者提供充分的解释。心理矫治师应试图在可能的情况下获得来访者同意。在终止合同后，来访者如果有要求，心理矫治师应该协助来访者做出适当的安排，继续提供心理矫治服务。

（八）研究、培训、出版和展示

只有在内容被伪装成匿名的情况下，才可以将来自心理矫治关系的数据用于研究、培训、出版和展示。只有当来访者审查了所有材料并以书面形式同意发布时，才允许在研究、培训、出版或展示中透露来访者信息。

四、《伦理守则》总则解读

《伦理守则》作为中国心理学会临床与咨询心理学注册心理师的专业伦理规范以及中国心理学会处理有关临床与咨询心理学专业伦理投诉的主要依据和工作基础，旨在提高心理咨询专业服务的水准，保障心理咨询师与来访者的权益，对我国心理咨询行业的规范化起到重要作用。

第二版《伦理守则》的主要内容有五条总则及十个方面的细则。总则包含五大原则，即善行、责任、诚信、公正、尊重。这是专业伦理中最重要的、最核心的原则。而各个伦理议题的具体条款，则是伦理总则在各个伦理议题中的具体体现和指导依据。制定专业伦理守则的目的是提供一个伦理清单，以纲领性文件提高心理矫治师对心理矫治工作的伦理敏感性。五大原则的具体内容如下：①

（一）善行原则

善行原则是专业助人者必须遵守的最基本的伦理原则。心理矫治师的工作目的是使寻求专业服务者从其提供的专业服务中获益。伦理中对善行的规定是指一个人应该竭尽全力地提供帮助，并且在治疗效果不乐观的时候提供其他备选方案。如果自始至终心理矫治师都未能使来访者的状况有所好转，但心理矫治师却坚持对其进行治疗，那么这就是对善行原则的违背。同时，心理矫治师应保障寻求专业服务者的权利，努力使其得到适当的服务并避免伤害。这一原则包含两层含义：

1. 来访者获益准则

来访者获益，这是心理矫治师优先考虑的准则。促进来访者的福祉且优先考虑来访者的福祉，是心理矫治师的专业责任和伦理责任。心理矫治师应强化对自身角色的认识和理解，从专业角色的角度思考和应对心理矫治实践中遇到的问题。如果心理矫治师将自己的利益置于来访者的利益之上，则是不符合专业伦理的。

心理矫治师应充分尊重和维护来访者的权利，不能忽略心理矫治师在心理矫治专业服务中的专业角色。在有些情况下，心理矫治师并不是有意剥削来访者，但有可能无意识地将自己的经济利益放在来访者利益之前，此种现象被称为无意识的财政便利。伦理守则规定，当有明显的证据显示来访者不再需要帮助，而且进一步的心理矫治不会带来任何益处，甚至会损害咨询关系的时候，心理矫治师应结束心理矫治关系。心理矫治的目的是提高来访者独立应对生活的能力，避免来访者对心理矫治师不健康的依赖。如果来访者一直处在心理矫治关系里却回避了现实社会交往的焦虑，那么即使心理矫治关系极其融洽，也是功能失调的。

2. 对来访者无害原则

避免伤害来访者是对心理矫治师的底线要求和最基本的责任。这里的伤害，一是指经过评估判断来访者的危机状况属于保密例外情形，但来访者不同意告知紧急联系人，这时

---

① 安芹：《心理咨询与心理治疗伦理》，中国人民大学出版社 2022 年版，第 21~28 页。

心理矫治师自己突破保密原则，很可能破坏来访者对心理矫治关系的信任，这对来访者来说是一种伤害；二是指心理矫治师为了保护来访者，没有突破保密原则，但是一旦来访者面临危机就可能是更严重的伤害。在这种情况下，心理矫治师不是遇到危机来访者就进行保密突破，而是根据危险性评估判断风险等级，出于生命权优先原则确定最佳应对方案，而且，即使保密突破也是遵循有限披露原则，不会不加选择地泄露来访者的隐私，即使不被同意还是要做到知情，这也是尽可能将伤害最小化。如果遇到紧急情况，基于生命权优先原则，先行进行危机干预工作，会在事后进行解释设法补救。可见，心理矫治师还是遵循善行原则，将伤害尽可能控制在最小。

心理矫治师不能随意停止必要的心理矫治。有时心理矫治师有非常合理的理由中断或终止心理矫治，但是，心理矫治师作为专业助人者，有责任充分考虑如果中断服务可能对来访者造成的影响。心理矫治师一旦与来访者建立了心理矫治关系，如果服务突然中断或停止，那么对于来访者而言是一种抛弃，这是违背伦理的。因此，如果是心理矫治师可预见的变动因素，要预先考虑提前做好心理矫治服务的安排，如提前一段时间不再接待新的来访者以免无法及时结案，提前与正在心理矫治中的来访者讨论出现的变动以便调整咨询目标等。即使出现心理矫治师不可预见的变动因素，也应该尽可能事先提醒，争取有机会与来访者解释、说明，必要时帮助来访者做好转介工作。

（二）责任原则

《伦理守则》中的责任原则指出，心理矫治师应保持其服务工作的专业水准，认清自己的专业、伦理及法律责任，维护专业信誉，并承担相应的社会责任。具有足够的专业胜任力是专业人员获得从业资格的前提，同时接受继续教育发展自己的专业胜任力，可以说是专业人员伦理责任的基本体现。

心理矫治师提供达到专业水准的专业服务是最基本的专业责任。心理矫治师从事心理矫治专业工作，都有责任帮助来访者，这是作为专业人员的专业职责。同时，作为心理矫治师，不可能为所有的来访者提供服务，每位专业人员都有各自擅长的服务领域，这是基于自己所接受的专业训练、实践积累以及督导指导逐渐获得的专业胜任力。对于自己不擅长提供服务的群体或者问题，心理矫治师要承认自己的局限性。

心理矫治师都有共同维护心理矫治职业群体良好职业声誉的责任，这也是作为整个专业、整个职业与社会、与大众共信的基础。具备专业胜任力是对心理矫治师最根本的要求。只有具备了基本的专业胜任力才有可能被称为专业人员，才有资格从事专业工作，这不仅是对来访者负责的专业态度，也是对心理矫治职业群体的尊重，是对社会、对公众的负责态度。

（三）诚信原则

《伦理守则》中的诚信原则指出，心理师在工作中应做到诚实守信，在临床实践、研究和发表、教学工作以及各类媒体的宣传推广中保持真实性。咨询关系是一种互信关系，言而有信，信守承诺，心理矫治师与来访者双方的忠诚表现是达到心理矫治效果的重要条件。

诚信原则主要讲的是承诺的兑现以及承诺的真实性。诚信原则意味着忠诚。一是来访者有权了解心理矫治师的受训背景，这是来访者知情同意的权利。心理矫治师应遵守诚信原则，如实进行自我宣传。二是心理矫治师的诚信还体现在信守职业承诺，以专业角色行为要求自己。《伦理守则》规定，应依照当地政府的要求或本单位的规定恰当地收取专业服务费用。心理矫治师在进入专业关系之前，要向来访者清楚地介绍和解释其服务收费情况。三是心理矫治师必须将来访者的利益放在自己的利益之上，并且对来访者忠诚，即使这种忠诚会给心理矫治师带来不便或不舒服的感觉。诚信原则衍生于心理矫治师和来访者之间最核心的信任关系。如果心理矫治师的言行或行为不可靠，则没有信任可言。

（四）公正原则

公正原则是指心理矫治师应公平、公正地对待专业相关的工作及人员，采取谨慎的态度防止自己潜在的偏见、能力局限、技术限制等导致不适当行为。

所谓公正，指公平待遇权，即来访者被公平对待的权利。每个人都应该被公平对待，同等的人给予同等对待。但如果是危机状态的来访者就需要紧急安排心理矫治师介入，及时评估并提供必要的干预，这是在差异基础上提出的特别对待，以来访者的福祉为优先考虑原则，即对不同等的人要依据特殊情况给予最有利的照顾。尽管公正原则是每位心理矫治师都认同的，但在专业实践过程中未必容易做到。这一原则要求心理矫治师在从事专业活动时尊重他人并避免偏见。对这一原则最危险的破坏在于对一个群体存在刻板印象。心理矫治师不应该因为种族、年龄、性别、文化以及其他任何不相关因素而产生偏见，因为这是非常不公平的。然而，公正不仅仅是避免歧视，还意味着对于某些差异给予额外的关注。

（五）尊重原则

尊重原则是指心理矫治师应尊重每位寻求专业服务者，尊重其隐私权、保密性和自我决定的权利。尊重是最基本的互动规则，在心理矫治领域，尊重也是最基本的伦理准则。

尊重原则在专业工作中的很多层面都有具体体现，在与服务对象、心理矫治师同行以及心理健康服务相关领域同行等打交道的过程中都要以尊重作为基本原则，与相关同行建立积极的工作关系和沟通渠道，以保障来访者的福祉。对自我决定权利的尊重意味着："一个人的选择不应受到他人的限制。"当然，心理矫治中自我决定权利的原则也有限制。一个人的行为不能干涉另一个人的自由，自我决定必须建立在对于个人选择的意义和内涵完全理解的基础之上。由于不需要在他人看来是合理的，因此个人的行为也可能是不理性的。如果一个人可以理解选择的含义，并且不会伤及他人，那么他可以去做任何被人看起来是愚蠢的事情。儿童和存在严重心理缺陷的人，他们不具备自主行事的能力，在这些情况下，其他人可以代表这些人作出选择。

因此，对心理矫治伦理原则的掌握有助于社区矫正工作者为社区矫正对象介绍心理矫治工作的原则和特点，打消社区矫正对象进行心理矫治的部分心理顾虑，总体上了解心理矫治的工作伦理。

第二节　心理矫治工作伦理中的专业关系

一、《伦理守则》中的专业关系

心理矫治师应按照专业的伦理规范与寻求专业服务者建立良好的专业工作关系。这种工作关系应以促进寻求专业服务者成长和发展、增进其利益和福祉为目的。《伦理守则》具体从 18 个条目界定了心理矫治工作如何建立良好的专业工作关系。

（一）专业关系是一种特殊的人际关系

心理矫治师是助人者，来访者是求助者，心理矫治关系因来访者前来寻求专业服务而建立，因专业服务结束而停止。在专业关系里，心理矫治师和来访者双方都有各自的责任和权利。作为专业助人者，心理矫治师为来访者提供达到专业胜任力水平的服务以提高来访者的心理适应能力，保障来访者的权益和增进来访者的福祉是心理矫治关系里最重要的宗旨。

（二）专业关系是心理矫治的基础

心理矫治是对来访者福祉产生影响的助人职业，专业伦理规范是指导心理矫治师与来访者互动的行为指南。专业设置为整个心理矫治过程提供了框架性结构，为来访者提供了安全感，为有效的心理矫治提供了必要的情感距离。心理矫治师的专业工作和个人生活要分开，这样既有利于保持与来访者的专业界限，对心理矫治师而言又是一种自我照顾。如果在心理矫治关系里掺杂其他成分，如同时存在社交关系或商业合作关系，在其他关系里的人际角色势必影响心理矫治师的专业角色，削弱或干扰专业关系的效能。在心理矫治关系以外的关系，依据最根本的判断标准可以分为性或亲密的多重关系和非性或亲密的多重关系。心理矫治师和来访者之间绝对禁止涉及性或亲密的多重关系，而非性或亲密的多重关系则非常复杂。

二、心理矫治工作中的多重关系

多重关系是指助人专业人员在与来访者进行心理矫治工作时，同时或连续扮演两种以上的角色，或与来访者有心理矫治关系以外的关系①，如心理矫治师与来访者之间除了心理矫治关系之外，还存在熟人、生意伙伴的关系等。比如社区矫正中常见社区矫正工作者同时肩负心理矫治师的工作，也因为开设了相关心理类的课程，有不少社区矫正对象慕名

---

① 陈俊雄主编：《心理学基础知识与咨询技能入门》，中国轻工业出版社 2020 年版，第 290~298 页。

寻求心理矫治师的帮助，这时来访者和心理矫治师之间就可能存在双重或多重关系。

（一）对多重关系的认知

美国学者针对多重关系曾进行过许多系统的调查研究，结论均表明多重关系会腐蚀或歪曲心理矫治关系的本质，使双方不能保持必要的界限和距离，甚至产生利益冲突，影响专业判断和咨询效果，损害来访者的权益。因此，心理矫治师与来访者之间不应建立心理矫治关系以外的其他任何关系，不应接受已存在其他关系的来访者，以最大限度地避免对来访者造成伤害的潜在可能①。

但有研究者并不认为所有的多重关系都对来访者有害，认为应对不同的个案做不同的评估。在评估的时候需要慎重考虑可能对来访者造成伤害的问题，如是否会影响心理矫治师的专业判断，是否侵犯来访者的自主权，心理矫治师是否为私利而利用来访者。有些多重关系对咨询是有正向效果的，仅仅禁止多重关系并不能阻碍对来访者剥削，因为心理矫治师可能误用权势及各种方式的影响来伤害来访者。多重关系及角色混淆难以避免，也不一定都违反专业伦理，更不一定都是有害的，心理矫治师有责任提醒自己并审慎检视自己及来访者的动机，思考为什么要建立这种关系。

（二）多重关系的发生形式

从心理矫治关系与其他关系发生的时间顺序来看，多重关系可以是同时发生的，也可以是相继发生的。

1. 同时发生的多重关系

心理矫治关系与其他关系是同时存在的。例如，心理矫治师不可以给其朋友做心理矫治，因为朋友之间已经存在社交关系，如果为其朋友提供心理矫治就同时存在了社交关系和心理矫治关系；或者反过来心理矫治师不可以和来访者成为朋友，因为先有心理矫治关系再成为朋友，也是同时存在了心理矫治关系和社交关系。

人们在不同的关系里有不一样的人际角色行为，彼此也有不一样的角色行为期待。如果双方同时存在不同的关系，不同的角色之间就很可能构成角色冲突。假设心理矫治师与来访者双方同时存在社交关系和心理矫治关系，双方很难分清在什么时候、什么情境下的互动是心理矫治师对来访者的心理矫治，在什么时候、什么情境下的互动是朋友之间的交流。在社交情境下，朋友之间根据表露互惠原则通常有同样深度的自我表露；而在心理矫治情境下心理矫治师对来访者是单向帮助的关系，心理矫治师在心理矫治关系里的自我暴露是一种影响来访者的会谈技术，如果心理矫治师如同对朋友一样对待来访者，自我暴露就模糊了心理矫治关系的界限。

2. 相继发生的多重关系

多重关系也可以是相继发生的，其他关系既可以发生在心理矫治关系之前，也可以发

① ［美］伊丽莎白·雷诺兹·维尔福著，侯志瑾等译：《心理咨询与治疗伦理（第三版）》，世界图书出版公司 2010 年版，第 188~198 页。

生在心理矫治关系之后，即在一种关系结束后再成为另一种关系继续保持联系。例如心理矫治师在心理矫治结束以后不可以和来访者发展为朋友，因为已经有心理矫治关系在先，哪怕心理矫治关系结束。如果发展为社交关系，也属于相继存在心理矫治关系和社交关系。

在心理矫治关系里，心理矫治师更了解来访者的经验、情感和心理困扰，而来访者并不了解心理矫治师的个人生活，心理矫治师和来访者双方是不对等的。如果发展为社交关系，心理矫治师因为在心理矫治关系里处于权力更大的一方，存在对来访者剥削的潜在风险，没有以双方平等作为社交关系的基础。与此同时，心理矫治关系结束后也不能完全排除来访者还有再次需要心理矫治的可能性，如果由心理矫治关系发展为社交关系就剥夺了来访者以后有可能继续求助心理矫治师的机会，而来访者再次求助新的心理矫治师会增加心理矫治的成本。从这个角度而言，即使在心理矫治结束以后，如果心理矫治师和来访者发展为朋友还是会损害来访者的福祉，当然，一旦由心理矫治关系发展为社交关系，极有可能因为来访者与心理矫治师在社交关系中的互动而对以前的心理矫治效果造成干扰。相对而言，同时发生的多重关系比相继发生的多重关系对心理矫治关系构成的影响更大，可见，心理矫治师的专业工作和私人生活应有界限，心理矫治师的个人生活不要介入其专业工作，反过来心理矫治师的专业工作也不要影响个人生活。

三、多重专业关系的风险

大多数学者认为，心理矫治就是心理矫治关系。在纯粹的心理矫治关系里，来访者更容易认同心理矫治师的专业角色，信任心理矫治师助人的良好意愿。一旦在心理矫治关系里发生了越界行为，在其他关系里的人际角色就很可能对心理矫治师提出不可调和的要求，对心理矫治师的专业角色造成影响。这些影响包括以下几个方面：①

（一）信任危机

心理矫治关系是从来访者寻求专业服务开始的，心理矫治师是专业助人者，这是来访者进入心理矫治关系对心理矫治师的角色定位。来访者信任心理矫治师，除了双方是在签订《知情同意书》的基础上建立契约关系以外，更主要的是基于对心理矫治专业工作的认知以及对心理矫治师专业角色的信任，来访者知道进入心理矫治关系享有沟通特权，心理矫治师会对心理矫治内容保密，心理矫治师保持中立、客观，尊重来访者的价值和自我决定的权利，不替来访者做决定等，都是专业关系独有的属性。

如果在心理矫治关系里混有其他关系成分，在心理矫治关系以外的人际角色会混淆心理矫治师和来访者双方的专业关系，进而来访者对心理矫治师专业行为的感知和判断产生疑问，导致信任危机。例如，当来访者看到心理矫治师个人生活中对某种现象的立场、评价和判断时，可能认为心理矫治师在心理矫治中对自己的接纳并不真诚，在心理矫治中的表现只是其专业面具下的行为，会怀疑心理矫治师对自己的共情反应，而信任心理矫治师

① 安芹：《心理咨询与心理治疗伦理》，中国人民大学出版社 2022 年版，第 55~56 页。

是取得心理矫治效果不可或缺的关键因素。

(二) 角色冲突

在不同关系里有不同的人际角色，人们基于人际角色关系表现出不同的角色行为，而关系双方也会基于关系定位对彼此形成一定的角色行为期待，在不同的关系里不仅有不同的立场而且承担不同的职责。如果一个人与另一个人同时处在不同的角色关系里，会导致对自我、对他人以及对关系的期待产生混乱。

如果心理矫治师与来访者同时存在两种以上的关系，不同的人际角色之间可能提出不可调和的要求，从而相互冲突。目前有些社区矫正工作者既是工作人员，也是为社区矫正对象提供心理矫治的心理矫治师，当面对社区矫正对象时容易引起角色冲突。作为社区矫正工作者，依据岗位职责要求与社区矫正对象形成管理者与被管理者的关系，要履行监督管理的职责，对社区矫正对象进行矫正教育和帮扶，这些显然与心理矫治是不一样的工作。因此，如果既是社区矫正工作者也是心理矫治师，就要有能力区分不同的职业角色。为了避免多重关系，社区矫正工作者通常不为所管理的社区矫正对象提供心理矫治。

(三) 权力失衡

心理矫治师与来访者是存在权力差异的，相对而言，心理矫治师拥有更大的权力。在心理矫治关系里，来访者会担心心理矫治师是否继续为自己提供心理矫治，对心理矫治师是否全身心投入对自己的帮助感到焦虑。如果心理矫治师与来访者在心理矫治过程中有不同的想法，来访者往往会屈从于心理矫治师的意愿。如果除了心理矫治关系以外还存在其他关系，心理矫治师和来访者极有可能将心理矫治关系中的权力差异带到其他关系中。

(四) 泄露隐私

心理矫治师为来访者保密的内容之一是接触保密，即来访者身份本身就属于保密范畴。如果心理矫治师与来访者存在心理矫治关系以外的其他关系，在其他场合见面时可能会泄露来访者的身份。如果心理矫治师与来访者在心理矫治环境以外有不同形式的交集，那么无论是直接的还是间接的，都有可能听到或者被问到相关信息，破坏来访者在心理矫治关系里所需要的安全感和信任感，对心理矫治师能否做到为自己保密产生怀疑。这与心理矫治师是否真正做到保密无关，而是因为这种突破专业边界的行为本身给来访者带来了不安全感。

因此，如果在专业关系里出现越界行为，不同关系里不同的人际角色极易发生矛盾。一种关系里的互动规则会被带到另一种关系里，导致专业关系的边界模糊不清，必然削弱来访者求助心理矫治的信心。

四、多重关系的防范措施

有些双重或多重关系虽然本身不是有害的，但在进入这些关系以前，要当心有可能出轨的危险，如社交关系、经济关系、工作关系、商业关系等非性关系。这些关系在专业伦理上是有问题的，有可能陷入性关系的危险，不能不小心防备。为有效防范多重关系可能的伤害，科里（Corey）等提出以下建议：①要保持清晰的界限；②征求来访者的同意并与其讨论多重关系或角色混合的利弊；③愿意与来访者讨论任何可能引发的问题与冲突；④遇到问题要向其他专业同仁请教；⑤当多重关系有特殊问题或有可能造成危险时，要请教督导指导；⑥对任何多重关系做记录；⑦有需要的话，将来访者转介[①]。

综上所述，多重关系是否违反专业伦理？关系种类多，诸如朋友关系、社交关系、工作关系、师生关系、亲戚关系、经济关系等，其性质和形式也不尽相同，是否每一种多重关系都会引发不良的影响，值得慎重评估。面对不可避免的多重关系伦理困境，研究者们不断寻求解决之道。汤芳等学者指出，在处理多重关系的伦理议题时，应考虑我国重视和谐关系的社会文化因素，兼顾专业要求与人情法则。邓晶等学者研究提示，从业者的人际关系性人格可能影响着其多重关系伦理行为。凌水德等学者认为在出现多重关系时可尝试先放下角色中的矛盾性，利用并整合角色中内在的统一性促进心理矫治的发展，并指出多重关系并不完全被排斥在心理矫治伦理守则之外。建立和维持弹性的心理矫治界限设置，利用已经存在的非专业关系对专业关系的促进作用，对无法避免的多重关系进行督导，重视知情同意在多重关系伦理中的重要作用，积极宣传心理矫治伦理等，是解决多重关系伦理困境的重要方向。[②]

第三节　心理矫治工作伦理中的知情同意

知情同意是在心理矫治过程中，心理矫治师和来访者讨论心理矫治方式、心理矫治目标以及存在的其他可能并获得来访者同意。知情同意是一种更为宽泛的法律和伦理问题，在医疗管理机构，知情同意常参考经济因素。

知情同意书旨在提高来访者的自主选择权，其内容包括来访者的测验、心理矫治报告、账单、心理矫治设置、双方权益、时间表及心理矫治师的专业介绍等。

一、《伦理守则》中的知情同意

《伦理守则》规定，寻求专业服务者可以自由选择是否开始或维持一段专业关系，且有权充分了解关于专业工作的过程和心理矫治师的专业资质及理论取向。

（一）知情同意的界定

“所谓知情同意，即来访者有权被示以充分资料，来访者被告知而后抉择的程序，以

① 陈俊雄主编：《心理学基础知识与咨询技能入门》，中国轻工业出版社 2020 年版，第 299 页。

② 李晶晶：《十二年心理咨询与治疗专业伦理研究综述》，载《科教导刊（上旬刊）》2019 年第 16 期。

决定是否进入咨询关系、是否持续与咨询师的专业关系。”① 在正式开始心理矫治以前，心理矫治师与来访者要就心理矫治的属性及相关规定进行沟通，使来访者充分了解自己以及心理矫治师在心理矫治中各自的角色、任务和权责，有针对性地澄清来访者的疑惑，以利于来访者作出知情同意的决定。

来访者对是否接受心理矫治有自主决定的权利，而作出判断的前提条件是充分了解相关的信息。如果来访者在不完全知情的前提下选择接受心理矫治，其权益不仅没有得到保障，而且有可能因为对心理矫治的误解在后续心理矫治过程中发生问题。

心理矫治师作为专业人员有责任告知并做好解释，特别是将接受心理矫治可能的风险、保密的限制等客观地以来访者能理解的语言进行说明，以确保来访者全面理解相关事项。只有通过这样的告知过程，来访者作出的同意这一决定才有意义，否则会沦为空谈。知情同意贯穿整个心理矫治过程，在心理矫治的任何阶段来访者有疑问时都可以发问，心理矫治师都有责任作出解释和回应。

（二）知情同意的实质

来访者知情同意的实质是建立心理矫治关系，心理矫治师与来访者关于知情同意的讨论，一定是基于来访者之前对心理矫治如何理解以及为什么会有这样的理解，包括来访者特别想了解哪些信息以及为什么格外关注哪些限制。这些都与来访者是怎样一个人有密切关联，来访者知情同意过程是进行心理教育的过程，此过程使接下来的心理矫治在一个规范化的专业设置里推进，同时通过对来访者个别化的理解更好地为其提供专业服务。

知情同意过程可以帮助来访者适应来访者角色，获得对心理矫治的确定感，知情同意程序能够促进来访者的自主性和自我决定，减少心理矫治师对来访者剥削和伤害的可能性，促进来访者理性决策并增强心理矫治联盟。知情同意过程落实到具体可见的工作是来访者签署《知情同意书》，这个文件非常重要，一方面使心理矫治关系的建立符合专业伦理规范，另一方面一旦陷入纠纷就能成为处理问题的重要依据。

来访者知情同意的讨论过程本身就是心理矫治的一部分。知情同意过程并不是只在心理矫治的最初阶段讨论相关问题，而是每当来访者有疑问时都可以提出来讨论。来访者在心理矫治的全程始终可以提问，这从更核心的作用而言是心理矫治师与来访者建立关系，看到来访者的疑惑，与来访者共情，并给予及时回应，从而有利于促进来访者在接下来的心理矫治进程中投入和参与。来访者知情同意过程因人而异、因环境而异，需要根据来访者、社区矫正机构的要求进行弹性调整。个性化的知情同意访谈有助于心理矫治师灵活地感知和处理来访者的个性化问题与需求，是来访者对知情同意满意的重要因素。也就是说，心理矫治师除了解释知情同意中的重要信息之外，还要关注来访者的理解程度和反馈，以及他们本身的特质所带来的影响。

有些心理矫治师对来访者知情同意工作有误解，如担心来访者因为心理矫治师在知情同意过程中告知的信息而拒绝心理矫治，包括知道了心理矫治师可能会突破保密原则而会有所隐瞒。其实，当来访者知晓在心理矫治过程中什么可以做，什么不可以做时，其反而

① 安芹：《心理咨询与心理治疗伦理》，中国人民大学出版社 2022 年版，第 68 页。

会认为心理矫治师更加专业和值得信任，对心理矫治过程有确定感，从而促进其对心理矫治的参与和投入。①

二、知情同意的作用

来访者知情同意不应止步于签署《知情同意书》文件。如果心理矫治师不参与来访者知情同意的全过程，而是由心理矫治机构的接待员协助完成，就无法充分发挥来访者知情同意程序的作用。知情同意程序的作用包括：②

1. 建立规范的专业关系

遵守专业设置是心理矫治的根本前提，知情同意其实也是对来访者进行心理教育的过程，有助于建立规范的专业关系。在知情同意的过程中，心理矫治师可以帮助来访者充分了解心理矫治，确保来访者理解心理矫治关系的专业属性，对心理矫治形成恰当的期待，减少对接受心理矫治的不确定感和恐慌，知道在心理矫治中要遵守哪些规则。从另一个角度来讲，心理矫治师在与来访者初次接触时进行知情同意讨论，是在设身处地地理解来访者的感受，回应来访者对开始心理矫治时的担忧和疑虑，向来访者表达共情并澄清其疑惑，加深对心理矫治师的信任感，有助于建立心理矫治关系。

2. 明晰来访者的错误认知

知情同意的重要作用之一是澄清来访者对心理矫治的误解。目前我国心理矫治行业发展不成熟，相关法律法规并不健全，缺乏统一的执业制度以及行业协会的有力监管，当来访者准备接受心理矫治专业服务时帮助其澄清误解尤为重要。例如，心理矫治的目的是帮助来访者缓解情绪困扰，但不可能快速消除，由于心理矫治过程中帮助来访者面对一直以来回避的问题，有可能在一段时间内其消极情绪体验反而更加明显。来访者如果提前知情，则有助于克服心理矫治过程中的情绪起伏，能更好地坚持心理矫治而不是退缩。

3. 与来访者沟通的重要途径

来访者对知情同意过程的反应是个人化的。不同来访者对知情同意条款的态度不同，反应方式不同，遵守意向也不同。有的来访者并不重视，甚至在不阅读文件的情况下就完成了文件签署过程；有的来访者非常细心地阅读，并且针对有关规定提出了很多疑问；还有的来访者明明知道自己已经签署过知情同意文件并知悉相关条款，但仍然会提出与之相违背的要求。不同来访者之所以表现出不同的应对方式，在一定程度上都与来访者个人有很大的关系。有关知情同意的讨论是理解来访者的重要途径，也是心理矫治可以深入展开的组成部分。

三、心理矫治工作中的知情同意

在进入心理矫治关系以前，来访者不一定了解心理矫治，对心理矫治的认知也不一定

① 安芹：《心理咨询与心理治疗伦理》，中国人民大学出版社 2022 年版，第 72 页。
② 安芹：《心理咨询与心理治疗伦理》，中国人民大学出版社 2022 年版，第 71~72 页。

完全正确。尊重来访者知情同意权利的前提，是先要帮助来访者了解关于心理矫治专业服务的相关信息，也就是说先要确保来访者知情，在此基础上来访者才作出是否同意接受专业服务的决定。

（一）知情同意的要素

知情同意是来访者的权利，来访者有权选择是否建立或者继续心理矫治关系，对心理矫治师以及心理矫治过程足够了解是作出决定的前提条件。来访者的知情同意包含三个关键要素。①

1. 来访者有知情的权利

接受心理矫治是对来访者福祉发生影响的过程，来访者有权利决定自己是否接受心理矫治影响。为了保障来访者作出是否接受心理矫治的判断是基于对心理矫治的足够了解，心理矫治师有责任帮助来访者获得相关信息，且这些信息足够完整、客观，有助于来访者充分考虑以便作出决定，从而充分保障来访者的权益。

来访者具有“知”的能力是前提条件，即来访者有能力理解信息的含义。如果是未成年人、失智老年人或者因智力障碍、精神疾病等原因不具备理解和决定能力的人，则需要监护人参与知情同意过程。心理矫治师有责任根据来访者对信息的理解能力和情绪状态使用来访者可以理解的语言提供充分的信息，满足来访者知情的需要。

来访者预先有知情权，知悉在心理矫治过程中将怎样接受影响，来访者对心理矫治关系的属性，在心理矫治过程中将会发生什么，可能有什么益处同时又有哪些风险，自己在心理矫治过程中有什么权利，同时又受哪些限制等方面在被影响之前有知情权。例如，心理矫治师对来访者的隐私保密，但如果来访者有自残等严重自我伤害性行为则属于保密例外的情形。如果来访者不清楚保密例外规则，以为心理矫治师一定会为自己保密，当心理矫治师发现来访者的例外情形要突破保密原则时，来访者会产生被欺骗感，这样不但破坏来访者对心理矫治及心理矫治师的信任，还可能导致严重后果。

2. 来访者的自我决定权

来访者对是否接受心理矫治有自我决定的权利。心理矫治一般都是从来访者主动求助开始的，来访者的求助动机是关乎心理矫治效果的重要影响因素。只有来访者有主动的求助意愿同意进入心理矫治关系，心理矫治才能开始，来访者有自主选择的权利。

来访者自愿同意接受心理矫治，完全是出于其自主决定。心理矫治师有责任尊重来访者自我决定的权利，除非来访者处于危急状况之下其自主决定能力受限。如果来访者出于强迫或受到压力来见心理矫治师，心理矫治师首先要做的也是与来访者进行知情同意讨论。如果来访者在心理矫治过程中要求退出，同样也有终止心理矫治的权利。

3. 对来访者自我决定的尊重

来访者的知情同意权利能否被保障，还取决于知情同意作出的决定是否被心理矫治师充分尊重。有些心理矫治师认为，知情同意过程就是签署《知情同意书》，有些咨询机构将签署《知情同意书》安排在来访者预约心理矫治阶段，这样知情同意过程只是一个仪式

① 安芹：《心理咨询与心理治疗伦理》，中国人民大学出版社 2022 年版，第 69~70 页。

化的工作程序，作为归档文件留存在心理矫治机构，至于来访者是否真正理解了其中的内容没有被重视，来访者的知情同意权没有得到充分尊重。

来访者不仅对是否接受心理矫治有自我决定的权利，而且对在心理矫治中是否讨论某些议题或者结束心理矫治同样有参与决定的权利。从专业角度来讲，来访者回避某些话题或者中途退出心理矫治，可能与其阻抗或防御有关，心理矫治师可以与来访者讨论，但最终还是要尊重来访者的自主决定。

心理矫治是在心理矫治师与来访者达成知情同意的框架内进行的专业服务，无论是心理矫治师还是来访者，都有责任遵守《知情同意书》的相关规定。因此，心理矫治师在首次会谈时有必要与来访者讨论知情同意的相关事项，澄清来访者的疑问，并在心理矫治过程中执行《知情同意书》的相关规定。

（二）知情同意书的填写与保管

为体现对来访者的尊重，保证心理矫治的完整性，来访者需要了解心理矫治过程和心理矫治师的风格并填写《知情同意书》。包括以下内容：①

1.《知情同意书》澄清心理矫治过程，为后续心理矫治创造条件，帮助心理矫治师了解来访者的心理矫治期待，来访者可以质疑心理矫治师的方法，可以问清楚心理矫治师如何进行心理矫治，可以获得某种方法来应对心理矫治师的问题。

2.《知情同意书》提供的信息便于来访者知晓心理矫治的方式、第三方情况及心理矫治师的背景材料。

3.《知情同意书》也包括费用等问题。

4. 心理矫治师有责任让来访者无阻碍享有心理矫治服务，来访者可以选择心理矫治师并参与制订心理矫治计划。

5.《知情同意书》应当由签署人分别保管，心理矫治师和来访者都有权利对该文件进行保留直到文件保存期结束。通常情况下，心理矫治师将《知情同意书》和来访者的其他文件资料共同保管，这些资料具有法律效力。

知情同意是专业伦理中一个重要议题。知情同意是指具有法律所要求的行为能力的来访者知晓接受心理矫治的相关信息，并自愿做出是否接受心理矫治的判断和行为。知情同意不仅是专业伦理的要求，更是法律赋予的职责。知情同意的规范使用，不仅能保护来访者的权益不受损害，也可以维护从业者的安全和权益，更可以为良好专业关系的建立奠定基础。有研究者采用质性研究的方式研究知情同意的伦理现状，结果发现知情同意的伦理要求常常被心理矫治师忽视，甚至还有心理矫治师不知晓这一伦理要求②。

---

① 陈俊雄主编：《心理学基础知识与咨询技能入门》，中国轻工业出版社 2020 年版，第 298 页。

② 李晶晶：《十二年心理咨询与治疗专业伦理研究综述》，载《科教导刊（上旬刊）》2019 年第 16 期。

第四节　心理矫治工作伦理中的保密

保密是心理矫治关系建立的核心。心理矫治师与来访者只有建立充分的信任关系，才有助于来访者袒露内心秘密，使心理矫治得以深入。如果心理矫治师未经来访者同意泄露其隐私，就破坏了来访者对心理矫治师的信任，心理矫治关系将受到难以挽回的损害。因此，坚持保密原则是心理矫治师最重要的伦理职责之一。

一、《伦理守则》中的隐私保密

《伦理守则》条目三专门设立了“隐私权和保密性”。

在心理矫治领域，要求自己的隐私被保护是来访者的基本权利。如果没有保密作为前提，心理矫治几乎是不可能展开的。只有来访者确信心理矫治的保密责任，确信心理矫治师是值得信任的，来访者才愿意向心理矫治师分享他们的秘密，这是心理矫治师提供心理矫治专业服务的基础。

第一，保密是心理矫治师最基本的责任。来访者的隐私权受到法律保护，为来访者保密是心理矫治师最基本的责任。如果心理矫治师没有保护来访者的隐私，不但违背专业伦理规范，后果严重时还有可能触犯法律。保密问题一直是最常见的伦理难题。

第二，保密是来访者的沟通特权。保密性是心理矫治专业实践中非常强调的部分，对来访者来说是沟通特权，即来访者在心理矫治中表露的内容，只要不属于保密例外的情形就有被专业人员保密的权利。表面看起来这一规定非常明确，但心理矫治师在具体实践中很容易疏漏一些细节。例如：心理矫治师和同事、家人闲聊时，遇到与来访者非常类似的情况，可能忍不住随意说几句；心理矫治记录按要求保存、保管，但上级行政领导检查工作时要求查阅相关记录；危机干预个案需要团队共同工作，心理矫治师在团队协作时对个案要交代到什么程度。这些都涉及保密问题。

第三，保密是心理矫治师的职业伦理操守。保密是心理矫治师最重要的职业伦理操守，但保密并不是没有条件的。一旦出现保密例外情况就可能涉及很多不确定因素，心理矫治师要保持足够的敏感性，以符合伦理的方式做好保密突破的相关工作，这对心理矫治师来说常常是极大的考验。保密是一个复杂的职业伦理行为，心理矫治中的保密不是绝对的。心理矫治师要保持足够的伦理敏感性，既不能在不属于保密例外的情况下泄露来访者的隐私，也不能在属于保密例外的情况下不作为，心理矫治师要有能力做好评估及应对。

第四，保密是心理矫治师与来访者信任关系的核心。保密也是心理矫治师与来访者之间建立心理矫治关系的核心，除非来访者信任心理矫治师，愿意真实地向心理矫治师讲述自己的经验、情绪和感受，否则不会有真正的心理矫治。为来访者保密是心理矫治师的专业责任，也是伦理和法律的基本问题。

心理矫治师在心理矫治中有义务尊重来访者的隐私，并且向来访者保证他们在咨询中所透露的信息未征得来访者的同意不会向外界透露。保密对心理矫治具有重要的意义，体现了心理矫治师对来访者隐私权和自主权的尊重，是心理矫治师和来访者之间形成积极心理矫治联盟的基础，是帮助来访者建立安全和信任从而逐渐开放表达自己的必要条件。

二、来访者隐私的主要内容

在心理矫治过程中，尊重来访者的尊严和权利，尊重来访者的自主性，均是对心理矫治师的基本要求。心理矫治师对来访者隐私的保护主要体现在以下方面：①

1. 自我表露的内容

来访者在心理矫治中自我表露的内容以及自我表露的深度都是自主的选择。如果心理矫治师认为有些信息与心理矫治过程密切相关，可以向来访者提问，同时也会表达尊重来访者自主决定的权利。也就是说，即使心理矫治师认为是非常重要的信息，但最终是否表露仍然取决于来访者自己。心理矫治师不随意打探来访者的私人信息，特别是与心理矫治过程相关度不高的信息。例如，一位因目睹父母家庭暴力的青少年前来心理矫治，心理矫治师关注的焦点是目睹父母家庭暴力带给来访者的影响，心理矫治师如果认为导致父母家庭暴力的原因可能与来访者有关，可以向来访者询问，但要尊重来访者的选择，来访者拒绝讲述父母的关系也是可以理解的。如果来访者是低龄儿童则会涉及与监护人的沟通，心理矫治师要做的是对监护人的心理教育，即告知监护人来访者受到父母暴力冲突的影响，以及父母要如何为来访者提供支持，心理矫治师不应为自己的好奇而打探或问询来访者父母的婚姻冲突。

2. 来访者的声音和形象

心理矫治师对心理矫治过程都有文字记录，心理矫治记录与签署的《知情同意书》等文件都是心理矫治机构留存的文档，生成这些文字记录是专业的基本要求。通常情况下，来访者不会对心理矫治记录提出异议，但是如果来访者对此有异议，心理矫治师有责任做好相关解释，可以向来访者说明心理矫治记录的意义、保管存放要求以及查阅权限。

如果对咨询过程录音或录像，应征得来访者的同意。虽然同样是咨询过程的记录，但由于来访者的声音以及形象是更私密性的信息，相比较而言，如果来访者的声音或形象被泄露往往可能造成更大的伤害。因此，如果心理矫治机构或心理矫治师对心理矫治过程录音或录像，要单独就录音或录像一事征得来访者的同意，来访者有权维护自己声音和形象的隐私。

3. 沟通特权

沟通特权，指来访者在心理矫治过程中诉说的信息有权利要求心理矫治师保密。沟通特权属于来访者，对应的是心理矫治师保密的专业责任，要求心理矫治师除了保密例外的情况以外不可以泄露来访者的信息。

来访者寻求帮助时心情通常是非常复杂的。一方面因情绪困扰感受到痛苦，需要支持，希望改变；另一方面又不想自己的秘密被泄露，不想被评价、被嘲笑。从某种角度而言，来访者之所以寻求心理矫治师专业服务，相当大的原因是有来访者的沟通特权作为保障。为了维护来访者的自主权和隐私权，赋予来访者沟通特权，除非保密例外情况则禁止

① 安芹：《心理咨询与心理治疗伦理》，中国人民大学出版社2022年版，第85~86页。

心理矫治师泄露心理矫治秘密，即法律保障接受专业服务的当事人在接受专业服务过程中呈现的私人信息不应该在未征得同意的情况下被泄露。

来访者的隐私受到保护，一般情况下应控制在来访者与心理矫治师的心理矫治关系内部，一旦来访者的信息超出了心理矫治师与来访者的心理矫治关系，就要引起心理矫治师的高度敏感。如果不是出于专业目的、不在专业人员范围内、不在专业环境内，心理矫治师应对所有可能破坏来访者隐私的行为持谨慎态度。

心理矫治师只有出于专业目的，才可以与其他专业人员讨论来访者心理矫治的情况。通常包括以下情况：其一，心理矫治师为了更好地帮助来访者，就所提供的心理矫治接受督导或者参加案例讨论；其二，心理矫治师为了培养专业人员，在教学及培训中需要结合心理矫治案例讲授或者示范；其三，心理矫治师为了在同行中交流和分享心理矫治经验，在专业期刊发表或者在专业会议上交流案例报告。无论上述哪种情况，如果涉及具体的案例信息，心理矫治师都要遵守相应的伦理规范，尤其要注意隐去可供辨识来访者身份的基本信息。如果是培训项目中的教学示范，当有其他人观察心理矫治过程时必须征得来访者的同意，而且心理矫治师要如实客观地向来访者说明情况以及潜在的风险，尽最大可能保护来访者的身份和相关信息。如果是参加会议交流，在对参与人员不确定的开放性环境中，心理矫治师进行有关案例报告的交流应采取更加谨慎的态度。

三、心理矫治师保密的范围

心理矫治师对来访者在心理治疗过程中的秘密具有保密的义务，这也是心理矫治的一项原则，但是保密是有边界的，主要包括：①

（一）心理矫治相关的所有谈话内容

来访者讲述的所有内容都应该被保密，除非是保密例外的情况。心理矫治师为来访者保密的范畴，不仅包括来访者讲述的隐私、创伤性事件，即使是来访者不那么私密的信息，心理矫治师仍然有责任为来访者保密。当心理矫治师对来访者微不足道的信息仍然可以做到保密时，其实是在向来访者表明，即使他暴露更多私人信息也是安全的。

心理矫治职业将为来访者保密作为承诺，基于诚信原则，心理矫治师应表现出一致性。有的心理矫治师认为，来访者某些“一般化”的信息不属于隐私，于是在与朋友闲聊时提起，这是不专业的。

（二）心理矫治相关的所有记录文件

需要保密的记录文件不但包括心理矫治记录表，还包括预约登记表以及心理矫治案例管理的信息，所有涉及来访者信息的文件都应该是保密的。心理矫治机构应有关于心理矫治相关文件的管理制度和工作条例，明确规定相关文件由专人统一保管，有文件保存、保

① 安芹：《心理咨询与心理治疗伦理》，中国人民大学出版社 2022 年版，第 90~91 页。

管要求以及查阅制度，对文件如何保管、谁有权利查阅心理矫治记录等都要有明确具体的说明。

接待人员在帮助来访者预约登记时，注意信息保护，避免信息外泄。心理矫治师不得将心理矫治记录带出心理矫治机构。一般情况下，要求心理矫治师及时完成心理矫治记录，交给专人统一保管在带锁的文件柜里。如果是电子记录文件，应保存在指定的计算机里，并设置开机密码，同时对心理矫治记录文件加设密码。

（三）心理矫治相关的其他内容

有专家提出，心理矫治师甚至有责任对来访者的身份保密，并将其命名为接触保密。即使在来访者不为自己保密时，心理矫治师仍然要坚守自己保密的责任。例如，心理矫治师为同行做个人体验，本质上就是心理矫治师在接受心理矫治，该同行可能并不为自身是心理矫治师的来访者保密，即使这样，心理矫治师自己仍然要坚持保密原则。心理矫治师为来访者保密是没有时限的。在心理矫治期间为来访者保密是心理矫治师的专业责任，而且这种责任会一直延续，甚至来访者已经过世，心理矫治师也仍然有为来访者保密的责任。

因此，心理矫治机构要注意一些细节。例如，安排来访者的心理矫治时间时，相邻的两位来访者之间要有一定间隔，避免前后两位来访者不必要的碰面。再如，心理矫治机构一般设有独立的等待室，避免来访者与到心理矫治机构问询的来访者碰面，也避免来访者在接待人员回复问询电话的时候在场。这些都是心理矫治师坚守保密责任的体现。

四、心理矫治工作中保密例外的情形

来访者对心理矫治中的保密往往存在预设，无论心理矫治师是否与来访者讨论保密相关的问题，来访者都通常认为心理矫治师是会保守秘密的，但心理矫治中的保密并不是无条件的，当心理矫治师需要突破保密原则时，同样也是出于保护来访者福祉的考虑。

保密例外并不常见，但心理矫治师始终要有对来访者进行危险性评估的意识。一方面，与来访者初次会谈时应进行整体评估，及时察觉来访者潜在的危险因素，这是在制定心理矫治目标之前首先要进行的工作；另一方面，当发现来访者可能有保密例外的情形时，心理矫治师要注意与来访者进行知情同意讨论，避免破坏来访者对心理矫治师的信任。保密例外的情形包括：①

（一）生命权、健康权受到威胁

尽管来访者在心理矫治中有沟通特权，心理矫治师有责任保护来访者的隐私，但是一旦来访者或相关人员的生命受到威胁，生命权一定是在隐私权之上被优先考虑的。当来访者存在自杀、自伤或伤害他人的严重风险时，为了保护来访者的生命安全，或者为了向可

① 安芹：《心理咨询与心理治疗伦理》，中国人民大学出版社 2022 年版，第 95~97 页。

能被来访者危及生命的相关人员预警，对来访者的心理矫治就不再属于保密的范畴，心理矫治师有责任突破保密原则。制止自杀的方法被命名为强制性干预，在这种情况下保密原则会被打破。

（二）特定群体受到侵害

在这里，特定群体受到侵害是指未成年人等不具备完全民事行为能力的人受到性侵犯或虐待的情形。如果在心理矫治过程中，心理矫治师获知不具备完全民事行为能力的人受到严重伤害，如未成年人受到性侵犯、失智失能老人没有得到基本照顾或者残障人士受到严重虐待等，由于这些人不具备自我保护的能力，心理矫治师有责任突破保密原则向相关部门报告，使这些不具备完全民事行为能力者的福祉得到基本保障。

（三）法定要求

当来访者陷入法律纠纷时，法庭有可能要求审查心理矫治记录，或者在某些特殊情况下要求心理矫治师出庭作证，有可能与心理矫治师的保密责任发生冲突。当伦理规范与法律条款发生冲突时，应坚持法律至上原则，专业伦理规范让位于法律法规，因为心理矫治师首先是公民，要遵守法律法规。当心理矫治师被司法、公安机关要求出庭作证呈现相关证据时，心理矫治师有责任配合调查。当然，心理矫治师作为专业人员也要兼顾专业伦理规范，在执行保密突破时要考虑专业工作的要求，根据法庭要求做有限披露，而不是和盘托出来访者的情况。

（四）特定情形

1. 来访者危害到公共安全时

如果来访者对他人、社会或者公共安全造成极大威胁，则心理矫治师有责任突破保密原则，同样是生命权优先于隐私权，任何人不能以个人利益危害公众利益，即一旦个人触发公共危险，对个人隐私的保护责任就终止了。例如，当心理矫治师在心理矫治过程中得知来访者罹患某些传染性疾病，同时有对他人构成传染威胁的高风险行为时，心理矫治师要通过评估风险等级考虑是否需要保密突破。如果来访者虽然罹患传染性疾病，但并不构成对他人以及公共健康的威胁，则不属于保密例外的情形。

2. 来访者要求披露信息时

来访者对个人隐私有控制权，有权控制其个人信息，包括心理矫治信息。来访者要求披露其心理矫治信息有两种比较常见的情况。一种情况发生在来访者转介时，来访者提出将心理矫治记录移交给新的心理矫治师，或者希望心理矫治师和新的心理矫治师就自己之前的心理矫治情况进行沟通。这时心理矫治师需要获得来访者的书面许可，并和来访者讨论可以向新的心理矫治师披露内容的范围。一般情况下，心理矫治师将原始心理矫治记录保存在原心理矫治机构，根据与来访者的讨论整理一份心理矫治概要给新的心理矫治师。如果新的心理矫治师得知来访者以前有过心理矫治经验，认为了解先前心理矫治信息是必要的，要先与来访者讨论，获得知情同意后才可以和以前的心理矫治师沟通。另一种情况是来访者以心理矫治为由希望达到某种目的。例如，来访者以自己在接受心理矫治为由申请特定事项，来访者要求心理矫治师向社区矫正机构披露自己接受咨询的信息，等同于来访者自动放弃保密的权利。即使是来访者自己要求披露信息，也不代表心理矫治师要披露全部信息，而且要与来访者讨论希望披露的范围以及潜在后果，将讨论记录在案并请来访者签字。

3. 来访者投诉心理矫治师时

如果来访者投诉心理矫治师，在这种情况下视为来访者放弃隐私权。因为心理矫治师有权利为自己辩护，根据来访者对自己投诉的事实做出回应。当然，应强调专业人员以符合伦理的方式向相关部门提供事实说明或者证据。

4. 来访者起诉他人时

如果来访者起诉他人，其中涉及他人对来访者的心理健康造成影响，以至于寻求心理矫治师的帮助，在这种情况下当法庭要求心理矫治师出庭作证时，也视为来访者放弃隐私权，心理矫治师有责任根据法庭的要求陈述事实。

心理矫治师应清楚地了解保密原则例外的情况，不是遇到有潜在风险的个体就都要突破保密原则。心理矫治师不仅需要评估风险等级，还要权衡突破保密原则以后可能扩大的潜在风险。可见，保密突破的决定不仅关乎专业伦理，也涉及相关的法律法规。

第五节　心理矫治工作的专业胜任力和专业责任

一、《伦理守则》中的专业胜任力和专业责任

心理矫治师应遵守法律法规和专业伦理规范，以科学研究为依据，在专业界限和个人能力范围内以负责任的态度开展评估、咨询、治疗、转介、同行督导、实习生指导以及研究工作。心理矫治师应不断更新专业知识，提升专业胜任力，促进个人身心健康水平，以更好地满足专业工作的需要。“在任何专业领域，当专业组织内部人员声称自己是专业人员时，通常意味着在这个领域里需要特定的专业胜任力，即专业人员具有某些非专业人员不具有的专业能力，以突显该专业领域独特的专业价值和专业效能。对每一个专业领域而言，专业胜任力都可以称之为专业人员的立足之本，如果不具备专业胜任力则很难称其为专业人员，在心理咨询与心理治疗领域内部亦是如此。”①

具备专业胜任力是心理矫治从业者最基本的伦理责任，可以说是成为专业人员的前提条件。如果专业人员不具有专业胜任力，其专业实践活动不仅会增加对来访者造成伤害的可能性，而且可能显著降低对来访者的潜在帮助。从某种角度来讲，专业领域的很多问题都可以归结为专业胜任力问题。例如，心理矫治师为复杂的个案提供专业服务时感到无能为力，或者没有进行保密例外的知情同意讨论、没有觉察咨询中多重关系给来访者福祉带来的影响等，如果心理矫治师具有更高水平的专业胜任力就会更好应对这些问题。

---

① 安芹：《心理咨询与心理治疗伦理》，中国人民大学出版社 2022 年版，第 30 页。

专业知识、专业技能和专业伦理共同构成了心理矫治师的专业胜任力。心理矫治师在准备入行的新手阶段，往往最渴望学习的是专业知识和专业技能。在心理矫治师开始专业实践以后，随着心理矫治个案越来越复杂，心理矫治师在应对一些咨询困境寻求解决策略的过程中会逐渐发现专业伦理的重要性。当然，不是说专业知识和专业技能不重要，专业知识在不断更新，对于某个心理矫治领域或服务对象的专业技术在不断精进，继续学习专业知识和技能是提升心理矫治师专业胜任力的必要途径，但专业伦理赋予专业知识和技能以力量，心理矫治师在专业伦理框架内运用专业知识和专业技能在专业服务中更能够发挥专业效力。①

二、专业能力与专业胜任力的关系

专业人员必须具备该专业领域从事专业工作所必需的专业能力，这是每一个专业领域从业者获得从业资格的前提条件。但专业人员即使具备了专业能力，也不意味着在提供专业服务的过程中一定具有足够的专业胜任力。这涉及专业能力与专业胜任力的关系。

专业能力，是指从事某职业的专业能力。任何职业岗位都有相应的岗位职责要求，具备专业能力是胜任相应职业岗位的必要条件。如果不具备完成岗位职责工作的专业能力，就不可能以专业方法开展相应工作，因此具备某种职业岗位所需要的专业能力才具有胜任某种专业工作的可能性。但是具备专业能力并非胜任某种职业岗位的充分条件，也就是说，即使具备专业能力也不一定在所有情况下都能胜任工作。

胜任力指的是一个人的专业表现，而非能力。一个人可能具备胜任任务的能力，但胜任力是由任务本身的完成情况来评判的。从环境情况（例如无法达到的工作要求）到不可预料事件（例如在心理矫治中途突然病倒），到心理矫治师自身的心理健康问题（例如抑郁或倦怠），有很多因素能够影响一个有能力的人的表现。能力是胜任的先决条件，但是能力不等同于胜任力。

专业胜任力，是指根据专业人员任务完成情况来评判的专业表现。判断心理矫治师是否具有专业胜任力的主要依据，是心理矫治师在心理矫治过程中的专业表现。心理矫治的服务对象是有心理困扰希望得到专业帮助的来访者。当来访者有改变意愿主动寻求心理矫治专业服务时，心理矫治师运用专业知识和专业技能并遵守专业伦理规范，有效达成了助人目标就是完成了心理矫治任务，能够完成心理矫治任务被评价为具有专业胜任力的心理矫治师。

专业胜任力并不完全等同于专业能力。对于专业人员来说，专业工作所遵循的专业价值和专业伦理，在专业实践中所需要的专业知识和专业技能，都属于心理矫治师必备的专业能力。具备专业能力是心理矫治师获得从业资质的前提条件，如果不具备专业能力就无从谈起在心理矫治实践中的专业表现。心理矫治师只有具备了专业能力，才有可能以良好的专业表现提供专业服务，从而成为具有专业胜任力的心理矫治师。但是心理矫治师即使具备了胜任任务的专业能力，在某些情况下仍然可能受到各种因素的干扰，例如心理矫治

① 安芹：《心理咨询与心理治疗伦理》，中国人民大学出版社 2022 年版，第 30~31 页。

师对某个个案产生严重的反移情或者近期发生应激事件等，可能会影响心理矫治师的胜任表现。可见，具有心理矫治师所需要的专业能力与在心理矫治中具有的专业胜任力还是有一定区别的。心理矫治师的专业胜任力体现在运用专业能力帮助来访者的服务过程中。一方面，心理矫治师必须具备专业能力，这是专业胜任力表现的基础。另一方面，心理矫治师具备了专业能力不代表一定能胜任当下的工作。只有心理矫治师帮助来访者科学有效地达成心理矫治目标，才说明心理矫治师具备了专业胜任力。①

三、心理矫治师专业胜任力的评价标准

心理矫治师在心理矫治过程中的专业表现是判断心理矫治师具有专业胜任力的主要依据，即考察心理矫治师是否能够有效地帮助来访者，包括能否与来访者建立良好的心理矫治关系，收集足够的资料对来访者及其问题形成个案概念化，在此基础上制定咨询方案、执行计划，并对心理矫治结果进行评估。

具备专业胜任力是对心理矫治师的基本要求。心理矫治师通过提供专业服务使来访者获益，只要与先前表现胜任的专业人员水平相当，就意味着心理矫治师具备了足够的专业胜任力。可见，专业胜任力不是完美标准而是基础水平，是有资质的心理矫治师必须达到的基准水平。从这个角度来讲，相当于设立专业临界值，只有具备专业胜任力的心理矫治师才可以独立提供心理矫治。

专业胜任力不是优秀标准，并不是要求所有的心理矫治师都成为专家。具备专业胜任力是对心理矫治师的基本要求，随着心理矫治经验的积累，心理矫治师在从心理矫治新手发展为心理矫治专家的过程中其专业能力在不断提升，在帮助来访者心理矫治的过程中更加应对自如。相比较而言，专家级心理矫治师会更快速、更深入地帮助来访者，但新手心理矫治师只要能够做到帮助来访者达到心理矫治目标，就可以说具备了专业胜任力。②

四、心理矫治工作者胜任力

在社区矫正工作中，什么样的心理矫治工作者能够胜任心理矫治工作，是我们需要考量和审核的一个必要事件。

对于心理矫治工作者的胜任力问题，从国家到行业都十分关注。中国心理学会和中国心理卫生协会曾于 1993 年颁布了《卫生系统心理咨询与心理治疗工作者条例》。1999 年中国心理学会和中国心理卫生协会又联合起草并下发了《有关心理治疗与心理咨询工作者注册资格的规定》，对什么样的人可以从事心理矫治工作做了更为详细的规定。③

---

① 安芹：《心理咨询与心理治疗伦理》，中国人民大学出版社 2022 年版，第 31~32 页。
② 安芹：《心理咨询与心理治疗伦理》，中国人民大学出版社 2022 年版，第 33 页。
③ 孔维民：《心理咨询与治疗新论》，人民军医出版社 2007 年版，第 36 页。

（一）心理矫治工作者资质认定

劳动和社会保障部于2001年8月开始试行《国家心理咨询师资格认证》，标志着我国心理咨询师正式具备了职业身份，从而为我国心理咨询业更正规、更健康地发展奠定了坚实的基础。根据我国《心理咨询师国家职业标准》的定义①，心理咨询师为运用心理学以及相关学科的专业知识，遵循心理学原理，通过心理咨询的技术与方法，帮助求助者解除心理问题的专业人员。目前，我国的心理咨询师共分为三个等级，即心理咨询师三级（国家职业资格三级）、心理咨询师二级（国家职业资格二级）、心理咨询师一级（国家职业资格一级）。《心理咨询师国家职业标准》对培训期限、培训教师、适用对象、申报条件等都作出了较为严格的限定。该标准的出台使我国心理咨询业的发展向前迈出了关键一步。2002年7月，劳动和社会保障部联合中国心理卫生协会和中国心理学会，宣布正式启动心理咨询师职业资格培训鉴定工作，规定只有获得全国统一颁发的《中华人民共和国职业资格证书》的心理咨询师方可从事相关心理咨询活动。但这套方案推出后，在专业领域引起了相当大的争议和批评，许多专家质疑其合理性。例如，对取得咨询师资格的教育水平的最低要求是：取得本专业或相关专业中专以上毕业证书，经心理咨询师正规培训达到规定标准学时数，并获得毕（结）业证书者。这个要求存在几个问题：一是职业门槛的水平要求太低。二是轻视学历教育。既然已从“本专业”毕业，为何还要经心理咨询师的“正规培训”？究竟哪个更“正规”？这显然把非学历培训放在了正规学历教育之上。三是不合理地扩大入口。“取得本专业或相关专业中专以上毕业证书”一语中“相关专业”一词，用模糊的说法放宽了申请者的专业条件，实际上谁都可以申请做心理咨询师②。为此，中国心理学会在2007年2月颁布了《中国心理学会临床与咨询心理学专业机构和专业人员注册标准（第一版）》，并于2018年修订出第二版，以此规范我国的心理咨询师资格认证制度。

（二）心理矫治工作者专业胜任力

从很多方面来看，胜任力很显然都是从业者的伦理责任，因为不胜任的实践活动会大大增加对来访者造成伤害的可能性，也会显著降低对来访者的潜在帮助。心理矫治专业人员的胜任力虽然很难简单界定，但从本质上来讲主要包含知识、技能和敬业三个组成部分：③

1. 知识

具备相关知识意味着对于该领域的历史、理论和研究进行过系统的学习，并对自身知

---

① 本书依据专业特性使用的“心理矫治师”，其内涵与心理咨询和心理治疗中的“心理咨询师”“心理治疗师”等概念有相同之处，也有一定的区别。

② 徐光兴：《心理咨询与治疗——临床心理学的理论与技术（第3版）》，上海教育出版社2017年版，第99页。

③ ［美］伊丽莎白·雷诺兹·维尔福著，侯志瑾等译：《心理咨询与治疗伦理（第三版）》，世界图书出版公司2010年版，第58页。

识的局限性有所了解。具体来讲，应掌握的知识包括：该领域的理论和研究、在特定情境下应选择什么知识和干预方法，以及评判新的理论和研究的一系列客观标准。由于心理矫治的理论和研究一直在革新发展，因此最后这一点尤其重要。在心理卫生行业中，知识首先来源于修读正式的心理健康研究生课程。知识并非一成不变，关于人类行为的研究也在日新月异地发展，因此专业人员即使是获得了资格认证的研究生学位，也只表明达到了胜任力的起始标准。不继续进修，专业人员的知识很快就会变得陈旧而缺乏生命力。

2. 技能

胜任力的第二个组成部分是技能，这不仅要求心理矫治师在课堂上进行心理矫治程序的练习，而且还要将干预手段成功地应用于真正的来访者。有研究者将技能分为两种：临床技能，指心理矫治师可以恰当地使用基本面谈技术；技术技能，指对具体治疗手段的有效运用。临床技术包括成功建立治疗联盟的能力、有效沟通的能力和对来访者问题症结的敏感把握能力。技术技能，是指诸如为考试焦虑的来访者进行系统脱敏治疗的能力或者独立操作个体智商测验的能力。技能的根本内涵，就是专业人员能够判断在什么情况下采取什么干预方式最合适，而这些判断是基于目前的心理矫治的研究。

心理矫治的高深复杂还意味着没有哪个专业人员可以精通所有的治疗手段，不论是在他（或她）毕业的时候，还是在职业生涯的任何时候，这都是不可能的。人类行为问题的范围之广和心理矫治手段之多，致使完全意义上的胜任只能是一种梦想。因此，心理矫治师必须将他们的工作限定在某个人群或某个领域。有人擅长于某些特殊问题诸如焦虑和抑郁或者生涯问题，也有人聚焦于特定年龄阶段的人群，如学生或老年人。还有人会将他们的实践活动限定在团体或家庭治疗范围内。一定要提防那些声称自己无所不能的人，他们或者在某些技术方面存在缺陷，或者干脆就是江湖骗子。

3. 敬业

敬业，专业胜任力的第三个成分，指的是将来访者的需求视为首位，并倾尽全力地帮助来访者。敬业的心理矫治师会保持关切和严肃的态度对来访者的问题进行恰当的评估和干预，并保持这种关心直到心理矫治结束。敬业意味着专业人员愿意竭尽所能地帮助来访者，而且一旦发现自己难以胜任，即准备将来访者转介他人。这份谨慎来自对自己的了解——心理矫治师只有知道自己的优势和不足才可以被称为真正的敬业。敬业的态度贯穿整个心理矫治过程，可以通过几个途径表现出来。敬业的心理矫治师有着尽可能明确的诊断和治疗的愿望。敬业精神还体现在为了对来访者进行诊断和治疗，心理矫治师愿意付出额外的精力进行阅读、研究或向同行求教。敬业的专业人员还愿意对已经结束心理矫治的来访者进行长期的跟踪调查，以检查所采用的干预方法是否有长期的效果。因为这些信息不仅能够帮助过去的来访者，也能够帮助未来的来访者。总之，敬业就是一个人愿意“不遗余力”地帮助来访者，并且为之改进专业技能。

五、心理矫治工作者的专业责任

心理矫治工作者是一项专业性要求较高的工作，它向来访者提供心理矫治服务，给予他们生活、学习、工作上的帮助。心理矫治工作者所扮演的角色是帮助别人进行心理分析、自我探讨，改变其现时的心理状况，从而确立一个全新的自我。这样就要求心理矫治工作者承担一定的专业责任，即完善的专业人格修养、扎实的专业知识技能和丰富的专业经验积累。

首先，完善的专业人格修养直接影响咨询的效果。在实际心理矫治工作中，寻求心理矫治的来访者是要通过心理矫治获得人生价值的真谛，也就是说，来访者要从心理矫治工作者的人格表现及生活经验中，学习到做人的道理和生活的技巧，从而促使其健康发展。就此而言，心理矫治工作者能否给来访者以理想的帮助，单靠专业知识和技术是不完备的，在他与当事人之间必须形成一种人格互助沟通的关系，凭借自己人格品德的慰藉感召作用，使来访者由衷感到心理矫治关系与现实生活中的人际关系确实不同。通过心理矫治，来访者可以从心理矫治工作者那里得到人生价值的启迪，使心灵受到震撼，得到心理矫治帮助，以达到获得心理矫治的目的。因此，心理矫治工作者道德素质的高低、人格修养如何，对心理矫治结果将产生直接的影响。对心理矫治工作者来说，公正、诚恳、温和、同情、平易近人、情绪稳定、兴趣广泛、知识渊博、判断正确、知识丰富等是必备的人格特征。唯有如此，才能在心理矫治实务中发挥出自己的专长，具有吸引力和被信任性，为来访者解除困扰，提供最佳服务，更好地完成心理矫治工作。

其次，扎实的专业知识技能是做好心理矫治工作的关键。心理矫治工作者应当具备的专业知识技能，主要是指接受正规的心理专业教育和训练，并获得从业资格。从全球范围来看，发达国家从事心理矫治工作的人员大多由获得心理学硕士或博士的人员来担任。由于我国开展心理矫治工作仅仅有十多年的历史，在短时间内达到发达国家水平是不可能的。但作为一项专业性要求较强的工作，强调、重视心理矫治人员接受正规的专业教育和实务经验训练，却是十分必要的。一般而言，具有广泛的教育背景、扎实的心理学知识、熟悉心理矫治过程和技术、综合分析心理矫治情况的能力，是对心理矫治工作者专业知识技能总的要求。为此，要想成为心理矫治专业人员就要系统地接受高等教育，学习与心理矫治工作密切相关的专业课程，如行为科学、人际关系学、心理学、伦理学、教育学、哲学、公共关系学等；利用一切有利条件到心理矫治所、室进行实习锻炼，以便了解心理矫治过程，熟悉心理矫治环境，将专业理论知识与实际工作有机结合起来，从而掌握心理矫治技巧，增强心理矫治能力。

最后，丰富的专业经验是开展心理矫治工作的基础。心理矫治工作者丰富的实践经验有助于在短时间内测出当事人的困扰、寄予的希望，以及所要达到的目的。前来心理矫治的来访者，愿意而且能够直抒胸臆者是极少数的，而羞羞答答的、遮遮掩掩则是常见的。在这种情况下，只有具有丰富专业经验的心理矫治工作者，才能从来访者吞吞吐吐、断断续续的叙述中，迅速找出其心理问题的症结，并给予及时而恰当的帮助。

第五章 特殊类型社区矫正对象心理分析

在社区矫正的心理矫治工作中，由于社区矫正对象的成分比较复杂，常常会依据一定的标准把社区矫正对象划分为不同的类型。不同类型的社区矫正对象也具有相应不同的生活经历和独特的心理特征。因此，本章依据国内社区矫正对象相关研究，将社区矫正对象中较为典型的女性社区矫正对象、老年社区矫正对象、未成年社区矫正对象及几种特定类型的矫正对象作为特殊类型社区矫正对象，对其心理进行分析研究。

第一节 女性社区矫正对象的心理分析

近年来，女性犯罪数量呈现出从缓慢增长到快速增长的明显趋势，犯罪范围不断扩大，犯罪种类日益多样化，显示出高发事态和新特征。女性社区矫正对象与男性社区矫正对象相比，在生理机制、犯罪类型、心理结构、个性特征等方面，有着鲜明的特殊性。

一、女性社区矫正对象的基本状况

（一）女性社区矫正对象所涉犯罪类型及特点

女性社区矫正对象犯罪种类多，涉及领域广。从调查了解到的情况来看，女性社区矫正对象犯罪种类主要有盗窃、诈骗、职务侵占、受贿、非法经营、贩卖毒品、抢劫、故意伤害、利用邪教组织破坏法律实施等十多项罪名，涉及危害国家安全、破坏社会主义经济秩序、侵犯财产、妨害社会管理秩序等多种犯罪类型①。

女性社区矫正对象的犯罪情节较轻，社会危害程度相对较低。大部分女性社区矫正对象的犯罪类型属于非暴力型犯罪，多为财产型犯罪或经济类犯罪，且属于财产型犯罪的一般涉案金额不大。女性较少涉及暴力型犯罪，即使有个别女性的犯罪属于抢劫、贩卖毒品、故意伤害等暴力型犯罪，也往往是与男性共同犯罪，且属于从犯，在犯罪过程中居于次要地位或起辅助作用。

---

① 禹红梅：《关于女性社区服刑人员社区矫正现状的调查与研究》，载《中共乐山市委党校学报》2016年第2期。

（二）女性社区矫正对象的年龄特征

对女性社区矫正对象年龄情况进行统计发现，女性社区矫正对象以中青年为主，绝大多数处于具有劳动能力的阶段。有研究人员从 3280 份社区矫正对象的问卷中抽取 448 个女性社区矫正对象样本进行统计发现，年龄 55 周岁及以下的女性社区矫正对象占 92.1%，其中，25~45 周岁的女性社区矫正对象占 66.6%。① 某区对女性社区矫正对象的小样本数据进行统计，结果显示，女性社区矫正对象在年龄上主要集中在 18~49 周岁，占女性社区矫正对象总数的 82.98%。其中，18 周岁以下的未成年女性社区矫正对象 2 人，占总数的 4.26%。②

（三）女性社区矫正对象的婚姻家庭特征

从婚姻家庭状况上看，已婚、有子女的女性社区矫正对象居多。根据对某区女性社区矫正对象婚姻及子女状况的统计，发现该区 53%的女性社区矫正对象已婚，74.5%的女性社区矫正对象有子女，未婚女性仅占该区女性社区矫正对象总数的 17.6%，无子女的占 25.5%。只有 17.2%的女性社区矫正对象单身（从未结过婚），大多数已婚或者有过婚史。③

（四）女性社区矫正对象的教育状况

在受教育程度方面，女性社区矫正对象的学历程度偏低，高学历犯罪呈增长态势。有研究者在 2017 年对 448 个女性社区矫正对象的调查显示：73.6%的女性社区矫正对象学历在中专、技校及以下，大学本科以及研究生学历的仅占 6.7%，意味着被调查的女性社区矫正对象的受教育程度偏低。根据 2021 年对某区 51 名女性社区矫正对象受教育程度的统计，发现高中以下学历的占 70.6%，大专以上较高学历的社区矫正对象虽有增长，但增长幅度有限，约占该区女性社区矫正对象总数的 29.4%。④

二、女性社区矫正对象的犯罪心理特征

（一）动机特征

女性社区矫正对象犯罪的动机特征是其心理特征的一个重要方面，是认识和了解女性

① 王孟洁：《女性社区矫正对象的社会支持影响因素研究——基于 448 名调查对象的分析》，华中师范大学 2017 年硕士学位论文。

② 王孟洁：《女性社区矫正对象的社会支持影响因素研究——基于 448 名调查对象的分析》，华中师范大学 2017 年硕士学位论文。

③ 张磊、马寅驫、王超：《女性社区矫正对象回归社会的困境与出路——以某区社会支持系统的构建为例》，载《犯罪与改造研究》2021 年第 10 期。

④ 张磊、马寅驫、王超：《女性社区矫正对象回归社会的困境与出路——以某区社会支持系统的构建为例》，载《犯罪与改造研究》2021 年第 10 期。

社区矫正对象犯罪心理特征的基础。女性社区矫正对象犯罪动机的产生不仅受其需要的支配，而且很大程度上与诱因直接相关。

1. 女性社区矫正对象犯罪动机以享乐、情感和报复为主。女性在实施财产型犯罪时，贪图享乐是其最主要的动机。女性社区矫正对象的虚荣心理和攀比心理促使其对物质的需求不断膨胀，如果超出了合理的限度，就会导致违法犯罪行为。同时，一些女性社区矫正对象性犯罪也是为了追求歪曲的生理上的享乐。

情感需要是女性社区矫正对象犯罪动机的重要组成部分，尤其是女性社区矫正对象激情犯罪的动机大多与情感有关。一些女性社区矫正对象因为恋爱、婚姻的失败，或者家庭出现危机，在强烈的消极情绪的刺激下，产生犯罪动机；有的女性社区矫正对象在畸形的母爱、情感的驱使下，为了给子女、丈夫、恋人创造优厚的物质条件或者包庇其犯罪而受到法律的制裁。

由于女性社区矫正对象的家庭观念和婚姻观念很重，所以家庭矛盾、婚恋受挫对女性社区矫正对象的伤害很大，而这些伤害容易使女性社区矫正对象自暴自弃，进而产生报复的犯罪动机，而这种报复动机主要体现在女性社区矫正对象攻击性犯罪中。女性社区矫正对象在面临矛盾、危机和伤害的时候，一般最初是忍让，当忍让平息不了矛盾时就会出现怨恨心理，严重的时候就会采取非法的途径发泄其消极情绪，最终导致攻击性犯罪发生。

2. 女性社区矫正对象犯罪动机的形成具有恶逆变倾向。受传统观念和性格软弱的影响，女性社区矫正对象在遭受不法侵害后，往往选择忍气吞声或者自暴自弃。当这种消极情绪积累到一定程度时，如果有犯罪诱因的刺激，女性社区矫正对象就会像火山一样爆发，不理智地实施伤害、杀人、投毒等恶性犯罪，使女性社区矫正对象从受害者变为加害者。

（二）个性特征

1. 个性倾向性特征。犯罪女性由于受不良社会环境的影响，认识狭窄，世界观、人生观较为低级和庸俗，从而使她们的需要层次局限于生理需求和低级的精神需求。而个人的需要和欲望是与其社会经济地位和个人能力相适应的，女性社区矫正对象之所以会成为犯罪人是因为她们的需要调控机制存在缺陷，她们不善于或者不愿意调整自己需要的层次和内容，一味放纵其毫无节制地发展，甚至向恶性发展。因此，当客观条件和个人能力无法满足这种畸形的需要时，她们就会以非法的方式加以满足，从而触犯法律，构成犯罪。

2. 性格特征。女性社区矫正对象一般情感比较丰富，多愁善感，富于内心体验，但思想狭隘，认识肤浅，不善于用意志控制感情，情绪的稳定性较差，行为举止易受心境的影响和支配。因此，当女性社区矫正对象遇到挫折或者矛盾时，一旦消极情绪被激化就会很难控制自己，从而走上极端，感情用事地实施某些违法犯罪行为。研究发现，财产型犯罪或性犯罪的女性社区矫正对象，其突出的性格特征是爱慕虚荣和贪图享乐。

3. 能力差异。男女两性在智力发展水平上没有优劣之分，但在能力上各有长短，对于有些工作，男性做起来更得心应手。现实生活中男女能力上的差异使得女性在就业谋生方面比男性艰难，由此使有些女性选择实施犯罪行为来达到目的。女性在体力上不如男性，所以女性社区矫正对象的犯罪活动往往带有明显的性别特点。尤其是在暴力型犯罪中，女性社区矫正对象多使用雇凶、投毒、纵火等手段。

（三）认知特征

在认知活动方面，女性社区矫正对象一般表现为认知能力较差，认知系统不完整。由于女性社区矫正对象往往文化水平较低，对问题的认识具有片面性、局限性，不能从事物的相互联系中去认识和解决问题，她们缺乏透过事物的表象认识事物本质的能力，容易被事物的表象所迷惑，而且她们在认识事物时常常以自己的需要为标准，而不是以社会道德和法律为标准，这样就容易为了一点小利或者当前利益失足，从而遗憾终身。

（四）情感情绪特征

女性社区矫正对象的情感十分丰富和强烈，情绪变化迅速，波动幅度大，反应强烈，而且女性社区矫正对象的理性判断能力相对较差，对事件的性质和可能出现的后果缺乏认识和预见，遇到一定情境的时候，容易紧张、愤怒，从而导致行为失控。同时，女性社区矫正对象具有很强的冲动性和情境性。许多女性社区矫正对象都非常看重恋爱、婚姻和家庭，甚至把婚姻幸福、家庭美满作为个人追求的重要目标，因此当女性社区矫正对象的恋爱、婚姻和家庭出现问题时，就会滋生强烈的怨恨与绝望情绪，从而丧失理智，实施报复行为。

（五）意志特征

女性社区矫正对象的意志力较薄弱。女性社区矫正对象的意志力易受情感波动的影响，带有明显的情绪色彩。当情绪高涨、心情较好时，意志相对坚定；当情绪低落、意志消沉时，自我的控制力就会降低，意志力薄弱。一旦女性社区矫正对象受到挫折，产生消极的不良情绪，很可能会难以控制自己，在这种状态下实施犯罪行为。在很多故意伤害案例中，女性社区矫正对象常常因为琐事引发争吵，进而控制不住自己而实施了犯罪行为，从而使自己面临牢狱之灾。

三、女性社区矫正对象在社区矫正中的心理特征

在社区矫正中，女性社区矫正对象具有以下心理特征：

（一）生理特性导致心理波动大

女性在生物和遗传因素方面与男性有着先天的差异，这是女性性别特质形成与发展的生理基础。大部分的女性不像男性那样体格高大健壮，所以她们的行为更加温和稳重，缺少攻击性。有遗传学研究指出，影响社会技能的遗传基因仅仅活跃在 X 染色体上，因此女性更擅长人际交往，因为她们拥有两条 X 染色体。两性在生物学上的差异，是影响个体心

理和社会行为的主要因素之一。①

以上调查资料表明，女性社区矫正对象多处于中青年期，身体上具有生理情绪周期，有些女性社区矫正对象可能会在社区矫正期间面临孕产期，有些女性社区矫正对象可能处于更年期。对于女性身体的特殊性为其带来的相应社会角色期待与角色任务，与“社区矫正对象”这一社会角色身份具有较大的冲突，从而对处于特殊生理状态的女性社区矫正对象的心理调节能力产生了冲击。

（二）注重家庭关系，情感需求较强烈

女性社区矫正对象大都已婚，甚至已育有子女，对家庭关系极为重视。女性社区矫正对象虽然在进行社区矫正，但她们作为女儿、妻子和母亲的角色并未发生改变，家庭和子女往往成为影响女性社区矫正对象情绪最重要的因素。调查表明，很多女性社区矫正对象的犯罪动机多与家庭因素、婚恋因素有关②。

在婚姻家庭关系中，社区矫正中的女性社区矫正对象面临的难度系数更大，变量更多。在几乎没有其他社会资源的情况下，婚姻家庭是她们唯一的归宿和依赖，她们更需要获得家庭的认同。而配偶、子女及其他家庭成员对她们不接纳的态度，对她们来说几乎是致命的。因此，她们在因犯罪而被社区矫正后，对婚姻家庭关系特别担心，而实际面临的状况又往往较差。因犯罪受到法律惩罚的事实在一定程度上影响其婚姻家庭关系。有研究者在 2015 年对 47 位女性社区矫正对象的婚姻关系的调查显示，36.84%的女性社区矫正对象认为目前的婚姻关系“一般”；5.26%的女性社区矫正对象认为目前的婚姻关系“有点紧张”；10.53%的女性社区矫正对象认为目前的婚姻关系“非常紧张”。三者占了被调查人数的 52.63%。而有 26.31%的女性社区矫正对象明确表示“接受社区矫正”这一事实直接对其婚姻关系产生影响，且这种影响主要是负面的。当问到家庭关系时，有 40.90%的女性社区矫正对象认为目前的家庭关系“一般”；有 4.55%的女性社区矫正对象认为目前的家庭关系“有点紧张”；有 4.55%的女性社区矫正对象认为目前的家庭关系“非常紧张”。三者占了被调查人数的 50%。而 45.45%的女性社区矫正对象明确表示“接受社区矫正”这一事实直接对其家庭关系产生了影响③。

（三）身份认同困难

由于社会对于女性的性别期待与性别规范的塑造，使女性多认同“美好、温柔、善解人意”等正面和阳性标签，对“罪犯、服刑人员、社区矫正对象”等带有负面和阴性的标签认同困难。一些社区矫正工作者谈到女性社区矫正对象时，他们往往会说女性社区矫正对象的认罪意识和改造积极性还是挺高的，但是她们认为自己见不得人，丢面子、抬不起头，害怕邻里、亲属知道等。对自己不自信，不愿意主动与他人构建联系，不愿让社区

---

① 罗慧兰主编：《女性心理学》，湖南大学出版社 2014 年版，第 32~81 页。

② 冯建仓：《特殊群体社区服刑人员的特殊权利保护初探》，载《中国司法》2018 年第 11 期。

③ 禹红梅：《关于女性社区服刑人员社区矫正现状的调查与研究》，载《中共乐山市委党校学报》2016 年第 2 期。

矫正机构的工作人员到家里来。她们作为“社区矫正对象”的角色认同感很差，心理障碍、心理问题较多[①]。

案例：王某，女，1989年生，初中文化，已婚，2016年因盗窃罪被判缓刑，依法接受社区矫正，现居住在W村，村民不愿与她再进行交往，在背地里说一些无凭无据的话，且在村民微信群中谈论她盗窃一事，甚至将她踢出群聊，导致王某因为不能及时了解保险政策而耽误交土地保险。2018年涝灾严重，粮食颗粒无收，王某因没有及时上交保险而没有得到赔偿，家庭状况更加拮据。这一系列的事情使她对生活失去了信心，在与社区矫正工作者进行交谈时，她说：“我现在真的不想在W村继续生活了，我当初盗窃也是因生活所迫，并且是别人怂恿一时冲动才做出这种事情，现在我的孩子都受到牵连，在学校的时候，同学们都会说她是盗窃犯生的孩子，我在这个村子感受不到尊重，村民们也不接纳我，要不是因为孩子，我早就不想活了。”[②]

（四）心理压力大，心理问题多

女性往往比男性在情感上更细腻、更脆弱，情绪上更具有不稳定性，更容易焦虑，往往自尊心较强。带着“罪犯标签”的女性社区矫正对象在社区矫正中会比较被动，她们认为自己被社会抛弃，处于家人不理解、朋友无往来、邻居无联系的一种状态，而这样一种状态对她们产生的心理压力很大，心理负担较重，更容易产生心理问题。有研究者通过对女性社区矫正对象的调查发现，多数女性社区矫正对象存在不同程度的心理问题，常见的心理状态是孤僻、焦虑、自卑等。其中，孤僻与自卑心理状态更为显著。[③] 有研究者对某区社区矫正对象进行的SCL-90症状自评量表测试显示，有10.56%的社区矫正对象存在不同程度的心理异常，女性社区矫正对象心理异常的比重高于男性，心理异常的主要表现为人际关系敏感、抑郁、焦虑、敌对等方面。[④]

综上，女性社区矫正对象情感上的支持，包括心理服务需求是非常明确的。根据女性社区矫正对象的不同情况和需求，对女性社区矫正对象进行有针对性的心理矫治，帮助她们树立正常的心态，增强其心理承受能力，排除犯罪诱惑力并且加强抗外界干扰力，增强女性社区矫正对象适应社会、服务社会的信心，对她们社区矫正中的再社会化是非常有帮助的。

---

① 胡玉姗、姚思慧、朱海蛟：《女性社区矫正对象的特殊性和再犯罪预防探析》，载《法制与经济（下旬）》2011年第3期。

② 王恬恬：《社会工作介入女性社区矫正工作的研究——以黑龙江佳木斯市×司法局为例》，东北石油大学2020年硕士学位论文。

③ 刘令衣：《女性社区矫正对象再社会化的个案研究》，长春理工大学2020年硕士学位论文。

④ 禹红梅：《关于女性社区服刑人员社区矫正现状的调查与研究》，载《中共乐山市委党校学报》2016年第2期。

第二节 老年社区矫正对象的心理分析

据统计，截至2018年我国60岁及以上的人口已达2.49亿，占总人口的17.9%。据《2017—2022年中国人口老龄化市场研究及发展趋势研究报告》预测，到2025年，我国60岁以上人口将达到3亿，成为超老型国家。① 随着老年人口的比重增高，社区矫正对象中的老年人比例也在逐渐上升。

一、老年社区矫正对象基本情况

（一）老年社区矫正对象的界定

《老年人权益保障法》第2条规定："本法所称老年人是指六十周岁以上的公民。"因此，结合这一规定，本书将老年社区矫正对象定义为60周岁以上，因犯罪被判处管制、宣告缓刑、裁定假释、暂予监外执行并被社区矫正的罪犯。

（二）老年社区矫正对象的人数特点

老年社区矫正对象的人数和在社区矫正对象总数中所占比例在逐步上升。各地司法所的统计显示，2014年浙江省温岭市新塍镇，60岁以上的老年社区矫正对象占全镇在册社区矫正对象的12.8%。2015年温岭市泽国司法所社区矫正对象共有107人，老年社区矫正对象数量占总人数的4%，2016年社区矫正对象共有105人，老年社区矫正对象数量已达到总人数的10%。2016年四川省喜德县内，60岁以上的老年社区矫正对象占在册社区矫正对象的10%。② 有研究者在2020年对某街道司法所社区矫正对象进行统计，在矫人数为38人，其中60岁以上人员共10人，占总人数的24%。

福利性是社区矫正的本源属性，由于老年犯自身的身体和心理特征，相比于其他犯罪群体更适用于社区矫正，更能彰显社区矫正的福利性。所以，随着我国逐步进入老龄化社会，老年社区矫正对象的比重将越来越高，成为社区矫正工作中不可忽视的一个群体。

（三）老年社区矫正对象所涉犯罪类型及特点

老年社区矫正对象的犯罪与青少年犯罪相比，有独特的类型特征。总体上看，老年社区矫正对象犯罪以财产型犯罪和性犯罪为主。"从老年人犯罪类型上看，男性多属猥亵、强奸、流氓犯罪、诱骗、放火、盗窃、侵占、窝赃、赌博、伪造、投毒、诈骗等。例如我国某监狱六中队中56岁到79岁的老年犯共15名，强奸、流氓罪犯竟占80%，其中强奸幼

---

① 《2018年国民经济和社会发展统计公报》，国家统计局，http：//www.stats.gov.cn/tjsj/zxfb/201902/t20190228_ 1651265.html。

② 王杨灿：《论老年罪犯社区服刑及其制度建设》，天津商业大学2018年硕士学位论文。

女者就有6名之多。女性老年人犯罪则以盗窃犯罪居于首位。"① "对江苏省监狱系统2011年9月底在押老年犯的调查统计显示，比较集中的罪名主要有强奸、故意杀人、诈骗、伤害、受贿、贪污、容留介绍卖淫、奸淫幼女等，其他罪名相对较少，这与老年人生理特点和体能状况相适应。"② 据统计，2013年至2018年齐齐哈尔市某社区矫正中心中接受社区矫正的老年社区矫正对象共49人。其中，老年女性社区矫正对象11人，犯罪类型包括损坏社会公共物品的5人，妨碍经济秩序销售各类型假药的2人，侵犯财产安全的4人。男性老年社区矫正对象38人。主要的犯罪类型有：渎职4人，损坏社会公共物品8人，欺骗诈骗类6人，贪污受贿10人，对公共安全产生威胁13人等。③ 有研究者通过对C市2018~2020年老年社区矫正对象的研究与统计，发现现阶段在C市进行社区矫正的老年社区矫正对象主要有以下几个类型：第一类：侵犯财产罪；第二类：危害公共安全罪；第三类：妨碍社会管理秩序犯罪。所犯罪行多为非暴力性犯罪。在C市近三年入矫的老年社区矫正对象中，犯危害公共安全罪的人数为184人，占总数的37.5%；犯妨碍社会管理秩序罪的人数为139人，占总数的28.3%；犯侵犯财产罪的人数为73人，占总人数的14.9%。这三类犯罪的老年社区矫正对象总占比为80.7%。因此，在老年社区矫正对象中，此三类犯罪占有绝大多数，成为老年社区矫正对象主要的犯罪领域。④

综合一些研究结果来看，老年社区矫正对象一部分以初犯和偶犯为主，受身体条件制约，其人身危险性和社会危害性低于其他年龄阶段的社区矫正对象。在这些社区矫正对象中，被假释和暂予监外执行的社区矫正对象，由于曾经在监狱服刑，大多数具有身体机能较差、思维能力迟缓、体弱多病、生活自理能力较弱的特点。

二、老年社区矫正对象的犯罪心理特征

老年社区矫正对象犯罪除了遵循一般成年人走上犯罪道路的共同规律以外，还与老年人的生理和心理特点密切相关。老年社区矫正对象犯罪心理特点的形成，主要是由老年社区矫正对象某些生理机能的衰退产生的负效应以及老年人社会心理的一些特点所决定的。主要表现在以下几个方面：⑤

（一）个性特征

老年社区矫正对象猜疑心较重，容易因被害妄想而发生防御性的犯罪行为。多疑是老年人的一种十分普遍的心理现象，总怀疑别人要侵害自己，往往由于过分猜疑被害而主动

① 康树华、石芳：《老年人犯罪的特点、原因与对策》，载《南都学坛》（人文社会科学学报）2004年第1期。

② 杨木高：《中国老年犯矫正制度研究》，南京大学出版社2015年版，第38页。

③ 安佳伟：《老年社区矫正服刑人员再社会化的社会工作介入——以齐齐哈尔市G社区矫正中心为例》，东北石油大学2019年硕士学位论文。

④ 叶刚：《老年人犯社区矫正实证研究——以C市社区矫正为例》，南华大学2021年硕士学位论文。

⑤ 杨木高：《中国老年犯矫正制度研究》，南京大学出版社2015年版，第137~141页。

采取攻击他人的行为。大多数老年社区矫正对象有严重的自我中心倾向，并以任性、固执的形式表现出来。以自我为中心是一种影响人际交往的重要心理变化，很多老年社区矫正对象都会发生这样的变化，为人处世总是以自己的利益和兴趣为中心，只关心和计较自己的利益得失。“他们总是从自己的经验出发来解释实际，并且盲目地坚持自己的意见，顽固不化，从不轻易改变态度。表现在生活中，就是他们很少关心别人，固执己见，唯我独尊，自尊心过分强烈。”① 老年社区矫正对象因“罪犯的身份”，会成为受人冷落的对象，无法获得真正的朋友，甚至会出现交往中的孤独、退缩，造成人际关系紧张，引起攻击性的违法犯罪行为。从犯罪动机来看，老年社区矫正对象的犯罪动机往往比较简单。

（二）认识特征

老年人的感知觉和记忆力衰退，有一定的认识错误。老年人在一生中积累了丰富的生活经验，形成了很多恰当的认识和观念，人们常用“姜还是老的辣”来形容老年人的人生阅历和经验。但是受传统文化中不良文化内容的影响，他们会形成很多错误的认识，如传宗接代、重男轻女，一些封建迷信观念、对社会的极端消极认识，都有可能引发老年社区矫正对象实施犯罪。还有一部分老年社区矫正对象文化程度较低，认知能力较差，分不清是非、善恶，不少人养成了不良的行为习惯，不能正确认识社会现象，把不公平竞争、不正之风、分配不公等消极现象看成社会的主流，认识上偏激、极端。一些国家工作人员在临近退休、进入老年的时候，由于认知发生错误，与社会富裕阶层相比产生失落感，于是出现了“59 岁犯罪”现象。“在观念上发生变化，认为自己辛辛苦苦一辈子，社会没有给自己相应的待遇，这样退休很亏。原来干工作的那种义务感、使命感、荣誉感、道德感降低，以自我为中心和极端个人主义占了上风，想捞回过去的损失，获得心理平衡。因而晚节不保，从事了贪污、受贿等谋利犯罪。”②

（三）情绪情感特征

大多数老年社区矫正对象容易产生消极的情绪情感，而且情绪体验强烈，情感需要经常得不到满足。老年人会在情绪方面出现重要变化，产生情绪回归现象，即老年男性在遇到挫折时，就会失去已经形成的成年人的那种克制和理智，变得像儿童一样任性、固执、冲动。“老年犯罪者由于生理上的变化较大，各个感官的机能衰退、钝化，怀旧心理是情感的主要体验，缺乏对新生事物的理解和认识，对离退休的生活难以适应，导致其情绪、情感低落。同时，由于自己的能力有限，不能使自己的需要全部满足，这种矛盾的积累使其产生悲观失望情绪，进而对周围的他人和社会产生不满情绪、情感，当其达到一定程度时，就会成为犯罪心理的加速器和催化剂。”③

---

① 吴宗宪、曹健主编：《老年犯罪》，中国社会出版社 2010 年版，第 81 页。

② 张雅凤主编：《罪犯改造心理学新编》，群众出版社 2007 年版，第 166 页。

③ 姚迎光编著：《老年犯罪心理学》，中国政法大学出版社 2012 年版，第 48 页。

（四）意志特征

故意犯罪是有目的的意志行动，其主体意志特征具有两极性，即符合社会要求的正确的意志十分薄弱，而违背社会要求的犯罪意志十分顽固。老年社区矫正对象一般意志薄弱，表现为对不良欲望的控制力降低，同时又具有极强的守旧性和固执性。老年社区矫正对象意志薄弱表现为：对客观事物的规律认识不清，具有盲目性、受暗示性和侥幸心理；冲动性强，自制力差；改好的决心确立后发生动摇，改好的意志薄弱。老年社区矫正对象犯罪意志的顽固性表现为：犯罪目的明确；犯罪决定草率，具有冲动性、冒险性；顽固、任性，坚持自己的错误观点和信念；能克服种种困难，忍受精神和肉体上的痛苦，将犯罪活动坚持到底。老年社区矫正对象意志的两极性，是犯罪行为持续进行的重要心理条件。“不少财产型老年犯罪人在多次犯罪得逞后，尝到了犯罪的甜头，在满足了个体的不良需要的同时，也养成了犯罪恶习，犯罪意志顽固，正因为如此，在惯犯、累犯中，老年财产型犯罪所占比例较大。”①

三、老年社区矫正对象在社区矫正中的心理特征

老年社区矫正对象在社区矫正期间与其他年轻社区矫正对象相比，在心理上有独有的特征，把握这些特点，对做好老年社区矫正对象的矫正教育工作具有重要的意义。老年社区矫正对象在社区矫正中具有独特的心理特征。

（一）心理功能弱化

人进入老年期，生理状况会发生很大变化。随着年龄的增长，身体机能开始出现退化，神经细胞的数量下降，神经组织功能也会随着改变，脑重也会减轻。据估计，脑细胞数自30岁以后呈减少趋势，60岁以上减少尤其显著，到75岁以上时可降至年轻时的60%左右。神经系统变化，脑组织逐渐萎缩，反应迟钝，记忆力下降。脑血管硬化，脑血阻力加大，氧及营养素的利用率下降，致使脑功能逐渐衰退并出现某些神经系统症状，甚至产生情绪变化及某些精神症状。②

老年社区矫正对象生理机能的衰退引发心理功能的弱化，整体表现为健忘、失眠、运动迟缓、平衡能力下降等。在社区矫正中，老年社区矫正对象常常表现为感官迟缓，视力下降，听力弱化，反应逐渐迟钝，言语易重复，性情易烦躁暴怒，或者孤僻不语。

（二）渴望得到尊重

老年社区矫正对象进入晚年以后，生理和心理均产生老化现象，往往感叹不如当年，做事情力不从心。在社区矫正环境下，由于人际交往范围狭窄，加上很少参加社区矫正机

① 吴宗宪、曹健主编：《老年犯罪》，中国社会出版社2010年版，第327页。

② 柳明强：《养老护理员的知识和技能》，湖北科学技术出版社2013年版，第37页。

构组织的集体学习教育、公益活动等，不能融入社会生活，人际关系逐渐淡化，这些都让老年社区矫正对象感到无所适从。有相当一部分老年社区矫正对象被亲属抛弃，很少有人关心关爱，他们希望有更多的人和自己交往，渴望有朋友倾听自己的故事，和自己说说话、聊聊天，以消除内心的寂寞和空虚，得到他人的理解和尊重。

（三）社会意识凝固

老年社区矫正对象已经形成了比较稳定的社会意识和价值观念，人格已经定型，可塑性很小。特别是现代社会已经进入信息化时代，随着社会变迁的加快，各种新生事物不断出现，老年社区矫正对象对变化的社会很不适应，还奉行以前的处世哲学，其原有的悲观失望心理在社区矫正后得到强化，很多人给自己贴上“弱者”的标签，习惯安于现状，被动参与社区矫正。社区矫正机构开展的各项教育活动，对他们缺少吸引力，生活上因循守旧、按部就班，很少产生激情。社区矫正机构开展的一般性矫正教育活动在老年社区矫正对象身上很少发挥作用。

（四）心理问题多发

现代社会的发展对年轻人的个人体能、知识储备、技能都有了更高层次的要求，而老年人在这些方面有着明显的缺失，无法满足现在社会的能力要求，无法适应社会的快速变化。这使得老年人产生较大的心理落差，表现为自卑感和悲观。退休后，社交范围逐渐变窄，与社会的联系日益微弱，容易产生孤独感和隔离感，身心适应能力变差。一些老年人不甘心退出工作角色，于是怨恨社会，怨恨他人，对他人产生嫉妒心理，像孩童一样情绪不稳定。

对于老年社区矫正对象而言，往往因为这一特殊身份在情绪上变得更加不稳定，其个人自卑感加重，敏感、多疑、不安全感和孤独感均较强，也更易产生焦虑，心理状态相较于其他年龄阶段的社区矫正对象而言更为脆弱。一些假释与暂予监外执行的老年社区矫正对象，因长期监禁刑，在行为方式上导致与正常社会不能很好地融合，习惯按刻板的作息时间生活；心理上也多表现为孤僻、冷漠，遇到为难的事也不愿寻求帮助，极易产生焦虑、忧郁，严重者会产生心理疾病。①

（五）安全依赖感增强

马斯洛需要层次理论中安全的需要仅次于生存需要，是人非常重要的心理需要。老年时期，个人安全感大部分来源于对他人的依赖，依赖子女亲人、依赖社会。大部分老年社区矫正对象经历过监禁生活，被贴上“罪犯”的标签。在现实社会中，大多数老年社区矫正对象害怕生病，害怕被亲人抛弃，害怕受到家庭、他人的歧视，容易产生自我否定而自惭形秽，瞧不起自己，怕与人接触，不愿与人沟通，产生自卑和悲观的心理，但其年龄阶段最自然的心理需求是对家人较强的依赖性，渴望情感陪伴。

---

① 李三元：《论我国老年社区服刑人员的社区矫正》，云南财经大学 2014 年硕士学位论文。

家庭感的缺乏、亲情的流失，使得老年社区矫正对象产生了安全依赖感需求强烈与家人亲属安全依赖匮乏的矛盾，在生活中容易产生多疑情绪。与一般的犯罪行为不同，老年社区矫正对象中的犯罪，很大一部分是由于心理问题引发的，基本上都是由生活空虚、家庭矛盾、生活困难等原因造成的，①缺少安全感的老年社区矫正对象总怀疑别人想要伤害自己，会基于个人的无端猜疑，为了所谓的保护自己，而对他人实施伤害。

（六）人格成熟与圆滑

和未成年社区矫正对象相比，老年社区矫正对象善于把握时机，追求实惠，处事理智，具有较强的自律性，对社区矫正机构布置的各项任务能够认真踏实完成，做事能够把握分寸，往往能获得社区矫正工作者的好感，得到应有的照顾。大多数老年社区矫正对象不参加各种利益纷争，表现出与世无争的心态。一些老年社区矫正对象在社会生活中寻找弱者，利用其社会经历优势，吸引、笼络他人，传习消极经验。

综上，老年社区矫正对象要面临自己进入老年期之后由于社会地位下降、生理功能衰退和心理功能弱化等产生的各方面变化，也要应对社区矫正带来的现实社会环境，容易引发自卑、抑郁、自我防卫、猜疑、被害妄想、固执、自我中心、嫉妒、情绪激动、自我控制能力降低等心理问题。

第三节　未成年社区矫正对象的心理分析

未成年人是社区矫正关注的一个重要群体。《社区矫正法》针对未成年社区矫正对象的特殊情况以单独章节予以特别规定，要求对未成年人的社区矫正与成年人分别进行，采取有针对性的矫正措施与矫正教育方式，从而确保未成年社区矫正对象在社区矫正期满后可以顺利地回归社会。对未成年社区矫正对象应予以特殊保护，彰显出以人为本的法治理念。同时强调监护人职责，对共青团、妇联、未成年保护组织和其他社会有关组织如何共同做好未成年社区矫正对象的矫正教育工作，法律也作了规定。本章将对未成年社区矫正对象的矫正教育问题进行阐述。

一、未成年社区矫正对象基本情况

（一）未成年社区矫正对象的界定

《法学大辞典》对未成年犯的定义为：特定年龄以上，一定年龄以下的刑事犯罪人，通常指未及成年者。②当代世界各国刑法一般都有关于刑事责任年龄的规定，公民只有达到了一定年龄才对其所犯罪行负刑事责任，因而也才可能被判处刑罚成为罪犯。不同的国

① 符慧君：《论我国老年犯的社区矫正》，载《法制博览》2017年第9期。

② 周振想主编：《法学大辞典》，团结出版社1994年版，第152页。

家和地区的刑法对刑事责任年龄有不同规定，有的国家规定年满 14 周岁，有的国家规定年满 13 周岁；也有的国家规定年满 12 周岁或 10 周岁应负刑事责任；个别国家还规定年满 7 周岁应负刑事责任。我国在 20 世纪 50 年代曾规定年满 13 周岁应负刑事责任，1954 年政务院颁布的《劳动改造条例》第 21 条规定："少年犯管教所，管教十三周岁以上未满十八周岁的少年犯。"① 按照我国《刑法》第 17 条规定："已满十六周岁的人犯罪，应当负刑事责任。已满十四周岁不满十六周岁的人，犯故意杀人、故意伤害致人重伤或者死亡、强奸、抢劫、贩卖毒品、放火、爆炸、投放危险物质罪的，应当负刑事责任。已满十二周岁不满十四周岁的人，犯故意杀人、故意伤害罪，致人死亡或者以特别残忍手段致人重伤造成严重残疾，情节恶劣，经最高人民检察院核准追诉的，应当负刑事责任。对依照前三款规定追究刑事责任的不满十八周岁的人，应当从轻或者减轻处罚。因不满十六周岁不予刑事处罚的，责令其父母或者其他监护人加以管教；在必要的时候，依法进行专门矫治教育。"

综合我国《未成年人保护法》关于未成年人年龄的规定和《刑法》关于刑事责任年龄的规定，我国的未成年犯的概念可界定为：年满 14 周岁未满 18 周岁，实施了犯罪行为，依法被判处刑罚的罪犯。特定情况下，已满 12 周岁不满 14 周岁的人，犯故意杀人、故意伤害罪，致人死亡或者以特别残忍手段致人重伤造成严重残疾，情节恶劣，经最高人民检察院核准追诉的，应当负刑事责任。对这部分未成年犯实施社区矫正的，我们称之为未成年社区矫正对象。

（二）未成年社区矫正对象的数量情况

未成年社区矫正对象的数量较少，在社区矫正对象总数中所占百分比较低。从未成年人犯罪的情况看，国家统计局提供的数据显示，2016 年，全国未成年人犯罪人数为 35743 人，比 2010 年减少了 32455 人，减幅达 47.6%。未成年人犯罪人数占同期犯罪人数的比重为 2.93%，比 2010 年下降了 3.85 个百分点。未成年人作案人员占全部作案人员的比重为 21.3%，比 2010 年下降了 14.6 个百分点②。从社区矫正的情况看，司法部发布的社区矫正对象统计数据显示，2005 年到 2015 年，未成年社区矫正对象在社区矫正对象总数中的百分比，最高为 2006 年 12 月的 6.2%，最低为 2015 年 11 月的 2.0%。从未成年社区矫正对象的绝对数量看，2005 年到 2015 年，未成年社区矫正对象人数最多的年份为 2014 年 11 月的 20757 人，人数最少的年份为 2005 年 10 月的 1395 人。从发展趋势来看，未成年社区矫正对象在社区矫正对象总数中的百分比有进一步下降的趋势。根据 2017 年 1 月底的统计，18 岁以下的未成年社区矫正对象的百分比为 1.8%，未成年社区矫正对象的人数为 12546 人。

未成年社区矫正对象的人数虽然不多，但是，它是社区矫正工作的重要基础，在社区

---

① 该条例已经失效。

② 国家统计局：《未成年人犯罪率持续降低》，文件上传时间：2017 年 10 月 27 日 15：29，访问时间：2018 年 3 月 5 日，来源：国家统计局，http://society.people.com.cn/n1/2017/1027/c1008-29613194.html。

矫正工作中占有重要地位。

（三）未成年社区矫正对象所涉犯罪类型及特点

未成年社区矫正对象在人数比例上较小，相关研究并未显示其所涉犯罪类型及特点，有研究针对 2009~2019 年十年中我国铜陵市未成年人犯罪的调查显示，未成年人犯罪案件共涉及 20 余项具体罪名。排名前五的罪名中，寻衅滋事罪居首位，其次是聚众斗殴罪、盗窃罪、抢劫罪和故意伤害罪（见图 5-1）。

14~16 周岁的未成年人涉及抢劫罪、故意伤害罪、强奸罪三个罪名，16~18 周岁的未成年人涉及罪名广泛，犯罪类型多样。

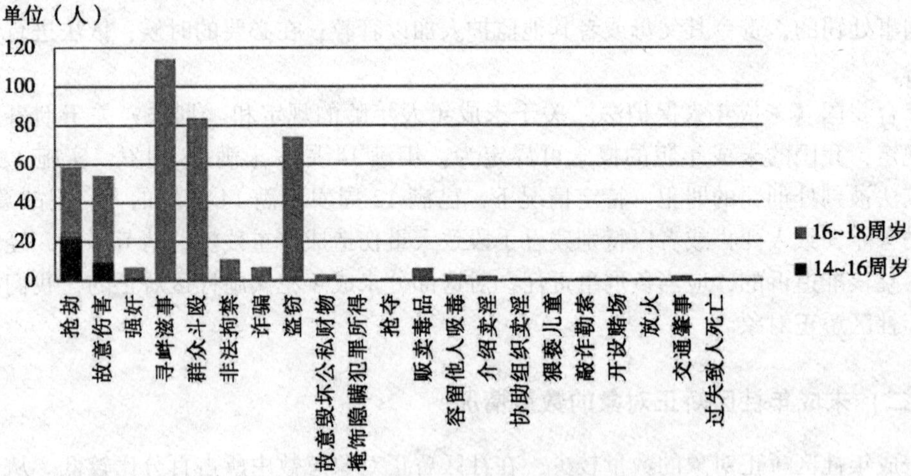

图 5-1　犯罪年龄与罪名分布

调查资料显示，385 名未成年犯中超九成被判处 3 年以下有期徒刑、拘役、管制、单处罚金或者不负刑事责任。2014 年以来，仅有 1 人被判处 3 年以上有期徒刑。2009~2019 年，超四成被判处 1 年以下有期徒刑、拘役、管制、单处罚金，尤其是 2017 年以来，超半数被判处 1 年以下有期徒刑、拘役、管制、单处罚金，2019 年这一比例达到 66%。未成年犯被判处 1 年以下有期徒刑、拘役、管制、单处罚金或者不负刑事责任的比例总体呈上升趋势。根据 2013 年统计数据，我国对未成年犯判处 3 年以下有期徒刑的占 43.6%。①

二、未成年社区矫正对象的犯罪心理特征

引发未成年社区矫正对象犯罪的诱因有很多，其中外部因素扮演了重要角色，如法律对社会的控制作用乏力、道德对社会成员约束的失调、社会亚文化的感染、家庭学校教育的缺位等。但是，在面对犯罪诱因时，未成年社区矫正对象内在的犯罪心理起着决定性作用。

① 王艺文：《铜陵市近十年未成年人犯罪案件调研报告》，安徽大学 2020 年硕士学位论文。

（一）需要特征

从未成年社区矫正对象的需要结构分析，未成年社区矫正对象的需要结构呈现畸形发展状态。未成年社区矫正对象由于身心的发展和社会活动范围的扩大、内容的增加，需要结构发生了很大变化。未成年社区矫正对象不仅需要展现其日益旺盛的精力，怀有对各种事物的好奇和探索的兴趣，并且具有强烈的独立、自尊、自我表现等自我实现的需要和日益强烈的性的需要，同时产生了对物质生活和精神生活享受的追求。尽管未成年社区矫正对象有些需要是合理的，但是由于客观条件不具备而不能实现；有些需要是不合理的，甚至是不道德、非法的，不能得到满足。这样，就形成了个人需要与客观现实之间的矛盾。在一些不良社会环境的影响下，未成年社区矫正对象自我控制能力薄弱，因此便形成畸形的需要结构。主要内容包括：超过其心理发展水平和客观条件可能性的、极其强烈的物质享受的需要；强烈的情欲和对异性的占有欲；讲“哥们儿义气”的错误而强烈的情感需要；通过各种方式寻求消极刺激的需要；拉帮结伙的需要。未成年社区矫正对象一旦形成畸形的需要结构，在客观现实中又不可能通过正当、合法的途径来实现，便会在错误的思想认识支配下，寻求错误的、非法的手段来满足其不正当的需要。例如，他们会因所谓“自尊”的需要，而争强好斗；为满足性的需要，而进行非法淫乱的性行为；为了物质享受的需要，而盗窃、抢劫等。

未成年社区矫正对象需要的程度具有强烈性和紧迫性。未成年社区矫正对象犯罪的一个重要特点是需要的强度非常强烈，并且要求即时满足。未成年社区矫正对象的需要大多是关于吃喝玩乐的，贪图物质享受，一旦产生了这些方面的需要，其强度非常强烈，他们的行为调节系统无法对其进行有效调节，自我控制力差，且他们无法忍受延迟满足，而是追求“及时行乐”“即刻满足”。在他们的心目中，各种能满足其享受需要的物质和金钱是其追求的首要目标，从而偷盗、卖淫、诈骗、贩毒、走私等“来钱快”的犯罪行为就构成了他们实现目标的必然途径和手段。

（二）认知特征

首先，未成年社区矫正对象在对社会的认知上是错误和扭曲的。未成年社区矫正对象在拜金主义、个人主义等思想的冲击作用之下，形成了错误的社会认知。在这些扭曲的社会认知思想影响下，许多未成年社区矫正对象疯狂迷信金钱至上、哥们儿义气的价值观。这些价值观影响着未成年社区矫正对象对自身行为的判断，危害着他们的健康成长，增加了未成年社区矫正对象犯罪的概率。

其次，未成年社区矫正对象在对“社会人”的认知上存在偏差。未成年社区矫正对象在社会交往活动中，往往只能从自己的角度出发思考问题，个人的感性认识占据着主导地位，难以站在其他的角度思考问题，理性认知能力匮乏。有些未成年社区矫正对象对于“社会人”的评判往往来自书籍或者影视作品。这样不全面的认知方式影响着未成年社区矫正对象对其他人的合理判断，易产生认知的偏差。

最后，未成年社区矫正对象在对个人的认知上出现了极端化。未成年社区矫正对象正处在生理和心理不断健全发展的阶段，在这样一个人格发育还未成型的阶段，如果没有对未成年社区矫正对象进行正确的引导，就极易发生未成年社区矫正对象对于自身的认知错误。未成年社区矫正对象由于身体不断地发育成熟，外貌、体形都逐渐发生改变，接近成年人，对于异性的关注也越来越强。由于现实与自我要求之间的差异，未成年社区矫正对象往往会产生“自暴自弃”“破罐破摔”这种不正确的认知。在走向犯罪的过程中，未成年社区矫正对象对自我的认知通常会分成两个极端：一个极端就是对自己过分喜爱，认为自己无所不能、完美无缺；另一个极端就是认为自己一无所长、极度自卑。

（三）情绪体验特征

“情绪是由生理激活、外显表情以及内在体验三种成分复合而成的”,① 是人自身与外部世界在相互作用影响的过程中所产生的心理感受及其外在表现。

第一，情绪体验的本能性。未成年社区矫正对象的观念意识虽具有成年人的雏形但相对脆弱，可塑性极强，容易受到直接的影响发生改变。由于这种现状，进行自我约束的道德观念还未成熟，对本我的欲求不能有效节制。同时，人生阅历和经验的有限性，决定了其在调节本我和超我的矛盾时出现无力感。

第二，情绪表现的波动性。未成年社区矫正对象在各个方面都处于人生的初级阶段，对个人、社会还没有一个理性的认识，还不能很好地分配个人精力去观察外在事物、适应现实社会，往往将过多的精力投入到自身，关注完自身再去观察世界。这种由己及外的迁移，往往导致社会活动参与的过分个人化，简单点说就是过分地以自我为中心。未成年社区矫正对象在与他人进行沟通交流时，其情绪的发生往往只受个人观念、家庭文化、个人行为规范的影响。当其与所处环境的普遍观念、行为规范、道德要求协调一致时，情绪高度认同，急剧高涨，伴随个体不成熟的自我意识，容易出现冲动型性越轨行为；当其与所处环境的普遍观念、行为规范、道德要求出现冲突时，未成年社区矫正对象仍会以自我为出发点进行情绪表达，当情绪表达受到阻碍、目标机制反馈不良时，容易被痛苦、自卑、悲伤、忧郁等负面情绪所压抑，在短时间内出现相互矛盾的极端情绪，当出现诱发失当行为的现实环境时，导致越轨行为的发生。

（四）意志特征

意志是人类特有的心理状态，“是为了达到某种目的并根据目的自觉地去调节和支配行动，并克服困难以达到既定目的的心理过程”。② 意志是人类特有的心理现象，它是人类发挥主观能动性的体现。意志是个体自由的决定，人类可以自我做出某些意志行为；同时它又是不自由的，会因客观因素导致意志的执行失败、半途而废。就意志这一心理状态而言，呈现出明显的性别、年龄差异。未成年社区矫正对象的犯罪心理，在意志特征上主要表现在：

---

① 孟昭兰：《普通心理学》，北京大学出版社 1994 年版，第 386 页。

② 叶奕乾：《普通心理学》，华东师范大学出版社 2010 年版，第 225 页。

第一，目的的非法性。意志的发端是目的，未成年社区矫正对象的需要往往具有庸俗性和低级性，因此在这种需要之上产生的目的也会呈现出同样的特点。而这种目的又是与社会主流价值观不符的，社会就用法律进行约束规范，因此未成年社区矫正对象的意志具有非法性。未成年社区矫正对象在家庭给予的财物不能满足其自身需求又无法通过其他合法途径获得财物来源时，开始产生非法侵财的犯意，此时如果自我无法进行有效调节约束、外界又无有效制约，就极易走向犯罪道路。

第二，意志的易变性与易受暗示性。意志是主体对自我进行支配、调节，并不断对自身进行修正的控制行为。在犯罪过程中，未成年社区矫正对象在对自我的支配和调节上具有易变性与易受暗示性，在执行意志中遇到困难挫折时易产生畏难心理，而对于新刺激则很容易表现出兴奋与冲动，改变自己原有的决定，呈现出思想轻率，做事缺乏考虑的“冲动过剩”。

第三，犯罪意志的顽固性。未成年社区矫正对象在认知意志上往往呈现偏执化的特点，这种偏执化经过自身价值观念的错误强化，造成未成年社区矫正对象一系列的错位行为。未成年社区矫正对象由于自身观念的缺陷，加之个人独立意识的增强，不愿受他人过多干涉等的特点，对自我观点的坚持往往具有非理性的特点，也就是我们通常所说的执拗。父母、家庭、社会在未成年社区矫正对象走向违法犯罪的过程中都或多或少地进行了干预，但这些劝解和教育往往收效甚微，表现出违法犯罪意志的顽固性。

三、未成年社区矫正对象在社区矫正中的心理特征

（一）心理不稳定

根据我们对未成年社区矫正对象年龄的界定，我们可以看出他们大多处在青春期和青年早期，这个时期青少年的身心都处于迅速发育过程中，但尚未成熟，具有独特的身心特点。一些文学作品用“躁动、生命活力、情绪波动”来形容这一时期未成年人的心理状态，在英美学术界则使用“storm-and-stress（暴风骤雨）”这个术语。①

处在这个阶段的未成年社区矫正对象，一是身体发育速度很快，身高、体重迅速增加，使他们在外形上迅速接近成年人。二是他们的身体机能增强。由于身体各个器官的发育速度很快，他们的肌肉力量增加，代谢功能极强，导致他们精力充沛，充满活力，喜欢行动。三是他们的性发育成熟。这个阶段的未成年人性器官和性机能得到发育，性激素分泌增多，这使得他们有强烈的性兴趣和好奇心，不断产生性冲动，渴望进行性行为。正是身心发育的原因，导致他们的心理状态处于极大的不稳定期。

（二）自控能力差

虽然未成年社区矫正对象自我意识有了一定发展，思维的独立性和批判性日益增强，

① ［德］W. 舒里安（Walter Schurian）著，罗悌伦译：《青少年心理学》，四川人民出版社 1994 年版，第 28 页。

但是思维的表面性和片面性依然存在，这使得他们在思考问题时容易出现偏差。未成年社区矫正对象情绪的两极性日益明显，表现为强烈、狂暴的情绪与温和、细腻的情绪共存；情绪的敏感性增强，容易体验自己的内心感受，对烦恼、孤独、压抑的感受较为敏感。同时，他们的情绪、心境也容易变化，导致这个阶段的未成年社区矫正对象情绪控制力较差，容易产生逆反心理和反抗行为。

未成年社区矫正对象经历了刑事诉讼，由于面对高压、紧张、强制的刑事司法活动与社区矫正的监督管理，会出现恐慌、抑郁、狂躁等心理问题①或行为表现。未成年社区矫正对象矫正心理状况也会出现不同于成年人的“异常波动”，这在一定程度上是与他们的身心发展水平紧密相关的。

（三）易受同伴的交叉感染

国外的相关研究发现，同伴群体是犯罪行为和物质滥用的重要依据，因为同伴经常提供给犯罪青少年态度、动机和合理化理由去支持反社会行为，以及提供机会参加具体的犯罪活动。有研究者发现，与没有朋友或者有朋友（朋友无不良行为）的青少年相比，有不良朋友的青少年参加更多的犯罪行为。国内外关于同伴关系影响儿童行为发展的研究表明，良好的同伴关系促进儿童行为的发展，反之也成立。② 随着未成年社区矫正对象的身心发展，他们的人际交往范围有了扩展，开始更多尝试和成年人沟通合作。更需要注意的是，未成年社区矫正对象往往都有一种向往和能动地适应群体生活的“相群性”，加上缺乏辨别能力或自控能力，他们往往更容易受到交叉感染。研究发现，与不良伙伴交往是少年犯罪的主要危险因素之一，攻击和同伴接受之间有负向相关关系，与同伴拒绝之间有正向相关关系。

（四）心理问题突出

未成年社区矫正对象的犯罪行为往往是心理问题的外在表征，一些实证研究显示其心理健康水平堪忧，在总体心理健康水平和人格障碍层次上均存在一些问题。

有研究者采用SCL-90和艾森克人格问卷对温州地区的外来涉案未成年人45人和外来务工未成年人55人进行对照研究，结果发现外来涉案未成年人的心理健康状况总分和各因子与对照组和常模均有显著差异，且总体心理健康水平低于全国常模和比较组，同时外来涉案未成年人的人格特征偏离正常人群。③ 北京市昌平区司法局2014年对正在接受社区矫正的23名未成年社区矫正对象进行SCL-90测评，结果显示未成年社区矫正对象在躯体化、人际关系敏感、抑郁、焦虑、恐怖、其他这六项因子上与普通青少年的差异非常显著，在强迫症状、敌对、偏执、精神病性这四项上差异显著。这说明未成年社区矫正对象

---

① 雷小政：《涉罪未成年人心理辅导与矫治机制改革》，载《中国刑事法杂志》2014年第1期。

② 张朋飞：《犯罪青少年同伴关系、家庭教养方式的特点及其二者关系的研究》，西安体育学院2012年硕士学位论文。

③ 谢晓丹：《未成年犯社区矫正前评估体系和心理干预模式实证研究》，载温州医科大学《科技成果》2015年5月30日。

存在较为明显的心理问题。①

此外，从低龄未成年社区矫正对象所实施的恶性犯罪案件中可以看出，未成年社区矫正对象存在一定的人格障碍倾向。他们的思维和智力活动还是比较正常的，但是会表现出种种异常行为。反社会型人格障碍倾向的低龄未成年人情绪更容易失控、易怒、冷漠、缺乏责任感和羞耻感、对生命缺乏敬畏之情。②

（五）社会环境与家庭控制力弱化

根据赫希的社会控制理论，未成年人与社会的联系程度与四个因素有关：依恋、投入、参与、信仰。依恋是未成年人对他人和社会的一种情感上的依赖，这种依赖感会影响未成年人行为的选择。依赖感强的未成年人在作出决定时会潜意识地考虑他人和社会的看法，尤其是在实施越轨或者犯罪行为前，会因为违反社会规则而选择放弃。投入是基于时间和精力的有限性，如果已经为了某一既定目标耗费了足够的时间和精力，那么未成年人为了避免已经投入的成本的浪费，保证目标的实现就不会转向犯罪行为。对社会依恋感强并愿意投入时间和精力去实现自己目标的未成年人也更愿意选择参与常规活动，更能接受社会普遍的道德规范并内化为自己的行为准则。③ 由于未成年社区矫正对象往往是一些不遵守传统的人或者不良的未成年人，他们对于传统活动的参与较少，甚至认识不到传统的家庭关系、社会规则、社会活动的重要性。这些特征使得他们与传统社会的联系很弱，而较弱的社会联系使得社会对他们的控制力不足。

实践证明，未成年社区矫正对象的家庭功能和社会联系都是较弱的。未成年社区矫正对象家庭环境因素大多存在不良现象，父母错误的教育方式、家庭暴力、父母行为失范、父爱或者母爱的缺失以及家庭经济条件较差等因素，都可能成为他们的犯因性因素。由于青春期自我意识的迅速发展，他们对父母的反抗性明显增强，家庭关系紧张或亲子冲突使得他们与家庭的感情联系减弱，父母对于他们的管束能力大大减弱，影响力大大下降。

第四节　几种特定的社区矫正对象心理分析

社区矫正对象往往具有双重或多重身份，这使得有必要对特定社区矫正对象的心理进行专业化分析。本节主要对毒瘾型社区矫正对象、艾滋病型社区矫正对象和邪教型社区矫正对象的心理形态进行分析。

---

① 北京市昌平区司法局调研组：《关于未成年社区服刑人员心理健康援助的研究与思考》，载《中国司法》2014 年第 8 期。

② 陈璐璐：《未成年人恶性犯罪低龄化原因分析及矫正路径》，载《湖南工程学院学报（社会科学版）》2020 年第 4 期。

③ 陈璐璐：《未成年人恶性犯罪低龄化原因分析及矫正路径》，载《湖南工程学院学报（社会科学版）》2020 年第 4 期。

一、毒瘾型社区矫正对象的心理分析

（一）毒品成瘾的特征

《禁毒法》第2条第1款规定：“本法所称毒品，是指鸦片、海洛因、甲基苯丙胺（冰毒）、吗啡、大麻、可卡因，以及国家规定管制的其他能够使人形成瘾癖的麻醉药品和精神药品。”公安部和国家卫生和计划生育委员会联合修订的《吸毒成瘾认定办法》第2条规定：“本办法所称吸毒成瘾，是指吸毒人员因反复使用毒品而导致的慢性复发性脑病，表现为不顾不良后果、强迫性寻求及使用毒品的行为，常伴有不同程度的个人健康及社会功能损害。”依据这些规定，毒品成瘾型社区矫正对象的外显特征包括：①

第一，生理依赖性。生理依赖性是指在某一段时间内不断地使用某种能使人产生瘾癖的药物所带来的生理上的变化，需要继续使用该药物才能维持机体的生理功能。它是中枢神经系统对长期使用依赖性药物所产生的一种适应状态，机体必须在足量药物维持下才能保持正常状态，一旦断药，生理功能就会发生紊乱，出现一系列严重反应，称为戒断症状，表现出与药物原来作用相反的症状。

第二，心理依赖性。心理依赖性俗称“心瘾”，又称精神依赖性，是由于使用依赖性药物使人产生的一种欣快感觉，并且在精神上驱使用药者表现为一种连续用药的渴求和强制性用药行为，以获得心理上的满足和避免精神上的不适。精神依赖是依赖者产生顽固性复吸的一个最重要原因。

第三，戒断症状。戒断症状是指成瘾者一旦停止原来的成瘾行为，就会出现特殊的心理生理症状群。例如，吸食海洛因的成瘾者停药8~12小时即可出现戒断症状，最初表现为打哈欠、流泪、流涕、出汗等类似感冒的症状，随后陆续出现瞳孔扩大、打喷嚏、起鸡皮疙瘩、打寒战、厌食、恶心、呕吐、腹绞痛、腹泻、肌肉酸痛等表现。

第四，稽延性戒断综合征。许多药物成瘾者在急性戒断综合征消退之后，仍有各种各样的不适反应，如浑身无力、感觉过敏、失眠、食欲低下、胸闷、易激惹、情绪恶劣等，且可持续数月甚至数年之久。这些症状的存在，不仅影响毒品成瘾者的功能恢复，更有相当部分人因此而故态复萌，最终复吸。

（二）毒瘾型社区矫正对象的心理特征

毒瘾型社区矫正对象由于毒品依赖致使其心理偏执发展，是社区矫正中难以矫正教育的对象之一，也是社区矫正中重点监督管理的对象，其心理特征具有独特性。有学者对涉毒罪犯研究后认为，其心理行为特征表现为：“行为生活方面：生活技能差，文化程度低，好吃懒做，好逸恶劳，生活懒散，缺乏意志力。个性方面：道德观念低落，欠缺廉耻心，善于掩饰，并且容易撒谎，阴险狡猾，疑心重，善用心计不在乎他人之感受，以自我为中

① 章恩友、姜祖祯主编：《矫治心理学》，教育科学出版社2008年版，第488~489页。

心。情绪不稳定，认为世界是沉闷的、例行性的，缺乏刺激。”① 也有学者对毒瘾型社区矫正对象的心理进行系统分析：②

1. 认知特征

第一，认知方式直观片面。大多数毒瘾型社区矫正对象的文化水平较低，抽象思维能力较差。他们看问题直观，一般只能看到事物的表层，难以上升到理性水平，不善于分辨事物的表面现象和事物的本质特征，不善于揭露事物产生的内因和外因，更缺乏了解事物的发展规律和准确预见事物发展进程和后果的能力。

第二，认知水平浅薄低下。大多数毒瘾型社区矫正对象初次吸毒是在青年初期，其思想意识尚未完全成型，分辨是非的能力低下，但对新生事物反应极为敏感，心理和生理各方面的需要很强烈，易产生强烈的好奇心。“好奇和尝试”很好地反映了其轻率、主动追求的内在态度。而且由于他们错误地认为吸毒花的是自己的钱，即便是有害身体也是自己的事，和他人、社会无关，政府强制他们戒毒是“多管闲事”，因此，明显表现出法治观念淡薄、不认罪错、不识大体、不积极配合社区矫正机构的监督管理和教育帮扶，极易重蹈覆辙。

2. 情绪情感特征

第一，依赖心理顽固，消极情绪强烈。当毒瘾型社区矫正对象被社区矫正后，客观上毒品来源被阻断，其赖以维持并早已习惯了的吸食行为被中止。但是，由于他们早已形成非常稳固的生理依赖和心理依赖，其主观上的需要依然存在。毒瘾使得他们的情绪异常低落，经常会出现焦虑、抑郁、烦闷、身心疲惫、精力虚弱、忧心忡忡等征象，特别是戒断反应的症状使得他们非常痛苦，非常容易产生消极心理。很多毒瘾型社区矫正对象悲观厌世，自暴自弃，缺乏戒断的决心和信心。

第二，情绪不稳定，具有两极性。毒瘾型社区矫正对象普遍身体素质较差，使其难以适应社区矫正生活，表现为情绪躁动不安，特别易受激惹，常为鸡毛蒜皮的小事而激动。他们既渴望社区矫正工作者的理解和关怀，又反感社区矫正工作者的劝导和教育，处于一种矛盾的心理状态之中。毒瘾型社区矫正对象的情绪在持久性方面具有明显的两极性，他们基本上也能认识到毒品的危害，也能产生积极的情绪体验。但是这种体验是微弱的、短暂的、难以持久的，一旦发生戒断反应或受到诱惑，这种积极的情绪体验就会消失，而消极的情绪就会油然而生。

第三，情感低下，狭隘扭曲。毒瘾型社区矫正对象的理智感表现为狭隘和肤浅，他们唯一所关心的是割舍不掉的毒品。他们的美感和幸福感是扭曲的，对世间一切事物都熟视无睹、不屑一顾，只认为“毒品是最好的物品，罂粟花是最美的花朵，沉浸在如云似雾的仙境中是人生最大的快事。”对毒品的追求和占有成了他们人生的动力。毒瘾型社区矫正对象为满足吸食毒品的需要，会出现坑蒙拐骗、卖淫偷抢，甚至杀人越货等重新犯罪现象，明显表现出自私、虚伪、嫉妒、损人利己、冷酷无情的人格特征，考虑问题完全以自我为中心，缺乏对社会和公益事业的义务感，对他人、集体、国家的责任感。

---

① 姚建龙等：《涉毒罪犯的心理特征及其心理矫治》，载《犯罪研究》2005 年第 5 期。

② 章恩友、姜祖祯主编：《矫治心理学》，教育科学出版社 2008 年版，第 490~493 页。

3. 意志特征

第一，缺乏戒断毒瘾的坚定目标和自信心。毒瘾型社区矫正对象往往缺乏戒断毒瘾目标的坚定追求，一旦发生戒断反应症状或外界诱因刺激，就不能抗拒环境的诱惑或重压，从而改变自己原有的追求。毒瘾型社区矫正对象少坚定、多动摇的意志品质，集中表现为缺乏自信，因而容易接受外界的不良影响和诱惑。

第二，意志薄弱，缺乏戒断毒瘾的坚韧毅力。毒瘾型社区矫正对象往往缺乏对自己行为的自制力，主要表现在对自己情感、欲望和注意力的控制上抗拒诱惑的水平低。当欲望同外界的诱惑合拍的时候，他们就更加不能自制，以至于出现越轨或违法行为。毒瘾型社区矫正对象的意志品质中明显缺乏实现正确目标的坚韧毅力，这是影响他们彻底戒除毒瘾的一个重要心理因素。造成他们缺乏实现正确目标的主观原因，就是他们对前途悲观失望，主观地夸大困难，因而也就不会有克服困难、勇往直前的毅力。

4. 价值观特征

研究表明，毒瘾型社区矫正对象的价值观是扭曲的，表现为：(1) 以吸毒为荣的价值取向。他们认为自己是生活中的强者，是时代的弄潮儿，吸毒是富贵的象征，是挑战传统，拒绝平庸，蔑视法律的表现。(2) 以吸毒为快乐的人生追求。享乐主义作为一种人生态度主要表现为对感性欢愉的崇尚和追求，他们认为感性欢乐是人生中最高的、最重要的快乐，是最大的幸福。(3)“视毒如命，视死如归”的生死观。对毒瘾型社区矫正对象来说，毒品比生命更重要，他们明知自吸毒那天起就进入了生命的倒计时，然而因为有了不惜一切代价享受短暂人生的“坚定信念”，他们依然选择让毒品送自己“上路”。(4) 理想冲突和信仰危机。毒瘾型社区矫正对象人生观、价值观出现扭曲和变异，理想发生动摇，信仰开始变化，带来精神生活的荒漠和空虚。

5. 人格特征

毒瘾型社区矫正对象的人格问题是对戒断效果具有深刻影响作用的一个因素。毒瘾型社区矫正对象在吸毒之前就存在某些典型的人格缺陷，是显性或潜在的“精神病患者”，当遇到威胁和挫折时，趋向于退缩到自恋程度的适应状态以及无所不能的幻想之中。其特征是自我信奉享乐主义和缺乏自我控制，并缺乏对未来筹划的能力，精神和情绪常常处于抑郁状态。

毒瘾型社区矫正对象的人格发生了深刻的变化，严重地影响其思维、行为和情绪，对于吸毒的意志力、注意力、记忆力、耐受力、持久力等都具有明显的破坏作用。毒品的依赖性使其丧失了兴趣、责任感、羞耻感等，表现为反社会性、情绪不稳定、易冲动、缺乏有效的防御机制、追求立即的满足、缺乏羞耻感、伦理道德扭曲等。也有毒瘾型社区矫正对象有精神抑郁、自卑感、无能感、性心理和性行为异常、喜好刺激、逃避现实、自恋等病态心理特征。因此，毒瘾型社区矫正对象的一个突出特点就是精神系统出现了障碍或变异。

二、艾滋病型社区矫正对象的心理分析

（一）艾滋病型社区矫正对象犯罪的特点

由于艾滋病型社区矫正对象本身的病症特征，从而导致这类人员在犯罪动机、犯罪手段、逃避打击处理的方式等方面，具有不同于普通人犯罪的特点。

1. 犯罪类型以侵财为主

由于艾滋病型社区矫正对象劳动能力的丧失以及治疗费用的增加，带来的最直接影响就是收入的减少，外在负担的增加，从而加速整个家庭贫困化的进程，许多家庭就此瓦解。不少艾滋病型社区矫正对象在被社区矫正以前，以此为理由，实施盗窃、抢夺、抢劫、敲诈勒索等侵财型的违法犯罪活动，有的甚至进行贩毒等严重犯罪行为。

2. 犯罪方式威吓性强

艾滋病型社区矫正对象违法犯罪开始大多只是采用传统的手段。例如，用针管抽取自身血液，并以此威胁、恐吓过往路人或车辆驾驶人，实施抢劫或敲诈行为。但是，近几年来，这类群体的犯罪逐渐演变为利用自身携带病毒的特点进行严重的犯罪活动，有的甚至公然实施“打、砸、抢、烧”等暴力犯罪。与此同时，有些艾滋病型社区矫正对象的犯罪有从传统的违法犯罪方式转换到故意传播艾滋病病毒，报复社会的发展趋势。

3. 作案形式趋于团伙化

以前，艾滋病型社区矫正对象违法犯罪案件多是以单独作案为主。现在，不少艾滋病型社区矫正对象为了取得更大违法利益，故意结成团伙，组织、实施各种违法犯罪活动，严重危害社会秩序和公共安全。

4. 犯罪动机恶意成分多

艾滋病型社区矫正对象一般是因为非主观意识而受感染，又因艾滋病是不治之症，国家救助措施还没有完全到位，不少艾滋病型社区矫正对象感觉医治无望，生活保障困难。再加上社会与家庭的排斥和歧视，造成了不少艾滋病型社区矫正对象对生活失去了信心，转而滋生了报复社会的心理，故意传播艾滋病毒，造成一定范围内的社会恐慌。加之当前我国在艾滋病犯罪羁押、监管等方面的法律法规还不完善，有时出现公安司法机关对艾滋病犯罪分子形成了“抓了放，放了抓”的尴尬局面，进而滋生了艾滋病犯罪分子的侥幸和猖狂作案的心理。

（二）艾滋病型社区矫正对象的心理特征

艾滋病型社区矫正对象接受不了来自家庭、社会的压力和指责，很容易出现心理问题、心理障碍和心理疾病，甚至出现心理崩溃的现象。主要表现在：①

① 李芳：《艾滋病罪犯的心理矫治探析》，载《河南司法警官职业学院学报》2016 年第 3 期。

1. 焦虑和恐惧心理

何国胜在研究中指出，艾滋病罪犯具有躯体不适、焦虑与抑郁情绪，自杀倾向较为明显。① 一方面，艾滋病型社区矫正对象在得知自己感染艾滋病病毒后，往往不能接受事实，情绪特别不安，时刻感到焦虑、恐惧。尤其是在并发症发生的时候，由于缺乏对艾滋病知识的了解，出于对死的恐惧和对生的绝望，由此变得抑郁、恐慌，甚至有自杀倾向。另一方面，人们普遍对艾滋病型社区矫正对象产生不同程度的歧视和偏见，从而导致艾滋病型社区矫正对象感觉悔恨和罪恶，往往会产生“病耻感”，② 害怕别人的不理解，对未来的生活不知所措，感到焦虑、恐慌。

2. 沮丧和抑郁心理

正常人对艾滋病有不同程度的恐慌，谈“艾”色变，这使艾滋病型社区矫正对象普遍担心受到歧视。而因艾滋病带来的歧视和羞辱，同疾病本身一样会导致灾难性后果，如被配偶或家庭抛弃、被社会排斥、缺乏关怀和支持、遭遇暴力等。艾滋病型社区矫正对象长期在这种歧视环境下，感觉被社会和亲人抛弃，常常徘徊在严重的沮丧和抑郁之中。除此之外，艾滋病病情本身的发展，会给艾滋病型社区矫正对象带来身体上的痛苦和心理上的煎熬，因此，原本的生活规律也会被打破。这时候，艾滋病型社区矫正对象会出现比一般罪犯更严重的抑郁、厌世的情绪。

3. 人际关系不良

艾滋病型社区矫正对象本来对周围的人或事物已经失去信心，缺乏信任，在被确认感染艾滋病病毒后，他们会不满、多疑，情绪波动起伏较大，对他们的人际关系产生影响。同时，艾滋病型社区矫正对象需要承受较大的心理压力，较容易产生自卑、与世隔绝的心理，不愿与他人进行交流。甚至他们会觉得低人一等，已经给自己和家人造成伤害，总觉得别人在背后议论自己，在心理上敏感、多疑。尤其是在社区矫正的监督管理和矫正教育中，他们感受到其他人的歧视和家人亲属的忽视，人际关系变得特别敏感，易暴易躁，少言寡语，容易形成自我封闭、自卑等不良心理。

4. 易怒和对抗心理

艾滋病型社区矫正对象在生活中长期得不到满足，不能发挥自己的能力，过上同正常人一样有效率的生活，这些使他们更加对社会产生不满，认为上天对自己不公平，生命对自己不公平，他们会变得容易激动，甚至表现出公然报复和对抗情绪。③ 在日常的监督管理和矫正教育中，由于艾滋病型社区矫正对象无法愉快地适应社区矫正生活，很容易出现抵触情绪，产生不良的心理反应。

---

① 何国胜、朱燕等：《男性艾滋病罪犯的心理状况和个性特征调查》，载《临床荟萃》2011 年第 19 期。

② 王素萍、马德坤、陈世哲等：《营口监狱服刑人员艾滋病健康教育效果评价》，载《中国公共卫生》2008 年第 4 期。

③ 魏然：《78 例社区罪犯社会支持与心理健康的相关研究》，载《现代预防医学》2013 年第 40 期。

三、邪教型社区矫正对象的心理分析

邪教危害国家、扰乱社会秩序、残害生命、诈骗钱财、破坏家庭，是人类的公敌，也是影响国家长治久安的重大社会问题。从 20 世纪 80 年代开始，邪教组织在我国滋生、渗透、蔓延，逐步成为危害社会安全与秩序的一颗“毒瘤”。

（一）邪教型社区矫正对象犯罪的特点

通过对邪教型社区矫正对象的犯罪情节、犯罪手段的分析，我们发现，邪教型社区矫正对象的犯罪情节复杂化、犯罪手段多元化，跨国犯罪已成为一种普遍态势。邪教型社区矫正对象为维系自身发展，不断涉足政治、经济、文化等各个方面，犯罪手段也呈多样化趋势，欺民敛财、抹黑政府、非法移民等犯罪活动无孔不入。邪教型社区矫正对象利用无线电插播技术，插播宣传邪教内容，进行破坏活动，还借助网络技术，通过网站、QQ 群、IP 电话、电子邮件、网络论坛等载体，指挥信徒和开展“交流”活动，传播邪教，实现对信徒的思想控制。

（二）邪教型社区矫正对象的心理特征

从邪教型社区矫正对象的整体心理健康水平来看，部分邪教型社区矫正对象心理健康水平较低，有着轻度、中度乃至重度的心理问题。主要表现在因强迫倾向引起的懊恼、不安和焦虑等不良心理，缺乏自我控制能力，人际关系或与人沟通不良；因焦虑、紧张而造成自伤自残；因敌对冲动情绪而产生违法乱纪，甚至极个别的邪教型社区矫正对象可能存在自杀等高危心理状态。

著名邪教问题专家、西班牙学者佩佩·罗德里格斯指出：“一个人为什么会跌进教派泥潭的根本原因，不在于教派的操纵手段，而是在于教派物色到自己的猎物之时就已经存在了的东西，亦即当事者此前的性格倾向，使其面对生活波澜显得特别脆弱，并从而无力抗拒被人操纵和堕入依赖的社会心理因素。”实际上，邪教型社区矫正对象成为邪教信徒是与他生活的社会条件和生活方式，亦即其自身的主观因素密切相关的。邪教型社区矫正对象绝大部分是在犯罪受到刑罚惩罚前信仰邪教的，在社区矫正中的信仰邪教行为，只是原有信仰邪教行为的延续。一般邪教型社区矫正对象都不承认信仰邪教行为。从心理态度、价值取向、主观动机和心理反应来看，邪教型社区矫正对象存在多种心理类型。

1. 心理态度特征

从心理态度上看，邪教型社区矫正对象在社区矫正中对待邪教的态度，可以划分为“主动信仰型”“被动信仰型”和“盲目信仰型”三种类型。① 所谓“主动信仰型”就是这类社区矫正对象出于自身的某种内在需求，主观上有信从邪教的自觉，客观上积极参与甚至热衷于邪教的各种活动。“被动信仰型”就是这类社区矫正对象主观上并没有特别的

① 吴东升：《当代中国邪教信众的分析》，载《江海学刊》2005 年第 1 期。

内在需求，只是在特定情境下接受某些宣传和诱惑，在客观上参与邪教的活动。“盲目信仰型”就是这类社区矫正对象主观上没有什么内在的信“教”需求，在没有从本质上弄清邪教内容和对象的情况下，客观上进行的一种非理性的选择。从实际情况来看，“被动信仰型”和“盲目信仰型”是邪教型社区矫正对象中的大多数。

“主动信仰型”的社区矫正对象一般表现为口是心非，“表面不信内心信，明的不信暗中信”。在社区矫正中的邪教型社区矫正对象，大多是“被动信仰型”和“盲目信仰型”，他们受邪教组织和其他教友蛊惑追随大流而盲从邪教。他们信仰邪教的行为突出表现为从众心理，即在群体压力下，放弃自己的意见，转变原有的态度，采取与邪教组织和其他教友一致的行为，它是由于在邪教组织和其他教友一致性的压力下，个体寻求的一种试图解除自身与邪教组织和其他教友之间冲突、增强安全感的手段。他们往往以邪教组织和其他教友的意见或行为作为自身行动的参考依据，把邪教组织和其他教友共同以为正确的事物作为判断的准则。

2. 价值取向特征

从价值取向上看，邪教型社区矫正对象可以划分为“入世功利型”和“遁世超脱型”两种类型。① 所谓“入世功利型”，就是这类社区矫正对象参与邪教活动并不是追求“形而上”的“彼岸世界”或者“极乐天堂”，而是出于强身健体等现世实用的需要；有些社区矫正对象过去受到邪教“世界末日来临”论的迷惑而信“教”，目的在于借助神灵的护佑，避免和摆脱灾祸苦难，如果不信“教”就要遭受灭顶之灾，具有鲜明的功利性。“遁世超脱型”，就是这类社区矫正对象参与邪教活动主观上是为了追求“灵魂得救”，以及对虚幻世界的体验，虔诚地接受所谓“神的旨意”，认为信教就能飞升天堂、远离地狱等，并没有现世的功利追求，或者明确的政治意图。在社区矫正中，内心的价值取向仍然支配着邪教型社区矫正对象的行为模式。

3. 心理反应特征

从心理反应上看，邪教型社区矫正对象可以划分为“激进反应型”和“温和反应型”两种类型。② 所谓“激进反应型”，就是这类社区矫正对象在观念层面上有强烈政治色彩的思想和主张，并外化为比较偏激的、极端的甚至具有明显暴力色彩的心理反应。这是极少数邪教骨干表现出来的心理特征，暗中谋求发展邪教势力来实现政治企图。“温和反应型”就是这类社区矫正对象在思想观念上政治属性并不强，或者并没有形成政治性的主体意识，信仰邪教并没有什么明确的政治企图，外在行为上比较温和内敛，没有出现明显的偏激性、极端性、攻击性甚至暴力性的特征。

4. 主观动机特征

从主观动机来看，邪教型社区矫正对象可以分为“治疗疾病型”“精神寄托型”和“挫折投射型”三种类型。所谓“治疗疾病型”，就是这类社区矫正对象最初因自己或家庭成员生理上患有某种疾病而信“教”。邪教组织打着祛病强身、延年益寿的招牌，契合了他们特有的死亡恐惧心理，满足了他们对自身安全的需求。在社区矫正中还仍然相信信

① 吴东升：《当代中国邪教信众的分析》，载《江海学刊》2005 年第 1 期。

② 吴东升：《当代中国邪教信众的分析》，载《江海学刊》2005 年第 1 期。

“教”可以治病，这是这类社区矫正对象的一种较为普遍的心态。所谓“精神寄托型”，就是这类社区矫正对象企图借助参加邪教活动来寻求精神信仰或寄托。西方著名社会心理学家勒庞认为，“在人类所能支配的一切力量中，信仰的力量最为惊人”，它能在个体的“灵魂里唤起一股坚不可摧的力量”，“能让一个人变得完全受自己的梦想奴役”。① 这类社区矫正对象在入矫以前可能就接触过邪教组织宣扬的某些内容，以及它们的某些活动方式，迎合了他们的内心需求，希望通过信“教”来找到人生的支点，填补心灵的空虚，探寻人生的终极意义。处在社区矫正条件下，这类社区矫正对象物质生活保障、社会生活环境、个人感情归属、个人理想追求都受到了巨大的冲击，其在物质和精神上的需求也发生改变。所谓“挫折投射型”，就是这类社区矫正对象因自身遭受过挫折或家庭不顺而信“教”。这类社区矫正对象思想中存在比较浓厚的迷信观念和“神灵意识”，从而为信仰邪教奠定了一定的心理基础。他们盲目相信邪教组织宣扬的信教可以让家庭幸福和睦，期望在邪教活动中得到解脱和补偿，获得某种心理上的满足和安慰。

① ［法］古斯塔夫·勒庞：《乌合之众——大众心理研究》，中央编译出版社 2000 年版，第 98 页。

第六章　社区矫正对象心理测验与评估

《社区矫正法》第 18 条规定："社区矫正决定机关根据需要，可以委托社区矫正机构或者有关社会组织对被告人或者罪犯的社会危险性和对所居住社区的影响，进行调查评估，提出意见，供决定社区矫正时参考……"《社区矫正法实施办法》第 13 条规定："社区矫正决定机关对拟适用社区矫正的被告人、罪犯，需要调查其社会危险性和对所居住社区影响的，可以委托拟确定为执行地的社区矫正机构或者有关社会组织进行调查评估……" 在这里，"调查评估"的内容就包括了对社区矫正对象的心理测验和心理评估，同时，心理测验和心理评估也是心理矫治的前提和基础。

第一节　心理测验概述

一、什么是心理测量

心理测量（mental measurement）是依据心理学理论，遵循相应的法则，使用标准的操作程序，对人的行为和心理属性进行量化和解释的过程。心理测量的对象是人的心理属性以及表现出来的行为，如使用量表对社区矫正对象的人格进行测量和解释的过程就是心理测量。

心理测量具有三个特点：首先，心理测量是一种间接的非实验性测量。这是因为，迄今为止，我们还无法直接测量人的心理，只能测量出人的外部行为。但是心理特质会通过外部行为表现出来，并调节着人的外部行为，所以，可以通过测量人对测验题目的反应来间接推论出内在的心理特质。其次，心理测量的结果和评价是相对的。心理测量是对不同人的行为和心理特点进行比较，没有绝对的标准，而是一个连续的序列，所有的心理测量都是看测量对象处在这个序列的什么位置上，因为测量结果要和其他人进行比较，所以具有相对性，而不是绝对的。最后，心理测量具有相对的科学客观性。虽然心理特质无法直接被测量，而且在取样、测量工具、测评等过程中都会存在误差，但是由于在测量时主试需要采取措施尽力降低误差对结果的影响，给予被试的刺激都是客观的、同一的，对反应的量化标准也是标准化的，所以心理测量是具有相对的科学客观性的。

二、心理测验

提到心理测量，就不得不提到心理测验。很多场合两者会混用，但是又有明显的区别。心理测验主要是一种工具，用于判别个体差异；而心理测量则是运用心理测验实施测量心理属性的行为。通俗地说，所谓心理测验，就是通过观察人的少数有代表性的行为，对于贯穿在人的行为活动中的心理特征，依据确定的原则进行推论和数量化分析的一种科学手段。

美国心理测量学家安娜斯塔西（A. Anastasi）提出，心理测验是对行为样本的客观的和标准化的测量。所以，心理测验具有三个要素：行为样本、客观性和标准化。这也是编制测验应当具备的基本条件。

（一）行为样本

测量活动中我们经常采用抽样的方法，通过样本的特性来推断整体情况。同样，在心理测量活动中，我们不可能将与心理特质有关的所有行为样本都进行测量，所以需要从人的大量行为中抽取与想要测量的心理特质直接相关的行为进行测量，并根据测量结果来推断心理特质的情况。而这些被抽出来，直接作为测量对象的行为就是行为样本（sample of behavior）。由于行为样本是否合适直接关系着推断结果的准确性，所以行为样本必须是有代表性的，能有效反映出想要测量的心理特质。一般来说，行为样本的行为是由测试题引发的，所以测试题必须能够引发和测量出具有高度代表性的行为样本。例如，想要测量社区矫正对象的智力水平，不可能将所有反映智力的行为都编入测验，只能参考他们在常识、算术、理解、图片排列等某几种具有代表性的行为上的表现来推断智力，这几种行为就是智力水平的行为样本。

（二）客观性

心理测验能否准确测到想要测量的心理特质，是否具有稳定性，能否达到测验的目的，这在一定程度上都能反映出测验的客观性。通常从信度、效度、难度、区分度四个方面进行衡量，其中信度和效度是最重要的指标。

1. 信度

信度（reliability）是指测验结果的可靠程度，也就是说用同一测验多次测量同一团体，如果结果具有一致性，十分接近，就可以认为这个测验结果是可靠的。如用同一个人格测验测量同一批矫正对象的人格水平，在同一时间段内如果结果显示差距较大，则该人格测验可靠性较低，信度较差。如用《症状自评量表》测量矫正对象的心理健康状况，在一段时间内只要按照施测要求进行测验所得结果都是一致的，而且该量表每个因子的题目之间同质性比较高，我们就称该量表是可靠的，信度比较高。

信度高低通常用重测信度、复本信度、内在一致性信度进行反映。重测信度是用同一个测验对同一组被试施测两次时所得结果的一致性程度。复本信度是用两个平行测验测量同一批被试所得测验结果的一致性。内在一致性信度反映的是测验内部的一致性，是将测验分成两个相等而独立的部分，并计算这两部分测量结果的一致性。

一个好的测验必须具有较高的信度。信度高低是用相关系数来进行表示的。不同的测验内容对信度的要求有所不同。一般来说，标准智力测验信度应达到 0.85 以上，个性测验和兴趣测验信度应达到 0.70~0.80 水平。学业成就测验要求信度在 0.90 以上，才能被称为是良好的测验。

2. 效度

效度（validity）是测验能测量到想要测量的心理特质的程度，是心理测验最重要的客观性指标，没有效度指标的测验是不能使用的。

效度是针对测验目的而言的。不同测验有不同的目的，如想要测量矫正对象智力的高低，使用人格测验显然是不合适的。所以我们在选择心理测验时，要明确测验目的，不能盲目乱用，否则结果可能是无效的。

效度通常使用内容效度、结构效度和效标关联效度来反映。内容效度是测验实际测到的、所要测量的内容的程度，反映的是测试题的选择是否具有代表性。例如，研究者想要对社区矫正对象自杀意念进行他评测量，根据文献分析和社区矫正工作者的实际观察对社区矫正对象的表现进行分析，编制题目，并邀请心理学硕士和博士对题目进行审查，确保问卷的内容效度。结构效度是测验实际测量出所欲测量的心理结构或特征的程度，也就是测验分数能说明心理学理论的某种结构或特质的程度。效标关联效度又称实证效度或准则关联效度，它是测验分数与作为效标的另一独立测验结果之间的一致程度，能反映出测验结果与实践效果的差距。例如，编制社区矫正对象的抑郁情绪测验，可以将抑郁自评量表作为效标，让同一批被试同时进行这两个测验的评价，比较两个测验结果的一致性程度。

根据测验的目的和性质，一个好的测验通常需要多个效度指标达到较高水平。

3. 难度

编制能力测验时，难度是一个很重要的指标。项目难度（item difficulty）是衡量测试题难易程度的指标，是以被试通过每个项目的百分比来表示的。如果大多数被试都能答对，说明难度太低，反之则难度太高。难度太高或太低都不能有效地将不同水平的个体区分开来，不能保证测验的客观性。例如在智力测验中，如果每一个社区矫正对象都能做对某个题目，则说明这个题目难度太低，不能将智力不同的矫正对象区分开。

编制其他测验比如性格测验，则不需要考虑难度的问题，但是需要考虑项目的应答率。在某些项目上，选择某个选项的被试太多或太少，同样对于区分不同态度、性格的人存在困难。

一个好的测试题难度应该是适宜的。根据测验目的，通常难度值为 0.5 的测试题，也就是中等难度的题目应该居多，同时也需要一定量的难度较大或较小的题目。

4. 区分度

区分度（discrimination）是测验项目对于受测者的心理品质水平差异的区分程度或鉴别能力。具有良好区分度的项目能将不同水平的被试区分开来，在该项目上水平高或能力强的被试得高分，水平低或能力弱的被试得低分。区分度低的项目则不能很好地鉴别不同水平和不同能力的被试，两者得分差不多，甚至可能恰好相反。

区分度的计算方法，是以不同水平的被试通过每个项目的百分比之差来决定的。所以，区分度的取值在-1.00～+1.00之间。如果区分度为正值，则该项目能做积极区分；如果区分度为0，则该项目没有区分作用；如果区分度为负值，则该项目是消极区分。具有积极区分的项目，区分度越大越好。

一个好的测试题需要较好的区分度。区分度和项目难度也存在一定的关系，一般来说中等难度的项目区分度最高。

（三）标准化

为了尽可能地减小误差，测验的条件对每个人都需要保持一致。为了让接受测量的不同的人所得分数具有比较的可能性，所有人的测验结果需要放在同一个参考标准中进行比较。在相同条件下，只有被测量的心理特质是唯一的变量，这样测出来的结果才是真实可靠的，这都需要一个必要的流程——标准化（standardization）。标准化能保持测验的编制、实施、计分以及测验分数解释程序的一致性。

1. 测验内容标准化

对每个不同的被试施测，测验的内容必须是相同的或等值的。如果测验内容不同，测量结果就没有可比性。例如，将社区矫正对象的人格测评结果与心理健康水平得分进行比较，显然是不合适的。

2. 施测过程标准化

在测量过程中，很多因素都可能会影响测量结果，比如测验的时间、主试的暗示、测试情境的光线等。为了尽可能减少无关因素的影响，我们需要保证接受测量的人都在相同的施测条件下进行测验，这就需要使用相同的测验情境、相同的指导语和相同的测验时限。

3. 评分规则标准化

不同的评分标准显然会导致测验结果的不一致。评分结果的客观性就建立在统一评分规则的基础上，这时出现的结果差异才能认为是个体心理特质和知识水平的差异。所以，测验的评分规则要尽可能地使不同评分人能得出一致的评分结果。

4. 测验常模标准化

要想将不同被试的测评结果进行比较，判断被试的心理特质水平在序列的哪个位置上，就需要有一个可以用于比较和参考的对象，单单只看被试的分数是没有任何意义的。常模（norm）是一组有代表性的被试群体的平均测验分数，这个分数代表的是普通人的一般状况。常模的作用就是给测量分数的解释提供一个可比较的参照点。在社区矫正心理矫治工作中，将社区矫正对象的测量分数与常模分数进行比较，判断高于或低于常模分数的水平，就可以推断此人的心理特质水平是高于还是低于普通人。例如90项症状清单中，中国正常人在总均分上的常模是1.44±0.43，如果社区矫正对象的总均分为2分，那么他的总均分就高于普通人，综合该量表的其他标准，该社区矫正对象的心理健康水平可能低于普通人。

常模既然代表的是普通人的一般状况，就需要在编制测验时抽取到足够的有代表性的样本，通常用常模分数来表示被试群体能达到的实际水平。

三、心理测验的分类

为了满足心理测量工作的需要，心理学家编制了大量的测验，根据不同的分类标准，可以将这些心理测验分为不同的种类。

（一）根据测量对象进行分类

根据所需测量的内容和测量对象，将测验分为智力测验、能力倾向测验、成就测验、创造力测验和人格测验。

1. 智力测验

智力测验是以人的智力作为测量对象，反映个体智力水平的高低，是心理测量最早涉及的领域。常用的智力测验工具有斯坦福-比奈智力量表、韦克斯勒智力量表、瑞文推理测验等。

2. 能力倾向测验

能力倾向测验的目的是测量个人潜在的才能，深入了解其长处和发展倾向。能力倾向测验分为一般能力倾向测验和特殊能力倾向测验，分别反映个体多方面的潜能和特殊潜在能力，如音乐能力倾向测验反映的就是个体在音乐方面的特殊能力。

3. 成就测验

成就测验是为了测量个体在接受教育训练或学习后对知识技能的掌握程度。成就测验分为学科成就测验和综合成就测验，分别测量的是个体在各个学科上的成就和在所有学科上的综合成就。例如，社区矫正对象经过各类法律常识的培训后，《社区矫正法试卷》的成绩就只反映了社区矫正对象对《社区矫正法》相关知识的掌握程度，而法律常识的总成绩就能综合反映出社区矫正对象对《社区矫正法》《民法》《刑法》等多个类别法律知识的掌握情况。

4. 创造力测验

创造力测验评估的是个体在解决复杂问题或在艺术创作方面的创造力。

5. 人格测验

人格测验是将个体的性格、兴趣、情绪、需要、动机、态度、气质等方面的个性心理特征和行为作为测量对象的测验。人格含义较为广泛，通常在测量时有所偏重。人格测验可以分为自陈量表和投射测验，如艾森克人格问卷（EPQ）、明尼苏达多相人格问卷（MMPI）属于自陈量表式人格测验，罗夏墨迹测验、主题统觉测验属于投射测验。

（二）根据测验方式进行分类

根据测验是个体施测，还是团体施测，将测验分为个体测验和团体测验。

1. 个体测验

个体测验就是在同一时间内，一名主试只能测量一名被试。斯坦福-比奈智力量表、韦克斯勒智力量表等部分智力量表以及罗夏墨迹测验、主题统觉测验等部分人格测验属于个别测验。个别测验时，社区矫正工作人员可以对矫正对象的言语、情绪状态和行为反应进行仔细观察，可以获得题目之外的更多信息，人与人的互动也容易激发矫正对象测试的积极性，结果比较正确可靠，更适用于一些特殊对象如文盲。但是个体测验所需时间长，效率低，施测手续复杂，对社区矫正工作人员要求高，一般人不易掌握。

2. 团体测验

与个体测验相对，团体测验在一段时间内一位社区矫正工作人员可以同时测量许多矫正对象。瑞文推理测验等部分智力测验和艾森克人格问卷等大多数自陈人格问卷都属于团体测验。团体测验的施测方式可以提高效率，节省人力、物力和时间，短时间内可以收集到大量的数据，工作人员也不必经过严格的专门训练，只要事先熟悉测试题和指导语，在施测时能掌握测试时间并能控制测验现场即可。但是团体测验无法对矫正对象详细观察，不易控制他们的行为，容易产生误差，从而影响测量的信度和效度。

（三）根据测验的呈现方式或形式进行分类

根据测验是以文字的形式呈现还是以图片、实物、模型等形式呈现，要求矫正对象进行纸笔作答还是操作表达，将测验分为文字测验（也就是纸笔测验）以及非文字测验（也就是操作性测验）。

1. 文字测验或纸笔测验

文字测验或纸笔测验的题目以文字的形式呈现，矫正对象用文字作答。该测验实施方便，应用较广，但是容易受到文化背景的影响。

2. 非文字测验或操作性测验

非文字测验或操作性测验的题目通过图形、符号、实物、模型等形式呈现，矫正对象通过指认、手工操作的方式进行表达。这种测验较少受文化背景影响，也适用于文盲的被试，但较费时，主要用于个别测量。

某些测验如韦克斯勒智力量表，既包括文字测验，也包括非文字测验。此外，根据测验功能，可以将测验分为预测性测验、描述性测验和诊断性测验，分别用于预测、描述、诊断个体的心理状态；根据测验结果的解释方式，可以将测验分为常模参照测验和标准参照测验，常模参照测验以常模作为参照点，目的是进行个体比较和选拔人才，标准参照测验以预先设定的标准作为参照点，目的是判断个体是否达到预期目标，如学业水平考试、驾照考试就属于标准参照测验，而高考、竞赛等标准化考试属于常模参照测验。

四、心理测验的功能

心理测验的功能是多方面的，是理论研究的必要手段，也是社区矫正实践领域所依赖的技术支撑，并被广泛用于心理诊断、心理咨询和治疗，对个体心理特质的描述和评价也是社区矫正全过程的实践要求。

（一）理论研究

作为收集研究资料的有力工具，心理测验已经被越来越多的学者用于收集原始资料，如想要探索影响社区矫正对象心理健康水平的因素，我们就需要用各种相关的心理测验进行测评，并通过统计学计算得出结果。在进行实验分组时，心理测验也可能作为分组的依据被加以运用。如想研究不同社会支持水平下的社区矫正对象的社会适应性，社区矫正对象在《社会支持量表》上的得分就可作为分组的依据。不仅如此，在进行科研成果的评定时，心理测验的结果也可能会成为评价的标准，如想研究团体治疗在提高青少年社区矫正对象的心理健康水平上的作用，治疗前后心理健康水平的测验分数的比较就成了检验治疗是否有效的重要指标。

（二）辅助诊断和评估

心理测验是心理诊断和评估比较客观的辅助手段。通过心理测验，我们能更直观地发现社区矫正对象的问题，从而帮助心理咨询师对社区矫正对象进行诊断，如症状自评量表（SCL-90）能反映出躯体化、人际关系、情绪和睡眠饮食等方面的问题，明尼苏达多相人格问卷对于神经症、精神分裂症具有较高的诊出率等。

（三）甄选分类安置

在甄选社区矫正对象时，心理测验起到了重要作用。根据精神科医生的诊断，结合心理测验的结果，筛查出有精神问题或严重心理疾病的社区矫正对象，社区矫正机构需要先辅助医院对这类社区矫正对象进行治疗，恢复自知力后再制定更有针对性的矫正方案，既能提升矫正效果，又可规避职业风险。另外，在对社区矫正对象进行心理矫治的工作中，心理测验的结果也能帮助我们对社区矫正对象进行分类，根据他们的心理特点选择适合的矫正手段，从而使矫正效果最大化。例如，将社区矫正对象按照人格类型或者问题类型进行分组，并实施个性化矫正方案。除此之外，心理测验也可以为社区矫正对象的安置提供指导，如可以通过能力倾向测验的结果评估矫正对象的能力和兴趣，帮助他们选择更适合自己的职业。

（四）心理咨询和治疗的依据

心理测验的结果可以为心理咨询和治疗提供方向。恰当地使用标准化的测验与量表的结果，能帮助社区矫正工作者和社区矫正对象更直观地发现他们的情绪困扰和人格障碍等问题以及严重程度，从而帮助社区矫正工作者在实践中明确治疗方向，使得社区矫正对象的心理矫治更有针对性。

（五）描述和评价

心理测验可以对社区矫正对象的智力水平、人格特质、心理健康水平、能力倾向性等心理特质进行描述和评价，是社区矫正工作人员对社区矫正对象进行调查评估的必要手段，也能帮助矫正对象了解自己的优势和劣势，从而在生活中扬长避短，更好地适应社会。

五、心理测验的使用

心理测验的合理使用，能在心理诊断和治疗、甄选分类安置等方面发挥积极作用，但是使用不正确可能会起到负面或消极的作用。目前在社区矫正工作的实践中，心理测验的使用引起了人们的重视，但是也出现了心理测验的误用、滥用，对测验结果乱加解释。在测验的使用方面存在一系列的科学和伦理问题应该引起高度重视。所以在心理矫治工作中，要求施测者有较好的专业素质，合理选择测量的工具，科学施测，准确地进行结果解释，同时对测验结果和受测者的隐私进行保护。中国心理学会发布的《心理测验管理条例》和《心理测验工作者职业道德规范》对心理测量工作进行了详细规定，在此结合实际情况进行阐述。

（一）合理选择测量工具

在社区矫正工作中，明确心理测量的目的和意义，根据目的选择合适的测验。社区矫正工作者要注意选择客观、准确、标准化的心理测验，心理测验是否科学决定了测验结果是否有效。任何心理测验都是在一定的心理学理论基础上进行设计的，都有自己的测量目标，能够测量所有心理特质的万能测量工具是不存在的。所以我们应选择最接近测量目的的心理测验，而不应该盲目地一味求全，做“大包围”式的检测。合理选用测量工具，就意味着宁少勿多、宁缺毋滥。依靠观察法和会谈法就可以进行清晰判断的，就没必要实施心理测量；能用一个测验就可达到目标就没必要选用多个；测量一次能解决问题就没必要测量多次。合理选择测量工具还包括要选择标准化的测验，杜绝使用非标准化的随意编制的问卷，避免引起不良心理暗示。①

（二）施测程序标准化

测量结果不仅会受到测量工具的影响，施测过程中的很多因素也会影响结果的准确性和客观性。心理测验的目的、施测者的态度、施测者的性别和经验、测试前的指导语、测试的环境条件、条目呈现的方式，甚至矫正对象的背景和动机以及当时的情绪状况都会直接或间接影响测试的结果。另外，测验所使用的参考常模就是判断的准绳，更会直接给测试结果的判断带来根本性的影响。因此，心理测量的实施一般都要严格遵循标准化程序和方法，在迫不得已需要改变某些程序和条件时，需要在提供报告时加以特别说明。②

（三）准确解释结果

测量结果的准确解释直接关系着测量目的能否实现。评分和解释要采取合理的步骤确

① 梁瑞琼主编：《心理评估与测量学》，广东高等教育出版社 2016 年版，第 13 页。

② 梁瑞琼主编：《心理评估与测量学》，广东高等教育出版社 2016 年版，第 14~15 页。

保受测矫正对象得到真实准确的信息，避免做出无充分根据的断言。[①] 另外，心理测验是间接测量，大多数是言语类自陈量表，虽然确实能反映出矫正对象的部分情况，但与真实的心理特征和行为相比，可能存在差异，也可能会受到文化背景和文化水平等因素的影响。再者，虽然有测谎题，但大多数心理测验很难排除矫正对象说谎的可能性，从而影响测量结果的真实性。所以，在施测过程中很多因素都可能会对结果造成影响。不仅如此，测验结果是与常模进行比较，反映出矫正对象在常模序列上所处的位置，有差异只能说明矫正对象的情况可能与一般人不一致，但并不能说明矫正对象是异常的。所以心理测验的结果只具有相对的意义，只能作为鉴别和诊断心理问题的参考。而全面、准确地解释测量结果非常重要。因此，心理测量的结果要与观察、访谈以及向其他相关人了解的情况等多维度、多方面采集的资料相互参照。[②]

（四）施测的社区矫正工作者要有专业素质

施测的工作人员要使用心理测验，并需要对结果进行解释，这个过程中任何一个因素出现问题都可能会导致结果不准确。这就要求施测的社区矫正工作者必须具备专业素质。一方面需要学习普通心理学、发展心理学、心理统计学等广泛的心理学基础知识；另一方面还需要经过专业培训，获得相应量表的主试资格证书。不仅如此，具备自己工作领域的专业知识如犯罪心理学、社区矫正理论与实务等，并加以实践，在工作中积累丰富的测量经验也十分重要。施测的矫正工作者也需要明确心理测量能够间接地反映矫正对象心理特质的水平，这既是进行科学研究的方法，也是开展实践工作的手段，但是也需要认识到目前心理测量的局限性，它的科学性还需要在使用中进一步加强。

（五）注意保密和隐私保护

社区矫正工作者对心理测验需要保密，对测验的使用需要控制，同时也需要保护受测矫正对象的隐私。社区矫正工作者可以向受测矫正对象介绍测验的基本知识，让他们了解测验的技术和方法，熟悉测验程序，消除紧张感。但是对于测验的内容应该保密，[③] 这是保证测验的价值，防止测验失效的必要条件。

通常使用心理测验的矫正工作人员都需要经过专业训练，而且具有使用资格，这样才能保证测验的解释既科学又有助于矫正对象的发展。

不仅如此，很多测验内容和测验结果可能会涉及受测矫正对象的隐私，如家庭关系、智力水平、心理健康水平等，所以保护他们的隐私非常重要。一方面，与测量目的无关的内容不应涉及；另一方面，施测的社区矫正工作者要承诺为受测矫正对象保密，并用实际行动维护其隐私。只有在可能发生危害受测矫正对象本人和他人的情况下才能告知有关方面。[④]

---

① 中国心理学会：《心理测验工作者职业道德规范》，载《心理学报》2015 年第 11 期。

② 梁瑞琼主编：《心理评估与测量学》，广东高等教育出版社 2016 年版，第 14 页。

③ 中国心理学会：《心理测验管理条例》，载《心理学报》2015 年第 11 期。

④ 中国心理学会：《心理测验管理条例》，载《心理学报》2015 年第 11 期。

第二节　社区矫正心理矫治工作中常用的心理测验技术

在心理矫治工作中，心理测验是检测社区矫正对象心理状况，及时发现并有效解决其心理问题的有效工具，能降低心理矫治工作中的不稳定因素，有助于社区矫正工作者为社区矫正对象制定个性化的心理矫治方案。本节我们将介绍心理矫治工作中常用的心理测验技术。

一、智力测验

社区矫正对象的智力水平影响他们对事物和问题的认知和理解能力，直接关系着他们对矫正内容的理解和运用程度，个性化矫正方案的制定、矫正效果的好坏都要受到社区矫正对象智力水平的影响。在社区矫正实践中，常用的智力量表是韦克斯勒智力量表。韦克斯勒智力量表根据受试群体的年龄，分为韦氏成人智力量表、韦氏儿童智力量表和韦氏幼儿智力量表，分别适用于16~65岁、6~16岁和4~6.5岁的群体。结合社区矫正工作，这里主要介绍韦氏成人智力量表。

第一版韦氏成人智力量表是由美国心理学家韦克斯勒于1939年编制并发表的韦克斯勒-贝尔韦智力量表Ⅰ型（W-BⅠ），这是第一个成人智力测验，1949年增加了Ⅱ型，并于1955年和1981年分别对量表进行修订和标准化。1981年的版本称为韦氏成人智力量表修订版（WAIS-R）。目前韦氏成人智力量表已经发展到第四版（WAIS-Ⅳ），信度和效度均较好。

目前在中国被广泛使用的韦氏量表是韦氏成人智力量表中国修订版（WAIS-RC），包括城市和农村两个版本，是龚耀先教授在1982年主持修订并出版的。WAIS-RC包括言语量表和操作量表两个部分。言语量表是以文字和语言形式呈现的，包括常识、理解、算术、类同、背数、词汇6个分测验，主要测试的是矫正对象的理解记忆、逻辑思维等能力，如其中一道算术测验题为“8人在6天做完的工作，如半天完成要多少人”。操作量表是以实际操作形式呈现的，包括数字符号、填图、积木图案、图片排列、拼图5个分测验，主要测试的是矫正对象的知觉组织、分析综合等能力，如填图测验中，猪缺少尾巴、手枪缺少扳机等。

WAIS-RC的信度、效度均较好，各分测验的分半信度在不同年龄组的分布为0.30~0.85，各分量表和全量表的再测信度在0.82~0.89。对效度的研究表明，在高考成绩上差异显著的被试，在WAIS-RC测得的智商上同样表现出显著差异，说明WAIS-RC具有一定的效度。①

WAIS-RC是个体测验，配备有专门的测量工具和实施手册，对施测者的专业素质要求较高，要求施测者经过专业培训，并具有量表的施测资质，还需要按照手册的说明进行标准化施测，对结果进行科学解释，方能最大限度地保证测验的客观性。同时需要注意的

---

① 戴海琦等主编：《心理与教育测量（第四版）》，暨南大学出版社2018年版，第204页。

是，测验的分数只是矫正对象智力水平的估计值，不能简单根据分数就对矫正对象的智力水平下结论，还需要结合其他方面进行综合考量。

WAIS-RC 的计分和解释比较复杂，需要与操作手册一起使用。先将矫正对象的原始分换算成量表分，进一步计算出言语量表分、操作量表分和全量表分，并最终找到对应的言语智商、操作智商和总智商。

表 6-1 韦克斯勒对智力的分类①

IQ	类别
130 以上	极优秀（天才）
120~129	优秀
110~119	中上（聪颖）
90~109	中等
80~89	中下（迟钝）
70~79	低能边缘
70 以下	智力缺陷

韦克斯勒成人智力量表和记忆量表第四版（WAIS-IV、WMS-IV）已经编制出来，目前国内学者正在修订和进一步研究。

二、人格测验

人格是心理测量的重要组成部分。在社区矫正实践中，进行人格测量能帮助社区矫正工作者较为全面、准确地了解社区矫正对象的人格特征，从而选用合适的心理矫治方法，制定个性化矫正方案。人格测验主要有自陈量表和投射测验两种类型，在这里主要介绍在社区矫正工作中常用的人格测验。

（一）卡特尔 16 种人格因素量表（16PF）

16PF 是由美国伊利诺伊州立大学教授雷蒙德 · B. 卡特尔（Raymond B. Cattell）编制的。16PF 的中国修订版共 187 个题目，例如“我喜欢看团体球赛”等，能在约 45 分钟内测量出 16 种主要的人格特质（见表 6-2）。初中以上文化程度的社区矫正对象均可接受本量表的测试。

① 戴海琦等主编：《心理与教育测量（第四版）》，暨南大学出版社 2018 年版，第 195 页。

表 6-2　16 种人格因素的代号及名称

代号及名称	代号及名称	代号及名称	代号及名称
A 乐群性	F 兴奋性	L 怀疑性	Q1 实验性
B 聪慧性	G 有恒性	M 幻想性	Q2 独立性
C 稳定性	H 敢为性	N 世故性	Q3 自律性
E 恃强性	I 敏感性	O 忧虑性	Q4 紧张性

16PF 是团体测验，也可以个体施测。测试时，矫正对象要严格按照测验封面上的指导语的要求作答。每一个题目均有 a、b、c 三个选项，根据受测者的回答，分别记为 0 分、1 分、2 分或 2 分、1 分、0 分。计分时需要使用 2 张计分套板计算共 16 个因素的原始分数，并对照常模表转化成标准分数并填入分数登记栏，将剖面图上的标准分数点相连，即可得到人格特征的曲线图（见图 6-1）。

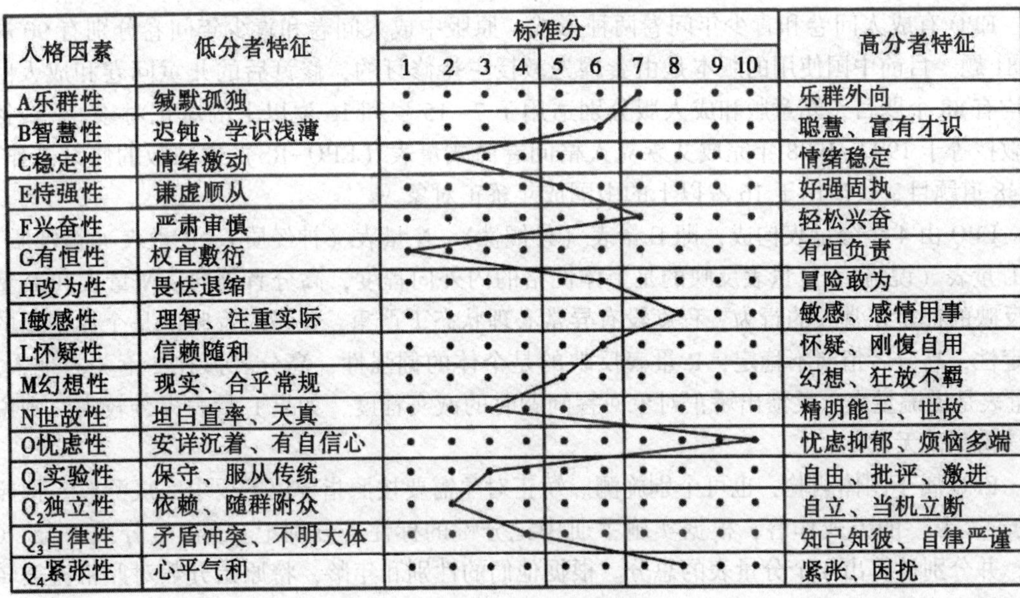

图 6-1　人格剖面图①

16 个因素的具体解释需要参照剖面图和使用手册。经过分析发现，16 个因素多数是独立的人格特质。在 16 个因素的基础上，卡特尔进行了二阶分析，找到了适应与焦虑性、内向与外向性、感情用事与安详机警性、怯懦与果敢性等 4 个次元人格因素，对次级人格特征进行描述。不仅如此，卡特尔还在统计标准和社会适应性双重标准基础上找到了 4 个综合人格因素，即心理健康者、从事某种专业而有成就者、创造力强者和在新环境中成长能力顽强者，用以预测个体在社会适应的现实情境中的表现（见表 6-3）。

① 梁瑞琼主编：《心理评估与测量学》，广东高等教育出版社 2016 年版，第 135 页。

表 6-3 人格测验得分①

次元人格因素	得分	综合人格因素	得分
适应与焦虑性 X_1	9.2	心理健康者的人格因素 Y_1	13
内向与外向性 X_2	7.2	从事某种专业而有成就者的人格因素 Y_2	27
感情用事与安详机警性 X_3	2.5	创造力强者的人格因素 Y_3	75
怯懦与果敢性 X_4	3.2	在新环境中成长能力顽强者的人格因素 Y_4	4

(二) 艾森克人格问卷 (EPQ)

EPQ 是由英国心理学家艾森克 (H. J. Eysenck) 及其夫人于 1975 年编制的。该问卷的理论基础是艾森克提出的人格三维度理论，即精神质、外倾性和神经质是人格的三个基本维度，这三个维度是连续的，每个人的人格都具有这三个维度的特征，只是表现程度不同。

EPQ 有成人问卷和青少年问卷两种形式，原版中成人问卷和青少年问卷分别有 90 题和 81 题。目前中国使用的版本是由龚耀先教授主持修订的，修订后的儿童问卷和成人问卷均有 88 个题目，儿童版和成人版分别适用于 7~15 岁和 16 岁以上的矫正对象。② 钱铭怡教授等于 1997~1998 年完成艾森克人格问卷简式量表 (EPQ-RS) 中国版的修订工作，共 48 道题目，仅适用于 16 岁以上的中国成年矫正对象。③

EPQ 由 4 个分量表构成，即 E 量表 (外倾性)、N 量表 (神经质)、P 量表 (精神质) 和 L 量表 (说谎)。E 量表反映的是个体性格的内外向程度，高分者外向。N 量表和 P 量表反映的都是正常人的行为，程度没有异常心理状态下严重，N 量表反映的是个体情绪的稳定性，高分者情绪不稳定；P 量表反映的是个体的倔强性，高分者孤独，不关心他人。L 量表是说谎量表，反馈出矫正对象回答问题时的诚实程度，如果 L 量表得分较高，则说明该份测试无效。

EPQ 属于团体测验，也可个别施测。矫正对象需要按照指导语的要求完成测验。按照“是”“否”的方式作答，根据实施手册中记分键的标注，分别记 0 分、1 分或 1 分、0 分，并分别计算出 4 个分量表的总分。根据他们的性别和年龄，将原始分数对照常模表转换成标准分数，并在剖面图 (见图 6-2) 上画出曲线图，就能直观地反映出矫正对象的人格。

① 梁瑞琼主编：《心理评估与测量学》，广东高等教育出版社 2016 年版，第 136 页。

② 龚耀先：《艾森克个性问卷在我国的修订》，载《心理科学通讯》1984 年第 4 期。

③ 钱铭怡、武国城、朱荣春等：《艾森克人格问卷简式量表中国版 (EPQ-RSC) 的修订》，载《心理学报》2000 年第 3 期。

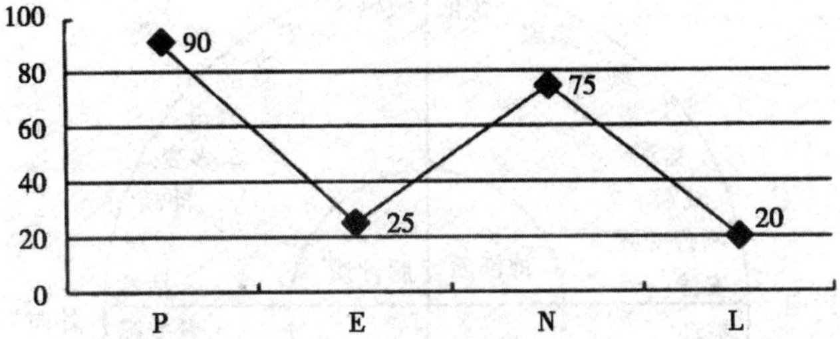

图 6-2 EPQ 得分剖面图①

各量表的标准分数在 43. 3~56. 7 分为中间型，在 38. 5~43. 3 分或 56. 7~61. 5 分为倾向型，在 38. 5 分以下或 61. 5 分以上为典型型。此外，将 E 量表和 N 量表的得分做垂直交叉分析，可以得到四种典型人格类型，即胆汁质、多血质、黏液质和抑郁质。

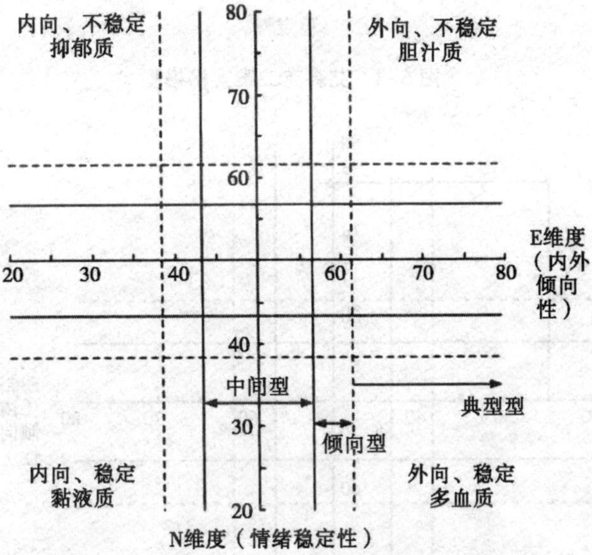

图 6-3 EN 二维关系图

① 梁瑞琼主编：《心理评估与测量学》，广东高等教育出版社 2016 年版，第 117 页。

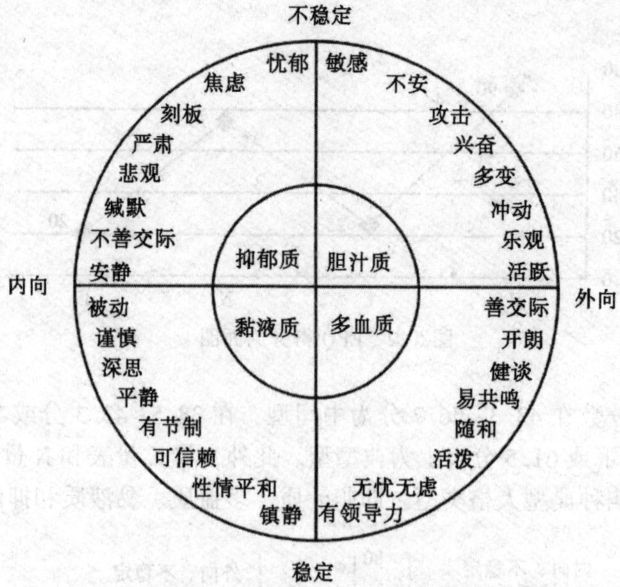

图 6-4　艾森克二维人格模型

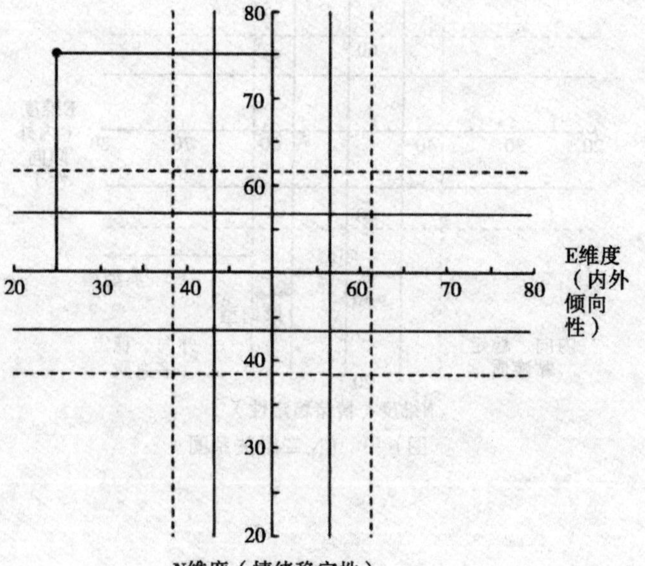

图 6-5　EN 得分二维关系图①

① 梁瑞琼主编：《心理评估与测量学》，广东高等教育出版社 2016 年版，第 117 页。

（三）明尼苏达多相人格问卷（MMPI）

MMPI 最初是由美国明尼苏达大学教授哈撒韦（S. R. Hathaway）和心理治疗家麦金利（J. C. Mckinley）于 1943 年编制并出版的。后经过临床反复实践和修订，1966 年，修订版中的题目有 566 题，其中 16 题是重复题，用于检测受测者的一致性。前 399 个题目分配在 10 个临床量表和 3 个效度量表中，目前临床诊断主要使用前 399 个题目。中国修订版是由宋维真主持修订的，可用于测量 16 岁以上具有初中文化程度的矫正对象。

MMPI 包括 10 个临床量表，即疑病（Hs）、抑郁（D）、歇斯底里（Hy）、精神病态（Pd）、男性化-女性化（Mf）、妄想狂（Pa）、精神衰弱（Pt）、精神分裂（Sc）、轻躁狂（Ma）、社会内向（Si），涉及内容广泛，可以反映出矫正对象在身体体验、社会及政治态度、性的态度、家族关系和精神病理学的症状等方面的情况。MMPI 还包括 3 个效度量表：说谎量表（L）、诈病量表（F）、校正量表（K）。说谎量表分数高说明矫正对象回答不诚实，诈病量表分数高说明他们可能存在诈病或者严重偏执等情况，校正量表分数高说明有自卫反应。除此之外，还可以将没有回答的项目数进行计算，纳入第四个效度量表，即 Q 量表，超过一定标准则认为该问卷不可靠。

MMPI 可以个别施测，也可团体施测，需要按照指导语进行测验。因题目较多，正常人通常在 1 个小时左右可以完成，文化水平低或精神病患者可能需要 2 个小时甚至更长时间。如果矫正对象表现出情绪不稳定，甚至不耐烦，可以将此测验分多次完成。测验前，施测的社区矫正工作人员应当熟悉包括测试题、简介、指导语、信效度及常模等在内的全部资料，了解受测矫正对象的文化背景、理解能力等情况。测验情境应安全、舒适，尽可能安静，没有无关人员在场。工作人员可以告知被试测验的目的和重要性以获得被试配合，可以提醒矫正对象测试中可以空出不确定的题目，但尽量不要空太多，防止测验结果不准确。

计分时可以借助计算机进行，也可以人工计分。需要使用测量手册和计分模板，计算出各分量表的原始分，转换成标准分，并在剖面图上进行标记连线，就可直观显示出矫正对象的人格特点。中国修订版认为标准分 60 以上即为异常，70 分以上是病态。Q 量表的原始分高于 30 分、L 量表的原始分超过 10 分时，通常认为临床量表结果不可信（见图 6-6）。

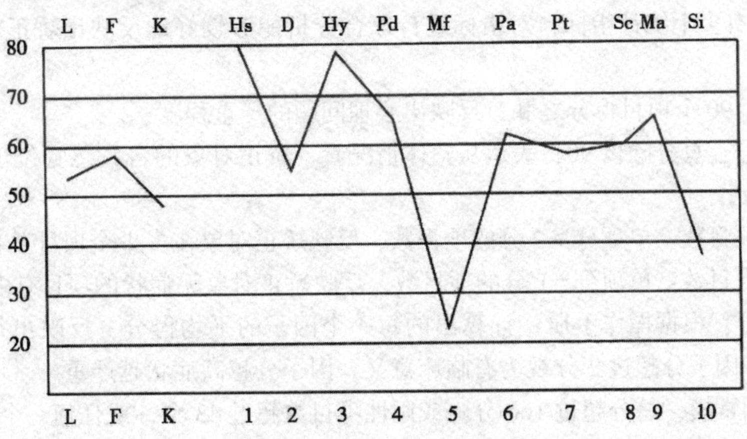

图 6-6 MMPI 得分剖面图

1989 年明尼苏达大学对 MMPI 进行修订，并出版了 MMPI-2。我国在 1992 年完成了中国版修订。

三、心理健康测验

在社区矫正实践中，在不同时间对社区矫正对象的情绪状态、精神状况等心理健康水平进行测评是非常有必要的，这能使社区矫正工作者尽快了解矫正对象的心理状况，也能在一定程度上反馈出心理矫治的效果。

（一）症状自评量表（SCL-90）

SCL-90 是由德罗加蒂斯（L. R. Derogatis）等人于 1943 年编制并于 1975 年修订的。由于能够反映广泛的心理活动症状和准确地暴露被试的自觉症状特征，目前 SCL-90 已经成为临床心理评估中最常用的自评量表。我国最早由王征宇和金华等人进行了此量表的中文版修订并建立了中国常模，并在各领域得到了广泛应用。目前该量表主要应用于临床研究、心理咨询、精神科门诊，对有心理症状的人有较好的筛查能力。该量表可适用于测查社区矫正对象中可能有心理障碍的人，而且可以了解其严重程度，现已有相应配套的计算机软件，使用方便。

该量表共包括 90 个项目，反映出躯体化、强迫症状、人际关系敏感、抑郁、焦虑、敌对、恐惧、偏执、精神病性和其他等 10 个因子的情况，内容涉及比较广泛的精神病症状学内容，反映出矫正对象的感觉、情感、思维、意识、行为直到生活习惯、人际关系、饮食睡眠等情况。

SCL-90 是自评量表，一般由矫正对象独立填写。如果矫正对象文化程度低，可由施测的社区矫正工作人员以中性的、不带任何暗示和偏向的语言方式将题目逐一念给他们听。评定的时间范围是最近一周内的情况，每一个题目根据矫正对象自己感受到的严重程度进行 5 级评分，1 分是没有症状，5 分是极其严重。发现漏填的项目应提醒矫正对象，以免影响结果的准确性。

SCL-90 有多个统计指标，对指标进行综合分析能够较好地反映出矫正对象精神病性方面的症状。

1. 总分：90 个项目得分之和，反映出心理问题的严重程度；

2. 总均分：总分除以 90，表示从整体情况看，矫正对象的自我感觉位于 1～5 级的哪个分值程度上；

3. 阳性项目数：单项分≥2 分的项目数，反映矫正对象在多少个项目上有症状；

4. 阴性项目数：单项分=1 分的项目数，反映矫正对象无症状的项目有多少个；

5. 因子分：根据操作手册，计算出的每一个因子的平均得分，反映出每个因子的症状严重程度。因子分超过 2 分视为有临床意义，因子分越高症状越严重。

根据中国常模，总分超过 160 分，或阳性项目数超过 43 个，或任何一个因子分超过 2 分，需要做进一步检查。

（二）抑郁自评量表（SDS）和焦虑自评量表（SAS）

SDS 和 SAS 都是美国华裔心理学家 W. K. Zung 分别于 1965 年和 1971 年编制的，均包含 20 个题目。两个量表可用于衡量社区矫正对象抑郁和焦虑状态的轻重程度，也能反映出他们的抑郁、焦虑情绪在治疗中的变化，目前广泛用于矫正对象情绪问题的初筛、情绪状态评定以及调查科研等。

两个量表都是自评量表，评定最近一周的情绪情况。在测试开始前，需确保矫正对象能够明白每一个条目的含义和填写方法，然后进行独立的、不受干扰的自我评定。对于文化水平较低的矫正对象，可以由社区矫正工作人员不带倾向性地念给他们听。根据症状出现的频率，量表进行 4 级评分，1 分是“从来没有或偶尔出现”，4 分是“总是出现”。

SDS 中有 10 道反向计分题，症状出现频率越低，抑郁症状越严重，计分时回答 1~4 级分别对应 4~1 分。20 个题目得分之和记为总粗分，粗分的 1.25 倍记为标准分。按照中国常模标准，总粗分的正常上限为 41 分，矫正对象的分数越低说明抑郁状态越轻；他们的标准分高于 53 分就可能存在抑郁情绪，53~62 分为轻度抑郁，63~72 分为中度抑郁，72 分以上为重度抑郁。

SAS 中有 5 道反向计分题，矫正对象症状出现频率越高，焦虑症状越严重，计分同样是 1~4 级对应 4~1 分。按照中国常模标准，SAS 的标准分 50~59 分为轻度焦虑，60~69 分为中度焦虑，69 分以上为重度焦虑。

SDS 和 SAS 的量表总分只能作为参考指标，而不是绝对标准，诊断时应结合矫正对象的临床症状进行具体分析。

抑郁自评量表（SDS）

请仔细阅读下面的每一条内容，根据最近一周这些感受出现的频率，选择适当的等级，1 为从来没有或偶尔出现，2 为有时出现，3 为经常出现，4 为总是出现。

1. 我感到情绪沮丧，郁闷

*2. 我感到早晨心情最好

3. 我要哭或想哭

4. 我夜间睡眠不好

*5. 我吃饭像平时一样多

*6. 我的性功能正常

7. 我感到体重减轻

8. 我为便秘烦恼

9. 我的心跳比平时快

10. 我无故感到疲劳

*11. 我的头脑像往常一样清楚

*12. 我做事情像平时一样不感到困难

13. 我坐卧不安，难以保持平静

＊14. 我对未来感到有希望

15. 我比平时更容易激怒

＊16. 我觉得决定什么事很容易

＊17，我感到自己是有用的和不可缺少的人

＊18. 我的生活很有意义

19. 假若我死了别人会过得更好

＊20. 我仍旧喜爱自己平时喜爱的东西

注：带＊号的题目为反向计分，下同。

焦虑自评量表（SAS）

请仔细阅读下面的每一条内容，根据最近一周这些感受出现的频率，选择适当的等级，1 为从来没有或偶尔出现，2 为有时出现，3 为经常出现，4 为总是出现。

1. 我觉得比平常容易紧张或着急

2. 我无缘无故地感到害怕

3. 我容易心里烦乱或觉得惊恐

4. 我觉得我可能将要发疯

＊5. 我觉得一切都很好，也不会发生什么不幸

6. 我手脚发抖打战

7. 我因为头痛、颈痛和背痛而苦恼

8. 我感觉容易衰弱和疲乏

＊9. 我很心平气和，并且容易安静坐着

10. 我觉得心跳得很快

11. 我因为一阵阵头晕而苦恼

12. 我有晕倒发作，或觉得要晕倒似的

＊13 我吸气呼气都感到很容易

14. 我的手脚麻木和刺痛

15. 我因为胃痛和消化不良而苦恼

16. 我常常要小便

＊17. 我的手脚常常是干燥温暖的

18. 我脸红发热

＊19. 我容易入睡并且一夜睡得很好

20. 我做噩梦

第三节　社区矫正心理矫治工作中的心理评估技术

结合社区矫正对象的症状表现和心理测量结果，社区矫正工作者能了解社区矫正对象心理诊断和评估的情况，准确地把握他们的心理特点，有助于制定个性化的心理矫治方案，提升心理矫治效果。

一、心理诊断

“诊断”一词系医学用语，是指医生通过诊察，对人体的健康状态和疾病提出的概括性判断。而社区矫正实践中的心理诊断，则是社区矫正工作者用心理学的方法评定矫正对象的心理障碍，确定其性质和程度，从而有助于心理疾病的判别。

（一）心理诊断的内容

在社区矫正工作中，心理诊断是专门从事心理工作的矫正工作者在“生物—心理—社会医学”模式的指导下，运用晤谈、观察、测量等科学的心理学方法对矫正对象的智能状况、人格特征和心理健康状况等心理素质及行为作出正常与否及其病因、生理心理社会功能损伤程度的判断。一般而言，广义的心理诊断的对象既包括异常人群，也包括心理正常的人。狭义的心理诊断的对象主要是异常人群。通常我们所说的是狭义的心理诊断，在矫正工作中就需要有执业医师资格的精神科医生对异常矫正对象进行诊断。

心理诊断是多学科的综合运用，以心理学的理论和方法为主，但在具体的诊断过程中还需要结合其他学科的知识，如精神病学、临床医学、统计学等。在社区矫正工作中，对社区矫正对象进行心理诊断最主要的作用是及时发现存在异常心理的矫正对象，指导他们进行有效治疗并采取防控措施。

（二）心理诊断的程序

1. 初诊接待。初诊接待是进行诊断前的准备工作，主要作用是社区矫正工作者收集矫正对象的临床资料，为诊断做准备。初诊接待通常需要使用摄入性谈话的方式，一般的操作步骤是倾听，确定提问方式，对谈话内容归类，控制谈话方向，确定谈话目标、内容和范围，结束谈话。如果需要使用心理测验，需要结合社区矫正对象的心理问题情况，依据测量目的选择合适、恰当的心理测验。在初诊接待阶段，矫正工作者要对获得的临床资料进行整理，分为一般资料和个人成长史。一般资料主要包括矫正对象的人口学资料、生活状况、精神状况、婚姻家庭情况、工作情况、社会交往、兴趣爱好、自我描述等；个人成长史主要包括矫正对象从婴幼儿期直至现在所经历的一些重大事件、转折点等生活历程。还需要对目前的精神、身体和社会功能情况进行整理。

2. 初步诊断。根据收集到的资料，具有诊断资格的社区矫正工作者需要整理出矫正对象的异常心理症状，结合 DSM-5、ICD-11 等诊断标准，对矫正对象的心理问题进行诊断。如果遇到难以判断的案例，可以寻求高级心理咨询师、精神科医生等相关专家进行会诊。

3. 确诊或转诊。一般来说，对矫正对象的心理诊断通常需要由具有职业资格的精神科医生来进行。没有职业资格，只具有心理咨询背景的社区矫正工作者进行心理评估的主要工作对象是具有一般心理问题的矫正对象。在社区矫正工作中，一旦发现疑似精神障碍的社区矫正对象需要转介至精神病院接受治疗。

二、心理评估的内容

在社区矫正工作中，心理评估是社区矫正工作者通过观察、会谈、心理测验等手段，对社区矫正对象的心理现象做全面、系统、深入的客观描述的过程，也是对社区矫正对象的过去和现在的智能状况、个性特征、心理健康状况等进行评价和鉴定。

有时诊断和评估会交叉使用，但是诊断通常主要指的是精神科医生对心理障碍进行判断，目的是为恰当的治疗做准备；评估是对社区矫正对象个体的情况进行整体全面的了解，是最具综合性的收集信息和评定的活动。

社区矫正工作者通常需要根据收集到的资料，对社区矫正对象的成长背景、心理特性、人格特点、精神疾患、犯罪原因等内容进行分析，掌握他们的心理活动特点和个性差异，识别社区矫正对象的需要和危险性，促进对他们的分类和安置，为心理矫治和个性化矫正提供依据。

对社区矫正对象心理健康水平的评估主要包括异常心理评估、心理健康评估和人格评估。

1. 异常心理评估。这是在心理诊断的基础上，社区矫正工作者对社区矫正对象的异常心理状况进行评估，通常是在社区矫正对象出现异常行为或主动咨询时进行。评估时，社区矫正工作者采用会谈法、行为观察法、心理测验法等，根据各类异常心理的诊断标准，结合社区矫正对象的症状、心理测验的得分、矫正对象本人和监护人的描述，对社区矫正对象进行评估。必要时，需邀请具有执业资格的精神科医生参加。对于确诊的具有精神疾病的社区矫正对象要及时联系家人，将其转诊至专业医疗机构治疗。

2. 心理健康评估。该类评估是为了了解社区矫正对象的心理健康状况，是社区矫正调查评估工作的实际需要，也是为心理矫治做准备。心理健康评估通常采用观察法、会谈法等手段，必要的情况下根据测量目的结合使用心理测验，如SCL-90、SAS和SDS。心理健康评估一般会贯穿社区矫正的不同阶段。尤其是对于具有抑郁、精神病性症状、自杀倾向，以及危险性症状比较明显的社区矫正对象要引起重视，做好防控和干预措施。

3. 人格评估。人格评估主要是针对社区矫正对象的个性心理特征进行评价，如人格、气质，可以作为其社会危险性的评估依据，也为社区矫正工作者管理社区矫正对象提供参考。采用观察法、会谈法收集临床资料，选用16PF、EPQ、MMPI等人格类型测验，结合心理测验结果，社区矫正工作者可以对社区矫正对象的人格特点进行综合分析，对他们的行为倾向性进行预测。对于冲动、暴力、冷漠、反社会倾向等人格障碍严重的矫正对象要重点关注，防止再次犯罪。

根据社区矫正的过程，也可以将心理评估分为矫正初期、矫正中期和矫正后期的心理评估。

1. 入矫初期心理评估。对刚入矫的社区矫正对象通常会进行心理测试，开展心理调查，进行心理诊断。对入矫的社区矫正对象进行心理评估主要是为了快速了解社区矫正对象的心理特点，建立心理档案，制定心理矫治方案。

2. 矫正中期心理评估。在矫正中期，社区矫正工作者需要对社区矫正对象进行心理预测、心理危机的评估，配合进行心理教育和辅导，并对效果进行评价。进行心理咨询和治疗的社区矫正对象还需要在咨询和治疗工作中进行诊断和评价。矫正中期的心理评估主要是针对社区矫正对象在矫正期间的心理状态进行预测和评价，及时发现问题，解决问题。

3. 矫正后期心理评估。社区矫正期结束前，社区矫正工作者需要对社区矫正对象进行心理检测，并针对他们的社会心理成熟水平和认识能力、矫正质量、社会适应能力、社会支持系统等特点进行评估，检查矫正效果，预测回归社会后的生活质量。

三、心理评估的作用

对社区矫正对象进行心理评估在社区矫正工作中是非常重要的。从理论上说，它是一种决策的辅助工具和理论研究的辅助手段，可以反映社区矫正对象在心理特质上的情况和变化；从实践上说，心理评估能反馈出社区矫正对象的社会危险性等情况，也能针对矫正对象建立心理档案和个性化的心理矫治方案，提高心理矫治的效率。

1. 社区矫正对象心理评估是心理咨询和治疗的要求。在心理咨询和治疗前，对来访的社区矫正对象进行评估，可以根据他们心理问题的性质和严重程度，选择适合的干预方法，有针对性地开展咨询和治疗活动。咨询和治疗结束后，可以通过心理评估对效果进行评定。

2. 社区矫正对象心理评估是心理矫治的前提。社区矫正对象入矫后，根据心理评估结果，社区矫正工作者可以有针对性地制定心理矫治方案，这是促进矫正效果最大化的必要措施。同时，解矫时，心理评估也是社区矫正心理矫治工作效果的有力评价方式。

3. 社区矫正对象心理评估是分类管理的参考依据。对社区矫正对象的心理健康状况、自杀倾向、攻击性等特点进行评估，能帮助社区矫正工作者确定适合的教育管理方式，增强矫正效果。

四、心理评估的程序

为了既保护矫正对象的隐私，又保证心理评估的客观、准确，通常要组成心理评估小组承担心理评估的功能。心理评估大概分为以下阶段，但不完全绝对，有时也会根据社区矫正工作实际进行调整。

1. 准备阶段

（1）成立评估小组。为了使心理评估更科学，评估小组成员通常由 1~2 名直接管理、教育矫正对象的工作人员、心理咨询师、精神科医生、其他工作人员等组成。评估小组一旦形成，小组成员应该固定，不应随意变化。

（2）明确评估目标。评估的目的是明确矫正对象的心理健康状况，诊断矫正对象的心理问题，筛查需要干预的对象，预测矫正对象的心理行为变化及追踪心理矫治效果。评估的目的直接决定了评估的内容、方式和重点。

（3）收集评估资料。任何的评估都建立在收集资料的基础上，资料收集是否客观、全面会直接影响评估结果。在评估开始前，负责调查的社区矫正工作者需要围绕评估目的与被评估的矫正对象进行面对面的会谈，并结合非言语行为观察，对社区矫正对象的心理状况做出客观记录和总结，有效反映社区矫正对象最近面临的现实困扰、认知观念、情绪情感和行为状态等情况。同时，社区矫正工作者也需要准备矫正对象的基本信息、成长生活史、家族史、犯罪史、疾病史、家庭生活和社会关系情况等材料。在必要的情况下，可以通过心理测验进行反馈。

2. 评估阶段

评估阶段，主要是通过评估小组召开评估会的方式进行。评估会要介绍清楚评估的目的、任务和要求，由调查人员介绍对社区矫正对象进行心理调查的情况，由直接负责管理的工作人员介绍社区矫正对象的日常表现以及目前可能面临的现实问题。不同的评估小组成员进行询问，分别发表看法，围绕评估目的进行讨论，达成一致的评估结论和建议。必要时可以直接与社区矫正对象接触，方便评估小组更清楚地了解情况，保证评估的准确性。整个评估过程要由专门记录员进行详细记录。

3. 总结阶段

对社区矫正对象进行心理评估是为了更好地对其心理状况进行评判，对他们进行科学管理、教育和矫治，所以在评估的基础上，针对社区矫正对象的矫正方法和管理方法、是否具有人身危险性等内容，评估小组要提出恰当的管理、教育和矫治建议，并形成心理评估报告。心理评估报告一般包括评估者和被评估者的一般信息、要解决的问题、是否实施心理测验及结果解释、被评估者的背景信息、行为观察情况、危险性预测、总结与建议等内容。

五、心理评估方法

针对社区矫正对象的心理评估通常采用一系列方法开展。常用的心理评估方法有会谈评估法、观察评估法、调查评估法、心理测验评估法等。

（一）会谈评估法

会谈评估法是社区矫正工作者通过与被评估的社区矫正对象及其家属进行面对面的交谈来收集资料，了解被评估对象的心理和行为特征的评估方法。会谈是心理评估中很常用但是较难掌握的重要手段。会谈通常可以分为结构性会谈和非结构性会谈。

结构性会谈也称为标准型会谈，会谈开始前社区矫正工作者需要根据评估内容和目的，准确制定会谈大纲，设置固定的结构和程序，按照顺序依次提出问题，被评估的社区矫正对象按照所提问题逐一回答。结构性会谈使用了标准化的程序，目的明确，效率较高，得到的结果往往比较可靠，所以广泛应用于心理咨询、心理矫治的效果评估。

非结构性会谈也称为自由式会谈，此类会谈不需要制定提纲和程序，是由评估者根据自己的专业知识和经验，围绕会谈目的，自由地进行提问，由被评估的社区矫正对象自然而然地进行回答。非结构性会谈较为灵活，气氛较好，但会谈效果取决于评估者的经验，经验不足的评估者容易偏离主题。

（二）观察评估法

观察评估法是借助感官或电子设备对被评估的社区矫正对象的观念、态度、情绪情感、人际关系、矫正表现等心理行为状态进行有目的、有计划、有系统的观察，是对被评估社区矫正对象的有意识的言语信息的有效补充。观察评估法可以分为自然观察法、控制观察法和参与观察法。

自然观察法是社区矫正工作者在自然环境中对被评估的社区矫正对象的表现进行观察。采用这种方法，被评估的社区矫正对象没有受到外界的干扰，所以结果较为可靠，如直接负责管理的社区矫正工作者对被评估的社区矫正对象参加公益活动时的言语、表现等情况进行观察。

控制观察法又称模拟观察，是社区矫正工作者设置一定的情境，控制评估对象所处的条件，在这样的情境中进行的观察。例如，将有过吸毒经历的被评估社区矫正对象置于KTV、酒吧等容易复吸的环境，从而观察他的行为。控制观察法适合观察在自然环境中难以观察到的行为。

参与观察法是评估者作为自然环境的一部分，对被评估的社区矫正对象进行观察。如让参加同组活动的社区矫正对象悄悄地对被评估的社区矫正对象的特定言谈举止进行观察和记录；心理咨询师和治疗师在心理咨询和治疗过程中对前来求助的社区矫正对象的表情、动作、姿态等非言语信息进行观察。

观察评估法收集的资料比较全面、真实，但是只能针对被评估的社区矫正对象的外显行为，对于他们的内在想法难以观察，而且观察结果带有偶然性。

（三）调查评估法

调查评估法是社区矫正工作者运用查阅档案资料、设置问卷、口头询问等方式，向社区矫正对象本人、亲友等主要社会关系收集社区矫正对象的心理状态和行为表现等方面资料的方法。根据调查和评估的目的，调查法收集的资料主要是社区矫正对象的成长经历、家庭状况、受教育程度、社会活动、兴趣爱好、对犯罪行为的看法、在社区矫正活动中的表现等内容。

（四）心理测验评估法

心理测验因为它的客观性、标准化，所以在社区矫正心理评估工作中发挥了非常重要的作用，成为对社区矫正对象进行心理评估的重要的科学手段之一。每个测验都有特殊的用途和使用范围，所以需要根据评估目的和社区矫正对象的特点来选择适合的测验，如对16岁以下的社区矫正对象使用韦氏成人智力量表测量智力显然是不合适的。

对社区矫正对象进行心理评估单纯依靠一种方法是不够的，根据评估目的，需要多种方法结合使用，多方面收集资料。这是促使评估结果客观、准确的必要条件。

附：关于服刑人员许某某的心理评估①②

一、一般信息

评估者：王某某。

被评估者：社区矫正对象许某某，女，37岁，已婚，入矫前系文具店个体工商户，因犯销售假冒注册商标的商品罪被判有期徒刑六个月，缓刑一年。

二、要解决的问题

1. 许某某在认知方面或情绪行为方面的具体问题是什么？

2. 许某某的心理问题属于什么范围，程度如何？是属于机能性障碍还是器质性障碍？

3. 许某某的心理问题产生的原因有哪些？

4. 许某某是如何看待自己的身心问题的？

5. 应该采用什么方法进行心理矫治最有效？

三、问题表现

许某某不能适应社区矫正生活，不想参加社区矫正规定的任务，害怕自己社区矫正人员的身份被别人知道，对家人的生活造成影响，为此经常独来独往，尽量不与人接触。许某某晚上经常失眠，情绪不稳定，经常处于精神紧张、焦虑、担心的状态。

四、心理测验

对许某某进行SCL-90测验发现，多项因子分均表现出阳性。其中，人际关系敏感因子分达到3.2分，焦虑因子分达到3.5分，抑郁因子分达到3.3分，躯体化因子分达到3.1分，恐怖因子分达到2.8分，强迫因子分达到2.7分，偏执因子分达到2.3分。测验结果表明，许某某的主要症状表现为焦虑、抑郁、强迫、人际关系敏感、恐怖、偏执，并出现了躯体化倾向。

五、背景信息

通过与许某某本人、家人进行会谈和调查，许某某的背景信息如下：

1. 教育/工作经历：初中毕业。事情发生前许某某主要经营文具店，因为销售假冒注册商标的商品罪被判刑后就没有再开店了，目前处于失业状态，社区矫正对象表示也不打算再开店，在家里教养孩子，偶尔去打散工。

2. 经济：社区矫正对象自从事发后就没有固定收入，除了靠丈夫工作提供经济来源之外，也偶尔会去打散工贴补家里。由于家里有自置物业，因此经济情况并没有什么太大

---

① 魏惠瑶：《司法社工：重拾心情拥抱生活》，载 http：//practice. swchina. org/case/2018/0522/31451. shtml.

② 王威宇主编：《罪犯心理矫正》，中国政法大学出版社2017年版，第290页。

问题。

3. 休闲/娱乐：事发前社区矫正对象一直在开店，并没有什么休闲娱乐的时间。许某某现在当家庭主妇，在家里带小孩，接送孩子上下学，有空就打散工，娱乐的时间并没有多少，也没有特别喜欢的休闲方式。

4. 同辈群体：在许某某的同辈群体中并没有犯罪行为或者犯罪记录，都能做到遵纪守法。许某某平时接送完孩子就回家，不喜欢与别人接触，也没有朋友。

5. 情绪/精神：事发后，社区矫正对象在某区看守所待过，其间她情绪不稳定，出现失眠、担心、沉默等情况。这种情况维持到她入矫那日。入矫后，许某某很介意被人知道是社区矫正人员，怕被人看不起，也害怕孩子被排斥，经常感到焦虑紧张，晚上失眠，白天精神萎靡。

六、行为观察

社工观察到，入矫仪式开始时，许某某一直低着头，一脸颓靡。在面对司法所工作人员和司法警察时她神情紧张，眼眶泛红，精神有些恍惚。在社区矫正过程中，许某某态度消极，多次逃避社区矫正规定任务，即使勉强参加也是草草了事。在进行会谈时，她能积极配合。但是她平时与人接触较少，紧张焦虑情绪明显。

七、危险性预测

根据各方面的资料，可以预测如果不对许某某的情绪和认知问题进行干预，她的心理问题有可能会进一步恶化，存在伤害自己的可能性。

八、总结与建议

1. 小结：许某某因不适应社区矫正生活，缺乏社会支持，具有不合理信念（社区矫正对象是罪犯，害怕身份被他人知道后嘲笑自己和家人，给孩子造成影响），导致她出现失眠、紧张、焦虑、抑郁等问题，影响到她的生活和矫正效果，需加以干预。

2. 诊断：不合理信念带来的情绪问题。

3. 矫正建议：对许某某焦虑、抑郁、恐怖、强迫等情绪进行干预；使用认知疗法纠正许某某的不合理信念，进一步缓解其负面情绪，帮助她积极面对社区矫正；鼓励许某某参加小组或者社区公益服务活动，从而提升她的社交能力，增强社会支持水平；向她澄清社区矫正相关规定，协助其完成社区矫正任务，顺利度过矫正期；促进许某某参加法制教育活动，提升自身法制意识。

第七章　社区矫正对象心理健康教育

在社区矫正心理矫治工作中，心理健康教育是一项长期的、基础性的工作。实践证明，这项工作的好坏直接影响着社区矫正工作的顺利进行。从全国社区矫正的现状来看，这项工作基本上处于摸索阶段，都在探索最佳的途径和方法。社区矫正对象心理健康教育既是社区矫正工作的组成部分，又是社区矫正心理矫治工作的前提和基础，它以预防、保健、发展和完善为工作模式。

第一节　社区矫正对象心理健康教育的基本问题

在社区矫正工作中，对社区矫正对象进行心理健康教育，必须让社区矫正对象了解心理健康的科学概念，了解心理健康的具体判断标准，能够区分社区矫正对象心理健康教育与社区矫正工作中矫正教育的关系。

一、心理健康概述

（一）健康的概念

对于什么是健康，健康的标志是什么，不同的时代，随着科技的发展和人们认识的进步，有不同的看法。但是，通常看来，人们总是把它与身体是否有疾病联系起来，片面地认为身体无疾病就是健康，往往忽略了人的心理状况。

1948 年，世界卫生组织对“健康”一词作出了定义：“不但没有身体的缺陷和疾病，还要有完整的生理、心理状态和社会适应能力。”随着社会的发展和变迁，尤其是现代社会情境下，人类对自然界的认识越来越深刻，对各种疾病的防治技术越来越先进。因此，由于自然环境恶劣和生活贫困所产生的疾病越来越少，人类的平均寿命逐步增高。因此，生理疾病作为衡量一个人是否健康的成分相对减少。恰恰相反，由于现代科技的发展，城市的集群化，生活节奏的加快，人们处在一个紧张状态之下，导致了现代人的心理压力越来越大。而心理压力不仅会导致人们的敌意、猜疑、嫉妒等心理障碍或心理疾病，而且又直接或间接地引发了生理疾患，如头痛、高血压、冠心病等。因此，人们对健康的认识就遇到了新的挑战，不得不从新的视角全方位地思考。

究竟什么是人的健康？健康的内涵到底是什么？

1974 年，联合国世界卫生组织（WHO）对健康的定义进行了修改，把它界定为“健康是人的肉体上、精神上和社会适应方面的完好状态，而不仅仅指无疾病或非体弱的状态”。[①] 并且认为，尽管人的心理或精神、人格健康的标准由于不同种族和国家的认识而不同，但是，有三条原则是精神或人格健康的共同标志：自我控制的能力，正确对待外界的影响的能力，保持内心平衡和满足状态的能力。[②] 这个定义，使人们对健康的认识扩展到更广阔的领域：生物学意义上的生理健康，精神健康，社会适应良好，人们的社会生活质量，个人对身心、家庭和社会生活的体验状态。它突破了人们对疾病的根源的传统看法与偏见。疾病已经被认为是人类有机体在与自然环境和社会环境的相互作用中不能应付刺激或不能适应社会生活环境的结果。更注重疾病的根源是社会文化对心理活动的制约，是心理活动影响生理功能和社会适应功能的产物。

我国医学专家傅连暲认为“健康”的含义应包括如下因素：①身体各部分发育正常，功能齐全，没有疾病。②体质坚强，对疾病有高度的抵抗力，并能刻苦耐劳，担负各种艰难繁重的任务，经受各种自然环境的考验。③精力充沛，能经常保持清醒的头脑，全神贯注，思想集中，对工作、学习都能保持较高的效率。④意志坚强，情绪正常，精神愉快。[③]

由此可以明确看出，人的健康包括生理健康和心理健康。

我国著名的心理学家丁瓒教授也认为，心理活动不应被排除在病理原因或过程之外。这就是说，一个人生理上患病大都有心理上的原因，或由心理因素导致。美国通过对大量的临床病例研究发现：“65%的病人的疾病与社会逆境有关，35%的病人在很大程度上是心理状态不好而引起疾病的。”[④] 我国及其他国家的研究，也得出相同或相似的结论。因此，健康实际上是人们对身体、精神心理和社会交往状态的一种判断。如果一个人有良好的身体、精神和社会行为适应，那么这个人就是“健康的”。否则，就是不健康的。生理、心理与行为适应，是不可分割的，它决定着健康的整体性。

（二）心理健康

关于心理健康，目前不同的专家学者，仁者见仁，智者见智，对它的理解尚不统一，但是，这种差异是有限的，其基本内容在总体上是一致的。例如，日本学家松田岩男教授认为，心理健康是指这样一种心理状态，即人的内部环境能以社会上认可的形式进行适应。也就是说，一个心理健康的人遇到任何社会刺激或碰到任何社会障碍及困难，都不会心理失调，都能按社会的要求去行为。《简明不列颠百科全书》对心理健康的定义为：“心理健康是指个体心理在本身及环境条件许可范围内所能达到的最佳功能状态，但不是十全十美的绝对状态。”[⑤] 它是健康组合的有力补充和发展，是指人的内心世界丰盈充实、和谐安宁的状态，并与周围环境、社会关系保持协调一致。它主要体现在：①个体心理健

① 戴木才：《精神健康》，百花洲文艺出版社 1999 年版，第 3 页。

② 何为民主编：《罪犯改造心理学》，法律出版社 2002 年版，第 211 页。

③ 宋鸿余主编：《心理健康教育读本》，军事谊文出版社 1996 年版，第 6~7 页。

④ 宋鸿余主编：《心理健康教育读本》，军事谊文出版社 1996 年版，第 8 页。

⑤ 《简明不列颠百科全书》，中国大百科全书出版社 1986 年版，第 613 页。

康与否，应以他对特定社会环境的适应状况来评判。②以个体在适应环境过程中的各种心理活动水平来评判。③个体心理健康不是一个稳定的或固定的状态，而是处在动态变化之中的。

何为民教授在其主编的《罪犯改造心理学》中,① 依据现代心理科学和行为科学对心理的揭示，把影响心理健康的六个因素归纳为心理健康六维度：

1. 躯体。躯体维度指在增强心血管的耐性、弹性和力量训练的同时，鼓励人们进行有规律的身体活动，扩大对食物和营养知识的了解。也就是说，通过身体健康教育，让人们能监测自己的生命信号和理解自己身体上的警告信号，知道什么时候需要医生的帮助。

2. 社交。社交维度指强调个体与他人和自然的相互依存，同时也包括追求家庭的和谐统一。通过社交健康教育，使个体认识到自己在社交圈中的重要性，借助畅达的信息交流和健康生活环境来积极改进自己的主观世界，意识到自己有能力对人际关系、友谊、社区、环境和根本的世界观作出明智的选择。

3. 智力。一个智力健全的人能够使用有效的策略去拓展知识，改进技能，开发自身的潜能。智力健康教育是人们花更多的时间去读书、学习、创造，去探讨和解决问题。通过这种方式使人们不落后于时代，积极向自己的思维挑战。

4. 职业。通过职业健康教育，个体将把自己独一无二的天赋、技能和才干贡献给具有个人和社会意义的工作。通过参加有报酬的和自愿的活动，表现自己的价值观，认识到自己处于健康的职业生涯上，而且自己的工作和兴趣是激动人心的，认识到工作的价值大小不仅仅在于个人的满意，还在于对社会的贡献。

5. 情绪。情绪健康包括个体对自我和生活的积极态度与热情的程度，同时也包括处理情绪和相关行为，有效应付紧张的能力。情绪健康教育，一方面，让人们意识并能接受自己和他人的情绪，能自由地表达自己的情感和有效地处理情绪问题；另一方面，让人们认识到寻求他人的支持和帮助的重要性，从而独立自主地生活和工作。

6. 自我。自我，又称自我观念。自我健康教育指在促进人们积极地寻找自身存在的意义和目的，通过感受愉快、高兴、幸福等积极的情感，经历怀疑、绝望、恐惧等不愉快的体验，让个体思考和整合自己的经历以及与之相关的信念，从而形成自己的世界观和价值观目标体系。

心理健康结构是一个整体，上述六个维度系统地构建了一个人适应社会、发挥潜能，追求幸福生活的各方面的能力。结构中的诸层面、诸因素是互相制约、互相联系和互相配合的，并决定了人们的整个健康状态。

综上所述，衡量与判断一个人的心理健康与否，主要是依照人的常态心理状况，看他和社会公众的心理状态是否一致；个体能否坚持正常的学习、劳动和工作；能否进行正常的社会交往，搞好人际关系；个体情绪情感的发展是否符合心理学的基本原理和人的心理现象的基本规律；个体能否具有良好社会适应行为等。由此看来，心理健康是一个动态的社会标准。

---

① 何为民主编：《罪犯改造心理学》，法律出版社 2002 年版，第 213~214 页。

二、社区矫正对象心理健康教育

社区矫正对象心理健康教育，是指在社区矫正工作中，根据社区矫正对象生理、心理发展的特点，运用心理学的教育理论、教育方法和教育技术，培育社区矫正对象良好的心理素质和适应现代社会要求的健全人格，促进社区矫正对象整体素质全面提高的教育活动。其自身的内涵包括：

第一，它是社区矫正工作的一项基础性工作，是对社区矫正对象心理测验、心理咨询和心理治疗等一系列技术性工作的基础，社区矫正对象心理健康教育工作的好坏，直接关系到矫治工作的效率。

第二，使社区矫正对象掌握一定的心理健康知识，对自己的心理活动机制及心理状况有一定的了解，以便自我调节，健康发展。

第三，引导社区矫正对象以心理健康的标准为参照系，全面认识自身不良心理产生的原因、过程，现时状态及对自己的危害，从而自觉地调整心理状态，增强社会适应能力。

第四，正确认识心理问题、心理障碍和心理疾病产生的原因，配合心理矫治工作，寻求探索心理矫治的途径和方法，消除心理障碍，逐步达到恢复或重塑健康心理的目的。

第五，使社区矫正对象增强社会适应能力，选择健康的生活方式，充分发挥社区矫正对象的内在社区矫正积极性，学会认识自己和接纳自己，学会面对困难、分析困难和克服困难，学会自我成长和发展，提高消除心理障碍的能力，预防精神疾病和事故的发生。

第六，开发社区矫正对象的潜能，以健康的心态，依据自己的特点，正确地面对社区矫正环境，重新选择自己的人生道路，客观地对待自己的社区矫正生活。

三、心理健康教育和矫正教育的关系

（一）二者的联系

社区矫正对象心理健康教育是社区矫正的基础性工作，它和对社区矫正对象的矫正教育既有联系也有区别。二者的联系是：

第一，作为基础性工作的心理健康教育是搞好社区矫正对象矫正教育的前提。无论是对社区矫正对象进行思想教育和法治教育，还是对其进行文化教育、技术教育，都需要社区矫正对象有一个良好心态。如果社区矫正对象没有一个良好的心态，就不可能产生良好的认知，就不会真正地接受这些教育内容，教育措施也不可能产生良好的效果。

第二，社区矫正对象心理健康教育，又是社区矫正对象矫正教育的保障。健康的心理是社会适应的基本心理素质。因此，社区矫正对象只有在保证拥有一个健康心理的前提下，才会有积极的情绪，产生良好的情感、持久的意志力，去克服各种障碍，真正接受对其矫正教育的内容，并使这些内容转化为自我转化的需要。

第三，社区矫正对象的矫正教育工作反过来也能检验社区矫正对象的心理状态，并促进社区矫正对象心理健康教育。在对社区矫正对象实施矫正教育时，通过各种矫正教育措施，能够发现社区矫正对象的心理障碍，一方面为社区矫正对象心理健康教育提供依据，另一方面也在矫正教育活动中检验社区矫正对象心理健康教育的效果。

第四，二者都是将社区矫正对象教育转化为守法公民的重要方面。将社区矫正对象教育转化为守法公民是社区矫正工作所要达到的主要目的。对守法公民的要求，不仅使社区矫正对象经过社区矫正，能够遵纪守法，自食其力，而且还应该具有健康的心理，有应付和处理各种生活事件的能力。守法只是一种外在行为，而支配守法行为的是社区矫正对象内在的心理健康。这就需要在运用常规教育手段教育转化社区矫正对象的同时，还必须对其进行心理健康教育。

第五，二者都是保证社区矫正对象在社区矫正中劳动、学习和人际交往的一个必要条件。通过心理健康教育，使社区矫正对象学会自我分析、自我调节和自我教育，学会在劳动、学习和人际交往中，发挥内在积极性，挖掘自身潜能，大大提高社区矫正工作的效能，使社区矫正对象在整个社区矫正过程中能够做到高效、文明、有序。

（二）二者的区别

第一，教育的前提不同。在对社区矫正对象的矫正教育活动中，无论是哪种教育措施，其前提都是在《刑法》《刑事诉讼法》《社区矫正法》和《监狱法》等法律法规的规定下实施的，带有明显的法律强制性。而社区矫正对象心理健康教育则是基于社区矫正对象的“健康”而进行的，不具有法律规定性和强制性。

第二，社区矫正中的矫正教育是社区矫正对象教育转化的重要手段；而社区矫正对象心理健康教育则是社区矫正的一项基础性工作。

第三，教育方式不同。社区矫正对象心理健康教育，要求社区矫正工作者和社区矫正对象之间必须建立一个良好的人际关系，要充分信任、信赖和相互尊重，心理健康教育本身是一种帮助行为和顾问行为。而社区矫正对象的矫正教育是一种政治需要，是依照法律规定的强制性行为。社区矫正对象对矫正教育措施、矫正教育内容不具有选择性。

第四，社区矫正对象心理健康教育，就其教育形式而言，强调的是社区矫正对象自身的作用，社区矫正对象自己是成长和发展的主体。而在矫正教育中，社区矫正对象只能是教育的对象，是教育的受体，是信息的双向流动和发展过程。

第五，社区矫正对象心理健康教育的前置条件是由社区矫正对象的心理健康状况决定的，社区矫正对象的心理问题、心理障碍和心理疾病是决定教育的关键因素。而社区矫正对象的矫正教育则是以社区矫正对象自身的教育状况和再社会化的需要为前提的。

四、思想政治教育与心理健康教育的关系

我国社区矫正工作中心理健康教育发展之初，工作队伍中大多数都是司法行政机关的思想政治教育工作者。因此，社区矫正对象心理健康教育之所以与思想政治工作有着密切的关系，是基于社区矫正工作矫正教育中德育的基本特色。司法行政机关有专职从事社区矫正对象思想政治教育与管理的工作队伍，他们与社区矫正对象联系紧密，深切地体会到了社区矫正对象心理发展的紧迫性，深知社区矫正对象的心理问题会给思想政治教育工作

带来的难度，所以在社区矫正工作实践中，开始运用心理咨询的理论和方法去帮助有困扰的社区矫正对象。于是，思想政治教育工作者从社区矫正之初就介入到社区矫正对象的心理健康教育工作，并成了主要力量之一。

在社区矫正工作中，“心理育人”作为新时代社区矫正中思想政治教育工作的重要育人要素之一，要求“育心与育德相结合”。可见，心理健康教育作为社区矫正思想政治教育的重要组成部分，是我国社区矫正工作长期以来的教育理念和指导方针。《社区矫正法》《社区矫正法实施办法》等以法律法规和规范性文件的形式，对社区矫正对象心理健康教育加以规定，说明加强和改进新时期思想政治教育工作与促进社区矫正对象心理健康教育科学化、规范化是紧密相关的，也明确了社区矫正对象思想政治教育与心理健康教育的关系定位，把心理健康教育融入社区矫正对象思想政治教育之中，构成完整的社区矫正思想政治教育工作体系。

依托思想政治教育开展心理健康教育，是社区矫正对象心理健康教育的基本特色，也是社区矫正对象心理健康教育的突出优势。在思想政治教育理念的指导下，社区矫正对象心理健康教育的过程及其组织形式具有鲜明的特点和独特的优势，其价值主要体现在以下几方面：

（一）有利于把握社区矫正对象的身心特点和发展需要

社区矫正对象的心理发展与受到的法律惩罚紧密相关。个体个性品质的发展常常因法律地位的变化而变化，具有很强的可塑性，有待于进一步在再社会化中加以完善。社区矫正期间是对社区矫正对象心理发展进行重塑的重要时期，这一时期社区矫正对象心理发展的特殊性也使得其在世界观、价值观、人生观等方面经历着自我意识的优化、情绪调控能力的培养、意志品质的磨炼等心理发展过程，也面临着学业、人际关系、恋爱、就业、家庭等多方面的心理困扰。目前在意识形态领域的斗争日益激烈，多元价值观的冲击也给社区矫正对象带来了负面影响，一些社区矫正对象存在理想信念淡化、道德滑坡、利益至上等问题，更需要思想政治教育和心理健康教育的有机结合。

依托思想政治教育开展的心理健康教育充分发挥了思想政治教育在社区矫正教育中的独特优势，重视育心与育德结合，一方面懂得把握好社区矫正对象身心发展规律来开展社区矫正对象的思想政治工作，符合思想政治教育的教育规律和社区矫正发展内在要求；另一方面能把握社区矫正对象的再社会化的关键时期，充分调动社区矫正对象认知心理、情绪情感、思维形态等因素，引导其树立正确的世界观、人生观和价值观，塑造良好行为，推动社区矫正对象实现在思想观念、政治素养、道德水平、心理素质、行为方式等方面的综合素质协调发展。

（二）有利于坚持正确的政治方向，提升思想政治教育的实效性

目前，一些地方仍然存在着心理健康教育和思想政治教育工作缺乏整合的现象，主要的问题是心理健康教育工作的专业人员严重缺乏，这也使得社区矫正对象的心理健康教育工作存在较大的局限性。比如，在社区矫正工作实践中，心理健康教育工作由于没有专业

人员无法介入；在思想政治教育工作实践中，教育者将社区矫正对象的心理问题简单地等同于道德或品质问题等。因此，社区矫正对象心理健康教育作为社区矫正教育的应有内涵，同时也是思想政治教育的重要组成部分，坚持正确的政治方向无疑是首要前提。坚持在思想政治教育的框架下开展心理健康教育，就是坚持把心理健康教育纳入思想政治工作体系中，在社区矫正中，科学、规范地开展心理健康教育工作，从根本上提高社区矫正对象思想政治工作的质量，提升思想政治教育的实效性。

（三）有利于推动心理健康教育发展进入新时代

新时期社区矫正对象心理健康教育应该着眼于健全人格的培育，立足于价值引领，注重社区矫正工作全程、全员、全方位参与，建立新时期心理育人工作体系，彰显社区矫正思想政治教育的时代价值，全面推动心理健康教育发展进入新时代。

基于思想政治教育的心理健康教育能融入社区矫正对象健全人格发展过程中，形成全员、全过程、全方位心理育人的良好格局。首先，社区矫正对象心理健康教育可以通过思想政治教育渗透到社区矫正的监督管理、矫正教育、公益活动、集中学习、社会帮扶等活动中，全方位、更好地将心理育人全面融入社区矫正的管理育人、教育育人、帮扶育人等其他育人体系中，发挥协同育人作用。其次，这种心理健康教育模式能深入到社区矫正的不同阶段、社区矫正对象心理发展的全过程。不同阶段、不同状况的社区矫正对象有不同的心理困扰和压力，采用不同的教育途径和方法，加强人文关怀和心理疏导，以更好地适应和满足社区矫正对象心理健康教育服务的需求。最后，基于思想政治教育的社区矫正对象心理健康教育涉及心理健康教育专业人员、思想政治教育人员、社会工作者、志愿者等，具有全员性特征，凸显社区矫正立德树人的矫正教育本质。总之，把心理健康教育融入社区矫正实践中，做好社区矫正对象的思想理论教育和价值引领，积极构建社区矫正对象心理成长的支持系统，有利于推动心理健康教育发展进入新时代。

五、心理健康教育的目标

思想政治教育针对社区矫正对象的思想状况，侧重于培养社区矫正对象的思想政治素质；心理健康教育针对社区矫正对象的心理状况，侧重于促进社区矫正对象个体人格的发展和完善，以及个性潜能的发挥。但社区矫正中的思想政治教育与心理健康教育都是推进新形势下素质教育的重要举措，两者的总目标具有一致性，即培育社区矫正对象健全的、适应社会发展的人格，促进社区矫正对象综合素质的全面协调发展。基于思想政治教育的社区矫正对象心理健康教育具体包括以下三个层次的子目标：

（一）提高心理健康意识，促进心理健康发展

健康良好的心理状况是社区矫正对象适应社会的重要基石。帮助社区矫正对象树立心理健康意识，提高社区矫正对象的心理健康水平，预防心理疾病的发生，是心理健康教育的基本目标。心理健康教育工作者，一方面，要帮助社区矫正对象解决在社区矫正中容易

产生的心理问题，消除心理困扰，还要及时发现有心理障碍或心理疾病的社区矫正对象，保持沟通，做好心理危机预防与干预工作。另一方面，要提高社区矫正对象心理健康意识，使他们掌握有关预防和消除心理健康问题的知识与方法，促使其学会自我心理保健，对自我心理状况有正确的了解，能够自我排忧解难，增进心理健康。

（二）提升心理健康素养，促进心理潜能开发

在提高社区矫正对象心理健康意识的基础上，要进一步提升社区矫正对象心理健康素质，促进其心理潜能的开发。良好的心理素质是保障社区矫正对象社区矫正的关键因素，具有核心作用。优化社区矫正对象的心理素质，就是要使社区矫正对象的认识能力、情感品质、意志品质等方面的心理品质要素能够得到较好的开发与完善，使其心理状态与行为处于良好有序的平衡状态，能和谐地适应社会现实要求。开发社区矫正对象的心理潜能，就是在社区矫正对象拥有良好心理素质的基础上，调动社区矫正对象发展的自主性，激发社区矫正对象的积极成长动机，充分挖掘社区矫正对象的心理能量和积极品质，以帮助个体最大限度地发展、完善自我。

（三）实现核心价值观引领，培育全面发展的时代新人

心理健康教育的任务就在于帮助社区矫正对象形成发展平衡、健康和谐的健全人格，使其成为全面发展的时代新人，成为中国特色社会主义合格的建设者。人的自由与全面发展是马克思主义关于人的发展的基本观点和本质特征，是人类始终不渝的追求目标，是社区矫正的价值追求。心理健康教育就是要以立德树人为根本，坚持理想信念教育，帮助社区矫正对象发展各方面的才能，实现社会主义核心价值观引领，引导社区矫正对象能够正确认识义和利、群和己、成和败、得和失，树立理性、平和的社会心态，培育社区矫正对象的健全人格，保证社区矫正对象个性的自由发展和促进社区矫正对象综合素质的全面发展，成为能够担当民族复兴重任的时代新人，最终推动社会的进步，实现个人发展与社会发展和谐统一。

第二节　社区矫正对象心理健康教育的原则和内容

对社区矫正对象心理健康教育的目的，就是使他们掌握基本的心理健康知识和心理保健技能，提高心理素质，预防心理问题、心理障碍和心理疾病的发生，促进社区矫正对象全面、协调和健康地发展。

一、心理健康的标准

心理健康的标准有定性标准和定量标准。定性标准主要是描述性的，定量标准则是通过设计出来的测验工具所得出的分数来推断人的心理健康的具体程度。

（一）心理健康的一般标准

一个人的身体是否健康，现代医学已基本上有了定论，标准已形成了一个量化的依据，使人看了一般都能明白。比如，体温在36.5~37.2℃，脉搏每分钟在60~100次，血压的舒张压在60~90毫米汞柱，收缩压在90~140毫米汞柱，呼吸在20次1分钟左右，内部器官工作正常，体重与年龄相当，内脏无器质性毛病等，在医学上就可以叫作身体健康的人。但是，一个人的心理是否健康，标准就比较难以确定，一般要根据心理测验、观察分析和个人主观体验等进行分析、判断，才能得出相对的结论。另外，就目前心理健康的标准问题，还没有一个完全统一的依据。这些依据主要有：① （1）以统计学的常态分配为标准，即假定社会成员中绝大多数人的心理状态与行为表现是正常的。偏离这一正常范围的心理与行为可视为异常。（2）以是否遵从社会规范为标准，即行为符合公认的行为规范为健康、正常，反社会规范的行为被视为异常。（3）以个人主观经验为标准，即当事人自觉心情愉快、头脑清晰应视为健康。（4）以生活适应状况为标准，即善于生活适应为正常，生活适应困难者视为异常。（5）以病因与症状存在与否为标准。这一标准以精神医学研究为基础，有精神医学上认定的临床症状者肯定是异常的。但该标准适用较窄，事实上，无此类病因与症状者并不能都被认定为心理健康。（6）以心理成熟与发展水平为标准，即个体生理、心理两方面成熟和发展相当者为正常，心理发展水平较同龄人明显为低者视为异常。

上述种种提法各有千秋，虽然均存在一些缺陷或不足，但是，在不同的学科，其运用也各有优点。心理学对心理健康标准的运用，就有一些比较成熟的标准。美国著名的心理学家马斯洛通过多年的研究，就提出了心理健康的十条标准：② （1）有充分的自我安全感；（2）能充分了解自己，并能恰当估计自己的能力；（3）生活理想切合实际；（4）不脱离周围现实环境；（5）能保持人格的完整与和谐；（6）具备从经验中学习的能力；（7）能保持适当和良好的人际关系；（8）能适度地表达和控制自己的情绪；（9）能在符合团体要求的前提下，有限度地发挥自己的个性；（10）在不违背社会规范的前提下，能适当地满足个人的基本需求。

这十条标准为我们衡量人的心理健康状况提供了有价值的线索。但是，在实际判断或临床实践中，还必须把这些问题具体化，以便于操作。

我国研究心理卫生的专家许又新教授曾提出衡量心理健康的三条标准：③ （1）体验标准——以个人对自己内心世界的主观体验为标准，包括良好的心情和恰当的自我评价；（2）操作标准——通过观察、实验和测验等方法考察心理活动的过程和效应，如工作、学习效率高，人际关系和谐等；（3）发展标准——着重对人的心理状况进行时间上的纵向（过去、现在和未来）考察。许又新教授认为，衡量个体心理健康时，应把以上三个方面联系起来，进行综合考察。

---

① 何为民主编：《罪犯改造心理学》，法律出版社2002年版，第219页。

② 刘邦惠：《管教民警心理卫生》，中国人民公安大学出版社1999年版，第7页。

③ 刘邦惠：《管教民警心理卫生》，中国人民公安大学出版社1999年版，第7页。

（二）社区矫正对象心理健康的标准

心理健康与否是相对的、发展的，因此，我们在研究社区矫正对象心理健康的标准时，必须以动态的、发展变化的方法来考察，并且要充分考虑到社区矫正环境和社区矫正对象自身的法律地位、文化环境等因素对社区矫正对象心理的制约作用。所以，探讨社区矫正对象心理健康的标准应注意以下几点：（1）心理不健康与有不健康的心理和行为不能等同；（2）心理健康与不健康是一种连续状态，没有绝对界限；（3）心理健康的状态不是固定不变的，而是动态变化的过程；（4）心理健康的标准是一种理想的尺度。

我们对社区矫正对象进行心理健康教育，并为其制定一个标准，其目的是为社区矫正对象指明提高心理健康水平的努力方面，每一个社区矫正对象经过自己的努力，都可以追求心理发展的更高层次，充分发挥自己的潜能，更好地适应社区矫正生活，尽快地融入社会。为此，我们综合国内外对心理健康标准的研究，认为社区矫正对象心理健康均应具有下列特征：

1. 心理状态或心理反应与公众的一致性。我们衡量社区矫正对象的心理是否健康，就是将社区矫正对象置于特定环境条件下，应用相同的外在因素刺激，考察社区矫正对象的心理反应或心理状态是否与社会公众相一致，如果协调一致，其心理就是健康的。否则就有异常的可能。同时也可把社区矫正对象置于同一年龄段之中，观察他的心理活动是否和同一年龄段的大多数协调一致。当然，这种公众一致性的标准也是相对的，很难用数字来衡量。另外，对公众不同的心理也要区别对待。有些可能是病态的表现，有些则属于超常发展。对于后者，切不可以病态心理盲目下结论。

2. 情绪的相对稳定性。心理健康的社区矫正对象在社区矫正过程中，能保持情绪的相对稳定。之所以是相对稳定，是指在遇到挫折或生活事件时，也会出现情绪的波动，消极情感也会对其产生影响。但是，这种影响不会对社区矫正对象的情绪产生支配作用，社区矫正对象能很快从消极的情绪中解脱出来。他们表达喜、怒、哀、乐、爱、恶、惧的方式是适度的，能对不良情绪有效地进行控制，良好心境居于支配和主导地位。

3. 人际关系的和谐性。我国著名医学心理学教授丁瓒曾说过："我们的心理适应，最主要的就是对于人际关系的适应。所以人类的心理病态主要是由于人际关系的失调而来。"人是社会的动物，群体生活与人交往是人的天性，是人生活的主要内容。如果说一个人的发展是由生物人向社会人不断转化的过程，那么，与人交往就是实现这个转化的必由之路。因为在交往过程中，学会了各种知识和经验，学会了遵守社会规范和法律规范。因此，良好的人际关系是维持个体心理平衡和个性正常发展的重要因素。不少研究表明，如果社区矫正对象的人际关系达到如下三个方面就说明他的心理在人际关系方面是和谐的。一是社区矫正对象和其他社会成员之间、社区矫正对象与社区矫正工作者之间彼此是相互了解的。如果社区矫正对象把自己封闭起来，只关心自己，不与他人交往，也不与社区矫正工作者交往，那么这个社区矫正对象的心理是不健康的。二是社区矫正对象个体在正常情况下是受社会群体欢迎的，在社会群体中有一定威信。当然，社区矫正对象个体不可能被群体中的每一个人喜欢，而应该是受多数人喜欢。如果大多群体成员鄙视他或者敬而远之，那就说明社区矫正对象个体可能有问题。三是社区矫正对象在社会群体中，有自己的朋友，并且愿意和社区矫正工作者、社会志愿者、社区成员等交“朋友”。因此，社区矫正对象通过和其他人交往，能够取得社区矫正工作者和其他人的信任和理解，和他们和平相处，那么，社区矫正对象的交往就是健康的。

4. 行为的规范性。人的外在行为是受心理或意识支配的，是有自觉性和目的性的。心理健康的社区矫正对象，能够按照行为规范的要求，约束自己的外在行为，使自己的行为方式与自己所扮演的社会角色（社区矫正对象）协调一致。并且社区矫正对象的行为是一贯的、同一的，而不是反复无常的；行为反应适当，反应的强度与受到刺激的反应相一致。乐于参加学习和劳动，并能够在学习和劳动中充分地发挥自己的潜能。

5. 自我意识的健全性。社区矫正对象在社区矫正过程中，能够正确地对自己的生理状况、心理特征以及对自己的社会地位和社区矫正方式，自己与社区矫正工作者、社区矫正志愿者和其他人的关系加以认识，建立自己作为“犯人”的角色意识。既能客观地评价其他社会成员，也能正确地认识自我。

6. 社会适应的协调性。社区矫正对象能够根据自己所处环境、法律身份的变化，在社区矫正中及时调整自己的心态，与社区矫正协调一致。面对社区矫正采取健全的适应方式，对于自己社区矫正中所出现的学习、人际关系等问题能妥善解决，有一定的挫折承受力和应付生活事件的能力。

7. 个性结构的完整性。个性心理因素均衡发展，有正确的人生观，有良好的兴趣和常态的需要结构，能克服不良的性格缺陷。

上述七个方面的特征是社区矫正对象心理健康的标志。如果把生理和心理两方面的条件联系起来考虑，社区矫正对象心理健康的内容应包括下面五个方面：（1）有正常的智力水平；（2）健全的人格发展状态；（3）没有心理异常表现；（4）丰富而稳定的情绪状态和情感生活；（5）充沛的生命活力。

社区矫正对象作为社会中的一个特殊群体，在心理健康的水平上有自己的特点。因此，我们对社区矫正对象心理健康的标准进行归纳和总结，并在社区矫正对象心理健康教育中，使每个社区矫正对象都能正确认识和分析自己的心理状况，定将促进社区矫正对象心理健康的发展。

二、心理健康教育的原则

（一）主体性原则

社区矫正对象是心理健康教育实践体验的主体。主体性原则是指在心理健康教育中，要依据心理教育的自我教育原理，尊重社区矫正对象的主体地位，调动社区矫正对象的主动性、积极性，把科学教育与自我教育相结合，培养社区矫正对象自我心理修养能力。

主体性原则是自主性教育思想的体现。主体性教育是一种培育和发展教育者的主体性的社会实践活动。所谓主体性，是指主体在对象性活动中表现出来的本质特征，它集中体现为社区矫正对象的自主性、能动性和创造性三个方面。自主性，是指社区矫正对象不断认识自我和完善自我；能动性，是指社区矫正对象选择和适应外界的能力；而创造性是指社区矫正对象超越现实的能力。主体意识和主体能力是社区矫正对象全面发展的原动力，决定了主体性发展水平。主体性的心理机制是自我意识，它包括自我认识、自我体验和自我调节。因此，自我教育是心理教育的基本原理。社区矫正中进行心理健康教育必须充分遵循社区矫正对象心理变化、发展的规律，从社区矫正对象主体需要出发加以科学引导、帮助。只有将心理健康教育内化为社区矫正对象的信念追求，才能达到预想的效果。

（二）协同性原则

所谓协同性原则，是指在心理健康教育工作中，要树立科学的心理发展观，贯彻心理教育的知、情、意、行统一的原则，致力于优化社区矫正对象心理素质结构，促进社区矫正对象整体素质的提高。

健康心理的形成过程是知、情、意、行等基本心理成分相互作用、协调发展的过程。社区矫正对象健康心理的形成，就其最基本的心理过程来看，是某种政治思想和道德的认识转化为相应的心理、行为的过程，道德认识、道德情感、道德意志、道德信念和道德行为是健康心理的基本心理结构。从心理素质结构来看，认识属于智力因素范畴，它的形成受一个人智能水平的影响；情感、意志、信念和行为属于人格因素范畴，它的形成受制于一个人的人格因素水平和品质。社区矫正对象健康心理的形成，是社区矫正对象心理素质结构即智力因素和人格因素协同发展的结果。

科学心理发展观认为，有效教育对个体心理发展起主导作用，而心理发展又是有效教育的背景和前提。教育从本质上讲是一种塑造“灵魂”与开启智慧的活动，其最终效应体现在社区矫正对象的心理发展方面，即通过促进个体的心理变化、发展而加以表现。贯彻实施心理教育的协同性原则，一方面，要致力于优化社区矫正对象心理素质结构，促进智力因素和人格因素的协同发展。单纯强调一方而忽视另一方都无法达到目标。另一方面，在制定心理健康教育目标与选择心理健康教育内容时，要重视心理健康教育与德、智、体、美之间的相互结合、相互渗透，不能把心理健康教育与其他各种教育割裂开来。① 社区矫正工作者作为社区矫正对象心理健康教育的施教方，必须协同社区内外一切可协同的因素，才能取得良好的效果。社区内全员参与，做到教育育人、管理育人、服务育人；对外通过社会各方的参与，向社区矫正对象传授有关心理健康教育知识、技巧，争取得到多方的支持；同时，对个别社区矫正对象的心理健康教育，可通过联系当地专家、学者或专业咨询机构，协同进行。

（三）实践性原则

心理健康教育强调社区矫正对象的情感体验，基本理论知识教育必须与实践相结合。所谓实践性原则，是指心理健康教育要依据心理教育的知行统一的原理，通过实践活动培养社区矫正对象良好的心理品质，提高心理健康水平。

健康心理是在社会实践中形成的。人的社会实践表现为人类从现实中汲取理想，然后

① 王希永、瑞博：《心理教育概论》，开明出版社 2000 年版，第 127~129 页。

又化理想为现实的过程。而这个社会实践的过程既是社会改造主体的过程，同时也是主体改变自我、发展自我、实现理想、塑造健全人格的过程。因此，社会实践在社区矫正对象的人格塑造过程中具有重要作用。科学的心理发展观认为，活动和交往是沟通客观世界和主观世界的桥梁，是形成思想品德和人格品质的源泉。社区矫正对象的心理品质和思想品德的形成，是在活动和交往的基础上，接受社会环境和家庭、学校教育的影响，将社会行为规范内化为稳定心理特征的过程，其形成的心理机制是坚定的信念和习惯化了的行为方式的统一。信念是坚信行为规范的正确性，并伴有情绪色彩与动力性的观念，它是一种主动要求得到维护与实现的观念动机。信念是深刻的认识、强烈的情感和顽强的意志的统一。只有一定信念与相应的行为方式之间形成稳固的联系成为行为习惯时，社区矫正对象的心理品质和道德品质的形成才能达到较为完善的程度。

贯彻实施实践性原则，就是在心理教育过程中要依据知行统一的心理教育原理，既要重视课堂教育，更要注重实践教育、情感教育和养成教育。心理教育不是单纯心理学知识的传授，重点是社区矫正对象行为的塑造和矫正。例如，教会社区矫正对象了解自己、了解自己与社会的关系和心态调适方法，其目的是使社区矫正对象学会自我分析、自我体验和自我调控，学会排除学习生活中遇到的困惑、烦恼、焦虑等消极情绪，能够解决实际问题。因此，社区矫正对象心理健康教育要以课堂教学、课外教育指导为主要渠道和基本环节，形成课内与课外、教育与指导、咨询与自助紧密结合的心理健康教育工作网络和体系。首先，课堂心理健康教学必须结合实际，多通过案例教学、体验式活动课、行为训练课等来提高教学效果。其次，要坚持课堂教育与课外实践活动相结合，组织社区矫正对象参加陶冶情操、磨炼意志的社会文化和社会实践活动，去实践、体验所学的心理健康教育知识，使社区矫正对象在活动中的精神生活得到完善，心理品质得到磨炼。

（四）教育性原则

所谓教育性原则，是指在进行心理健康教育中坚持德育的方向性原则，发挥德育的定向功能，始终注意培养社区矫正对象积极进取的精神，树立正确的世界观、人生观和价值观。

社区矫正对象心理健康教育工作要重在建设，立足教育。通过多种形式对不同年龄层次的社区矫正对象进行心理健康教育和指导，培育社区矫正对象的心理素质，健全人格，增强承受挫折、适应环境的能力。广义的德育包括政治教育、思想教育、品德教育和心理品质教育。社区矫正对象心理健康教育作为德育的重要组成部分，其总目标是提高社区矫正对象的心理素质，充分开发他们的潜能，培养社区矫正对象乐观、向上的心理品质，促进社区矫正对象人格健全发展。心理健康教育的目标与德育一致，心理品质与品德的形成机制相同，其途径和方法亦存在融合性和相互影响。因此，心理健康教育必须与德育密切结合，发挥德育的定向和发展个性的功能，坚持教育性原则。德育保证社会主义性质和方向，而教育性原则鲜明地体现了我国社会主义心理健康教育的特点和要求。① 贯彻教育性原则，首先，必须坚持以马列主义、毛泽东思想、邓小平理论、“三个代表”重要思想、

① 莫雷：《教育心理学》，广东高等教育出版社 2002 年版，第 382 页。

科学发展观和习近平新时代中国特色社会主义思想为指导，贯彻党的教育方针，坚持以人为本，教育和引导社区矫正对象树立中国特色社会主义理想信念和正确的世界观、人生观和价值观，养成高尚的思想品质、良好的道德情操和心理品质，使社区矫正对象具备良好的个性心理品质和自尊、自爱、自律、自强的优良品格，具有较强的心理调适能力。在心理健康教育中，社区矫正机构把促进社区矫正对象人格完善、培养健全人格作为心理健康教育的最终目标。其次，要正确认识和处理德育与心理健康教育的关系。心理健康教育与德育的根本目标，虽然都是促进社区矫正对象身心全面和谐发展和整体素质的提高，但是它们目标的侧重点是不同的。我们不能把社区矫正对象的心理问题简单归结为思想品德问题；既不能用德育工作代替心理健康教育，也不能以心理健康教育取代德育工作。在日常德育工作中，要注意区分社区矫正对象的思想道德问题及心理问题，要善于对社区矫正对象的心理问题有针对性地进行辅导或咨询。同时，心理健康教育对德育的促进作用是不容忽视的。心理健康教育丰富了德育的内容，扩展了德育的方法，增加了德育的途径，巩固了德育的心理学基础。社区矫正机构开展心理健康教育工作的一项重要任务，就是要增强社区矫正对象德育工作的针对性、实效性和主动性。因此，社区矫正工作者要学习和掌握心理学知识，运用心理健康教育原理，并借鉴和运用心理健康教育的方法和手段来为德育服务；应从心理健康教育的角度去更新德育模式，如体验教育模式、角色教育模式、讨论式教育模式。这些模式就是利用心理健康教育来进行德育，通过充满人情味的教育方式，启发社区矫正对象的自我认识、自我调适、自我激励、自我实现，充分调动社区矫正对象的积极性，发挥他们在德育中的主体作用，使德育活动在新的模式中运作，以取得较好的效果。

（五）发展性原则

发展性原则，是指把心理健康教育的重点放在对社区矫正对象潜力的挖掘、人格的完善和思维能力的培养上，尽可能发挥社区矫正对象多方面的才能，促进社区矫正对象的成长，即坚持“成长中心”（growth-centered）而不是“问题中心”（problem-centered）。正如美国心理辅导专家帕德逊（C. H. Patterson）认为：“心理健康教育应该协助受教育者成为一个负责、独立且能够自我实现的人，有能力为自己的行为作出决定。”因此，不管是心理教育课程的设置或者是心理辅导的方式和内容，都应重视建设性的、发展性的指导，帮助社区矫正对象更好地了解自己，客观公正地评价自己，根据自身的条件对未来进行科学的、合理的定位，使他们在价值取向、职业取向上都符合社会发展和个人的客观条件，扬长补短。同时，根据社区矫正对象经常出现的心理问题有的放矢地进行教育。事实上，社区矫正对象中出现的心理问题大多是成长、发展过程中的问题，大多数是反映性的、阶段性的，只要对他们及早地进行人生的发展教育，问题就会相对减少，即使有问题出现，也是非主流的、暂时的，因此，无须夸大问题的出现，使主导教育方向走入歧途。

三、心理健康教育的一般内容

心理健康教育是传授和普及心理健康的知识和方法，维护和促进心理健康的教育和干预活动。根据社区矫正对象心理健康状况和心理健康教育的实际需要，心理健康教育的内

容主要包括：①

（一）心理健康基本知识教育

向社区矫正对象传授和普及心理健康知识，是社区矫正对象心理健康教育工作的重要组成部分。通过学习，社区矫正对象要掌握心理学和心理健康科学的基本常识，了解感知觉、记忆、情感、思维、意志等心理过程，动机、需要、能力、气质、性格等个性心理结构，以及自我意识方面的基础知识，树立关于心理健康的科学观念，懂得心理健康的表现与判断标准，了解影响心理健康的各种可能因素及其关系。

（二）认知模式教育

认知模式教育是让社区矫正对象掌握认知的概念及其与心理健康的关系，了解社区矫正对象中常见的各种不良认知模式的表现及其危害，理解并掌握克服认知障碍的方法，培养正确的认知模式和思维方法。

（三）积极情感教育

积极情感教育是让社区矫正对象认识到情绪情感与心理健康之间的关系，了解社区矫正对象中常见的各种消极情绪情感的表现，懂得并掌握疏导、消除不良情感体验的原理与方法，建立积极向上的情感特征。

（四）意志力和生活方式优化教育

意志力优化教育主要是让社区矫正对象充分了解意志对心理行为的调控作用，懂得意志品质对心理健康产生的影响，了解社区矫正对象在意志品质缺陷方面的具体表现及其克服方法，增强心理承受力，培养优良的意志品质。

生活方式优化教育是让社区矫正对象懂得不同生活方式与心理健康的关系，了解社区矫正对象不良生活方式的具体表现及其改变方法，建立良好的生活方式。

（五）人格健全教育

人格健全教育是让社区矫正对象掌握健全人格和不健全人格的概念，认识到不健全人格对个体心理健康的消极影响，了解社区矫正对象常见的人格缺陷，掌握消除不健全人格和培养健全人格的方法。

（六）自我意识教育

自我意识教育是让社区矫正对象掌握自我意识的概念及其形成规律，懂得自我意识在个体心理健康中的地位与作用，了解社区矫正对象常见的自我意识方面的缺陷或不足，理

① 司法部监狱管理局编：《心理健康教育》，法律出版社 2005 年版，第 28~30 页。

解并掌握建立和完善自我意识的方法。

（七）人际和谐教育

人际和谐教育是帮助社区矫正对象懂得人际关系与心理健康的关系，认识到社区矫正对象特殊身份对其人际关系产生的影响，了解社区矫正对象常见的人际交往障碍及其消除方法，掌握人际交往的常识与技巧，建立和谐的、有助于社区矫正对象良性发展的人际关系。

（八）不同社区矫正阶段和不同问题的心理健康教育

入矫阶段、社区矫正中期、社区矫正后期的社区矫正对象，各有不同的心理健康问题，教育的内容也各有不同和侧重。

不同问题的心理健康教育，是面向少数具有心理、行为问题的社区矫正对象所开展的心理咨询、行为矫正训练等教育内容，多属矫治范畴。具体而言，包括社会生活适应障碍问题、人际关系障碍问题、自我认知偏差问题，也包括情绪问题，如抑郁、恐惧、焦虑、紧张、忧虑等情绪的调节与辅导等。

（九）不同类型社区矫正对象的心理健康教育

主要指针对特殊类型的社区矫正对象开展专门的心理健康教育。所涉及的社区矫正对象主要指未成年社区矫正对象、女性社区矫正对象、物欲型社区矫正对象、性欲型社区矫正对象、情绪型社区矫正对象、信仰型社区矫正对象等，还包括老病残社区矫正对象、少数民族社区矫正对象的心理健康教育等。

（十）心理测量、心理咨询与心理治疗知识教育

心理测量、心理咨询与心理治疗是心理矫治工作的不同环节。就是让社区矫正对象掌握心理测量、心理咨询与心理治疗的概念、功能与流程等相关知识，在此基础上能够积极参加心理矫治，正确看待心理测验的结果，主动寻求心理咨询的帮助，积极配合心理治疗。

第三节　社区矫正对象心理健康教育的方式

心理健康教育应贯穿在社区矫正工作的活动之中。开展心理健康教育的途径和方法可以是多种多样的。特别是在社区之中，不仅要创设符合社区矫正对象心理健康要求的外部社会环境，而且要营造符合社区矫正对象心理发展需要的内部家庭环境，这样，才能减少各种心理问题和行为问题的出现，促进和提高社区矫正对象的心理健康水平。

一、心理知识教育的方式

心理知识教育是以培养和发展个体的心理素质为目标，向个体传授心理学的观点、知

识和方法，对个体进行心理和行为训练的一种有计划的教育活动。而社区矫正对象心理知识教育是指在对社区矫正对象矫治过程中，围绕社区矫正对象矫治的目标，向社区矫正对象传授心理学的思想、知识和方法，对社区矫正对象进行心理、行为训练，以培养和发展其作为一个公民所应具有的心理素质的一种教育活动。

从社会化的角度来看，心理素质是基本社会化和发展社会化的基础，对于社区矫正对象的再社会化具有重要的意义，也是社区矫正对象适应社会与文化环境所必需的。那么，我们对社区矫正对象的心理知识教育，要求其心理素质至少应具备以下基本特质：[①] ①正确的自我观念；②健康的情绪体验；③热爱生活，积极地学习和工作；④和谐的人际关系；⑤正视现实，接受现实；⑥行为正常，人格完整和和谐；⑦心理行为符合年龄、性别等角色特征。

我们在对社区矫正对象心理知识教育过程中，剖析社区矫正对象违法犯罪的心理历程，强化社区矫正对象的心理健康水平，才能提高其社会适应能力。与思想、知识、技能和身体素质相比较，心理素质起到了一种接纳、推动、激活、定型以及个性化的作用。因此，心理知识教育是社区矫正心理矫治工作所必不可少的。它所针对的是社区矫正对象的心理缺陷，注重的是社区矫正对象的心理健康和心理发展，促使社区矫正对象积极主动地争取个性社会化，所以，它是一种有益的教育活动。

鉴于此，心理知识教育的任务，主要应包括以下几个方面：①提高社区矫正对象对心理素质教育重要性的认识，特别是对社区矫正对象自身的意义所在；②了解基本心理学知识，把握心理活动的机制和规律；③了解心理素质的构成及其对自己心理矫治的作用；④掌握自我评价、自我调控和自我发展的途径和方法；⑤形成积极健康的个性心理。

在这里，必须明确一点，那就是在社区矫正中对社区矫正对象的心理知识教育，必须以对社区矫正对象的矫治活动为前提，同时带有一定的强制性。也就是说，对于社区矫正对象而言，在接受社区矫正中，必须接受心理知识教育，把它作为整体矫正教育的一部分，这也是和一般心理知识教育的本质区别。

二、心理问题的调适方式

社区矫正对象心理问题的调适方式可以结合心理矫治和日常的社区矫正工作，组织专门的心理健康教育活动。

（一）在社区矫正工作中设置心理健康教育课程

以心理健康教育为核心，有计划、有步骤地针对社区矫正对象的心理问题，让社区矫正对象学习心理卫生基础知识，学习与心理问题产生相关的心理学原理，学会不良心理自我调节与控制的方法，培养良好的心理品质，使社区矫正对象心理健康教育与社区矫正的其他活动紧密结合在一起。

在心理健康教育中，除了运用诸如墙报、手机信息、心理卫生手册等辅助教育方式之

① 阮浩主编：《罪犯矫正心理学》，中国民主法制出版社 1998 年版，第 331 页。

外，还应当把理论学习和心理训练相结合，应当运用典型案例剖析、集体讨论、情景训练、角色扮演等多种方法进行教学，强化社区矫正对象自身对心理问题的自我克服和调适。

（二）集体心理健康教育

集体心理健康教育是针对社区矫正对象群体中所存在的共同心理问题而采取的教育疏导措施，它与对社区矫正对象所进行的健康课程教育有明显的不同，是着力解决社区矫正对象群体所存在的心理问题而开展的心理健康教育活动，主要是致力于增长社区矫正对象的心理卫生知识，转变健康观念，提高自我调控能力。社区矫正对象处在同一社区矫正的环境中，常常会由于共同的诱因，产生一些共性的心理问题。而对这些共性的心理问题，采取集体心理健康教育是最佳方式。

（三）个别心理健康教育

共性寓于个性之中，对社区矫正对象的集体心理健康教育，固然能使社区矫正对象集体中存在的共性的心理问题得到缓解或克服，但由于认识能力、理解水平、心理问题对个体的影响程度等存在着个体差异，同时，不同的社区矫正对象个体，在其心理问题上也存在着差异，因此，需要采取个别教育的方法，以更为具体和切合实际的手段予以解决。

个别心理健康教育，最为突出的就是一对一的模式，在深刻把握心理问题，具体进行分析的基础上，达到解决问题的终极目的。因此，对社区矫正对象的个别心理健康教育，要综合运用个别咨询和个别教育的技巧，循序渐进，其效果也是十分明显的。

（四）社区矫正对象的自我教育

心理健康教育的成功与否，在很大程度上有赖于社区矫正对象积极投入和主动参与。因此，社区矫正对象对自我的自理、自学、自我训练和自我实践是心理健康教育的重要形式和方法。

实践证明，社区矫正对象自我教育最主要的方法就是自我情绪的调节，其手段包括：一是正确认识自己的社区矫正，保持心理平衡。对自己受到刑罚惩罚要有一个正确的认识，要客观地作出评价，多从自己走上犯罪道路的原因入手，寻找自身存在的社会化缺陷，正确对待引起不良情绪的事件，保持一个平衡的心态。二是在必要时，可采取一些心理防御手段，以避免或减轻有害情绪造成的痛苦。

大量的理论研究证明，社区矫正对象不是社区矫正的积极客体，而是能动的主体。所以，在心理健康教育方法上，社区矫正工作者、志愿者等应注重社区矫正对象的主体地位，努力探索以社区矫正对象为学习活动主体的教育方法。例如，鼓励社区矫正对象写日记，在日记中，社区矫正对象作为主体的我对客体的我进行感受、体验和认识，在写日记的过程中进行自我理性构建。社区矫正工作者、志愿者等所要做的，是指导社区矫正对象如何将写日记的过程转化成为一种思考的过程，而不是单纯记录日常琐事。对于社区矫正对象的不健康心理，在外部力量介入的同时，应注重社区矫正对象自我调节方法的传授。

如有人提出并尝试运用的精神超越法、以情胜情法、性情陶冶法、自我控制法、以理节欲法、自我激励法、静态安神法、转移目标法、释疑纠偏法、角色互换法、厌恶刺激法等，都可以向社区矫正对象传授，并予以正确引导。

在开发社区矫正对象自身潜力的同时，还要注重利用社区矫正群体的力量，造就一种积极的心理互动的环境。比如，编排心理游戏、心理剧，组织心理矫治典型进行现身说法等。与此同时，为社区矫正对象创造一个相对宽松的心理互动环境，以便他们相互之间施加有益的影响，彼此之间建立和谐的人际关系。

（五）社会教育

个人具有什么样的心理状态，以及选择什么样的发展方向，受到社会各方面的影响，并且与个体当前所处的社会地位以及个体对这一社会地位的认识有很大的联系。虽然社区矫正对象所处的社区矫正环境是一个特定的社会环境，但它与社会有着千丝万缕的联系，宏观社会环境对社区矫正对象个体的心理发展起着制约和影响作用。因此，对社区矫正对象的心理健康教育也应当是一种开放教育。首先，应当以当前的社会状态和未来社会的发展为背景，选择社区矫正对象所关心的或与社区矫正对象有密切关系的问题，组织健康教育的内容。其次，运用各种社会关系，开展形式多样的、由社会各界参与的心理教育形式。当社区矫正对象感受到并理性地意识到社会对他的接纳和要求时，会形成积极向上的自我动力，强化自体克服心理问题的能力。

三、心理辅导方式

心理辅导是指针对一个人的心理和行为的发展，运用心理学的知识和方法，提供帮助和指导。因此，它的性质仍然是帮助和顾问行为。

所谓社区矫正对象的心理辅导，是指在对社区矫正对象进行心理矫治的过程中，为了社区矫正对象的心理卫生和健康，针对社区矫正对象的心理问题和障碍，运用心理学的知识和方法，以社区矫正对象自我适应和自我发展为目的，对社区矫正对象的心理矫治给予帮助和指导，促进社区矫正对象重新社会化的行为。它以提高社区矫正对象的自我适应和发展为目的，因此，对社区矫正对象的心理辅导所能产生的功能，也主要表现在提高社区矫正对象的适应能力，确立自己的法律地位，认清自我发展目标，对自我行为作出选择和决定；调整社区矫正中的情绪状态，激发积极的情绪体验，提高认知能力，养成良好习惯，实现和发展自我的社会化。社区矫正对象心理辅导的内容主要包括：

（一）适应辅导

社区矫正对象在社区矫正初期，最易产生的心理问题就是社区矫正适应，因此，对社区矫正对象进行社区矫正适应辅导，是帮助社区矫正对象正视现实，了解自我，增强适应能力的重要手段。通过适应辅导，了解并帮助解决社区矫正对象的实际问题，调查并处理社区矫正对象的特殊行为问题，指导社区矫正对象正确处理人际关系，促进积极的社会交往等，是社区矫正对象避免并克服心理问题和心理障碍产生的有效途径。

（二）学习辅导

帮助社区矫正对象积极参加社区矫正机构组织的学习活动；激发社区矫正对象的学习动机，形成良好的学习态度；指导社区矫正对象养成健康的、积极向上的心理意向和行为习惯。

（三）劳动辅导

指导社区矫正对象提升社会责任感、家庭责任感，用劳动承担自己的家庭责任，亲身体验劳动创造社会价值的意义，逐步确立正确的价值取向和生活方式，培养劳动观念和劳动习惯；帮助社区矫正对象了解自身的职业倾向与潜能，选择职业目标，掌握劳动技能；辅导社区矫正对象适应社会、重新就业。

（四）障碍辅导

当前，在社区矫正对象的心理中，存在的主要问题是认识障碍、情感障碍、行为障碍和个性障碍，而心理障碍居首位的是人际关系紧张、社会交往不适、社区矫正焦虑，不能适应社区矫正的生活，不能很好地根据环境的要求来改变自己，产生嫉妒、神经质、偏激、狭隘、自卑等。形成这些心理障碍的原因有很多，既有先天的，也有后天的，既有主观的，也有客观的。涉及遗传因素、生理条件、身体状况等方面的原因。对待存在心理障碍的社区矫正对象，辅导策略可采取：第一，开设心理学专题讲座，让社区矫正对象学会并掌握维持心理健康的知识和技能，进行有效的心理疾病预防。我们要针对社区矫正对象面临的各种心理矛盾和心理冲突，进行释难解惑，提供调适方法，使他们取得心理平衡，防止产生偏差心理。比如开展形式多样、生动活泼的心理健康教育活动，或者通过各种教育手段渗透到心理健康教育中，以及利用体育手段促进社区矫正对象心理健康等形式，让社区矫正对象从多角度、多场合接受心理健康教育。第二，加强理想教育，培养社区矫正对象的社会责任感。开阔视野、拓宽心胸，树立起崇高的生活理想和目标，把注意力集中在有意义、有价值的大事上，使眼光从狭隘的个人圈子里解放出来。让社区矫正对象从培养自身的责任感开始，安排好自己的业余时间，善于利用各种场合，把握各种机会，使自己得到充分的锻炼。同时，善于吸取别人的意见，不要盲目地反叛、拒绝善意的批评和帮助，形成科学、正确的人生观、世界观和价值观。第三，社区矫正工作者、志愿者等要与社区矫正对象建立一种尊重、真诚、理解的关系。关注和接纳社区矫正对象，专心聆听社区矫正对象发表意见，不轻率地对社区矫正对象的观点横加评判，同时，应胸怀坦白，应站在社区矫正对象的立场上，体会、认识社区矫正对象的观念和行为。创造良好的集体氛围，举办丰富多彩的文体活动、行为养成活动等，引导社区矫正对象消除不良品行。注意榜样人物对社区矫正对象的亲切性、可学性与感染性，增强其对榜样的理解、认同与效仿。因此，作为社区矫正工作者、志愿者等，同时又是社区矫正对象的心理咨询者，一是要增强个人修养，注意发挥日常生活的表率作用，避免在社区矫正对象心中形成不良形象；二是要真诚关注，设身处地地感受社区矫正对象面临的心理困惑，并以此为基础共同寻找解决的策略。帮助社区矫正对象制订切合实际的社区矫正目标和社区矫正计划，以增强社区矫正自信心，引导社区矫正对象正确对待社区矫正中出现的烦恼，学会消除烦恼的各种方法。

四、心理危机干预方式

心理危机，是指个体在生活中遇到了诸如婚姻破裂、亲人去世、身患绝症、人际挫折等重大生活事件的突然打击而引起的心理严重失衡状态。而心理危机干预也叫危机行为干预，它是对处于心理危机状态中的个体进行紧急调停，帮助其从危机中解脱出来，避免危机行为的产生或恶化，缓解心理冲突，恢复心理平衡的一种方法。

社区矫正对象心理危机的干预，是指对处于心理危机或已经产生危机行为的社区矫正对象进行帮助和指导，使其从危机中摆脱出来，取得心理平衡，形成积极健康的心理。实践证明，社区矫正对象在社区矫正过程中，由于突如其来的紧急性生活事件，会导致社区矫正对象产生焦虑、恐惧、愤怒、过度抑制，对社区矫正工作者、志愿者等产生敌意，引起精神紧张，导致心理危机，出现逃避、自我封闭，与社区矫正工作者、志愿者等相对抗，出现自伤、自残或自杀等危机行为。尤其是社区矫正对象处在刑事执行状态下，由于应激的能力下降，所以出现危机的可能性大大提高。

我们对社区矫正对象心理危机的干预，就是要求社区矫正对象在面对紧张性生活事件时，重新考虑应付生活事件的策略，改变自己的行为方式，应用积极有效的行为方式，保持自己的心理平衡，增强个体应付危机的能力。

在心理矫治过程中，心理危机干预的作用或本质，是充分注意社区矫正对象个体心理危机的特征及其产生的原因，及时主动地介入，直接有效地干预，通过帮助、指导和关怀，使社区矫正对象的心理危机得以控制或消除，尽快地恢复健康心理，积极地面对人生，它对社区矫正对象的心理矫治具有十分重要的意义和不可替代的作用。

对社区矫正对象心理危机的干预，要建立在正确刑事执行基础之上，要遵循“教育与改造相结合”的原则。阮浩先生在其主编的《罪犯矫正心理学》一书中，归纳了九个方面的具体方法：①

（一）给予精神支持，帮助社区矫正对象有所作为地正视危机

精神支持不是虚假的安慰，也不是奉承或迁就，而是要求社区矫正对象有足够的勇气面对当前的危机，告诉他必须而且可以依靠自己的力量解决危机，或从危机中解脱出来。

（二）提供倾诉思想、宣泄情感的机会

危机性行为往往是在强烈的破坏性情感中产生或发展的，如痛恨、愤怒、恐惧、绝望

① 阮浩主编：《罪犯矫正心理学》，中国民主法制出版社 1998 年版，第 327~329 页。

等。外在干预可能有效，但如果抑制过度反而适得其反。让社区矫正对象倾诉自己的想法，宣泄自己的情感，可以使社区矫正对象暂时地获得心理平衡，同时，也为对付这些情感创造条件。

（三）给予接纳与理解

无论如何，危机性行为的产生总是事出有因。社区矫正对象往往把“因”更多地推向客观，但只要事出有因，不妨先予以承认。一个被接纳与理解的人，要求他接纳与理解他人，以及接纳与理解对自我的正确评价与控制，其可能性要大得多。

（四）成为社区矫正对象的帮助者和支持者

产生心理与行为危机的人，往往是最需要帮助和支持的人。或者说个人在处于心理、行为危机的时候，最容易感觉到他人的帮助和支持。因此说心理或行为危机的干预者，应该也必须成为社区矫正对象的帮助者和支持者，而不只是帮助社区矫正对象解决当前的危机。更重要的是支持社区矫正对象面对自己的现实和未来，自己去应付危机，解决问题，获得自我的调节与发展。

（五）如实地提供信息

不应回避问题、掩饰问题，也不能夸大问题、歪曲问题，而应当面对问题、正视问题，这样才有助于问题的分析与解决。因而，在恰当的时候，在施行以上的方法并且见效的时候，应该向社区矫正对象如实说明问题的真相，提供有关各方面的信息。

（六）探讨未来的后果

如实地面对问题，为的是分析问题和解决问题，关键是探讨解决问题的不同方式及其后果，了解合乎社会要求的个人切身利益的所在，指明出路，给予希望。

（七）给予希望和传递乐观的精神

在社区矫正对象诉说了内心的真情实感，表达了沮丧的精神负担，了解了问题的真相以及可能带来的后果，急于寻找行为的方向时，是将希望与乐观情绪传递给社区矫正对象的最好时机。而在社区矫正对象正处于消极情境中，其精神负担尚未暴露时，过早地给予希望和乐观，等于轻视、逃避或否认这种负担，很可能得不偿失。

（八）提出恰当的劝告和建议

经过以上环节，如果社区矫正对象能够直面现实又对自身的未来充满信心，可以让社区矫正对象自己去处理今后的问题或结合以后的矫正工作进一步地提供帮助和指导，而不必直接劝告或提出具体的建议。但如果社区矫正对象此时仍然不得其解，不知所措，恰当的劝告和建议对他们来说还是必要的。劝告与建议不是随意应付或想当然的，这样的话很可能前功尽弃，而应该经过深思熟虑，提出有效的并且是可行的方法。

（九）采取特殊的措施

基于社区矫正对象自身的特殊性，对于心理危机严重的社区矫正对象，可采取特殊措施，包括行为的制止或制裁；隔离、监视或社会群体的控制；家庭、亲友等交往关系的介入。

五、建立合理化的矫正对象心理防卫机制

在心理学上，所谓心理防卫机制，是指当一个人心理上受到挫折或困难时，自我采取调节的措施或机制。精神分析学家认为，它是人在潜意识中自动进行克服本我和自我冲突时所释放的焦虑，以保护自我的方法。

心理防卫机制所体现的是人的适应机制，即物体对环境变化的适应水平，在环境突然变化以后，用习惯了的行为方式不能适应，于是自觉或不自觉地采取一系列方法，以减少紧张、减轻焦虑、维护自我，取得心理上的平衡。而人的适应水平，又是有机体受刺激作用所产生的心理效应。它一方面取决于刺激物体特性，另一方面还取决于有机物的适应水平。引起机体某种反应或使机体产生中性反应的刺激值，称为适应水平。适应水平以下的刺激值不能激发反应或只能激发负反应。刺激引起的心理效应强度可以用它与适应水平间的差距来度量，这个差距越大，刺激引起的心理效应就越大。

心理防卫机制对人的心理的调节作用，常常在不知不觉中发挥出来。它有其自身功能，对社区矫正中的社区矫正对象而言，这种功能表现得更为突出，它有利于社区矫正对象在自我受到侵袭时随时采取自动的防卫行为。归纳起来看，社区矫正对象心理防卫机制具有的功能包括：一是减低情绪冲突；二是从自身内在的具有危险的冲动中保卫自己；三是缓和伤感经验和情绪的感受；四是减轻失望或失望的感受；五是消除个人内在态度与外在现实之间的冲突；六是协助个体保持其充实感和价值观。

心理防卫机制在其功能发挥上有积极与消极两种作用，积极作用是对偏激或攻击性行为有缓解作用；能暂时消除内心的痛苦和不安；可能引导出解决问题的办法等。消极作用是它对现实存在的问题并不能真正从根本上解决，往往带有一种“自我欺骗”的性质。它常常只起到使人逃避现实的消极作用，有时还会使实际问题复杂化，提高心理冲突的程度。

在这里，需要强调的是，社区矫正对象建立心理防卫机制的目的在于处理自己与现实的关系，以消除心理的挫折，求得内心的安宁，是社区矫正对象的一种“自我”保护方法。

第四节　社区矫正对象心理健康教育的“三全育人”模式

心理健康教育的“三全育人”模式，要求在社区矫正工作中树立“三全育人”的理念，提高全员的心理育人能力，注重心理育人的全过程参与，形成全方位育人格局，真正

落实“三全育人”，更好地发挥心理健康教育的作用。

一、心理健康教育的“全员育人”

心理健康教育的“全员育人”，就是要求社区矫正多元参与主体参与心理育人，强调社区矫正多元参与主体在心理健康教育中的主导性。一方面是要求社区矫正多元参与主体要树立起育人意识，担负起育人责任感，全面配合，共同协作，发挥对社区矫正对象育人过程中的积极作用。另一方面，社区矫正的“全员育人”强调社区矫正对象的自主参与，发挥社区矫正对象的主体性，注重社区矫正对象的自我教育。

（一）加强社区矫正工作队伍建设

在社区矫正中，对社区矫正对象心理健康教育的“全员育人”，需要一支高素质的社区矫正队伍。在工作队伍中，包括司法行政机关工作人员、社会工作者、企事业单位人员、学校教师、社会志愿者、村（居）委会参与人员等，参与主体的多元性，决定了彼此之间各有侧重。其中参与心理健康教育的专业人员是开展教育活动的主导者，是反映心理健康教育质量和水平的关键因素，具有主导性质。因此，心理健康教育落实“全员育人”的关键就在于加强心理健康教育师资队伍建设，形成心理健康教育的主导力量，充分发挥队伍的教育积极性和创造性，提高心理健康教育效果和育人水平。

在社区矫正的实际工作中，社区矫正机构可以建设一支以专职心理健康教育人员为骨干，以兼职人员为补充，专兼结合、专业互补、相对稳定、素质良好的心理健康教育师资队伍。加强心理健康教育专职队伍的建设，最重要的就是要与时俱进，把好专职人员的入口关、培训关和考核关。一是把好入口关，就是要根据不断变化的心理健康教育的需要，拓展选拔视野，集聚优质资源，整体推进心理健康教育专职队伍建设，心理健康教育专职人员要具有从事心理健康教育的相关学历和专业资质。二是把好培训关，就是要积极开展专职队伍培训，建立和完善专职队伍培训体系，要将专职人员的教育培训贯穿到社区矫正的全过程，上岗前要进行集中培训，过程中也要根据社区矫正对象心理发展的特点和规律不断地跟进和完善培训内容和方法，培训中要注重专职人员对心理健康教育内容的把握，强化专职人员的实践锻炼，要对专职人员每年接受专业培训的时数和参加学术会议的次数有硬性要求。三是把好考核关，除了对专职人员的基础理论知识进行考核，最重要的是对其心理健康教育的能力进行定期和不定期考核，强调专职人员在心理健康教育中的工作方法和思想方法，语言表达要具有生动性，心理健康教育内容的阐述要具有针对性，课程安排的设计要具有实效性，健全专职人员水平的考评机制。

除此之外，还要充分调动其他人员参与心理健康教育的主动性和积极性，重视对社区矫正机构工作人员以及参与社区矫正工作的社会工作者、企事业单位人员、学校教师、社会志愿者、村（居）委会参与人员等开展心理健康教育知识培训，使之掌握心理健康教育的相关专业知识；掌握社区矫正对象的心理特点和发展规律；掌握心理健康教育的有关方法和技能等，提高心理育人能力，成为心理健康教育专职队伍重要、有益的补充力量，从而全面帮助提升心理健康工作队伍的专业化水平。

（二）建立社区矫正对象朋辈心理辅导机制

要实现心理健康教育的发展性目标，单靠心理健康教育专职队伍是满足不了社区矫正对象多层次的心理需要的。在此情况下，落实“全员育人”需要整合各方面育人资源来推动心理健康教育工作的开展。其中，社区矫正对象的朋辈队伍是一个极富创造力的群体，他们有共同的社会生活和社会经历话题、共同的心理特点，更容易亲近、敞开心扉。

社区矫正对象朋辈心理辅导是同伴之间进行的一种具有心理辅导功能的心理助人活动。目前社区矫正中进行朋辈心理辅导主要是通过选拔、培训社区矫正对象个人与团体，比如村（居）委会成员或社区矫正对象的同学、朋友、工友等，运用同龄人之间的心理互助、激励、指导、支持、咨询等活动，来帮助社区矫正对象建立较为良好的社会支持系统，形成良好的个性品质，增加社会适应能力和充分发挥潜能。但是，由于社区矫正对象个体居住分散、心理拒斥、专业性不足等原因，在社区矫正实际工作中，普遍缺乏完善的社区矫正对象朋辈心理辅导机制，无法充分发挥社区矫正对象心理互助的最大效力。因此，建立健全社区矫正对象朋辈心理辅导机制，是发挥心理健康教育的重要措施。

（三）提高社区矫正对象自我管理与教育，开发潜能

心理健康教育的“全员育人”，除了专职师资力量和朋辈辅导，还有一个必不可少的力量的就是社区矫正对象的自我教育，自我教育是促进社区矫正对象形成健全人格的关键。社区矫正对象虽然受到刑罚惩罚，处于人生的挫折阶段，但是，自主意识很强，具备相对成熟的自我管理与教育能力，因此，心理健康教育的关键，就是让社区矫正对象学会认识自己、帮助自己，提高自我意识和自助能力，能够积极冷静地去应对心理困惑和心理冲突，有效预防心理问题的发生，及时进行自我救助。

心理健康教育要提高社区矫正对象自我管理与教育能力，最重要的就是强化社区矫正对象对心理健康教育的认识，转变“心理咨询医病治病”的传统观念，树立正确的心理健康观念。社区矫正机构要努力营造浓厚的心理育人氛围，一方面，通过精心设计教学、宣传、实践活动等各种途径向社区矫正对象普及心理健康知识，增强其心理健康意识，引导社区矫正对象主动正视现实，正确认识和接纳自己，从正面进行自我教育、自我指导，培育社区矫正对象理性、平和的健康心态。另一方面，社区矫正机构要积极搭建心理健康教育自助服务网络平台，为社区矫正对象提供心理知识讲解、心理测试、心理影像视频、心理案例等专栏，社区矫正对象可以获得自身所需的心理学知识，找到提高心理素质的方法，培养积极健康的心理状态，开发自我潜能。

二、心理健康教育的“全过程育人”

“全过程育人”强调的是从纵向的时间角度，要求心理育人工作要贯穿于社区矫正对象社区矫正的不同阶段和心理发展的全过程。社区矫正对象在社区矫正的过程中，在不同的阶段会呈现出不同的特点，存在不同的心理困扰和心理压力，因此，“全过程育人”要

求必须要及时把握好社区矫正对象在不同社区矫正阶段的心理特点和心理发展规律，有针对性地开展教育活动，保证育人工作“无时不在”。

（一）开展心理普查与建档，实时动态监测

根据社区矫正工作要求，社区矫正对象在入矫以后需要对其进行心理状况普查，收集社区矫正对象的心理健康状况数据，并建立社区矫正对象心理档案，实时掌握社区矫正对象的心理状态，及时发现其存在的心理问题，帮助其排查心理障碍，解决心理问题，做好危机预防与干预。

心理健康教育的“全过程育人”，要把握好心理育人的时间因素。对社区矫正对象进行心理普查与测评是社区矫正不可或缺的重要工作之一，也为今后有针对性地开展工作提供了第一手数据信息。首先，开展社区矫正对象心理普查要选用科学、有效、权威的心理测评量表，如16PF、SCL-90、UPI等量表，要完善心理测评方式，分析社会环境、家庭因素、个体生理状态等多种影响因素，准确掌握社区矫正对象心理健康状况及其变化规律，不断提高测评的覆盖面和科学性。其次，根据社区矫正对象心理测试的结果，对存在心理问题的社区矫正对象，社区矫正机构专职人员要及时约谈，并做好后续的跟踪教育和心理咨询辅导；对于问题严重的社区矫正对象，根据具体情况进行心理咨询或转诊，及时联系社区矫正对象家庭成员，帮助其顺利解决问题。最后，要建立健全一套完整的社区矫正对象心理健康档案。社区矫正机构应根据社区矫正对象心理普查情况，对普查结果数据严谨分析，以此建立心理健康档案，作为评估社区矫正对象心理健康水平的第一手资料，以便客观、全面、系统地了解社区矫正对象，同时也作为社区矫正机构制定矫正教育目标、确定矫正教育内容的重要参考资料，为今后的社区矫正对象心理健康教育和监督管理工作奠定科学的基础。此外，要利用心理档案，加强对社区矫正对象心理健康状态的动态监测，实时跟踪指导。比如，社区矫正机构定期向社区矫正对象系统收集材料，更新档案数据，将社区矫正对象的矫正教育成绩、奖惩情况、健康状况等进行搜集、整理并归档，同时将社区矫正不同阶段的个别咨询记录、心理测验等情况归入社区矫正对象心理健康档案，及时准确掌握社区矫正对象心理健康状况新动态，对可能存在的问题能够早发现、早预防、早干预。

（二）加强心理健康教育体系建设

根据近些年社区矫正工作有关政策的要求，社区矫正机构纷纷建构心理健康教育体系，但是在心理健康教育活动实施的过程中，许多地方面临着一些亟待解决的问题，甚至很多地方的心理健康教育活动都未能顺利开展。因此，当前积极开展社区矫正对象心理健康教育体系建设改革与发展研究，建立适应社区矫正对象心理与思想特点，并符合其心理健康教育实际的心理健康教育体系，是具有重要现实意义的。

借鉴教育部《高等学校学生心理健康教育指导纲要》中关于心理健康教育课程体系建设的具体要求，社区矫正对象的心理健康教育课程体系包括以下三个部分：第一，要结合实际，把心理健康教育课程纳入社区矫正整体矫正教育计划中，实现全覆盖。要规范课程

设置，面向全体社区矫正对象开设心理健康教育课程。第二，要完善心理健康教育教材体系，组织编写社区矫正对象心理健康教育示范教材，科学规范教学内容。根据社区矫正不同阶段社区矫正对象的身心发展特点和规律，安排有针对性的教学内容，将心理健康教育的目标细化在教材具体的知识点中。各地可以根据社区矫正对象的特点，设计出具有地方特色的心理健康教育辅助教材，能够更好地适应社区矫正对象需求。第三，要创新心理健康教育教学手段，有效改进教学方法，重视实践与训练，激发社区矫正对象学习兴趣，提高教学效果和质量。比如通过开设心理健康教育在线课程，形成线下线上双向教学，全过程、全方位地满足社区矫正对象需求；教学中灵活安排当前热点问题讨论、典型案例分析、图片展示等，提高社区矫正对象参与学习的兴趣；增设体验活动、行为训练、心理情景剧等，将理论与实践结合，进一步促进社区矫正对象的学习，提高心理健康教育的效果。

（三）完善心理咨询服务机制

我国社区矫正中的心理健康教育是从对社区矫正对象的心理咨询开始的，经过多年科学化、规范化的发展，心理咨询无论是机构设置、硬件设备建设，还是队伍建设等方面都得到了很大的改善，但是整体水平还不高，有待进一步加强。

完善的社区矫正心理咨询服务机制，一是要具备有力的外部“硬件”保障。社区矫正机构要配有独立的心理咨询机构，保证充足的工作经费，不断优化心理咨询服务平台，加强硬件设施建设，设立心理测评室、心理咨询室、团体活动室、素质拓展训练场地等，积极构建系统整合的心理健康教育与咨询服务体系。二是要具备系统灵活的内部“软件”保障。要配备高素质、高水平的心理咨询专业人员，对社区矫正对象实施分类教育引导，针对社区矫正不同阶段、不同类型的社区矫正对象，要精准施策，因材施教，注重解决实际问题，增强心理健康教育的亲和力和针对性。三是要健全心理健康教育与咨询制度。通过个体咨询、团体辅导、电话咨询、网络咨询等多种形式，向社区矫正对象提供经常、及时、有效的心理健康指导与咨询服务。

（四）健全心理危机预防与干预体系

面对社会发展新常态，社区矫正的心理健康教育工作，力争实现“教育教学、实践活动、咨询服务、预防干预、平台保障‘五位一体’”① 的新格局，社区矫正对象心理危机预防与干预工作也需要进一步加强，以健全社区矫正对象心理危机预防机制，完善社区矫正对象心理危机干预体系。

首先，社区矫正对象心理危机的预防与干预要立足预防为主，预防是基础，也是关键。只有把危机预防工作做到位，才能有效降低心理危机及其导致的恶性事件的发生。一是要确立社区矫正对象心理危机预警指标，综合考虑社会支持情况、家庭因素、自身压力等多方面影响因素，建构一套整合心理学科、临床医学、社区矫正机构、社会组织等多种

① 中华人民共和国教育部：《高校思想政治工作质量提升工程实施纲要》，2017 年 12 月 6 日发布。

要素的心理危机预警指标体系，对社区矫正对象心理危机进行客观、量化的评估。二是社区矫正机构要根据当地实际和社区矫正对象的特点，充分利用一切资源和手段，通过课堂教学、线上教学、宣传活动、社会实践等形式，传授给社区矫正对象心理危机预防的相关知识，努力提高社区矫正对象的防范意识与能力。三是要通过建立社区矫正机构、家庭、社区三方联动心理危机预警机制，及时发现心理危机，进行有效干预，把心理危机控制、消除在危机早期。

其次，要完善心理危机干预工作预案，构建全方位、多途径危机干预工作网络。社区矫正机构要建立社区矫正全过程的立体心理预防网络；重点关注社区矫正机构、家庭、社区的三方配合，构建多元参与、协同联动的干预体系；要建立心理危机转介诊疗机制，畅通从社区矫正心理健康教育与咨询机构到社会医院、精神卫生专业机构的心理危机转介绿色通道，及时转介疑似患有严重心理或精神疾病的社区矫正对象到专业机构接受诊断和治疗。

三、心理健康教育的“全方位育人”

“全方位育人”强调的是从横向的空间角度，要求心理育人贯穿于社区矫正对象社区矫正的各个环节，渗透到社区矫正对象日常的监督管理、矫正教育、社会帮扶、公益活动等方面，整合多元化的社会资源，发挥协同育人作用，重视培养社区矫正对象各方面能力，促进社区矫正对象综合素质的全面提升。

（一）开展网络心理健康教育

新时期，以现代信息技术为支撑的新媒体快速发展起来，在改变生活方式、革新生活理念的同时也给心理健康教育工作带来了新的机遇。社区矫正机构在心理健康教育工作中，要因事而化、因时而进、因势而新，要运用新媒体新技术使心理健康教育工作活起来，推动心理健康教育工作传统优势同信息技术高度融合，增强时代感和吸引力。在新媒体时代，心理健康教育应充分发挥和凸显网络新媒体、大数据资源共享和移动智能网络的功能和优势，结合新时期社区矫正对象身心发展的特点和规律，开创社区矫正网络心理健康教育的新局面。

开展社区矫正网络心理健康教育，首先要构建系统整合的网络心理健康教育平台。利用新媒体的优势和影响力，发挥新媒体信息传播的即时性、交互性，构建网络心理健康教育学习网站，用视频录播、网络直播的形式做好社区矫正对象心理健康教育的第二课堂，向社区矫正对象展示图文并茂、直观形象的心理健康教育内容，与社区矫正对象在线互动，为社区矫正对象答疑解惑。社区矫正对象通过多模块、趣味性强的网站自助学习，能有效增强学习效率；通过专业人员直播课堂的在线互动，能够有效拉近彼此间的距离，提升沟通的有效性，帮助社区矫正对象解决问题。其次，要充分发挥微信、QQ、微博等网络公众平台的心理健康教育、宣传、咨询作用，推进网络心理咨询工作。网络心理咨询相比传统的心理咨询方式更方便、更快捷，更能使咨询对象消除顾虑，敞开心扉，建立一种平等与轻松的咨访关系，从而有利于专业咨询人员全面地了解社区矫正对象的真实心理状况，帮助其解决心理问题。最后，要重视新媒体环境下的心理健康教育活动体系的构建和队伍建设，利用新媒体丰富心理健康教育实践活动形式，加强工作队伍的交流与管理。总之，网络心理健康教育能摆脱以往传统的心理健康教育模式的限制，拓宽教育的覆盖面，有助于实现心理健康教育的“全方位育人”，是新时期加强心理健康教育工作实效性的必然选择。

（二）优化社区文化氛围

社区文化是社区矫正对象矫正教育中非常重要的载体之一。优良的社区文化环境具有潜移默化的教育功能，有利于彰显社区矫正的矫正教育理念和特色，有利于加强对社区矫正对象的社会主义精神文明建设，有利于社区矫正对象个性品德的陶冶和养成，有利于社区矫正对象身心健康发展。因此，构建优良的社区文化环境，拓宽矫正教育渠道，是心理健康教育不可或缺的环节。

优化社区文化环境，一是要优化社区静态文化环境。社区应统一布局、规划社区环境的设计与改造，形成浓厚的文化、艺术氛围，让身处社区的社区矫正对象保持身心愉悦，促进心理健康。二是要优化社区动态文化环境。多样的社区文化活动是社区文化中最具代表性的载体，社区通过打造多姿多彩、社区矫正对象喜闻乐见的社区文化活动，能全面提升社区矫正对象的精神面貌和综合素质。首先，社区要对社区文化活动进行精心设计，有意识地将心理健康教育充分融入社区文化活动中，通过举办心理健康教育月、心理素质拓展大赛、心理健康节等形式多样的主题教育活动，营造良好的社区文化氛围，从而形成良好的心理育人环境。其次，社区要加强宣传普及，拓展传播渠道，创新宣传方式，多层面宣传心理健康知识，倡导健康生活方式，传播自尊自信、理性平和、乐观向上的现代文明理念和心理健康意识，提高社区矫正对象的心理保健能力。

（三）构建社区矫正机构、家庭和社区三位一体平台

心理健康教育是一个系统工程，社区矫正对象综合素质的全面发展，是在家庭、学校和社区的共同影响和作用下形成的。家庭教育、学校教育、社会教育和社区矫正机构的管理教育对社区矫正对象的身心发展都具有重要的作用，只有确保在教育过程中协调一致才能产生教育合力，从而实现教育效果的最大化。心理健康教育三位一体的提出与构建，就是立足于当代教育理念的发展、教育实践的要求以及社区矫正对象心理发展的现实需要，以科学、合理的方式帮助解决社区矫正对象的实际问题，促进全面发展。

社区矫正机构作为从事对社区矫正对象矫正教育的专门机构，应作为主导力量促成家庭参与、社会帮助的教育体系。一方面，社区矫正机构要积极开展家庭与学校、社区的合作，及时、充分地相互沟通，反馈社区矫正对象的社区矫正情况，并调动家庭成员共同参与、商定社区矫正对象心理健康教育计划，确保多元合作的实效，推进心理健康教育三位一体工作的制度化、规范化、常态化发展。

（四）完善心理健康教育管理体系

提高新时期“全方位”心理育人质量的根本保障，就在于完善社区矫正机构心理健康

教育管理体系。首先，要建立稳定的组织机构及完善的组织制度，将心理健康教育落到实处。社区矫正机构要根据司法部的要求，将心理健康教育纳入社区矫正发展整体规划，一是要成立心理健康教育工作领导小组，下设心理健康教育的独立工作机构，有关部门参与，统一领导、规划、评估社区矫正机构的心理健康教育工作，明确各职能部门负责的具体工作。二是要建立健全心理健康教育工作的相关管理制度，包括心理健康教育机构管理制度、心理辅导工作制度、心理危机预防与干预流程、心理咨询工作条例、重大心理问题管理办法、心理健康教育工作者职业道德规范等一系列有关制度和规定，保证心理健康教育工作的规范化、科学性。

其次，完善的心理健康教育管理体系，要建立心理健康教育工作评估和监督机制，对心理健康教育工作效果、对相关部门和人员履行心理健康教育工作情况进行科学评估和有效督促。评估反馈和监督是心理健康教育工作中非常重要的一环，构建科学准确、标准规范的心理健康教育工作评估与监督机制，是整体优化心理健康教育管理体系的重要手段。第一，要精心设计科学规范的、具备合理量化标准的评估指标体系，包括心理健康教育课程情况指标、工作保障条件指标、教育效果、科研效果指标等，能够实际反映社区矫正对象心理健康教育水平。第二，要合理选择和运用评估与监督过程中的方式方法。一般对心理健康教育评估与监督的方式有社区矫正机构组织的评估与监督、社区矫正机构之间的相互评估与监督，以及社区矫正机构内部的自我评估与监督。要采用测验评价和非测验评价等多种方法，全方位地对心理健康教育工作展开评估与监督。第三，要对评估监督结果进行定量定性分析和反馈，全面准确地反映心理健康教育工作绩效。对评估结果进行分析后，社区矫正机构绩效评估小组要及时反馈，让参与者第一时间了解到目前心理健康教育工作状况和社区矫正对象的心理健康情况，以不断完善教育工作，加速心理健康教育的科学化、规范化进程。

（五）深化心理健康教育的研究工作

心理健康教育的规范化发展，离不开科学的研究工作。首先，要立足于以问题为中心的研究，加强理论与实践的结合。就是要针对实践而研究、针对实践去研究，着重于应用和问题解决。心理健康教育工作者，要亲身参与心理健康教育实践，联系社会的发展变化，了解社区矫正对象心理健康实际情况和实践需要，针对实践中存在的问题去研究，凸显实效性。其次，要注重研究方法的整合，加强理论研究的深化和实证研究的细化。目前，在理论研究方面，亟须建构和完善支撑我国心理健康教育特色的理论基础；而对于实证研究，要针对实际工作中存在的具体问题，探索出可行性、执行性、有效性强的实践对策。最后，要努力推进本土化研究。我们在学习借鉴国外心理学、心理健康的理论和技术时，必须结合我国社区矫正心理健康教育的实际进行本土化研究，才能满足我国社区矫正心理健康教育实践的需要。

第八章　社区矫正对象自我意识及其培养

自我意识是潜藏于个体内心深处的心理现象，是一个人由心理到意识发展的高级阶段，是人格结构的自我调控系统，是外在行为的内在驱动力。社区矫正对象个体正是通过自我意识来认识自我、控制自我、调整自我等，使自己在社会生活中保持动态的平衡。

第一节　关于自我意识

人生活在世界上，总要同周围的各种事物发生这样或那样的联系。为了使个人与周围世界保持平衡，使周围世界服务于人生存与发展的需要，人必须对周围世界进行探究和发现，这就形成了对外部世界的一些看法。同时，为了使自己能适应社会发展的要求，能在社会中更好地发挥作用，每个人又不得不对自己本身进行反思，以了解自己是一个什么样的人，有什么样的特点和能力，能在社会中发挥怎样的作用，这样就形成了人对自身的意识，即自我意识。

那自我意识的本质是什么？它是怎样形成的？它对人格的形成和发展有何作用和意义？

一、关于意识

意识是人类所独有的一种高水平的心理活动，是指个人运用感觉、知觉、思维、记忆等心理活动，对自己内在的身心状况和环境中外在的人、事、物变化的觉知。简单地说，意识是人对外部和内部刺激的觉知。人的意识活动包括对外部事物的觉知，对内部刺激的觉知，对自身作为体验主体的觉知，对内部心理活动的觉知等。

二、关于自我意识

自我意识是个体对自身以及自身与周围事物的关系的认识。一般认为，自我意识主要由自我认识、自我体验和自我控制三种心理成分组成。自我认识，是指个体对自己的心理特点、人格特征、能力以及自身社会价值的自我了解与评价；自我体验，是指个体对自己的情感体验，如自我感受、自尊、自爱、自豪、自卑、自暴自弃、责任感、义务感等；自我控制，是指对自我的意志控制，如自我检查、自我监督、自我调节、自我追求等。这三种成分相互联系、相互制约，统一于个体的自我意识之中（下文的“自我意识的结构”

部分将对此展开详细论述）。

自我意识包括三个层次：对自己及其状态的认识；对自己肢体活动状态的认识；对自己思维、情感、意志等心理活动的认识。因为人的发展离不开周围环境，特别是人与人之间的关系的制约和影响，所以，自我意识不仅是人脑对主体自身的意识与反映，也反映了人与周围现实之间的关系。

三、自我意识的结构

自我意识是一种多维度、多层次的复杂心理现象。它由自我认识、自我体验和自我控制三种心理成分构成。

（一）自我认识

自我认识是自我意识的认知部分，它是主体我对客体我的认知和评价，即自我认知自我评价。其中自我认知是自己对自己身心特征的认识；自我评价是在自我认知的基础上对自己作出的某种判断。

自我认识主要解决“我是一个什么样的人”的问题。比如，有人观察自己的形体，认为自己属于“健壮型”；分析自己的为人处世，认为自己是热情友善的；用批评的眼光审视自己时，觉得自己脾气暴躁、容易冲动等。可见，自我认识涉及个人的自我感觉、自我观察、自我分析和自我批评等。

在客观的自我认识基础上作出正确的自我评价，对于个人的心理活动、行为表现及个人在社会群体中人际关系的协调，都具有重大的影响作用。如果一个人在社会生活中把自己看得低人一等、没有价值，那么，他就会产生自卑感，做事缺乏胜任的信心，没有主动性和积极性，其结果是无论做什么事情都难以保证质量。相反，如果一个人只看到自己的长处，他就会产生盲目乐观的情绪，自我欣赏，自以为是，结果往往不能处理好人际关系，难以与人合作，或被他人拒绝、被群体所孤立。可见，对自我的客观认知和评价，对个人的健康发展有着不可忽视的影响。

（二）自我体验

自我体验是通过认识和评价而表现出来的情绪上的感受，其中包括满意或不满意、自尊、自爱、责任感、义务感、优越感、羞怯、自卑等。在人的生活体验中，不仅有肯定的情绪体验，也有否定的情绪体验，而且还要按照自己在社会中的地位或角色体验多种不同的情绪。

自我体验的产生是由环境与个人内部的心理因素相互作用的结果，它是由外在环境的变化引起的，而外在环境能引起一定的情绪状态，又是与情绪经验的积累与概括相联系的。尤其是个人的动机活动受到环境的阻碍或干扰但又无法克制时，情绪就容易激动，这种激动水平的大小，又可能随着受到挫折的强弱、范围，过去受挫折次数和可能受到的压力度而有不同的情绪体验。愉快、兴奋、愤怒、恐惧与羞怯都是以动机的形式对自我知觉发生作用，激起人们的行动。情绪有更大的适应环境变化的特点。行为的成功与失败，总是引起一定的积极的与消极的情绪反应：如果学生把测试的优良成绩归因于自己的努力和能力，就能提高自我价值并增强自尊心；如果把考试的失败归因于自己的努力和能力这些内部因素，则会降低自我价值并挫伤自尊心。这说明行动与情绪有密切的联系。

（三）自我控制

自我控制是主体对自身心理行为的主动掌握。自我控制表现为意志方面，就是对自己的行为和活动的调节，从而了解自己在达到目的的过程中，如何克服外部障碍与内部困难，采取什么手段实现自己的决定。一个具有坚强意志的人，在控制方面就会表现出自立、自主、自制、自强、自信、自律，发挥独立性、坚定性，增强责任感；遇到挫折时，沉着冷静；做事果断而有韧性，执行计划时，决不半途而废；不说空话，不炫耀自己，不哗众取宠。而一个意志薄弱的人则缺乏主见，容易受暗示，随波逐流，不能自制，情绪不稳定，不努力思考；面对困难，畏缩不前，缺乏竞争意识；有的人怯懦，有的人爱冲动，轻易地或随便地违背自己应遵守的原则，不负责任，不尽义务；有的人在人际关系中有更多的防卫心理，嫉妒或提防他人，或者害怕与他人发生冲突、忍让退缩。因而进行自我监督、自我命令和自定义务。但监督自己的执行要与个人具体特点相结合，当缺乏某种知识或技能时，个人就不能取得积极的成果，因而对自我发生不满。自我监督的实际意义在于根据个人能力水平确定任务和目标，实施计划时不受其他事件的引诱与干扰，防止改变决定。对各方面的条件估计越全面，接受的信息越多，越有利于实现自我监督。例如，有的学生在阅读文艺作品时注意到作者表达思想的论证方法，从而改变了读书的目的，把过去注意情节有趣转向思维与论证，并学会监督自己。自我命令不限于自我强制或自我压抑，其实际作用取决于个人的信念，使自己的决定符合于生活的主要目标和信念。自我命令有时由于迁就自己的惰性而不能执行，在这种情况下，首先要求有意识地养成严于律己的习惯，不随便姑息自己，轻易地改变决定；其次提高责任感水平，进行自我说服。由于青年期思维与论证能力的发展，青年有足够的理由，从认识与信念的增强上，克服自己的缺点，加强果断执行的意志力。

四、自我意识的特性

自我意识的内涵很丰富，它具有诸多深层的本质，并具有多重的特性。

（一）自我意识内容的多重性

自我意识的内容不是单一的，从不同的层面可以作出不同的概括。

1. 现实自我、镜中自我、理想自我。现实自我是个体从自己的立场出发，对现实生活中的我的认识，也就是对实在自我的认识，涉及的根本问题是“我实际上是个什么样的人”。镜中自我是指从别人的眼中映照出的自我形象，也就是个人对别人怎样看自己的看法。理想自我是个体从自己的立场出发，对将来我的认识，其涉及的根本问题是“我应该是怎样的一个人”或“我想成为一个什么样的人”。

2. 物质（生理）自我、精神（心理）自我、社会自我。物质自我中包含着生理自我，是个体在躯体和物质条件的基础上对自己的认识、体验和调节，包括对自己的身体、外貌、衣着、风度、家庭、所有物等的认识；以此为基础产生的自豪感、自卑感；为追求自己身体的外表、满足物质欲望、维持家庭利益等进行的自我调节与控制等。

精神自我中包含着心理自我，也有人称之为灵魂的自我，即个体对自己内在的精神活动和心理特点的认识，如对自己的气质、性格、智力、情绪、情感、态度、理想等的认识；以此为基础产生的自豪感、自卑感；为了追求信仰、遵守行为规范，要求发展智慧和能力的自我调节和控制等。

社会自我，是指个体对自己在社会关系、人际关系中的角色意识。包括对自己在团体中的名望、地位、自己拥有的亲友及经济条件等的认识；以此为基础产生的自豪感、自卑感；为追求名誉地位、与他人竞争、争取得到他人好感等而进行的自我调节和控制等，也有人将社会自我称为镜像自我。

在现实矫正对象的自我意识层面还可分为智力自我、气质自我、性格自我、能力自我、社团自我、同伴自我、身体自我、样貌自我、衣着自我、道德自我、人际行为自我等。

（二）自我意识发展的矛盾性

个体自我意识的萌生、发展、完善和成熟是一种不断变化的过程。这一过程充满了主体自我与客体自我、理想自我与现实自我之间的矛盾和复杂的自我情感体验。处于主体地位的“我”代表了社会的要求和理想的目标，处于客体地位的“我”是现实生活中真实的自我。个体为了摆脱不安和焦虑，就必须要努力奋斗，促使理想的我和现实的我不断地在新的水平上统一起来。因此，自我意识的矛盾运动是个体进取、发展的动力。当然，判断二者统一的积极与消极的意义与否，还在于自我发展的方向是否正确。

（三）自我意识整体的形象性

所谓自我意识的形象性，就是指自己对自己的认识，就像自己站在镜子面前看到自己一样，会形成一个“自我形象”，也就是人们经常说的“镜中之我”。站在物质世界的镜子面前我们看到的是自己的生理形象，或者说可以看到生理自我和物质自我，如自己的容貌、姿态、服饰等；而站在社会生活人际交往的镜子面前，我们看到的是自己的社会形象，或者说可以看到心理自我和社会自我，如自己的气质、性格、能力，自己在团体中的地位、作用，自己的品格等。

心理学家柯里认为，自我意识的形象包括三个因素：关于被他人看到自己的姿态的自我觉察；关于他人对自己所做的评价与判断的自我想象；关于对自己怀有的某种感情——自尊或自卑等。其中第二个因素在实际生活中具有最重要的意义，第三个因素是由第二个因素决定的。由于想象他人对自己的评价是表扬还是批评，因而会自然产生自尊或自卑的心理。

（四）自我意识个体的独特性

自我意识的独特性有两层含义：其一是指每个人的自我意识都是其个性中的一个重要的组成部分，都有与众不同的风格和独特的风采。其二是指自我意识的形成、发展、完善和成熟，是一个由他律走向自律的过程。

在自我意识形成的初始阶段，个人对自己还不能进行正确、全面的自我分析和判断，尚处于自我意识的他律阶段。随着年龄的增长，个体在与人交往的过程中，尤其是与那些重要人物交往的过程中，逐渐把他人的判断内化为自己的判断，按照自己所想象的他人的观点来看待自己，形成了对自己相对稳定的自我认识和评价，这意味着一个人的自我意识已经发展到自律阶段。此时，个体往往主动去接近那些喜欢和接纳自己的人，回避和疏远那些敌视和排斥自己的人，表现出“我行我素”的“主动性”和“独立性”特征。

（五）自我意识形成的统合性

一个人的自我意识不是生来就有的，而是在与人交往的过程中不断地加以整合统一的，具有“统合性”。也就是说，一个成熟且心理健康的个体，应对“自我”有一个清晰的、完整的、持续的、相对稳定的概念。否则，就会出现“统一性危机”，表现为对“自我”缺乏完整而统一的概念，“自我”的各部分是松散的、混乱的、矛盾的、冲突的，这样就会使自己找不到生活的意义，迷失生活的目标和前进的方向，时常会有空虚、烦恼和无聊的感觉，难以应对复杂的社会生活。

在现实生活中，我们可以发现，任何一个成熟且心理健康的个体，都有一种追求自己的公开形象统一性的倾向，都不愿意给人留下一种前后矛盾不一致的印象，这就是自我意识统合性的作用。

五、自我意识的作用

自我意识是人类特有的心理现象。个体活动离不开自我，自我客观地存在于个体的活动中，自我对于个体的活动具有不言而喻的重要性。

（一）自我意识经常把自身作为自己活动的参照物

人们怎样活动，活动的内容，都以自己为参照物。人们对外部世界的各种看法，大多是相对于自己的状况而来的。正如我们说“那里离这儿很远”，是相对于自己所处的地理位置而言的。个体认为某人很蠢，其潜在含义至少是那人没有自己聪明。心理学家曾为人类所看见的物体为什么会被看成正立的，而不是上下颠倒、左右交叉的问题争论不休。临床发现，先天失明而后天又恢复了视力的人，在初次看到外部世界时，并未报告是颠倒的。原因在于人类总是把自己作为参照物去观察外部世界，把自身与外部世界作为一个参照系统。

(二) 自我介入对个体活动的意义重大

我们将某一事物与自我有内在的关系，称为自我介入。在个体活动中，自我介入通常与感情因素有关。如果一件事被认为与自己无关，我们不会有什么反应，如别人东西被偷了，与自己东西被偷了，在感觉上是不一样的。一般来说，为自己做事和为他人做事会有不同的活动效果，除非别有企图时，才会有相同的活动效果。自我介入在少儿3岁前后开始产生，表明个体对于自身有相当的认识，已知道自己与其他人、其他事物的不同。以后，自我介入范围愈来愈广，到成年时，和自我有关的事物不但包括财产、家庭、职业、国家、政党、民族，还包括思想、观念、信仰、目标、价值观等，如果这些受到损害或威胁，个体会认为是自己受到损害或威胁，便会进行自我防卫。

(三) 自我是个体活动的觉察者、调节者和发动者

自我作为个体活动觉察者是使个体知道他在干什么，干得如何，并随时修正。而某一活动干得是否恰当，自我会对它作出评价，提供反馈信息，从而保持或改变活动的内容、方向和强度，这是自我作为调节者。这种调节有时是有意识的，然而有时也是无意识的。当个体总感到自己不能决定自己的活动时，他就处于一种危险的境地。临床发现，如果个体长期处于被强迫的活动状态之中，就会产生心理上的烦恼，丧失自信，产生生理或心理疾病。由此可见，自我作为个体活动的发动者的重要性。

(四) 自我使个体的活动具有一致性、独特性和共同性

比如，有人认为做人应该对得起自己的良心，那么无论在何种情况下，他都会努力按照这一信条去做，否则便有一种过失感和罪恶感。个体活动的一致性是相对于他们自身而言的，如果个体感到自己处处与他人一样，他会感到不满意，因此自我总是要寻求自己活动的独特性。有这样一项研究，主试让被试描述自己。结果发现，每个被试在描述自己时往往强调自己不同于他人的特点。事实上，无法与他人相区别的感受可能令人不快，所以个体在活动的时候会发挥自己的主观能动性，总要表现出与他人的不一样，尤其是在个体的活动被预期可能受到奖赏时更是如此。而当个体的活动被预期可能受惩罚时，个体总要寻求与其他个体活动的共同性。

(五) 不同的自我优势，引起相应的自我评价与自我追求

当生理的自我占优势时，在其自我评价的基础上，个体主要追求其身体外表、物质欲望的满足，获得家庭成员的关心与爱护等；如果以社会的自我为主导，那么在其自我评价的基础上，则个体处处追求他人的注意与重视，追求他人对自己的情感，追求名誉、地位、金钱；若心理的自我占优势，在其自我评价的基础上，个体主要追求自己在政治上、宗教上、道德上能上进，并且努力发展自己的智慧。

（六）自我寻求理想的自我实现

理想的自我不一定是客观上有价值的，它是个体希望使自己成为什么样的人。从某种角度看，个体都不符合他想成为的那种人的标准，正是实际的自我与理想的自我之间的差距激发了个体的某些活动。自我实现是人类活动的根本活动，个体的社会化包含一种经常趋向自主，并摆脱外部力量控制的倾向。每一个健康的个体都需要两种类型的关心——社会的和个人的关心。假若个体没有感受到别人对他的关心，以及缺乏一种具有真实基础的对自身价值的意识时，他就不可能是正常的，也不可能正确地发挥作用。完全理想的自我实现的个体几乎是没有的，从个体的角度看，个体很少有自我满足的时候，他总是处于不断地追求和奋斗的状态中，即寻求理想的自我实现。

第二节　社区矫正对象的自我意识

从内部结构看，社区矫正对象的自我意识具有双重性，即具有一般人所具有的自我意识的共性特征，同时，又具有社区矫正对象作为“受刑人”或“罪犯”所具有的独特性。本节所分析的社区矫正对象的自我意识，以社区矫正对象自我意识的独特性为主。

一、社区矫正对象自我意识的内涵

社区矫正对象自我意识是指社区矫正对象在社区矫正中，对自己的生理状况、心理特征、社会地位以及对自己与外在环境关系的认识，即自己认识自己的一切，自我意识主要包括自我观察、自我认知、自我评价、自我体验、自我监控等形式。它是社区矫正对象自己所能知道的有关自己所有信息的一个“我的”复杂集合。

社区矫正对象的自我意识既是对生理自我（如自己的躯体、性别、血亲关系等自我生理状况）、心理自我（如自己的性格、能力、需要和态度等）和社会自我（如自己的社会地位及其与他人间的关系）的意识，又是对“过去我”“现在我”和“将来我”的意识。但无论从何种程度上去区分社区矫正对象的自我意识，它均包含自我认知、自我体验和自我控制三种基本成分。

自我认知是社区矫正对象自我意识中的认知成分，是指自己对自己各方面的认知，是“主观自我”（对自己活动的察觉者）对“客观自我”（被察觉到的自己身心活动）的认知和评价，包括自我感觉、自我观察、自我分析和自我评价等。其中，自我评价是核心，它是自我感觉、自我观察和自我分析的综合结果。

自我体验是社区矫正对象自我意识中的情感成分，是“主观我”对“客观我”所持有的一种态度，是在自我认知基础上的一种对自己满意与否的情绪状态的体验。它是社区矫正对象在自我认知基础上，对自身需求满足与否的反映。社区矫正对象的自我体验主要表现为自尊、自豪、自爱、自卑、自怜等情绪状态。例如，有的社区矫正对象常感到“我的内心很自卑”就是一种自我体验。

自我控制是社区矫正对象自我意识中的意志成分，是“主观我”对“客观我”的监督、调节与控制，它是社区矫正对象个体自觉的过程，是社区矫正对象对自身的思想、言语和行为活动的控制。自我控制主要包括自我监督、自我激励、自我调节和自我暗示等形式，它直接作用于社区矫正对象的外部行为，是社区矫正对象进行自我教育、自我矫正的重要机制。它主要表现为社区矫正对象对身体健康、物质利益、名誉和地位等需求的追求。例如，社区矫正对象认为“我要冷静，要遵守社区矫正纪律”就是一种自我控制。自我控制对行为具有发动和制止的作用。

二、社区矫正对象自我意识的内容

环境决定心理、存在决定意识。社区矫正对象由于受到刑罚处罚、身处社区矫正环境，使其不得不对自我重新认识、体验和控制，获得新的自我观念，构建新的自我。社区矫正对象自我意识的内容与普通人相比，既有相似的方面，又存在明显的差别。社区矫正对象的自我意识包括如下内容：

（一）社区矫正对象对自我社会人的意识

社区矫正对象同普通人一样有着对自己“生理我”“社会我”与“心理我”的自我意识。出于这种意识，社区矫正对象会产生自我认知、自我体验和自我控制。例如，社区矫正对象会有“生理我”的意识，即对自己的身体、物质生活状况加以认识，并产生占有感、支配感和爱护感等，进而追求身体健康和物质需求的满足等。同时，也会产生“社会我”和“心理我”，表现为要求得到别人的尊重和合法权益的保护，争取得到别人的承认和好感，渴望正常的学习和劳动以及娱乐生活来满足自己的精神需求，自觉调控自己的行为，获得悦纳感和名誉感等。

（二）社区矫正对象对自我“受刑人”的意识

社区矫正对象是受刑之人或被矫正之人，是触犯了刑事法律、受到刑罚处罚并接受社区矫正的人，也是将来回归社会的人。因此，“受刑之人”这一特定角色和社区矫正环境的要求，迫使社区矫正对象形成与一般人相异的特殊的自我意识，即获得“过去我”“现在我”和“将来我”的意识。

首先，社区矫正对象自己对“犯罪人”的意识。社区矫正对象是犯了罪的人，他对自己过去的我有着相应的意识。作为“犯罪之人”的意识，也就是对自己的犯罪经历、犯罪行为的认识和评价，自我体验和自我控制。不论社区矫正对象是否认罪服法，都会在头脑中有一个对“犯罪我”的自我图式，这包括我是怎样犯罪的，我是否感到懊悔，我是否要改变自己的生活方式和行为方式等。社区矫正对象“犯罪之人”的意识将直接影响社区矫正对象的角色意识。

其次，社区矫正对象的“受刑人”意识，即对自己作为社区矫正对象的角色意识。社区矫正对象是接受社区矫正的人。最初因犯罪受到刑事处罚后，社区矫正对象必须接受社区矫正机构的教育改造。社区矫正对象也就相应地产生了自己作为“受刑人”和改造对象的自我意识，也就是对“社区矫正对象”这一特定角色的自我认知、自我体验和自我控制，主要表现为对刑事判决、法院量刑的认识和评价，对身处社区矫正环境中的“罪犯我”的认知、体验和控制等。它是社区矫正对象由自由公民向限制自由、接受刑事处罚和社区矫正“受刑人”的角色转变。这种意识主要建立在社区矫正对象对作为一个受惩罚者和被矫正者的认识、理解、评价、体验和调控上，它决定着社区矫正对象作为“受刑人”将以何种方式对待自我。这方面的内容主要包括：社区矫正对象关于“我是受到法律惩罚之人”，“法院对我的量刑是否公正与适当”，“我是个接受教育改造的人”，“我应按照社区矫正的规定做些什么或不能做什么”等。

（三）社区矫正对象对自己将是回归社会之人的意识

社区矫正对象又是必将回归社会的人。这使社区矫正对象产生了对于“将来我”的自我意识，对社区矫正期满成为社会自由公民后的自我认知、自我体验和自我调节。它是社区矫正对象立足于现实自我（限制自由受到处罚之人）的基础上，构建的关于回归社会后的我的形象和观念，更多地体现出一种“想象我”或“理想我”的成分。它的表现形式主要有：“我在社会、家庭中是怎样的一个人”“我回到社会后应该怎么做”“我对未来的我是否满意”“我应如何努力才能变成心目中理想的我”等。社区矫正对象对回归我的意识，将成为激发社区矫正对象矫正需求和转变自我的动力，并影响社区矫正对象自我意识的发展方向。

三、社区矫正对象自我意识的类型

社区矫正对象自我意识，不仅包含现实自我，即表现为“我现在是谁”“现实中的我是怎样的一个人”等，而且也包括理想自我，它表现为“我将来是谁”“我应该是怎样的一个人”。社区矫正对象的现实自我与理想自我间存在着差异与差距、冲突与对立。正是这种矛盾斗争的结果和方向的不同，构成了社区矫正对象自我意识的不同类型，具体可分为：

（一）自我肯定型

其特点主要表现为：积极意义上的理想自我同消极意义上的现实自我通过矛盾斗争最终达成一致或统一，将消极的自我转变为积极的自我。这类社区矫正对象的理想自我，是在自我认知的基础上，依照社区矫正环境的要求，同社区矫正目的相一致并根据自我需求来确立的，是通过社区矫正对象的主观努力、自我行动能够得以实现的。同时，这种理想自我也是在对现实自我的深刻反省基础上构建的。反之，现实自我又是以理想自我为目标和参照，不断剖析现实自我，并对现实自我加以修正和矫正，从而逐步缩小现实自我与理想自我之间的差距，使现实自我逐渐转变为理想自我的。这是一种积极统一的类型。这种类型是社区矫正教育和社区矫正对象自我教育相互作用的结果，也是社区矫正对象积极自我意识形成的标志。

（二）自我否定型

其特点主要表现为社区矫正对象对“现实我”的评价过低，理想自我与现实自我之间的差距太大，或者是差距不大但缺乏自我调控能力以及心理上消极防御，致使二者之间无法缩小差距或保持一致。这是一种消极统一的类型。这类社区矫正对象希望早日融入社会，成为守法的、受人尊重的社会人，但又因主观意志力薄弱或因挫折等种种原因，使自我贬低、自卑感严重，不能与旧我彻底决裂，最终无法朝着理想自我和矫正教育的目标转变。“理想我”与“现实我”无法在积极意义上达到一致和统一。

（三）自我萎缩型

其特点主要表现为社区矫正对象理想自我的缺失，对现实自我的强烈不满和自我拒绝心理等。这类社区矫正对象认为自己被标定为“罪犯”或“社区矫正对象”，就被永远打上了“罪犯”或“社区矫正对象”的烙印，除了扮演“罪犯”或“社区矫正对象”角色外，不知道自己究竟还能干什么。他们对于现实自我的转变不抱有希望甚至持绝望心态，因而常常自责、自贱，甚至自毁、自弃，在社区矫正中经常表现为抵触心理、消极心理等。

（四）自我扩张型

其特点主要表现为社区矫正对象对自己的现实自我评价过高，虚幻的理想自我占主导，现实自我与理想自我的统一是虚假的。这种类型大致可分为三种情况：一是某些社区矫正对象在主观观念上存在着一个具有反社会倾向的理想自我，并以此种理想自我要求现实自我，旧我不仅没有得到转变，相反其人格缺陷却得到了进一步强化。其心理与行为完全与社区矫正规范的要求相违背，这类社区矫正对象极易出现越轨行为或重新违法犯罪。二是有些社区矫正对象在社区矫正过程中，可能取得了一些成绩，获得了一些奖励或是受到了社区矫正机构的认可和赞赏，在荣誉面前他们的“罪犯”或“社区矫正对象”角色意识逐渐淡化，自以为是，对自我的约束减弱，违规与违纪行为屡有发生。三是以虚幻的自我来替代现实的自我，自命不凡，以此来补偿现实自我的欲求不满，虚荣与狂妄常使其在行为上与社区矫正要求相对立。这种类型也是一种消极统一型。

（五）自我矛盾型

其特点表现为自我处于强烈的矛盾冲突中，且持续时间较长，内心向往或渴望新的自我却久久不能确立，希望并愿意抛弃或摆脱旧我，却因种种原因长时间地不能割舍。因而，此类型社区矫正对象个体往往长期体验着焦虑、不安、烦恼和困惑，自我控制的稳定性严重缺乏。过度的焦虑与不安常使这类社区矫正对象的内心处于严重的混乱状态，倘若不能给予及时的疏导帮助其解除内心的矛盾冲突，使其心理达到平衡，则极易诱发或产生心理疾患。

四、社区矫正对象自我意识的特征

（一）社区矫正对象自我认知的特征

1. 对“生理我”“社会我”的关注

由于社区矫正这一特定的矫正教育活动，被限制自由的社区矫正对象更加关注“生理我”，特别是对自己的身体健康状况的关心。大多数社区矫正对象偶有不适或小病、小伤，其内心的敏感性和伤感不言而喻，情感体验也更为强烈。除对身体健康状况的关注外，许多社区矫正对象对自己在社区矫正中的物质利益的满足也更加敏感，更加追求物质生活待遇的改善。当渴望的奖励不能实现或实现的时间较长时，社区矫正对象会更加关心自己物质生活的提高与否。

同社区矫正对象关注自己的生理一样，也同样关注自己的“社会我”，主要体现在关心自己在社会群体中的地位，争取获得社会群体成员特别是教育管理自己的社区矫正工作者的认可和好感，以便获得相应的利益和各类需求的满足。特别是将要社区矫正期满的社区矫正对象，更加关心社会、他人对自己的评价，希望获得别人的承认、避免歧视等。与此同时，因知识的欠缺或其他原因，社区矫正对象对自己的性格、观念、动机等心理层面的内容却很少研究，对自身的人格缺陷更是知之甚少。不少社区矫正对象心中没有向上的生活目标，更无美好的信念和追求，自我矫正的盲目性极大。

2. 自我认知与自我评价的歪曲性

社区矫正对象的自我评价往往呈两极化特征，或是对自我评价过高，自命不凡，用虚幻的我代替现实的我，自负心理严重；或是自我评价过低，认为自己“一失足成千古恨”，前途渺茫。不少社区矫正对象的自我意识消极发展，以自我为中心，以“罪犯”自居，只关注自己的利益得失，注重刑罚剥夺性给自身带来的损失而忽视法律的公正性，不愿正视自我。这类社区矫正对象往往以假象应付矫正教育。

（二）社区矫正对象自我体验的特征

1. 自我体验的情绪性

社区矫正对象的自我体验缺乏深刻性和丰富性，带有明显的情绪特征。主要表现为他们常常习惯于根据个人利益和自身需求的满足与否，直接地、简单地体验着悦纳或排斥的情绪反应，体验着成功感和失败感、喜悦感和悲伤感等，而很少依据自己行为的社会价值，产生更加深刻的、高级的情感，如荣辱感、理智感、道德感、法制感和责任感等。不少社区矫正对象常因一些应激性生活事件的诱发，产生强烈的负性情绪体验，在错误自我认知的影响下，无法自我排解。负性自我情绪体验常使社区矫正对象丧失理智，冲动行事，成为诱发违规、违纪或重新犯罪的重要原因。

2. 自尊心匮乏，自卑感严重

自尊心是个体因自身价值在群体中的地位而肯定自己、接纳自己的体验。自尊心也是对自己作为人的一种总体感受水平。自尊也是尊重自己的人格，尊重自己的荣誉、维护自我尊严的自我情感体验。

自尊心作为一种动机成分，影响着社区矫正对象整个个性的发展。不少社区矫正对象自尊心低下或是低下的自尊心异常发展表现为虚荣心，又或是外在自尊感弱化但内心深处却有强烈的自尊需求。当社区矫正对象自身认为自己的需求未被社会或他人接纳时，就可能采取异常的反社会行为方式来获得自尊感，这往往是他们产生犯因性问题不容忽视的一种因素。在社区矫正期间，社区矫正对象由于种种原因自尊心常显不足，因而对别人也往往缺乏信任和善意，也不愿意过多与他人交往或参加集体性的社会活动等。

社区矫正对象的自尊心是建立在自我认识和评价基础之上的。社区矫正对象自我评价往往偏高或偏低，但不论是过高的评价还是过低的评价，自卑或自负的体验，其本质均是源于内心深处的一种“自卑感”。自尊心的高低也与外在评价有关。社区矫正对象常常将自己纳入“差劲”“无用”或是“劣等”“无出路”之列，常因自尊受到种种的压抑或挫伤，从而对自我持消极否定的负性评价。强烈的自卑感，常常使他们忽视自己作为一个完整个性的人，存在着其他方面的长处或缺点。自信心的缺乏往往也会影响社区矫正对象的心理矫治，尤其是社区矫正对象回归社会后的生活方式。

（三）社区矫正对象自我控制的特征

1. 以被动自我控制为主

社区矫正对象的自我控制以被动的自我控制为主，缺乏积极主动的控制。被动的自我控制是指由于外部原因，如他人或环境的明确指令或压力而导致的自我调控。这里的他人主要是指社区矫正工作者，这里的环境主要是指社区矫正环境尤其是社区矫正规范的约束。主动的自我控制则主要是指社区矫正对象自设目标、自定要求而导致的自我控制。多数社区矫正对象由于缺乏“理想我”或“理想我”与“现实我”之间的距离过大，因而常常缺乏自我目标。社区矫正对象社区矫正目标的确立往往被动依靠规范纪律的要求和外在的社区矫正目标，如希望积极表现获得奖励。此外，社区矫正对象不能依据行为结果的反馈与目标之间的差距，主动而及时地调节和控制自身的心理与行为。社区矫正活动多处于被动服从或机械执行的状态，常常表现为在社区矫正面前一个“我”，背后则是另一个“我”；自身情绪高涨时是一个“矫正我”，情绪低落时则是另一个“消极我”。同时，他们还缺乏自我激励机制，缺乏用积极的自我暗示等方式监督和控制自己的情感与行为等。

2. 自我控制的两极性

社区矫正对象自我控制的两极性主要是指：一方面，建立在错误的、失实的自我评价和情绪化的自我体验基础上，社区矫正对象朝着消极方向发展的自我控制能力较强。另一方面，社区矫正对象又因自我认知的歪曲性，缺乏高级的情感体验，使得社区矫正对象在积极意义上的自我控制能力较差，往往忽视自我约束和控制，缺乏自制力，表现在外显行为上就是我行我素，纵容自己的不良行为和习惯，难以按照社区矫正规范要求自己，行为表现时好时坏，社区矫正缺乏一贯性。

五、社区矫正对象自我意识的作用

社区矫正对象自我意识对社区矫正对象个体的活动，特别是社区矫正活动具有重要的作用，具体如下：

（一）提高社区矫正对象认识的引导作用

所谓引导作用，是指社区矫正对象积极的自我意识对社区矫正活动具有的指引和导向作用。它既是动力，又是路标，可以起到“导航”的作用，对其行为活动进行矫正，使其朝着积极的方向发展。它使社区矫正对象将自我心理作为客体加以认识，这就提高了社区矫正对象的活动效能，使社区矫正对象的社区矫正活动更加自觉、合理和有效。它可以促使社区矫正对象正确地认识自我，给自己明确定位，按照社区矫正对象角色规范履行自己的职责和义务，并朝着社区矫正目标前进。它还可通过元认知即社区矫正对象对自身认识过程的认知，意识到自己认知图式、思维方式中的错误和不足，依照社区矫正要求，选择和运用更好的认知策略，使自我认识方式和思维方式的缺陷得以矫正和完善，从而矫正自我的主观意识。

（二）矫正社区矫正对象情感缺陷的控制作用

所谓控制作用，是指社区矫正对象积极的自我意识对社区矫正活动有着监督和指导作用。积极的自我控制能够帮助社区矫正对象抑制不良需求，克服困难、排除障碍，向着社区矫正目标迈进。伴随社区矫正对象自我认知的增强，社区矫正对象的自我情感体验也日趋丰富。社区矫正对象对自己内心情感世界的认识和体验，会使社区矫正对象逐渐意识到自己情感、情绪的缺陷，并通过对自身犯罪行为的认知和评价，形成羞耻感和悔罪感。社区矫正对象自尊需求的形成和发展，会促使社区矫正对象矫正情绪、情感乃至认知和行为，从而使其抛弃旧我，形成新我。

（三）促进社区矫正对象意志发展的动力作用

所谓动力作用，是指社区矫正对象积极的自我意识对社区矫正心理具有推动和促进作用。一方面，可以促使社区矫正对象明确自己应有的“角色”定位，按照相应的角色规范确定自己的社区矫正目标；另一方面，按照社区矫正要求，产生相应的矫正动机，激发社区矫正需求，推动社区矫正活动。社区矫正对象想要成为守法公民，必须以社区矫正目标的需求来约束自己的行为，克服种种困难，这时必然要依靠社区矫正对象意志的参与，而意志以一种自觉的行为目的为开端，自觉的行为也必然离不开社区矫正对象的自我意识。社区矫正对象必须通过自我控制行为来适应社区矫正环境的需求，达到最终的目标，社区矫正对象意志力水平的高低也直接同社区矫正对象的自尊水平密切相关。自尊的水平又是自我意识发展水平高低的直接表现形式之一。因此，社区矫正对象的自我意识有助于促进社区矫正对象意志力的发展，并直接影响社区矫正目标的实现。

（四）修正社区矫正对象道德品质的评价作用

所谓评价作用，是指社区矫正对象积极的自我意识对社区矫正活动具有的评定和反馈作用。对自己行为活动及其效果进行自我评价，是个体具有良好自我意识的表现，而能够正确、客观地评价自己是社区矫正对象自我矫正教育的关键。社区矫正对象自我意识是社区矫正对象道德品质和道德义务的前提。社区矫正对象的自我概念既包含着现实自我，又包含着理想自我。当社区矫正对象面对“我是谁”的问题时，不仅要回答“我现在是谁”，还要回答“我将来是谁”以及“我应该是个什么样的人”等类似的问题。社区矫正对象个体也不能离开社会、他人而独立生存。社区矫正对象完成社区矫正后，最终要回归社会，成为“社会人”。在社会体系中，他必将扮演着一定的角色，承载着社会期望和他人期望去调节自己的心理与行为。因此，社区矫正对象的自我意识成为调节、修正社区矫正对象不良道德的杠杆。社区矫正对象个体的自我意识实质上就包容了信念、道德和道德体验以及与之相联系的诸如责任、义务和荣誉等价值观念的内容。

总之，社区矫正对象的自我意识极大地促进了社区矫正对象认知、情感和意志的矫正，提升和修正了社区矫正对象的道德水准，使社区矫正对象的社区矫正活动更具有主动性和目的性，也使社区矫正对象能够更加适应社区矫正生活。

第三节　社区矫正对象自我意识的培养

社区矫正对象自我意识的培养，是指通过教育引导等手段，使社区矫正对象克服自我意识障碍，由消极的自我意识转化为积极的自我意识的过程。通过自我意识的培养，使社区矫正对象建立以守法为核心的公民意识和自我的法律观念，即对法律具有正确的认识，对社区矫正持积极、肯定的评价态度，指导、调节和控制自己的行为，保持健康的心理状态。健全的、积极的自我意识，是社区矫正对象个体健康成长、全面发展、完成再社会化的必备要素。

一、社区矫正对象自我意识培养的内容

（一）确立正确和成熟的自我认知

确立正确、成熟的自我认知，就是把社区矫正对象歪曲的自我认知和评价向客观的、正确的自我认知和评价的转化，是社区矫正对象能够通过外在评价、自我定性与自我整合，形成对自己较为全面、独立以及深刻的自我认知和评价。它是社区矫正对象正确对待自己、社会和他人的前提。主要包括：正确认知自己的犯罪行为和犯罪原因，正确认知刑事处罚，对法律持客观、公正以及服从的态度，明确“社区矫正对象”角色意识并按角色规范去行事，对自我前途有正确的、富有希望的认知和评价等。在现实自我的基础上，确立一个正确、合理的理想自我，并不断地通过践行去努力缩小与现实自我之间的差距。最

终在否定旧我的基础上，全面认识自我、了解自我、悦纳自我和控制自我。

（二）养成健康和高级的自我体验

健康和高级的自我体验的养成，就是把社区矫正对象不良的、低级的情绪情感体验向健康的、高级的情绪情感的转化。伴随着正确的、成熟的自我认知的确立，正性的自我体验不仅能使社区矫正对象个体保持积极向上的心态，而且能激活和影响社区矫正对象的自我评价和自我行为朝着正确的方向发展。这类正性情感包括：对自己犯罪行为的评价而产生的负疚感、羞愧感、耻辱感和悔罪感；自尊感的养成和自信心的提高；荣辱感、理智感、责任感、义务感和美感的获得等。羞愧感、内疚感与悔罪感的产生是社区矫正对象抛弃旧我、否定旧我的基础和开端。羞愧意指羞耻和惭愧，不知羞耻、错而不愧，此人难救；知耻而后勇，那就有希望重新恢复做人的尊严。内疚感是因自己的犯罪行为这一“重大错误”而深受良心和道义的谴责，自觉对不起国家、社会、家庭以及被害者等，从而激发社区矫正对象产生愧疚、歉意、痛恨和忏悔等，体验悔罪感和赎罪感，最终激励社区矫正对象洗心革面、弃恶扬善、再塑自我。社区矫正对象自卑感的消除，自尊心和自信感的建立，均将为社区矫正对象构建新的自我以及回归社会后成为守法的合格公民起到极为重要的影响作用。

（三）形成积极和有效的自我控制

社区矫正对象自我控制的转化就是指社区矫正对象在积极意义上，从低级的自我控制和被动自我控制向高级的自我控制及主动自我控制转化，最终形成自制和自律的、积极和有效的自我控制。自制是指社区矫正对象通过自我意志力的作用，自我约束，自我控制，坚决地遵守社区矫正行为规范的过程。自律则是指社区矫正对象依据社会价值标准和社区矫正环境的要求以及社区矫正目标，对自我行为进行有效的监督、控制和调节，是一种自觉的和较高水平的自我控制。自制多出现在社区矫正对象社区矫正初期，往往是一种服从状态。自律则是一种主动的、自觉的状态，它是社区矫正对象自我预防违规、违纪与违法犯罪的内在机制。社区矫正对象积极有效的自我控制是社区矫正对象自我意识的外化，是保证社区矫正对象在社区矫正过程中，克服困难和障碍，战胜旧我，重造新我的必备条件。

二、社区矫正对象自我意识的形成机制

社区矫正对象的自我存在于主体自我意识之中，但并非是社区矫正对象主体生而固有的。它是社区矫正对象在所处的社区矫正环境中，自身同周围环境特别是同他人相互交往、相互作用的过程中形成和发展起来的，即是社区矫正对象在社区矫正这一再社会化过程中形成和发展起来的。

（一）社区矫正对象自我意识形成的环境机制

首先，社区矫正对象曾作为犯罪嫌疑人在看守所羁押期间，公安机关对其给予“犯罪

嫌疑人”的标定，特别是人民法院对其犯罪行为这一事实最终进行的有罪宣判，表明其自身已经受到法律的惩罚，并将送往执行机关——监狱或社区矫正机构接受刑事处罚，由犯罪嫌疑人的角色身份朝着依法标定的“社区矫正对象”身份转化。同时，社区矫正对象通过社会舆论等间接经验所获得的关于“社区矫正对象”的认识与评判，为获得“社区矫正对象”自我意识做好了心理和意识准备。这一阶段，也可称为社区矫正对象自我意识的萌芽期。

其次，这一阶段也是社区矫正对象形成“社区矫正对象”自我意识的主要时期。社区矫正对象在刑事执行阶段，其自我意识的过程可分为两部分：一是曾在监狱服刑的假释和暂予监外执行的社区矫正对象。这一类社区矫正对象曾是监狱里服刑的罪犯，监狱这一特殊的与外界自由生活全然不同的服刑生活环境，主要体现在：与监狱人民警察和其他罪犯的相互交往；入监伊始的强制收监教育；剥夺人身自由和身着囚服；必须无条件地服从监规、纪律；必须服从监狱人民警察的管理；必须对自己的犯罪行为再一次做出认识和评价等。这些都迫使这一类的罪犯对“我是什么人”“这是什么地方”“我为什么会到这个地方”“我到这个地方干什么”等这类问题进行思考和评判，使其重新构建自我图式，并给自身贴上“罪犯”的标签，获得关于“罪犯”角色的自我意识。当进入社区矫正之后，再次作出自我认知和评价，即关于“社区矫正对象”的角色认知。二是被判缓刑和管制的社区矫正对象。当进入社区矫正机构后，社区矫正对象不得不将自我需求同社区矫正机构的规范要求相一致。这一时期标志着社区矫正对象自我意识的初步形成。

（二）社区矫正对象自我意识形成的内在自我机制

第一，外界或他人评价。正如社会心理学家柯里所指出的：“人与人之间相互可作为镜子，都能照出面前的人的形象。”社区矫正对象也常把社会及他人的评价作为“一面镜子”，从镜中反映出自己的形象，从中理解、认识和评价自我。这里所指的外界评价多指社会评价，他人评价也并非是一两个人偶尔几次的评价，而是多数人特别是与社区矫正对象自身关系密切、影响较大的人的稳固、经常、概括的评价。对社区矫正对象自我意识的形成和发展起到积极影响的人主要有四类：一是监狱人民警察、社区矫正工作者；二是社区矫正对象家庭成员；三是社区矫正对象参照群体；四是社会舆论。社区矫正对象自我意识的发展过程也就是社区矫正对象将外在评价和社会规范内化为主体意识的过程。

第二，自我定性。自我定性是指社区矫正对象主体知晓自己的内心状态，了解自己的外显行为以及心理与外界环境的关系，从而对自己作出认知和评判。社区矫正对象自我观察主要存在两种形式：一是通过自己的感官直接感知自我的特性；二是通过内省的方式即根据一定的价值观念对内在的自我进行观察。社区矫正对象对自我行为的评判一方面是依照社区矫正机构法律规范和矫正目标的要求来进行的；另一方面，则是通过与自己类似的社区矫正对象特别是参照群体中的社区矫正对象进行比较，在比较的基础上，形成对自己的认识与评价。

第三，自我形象整合。外在评价与自我定性对社区矫正对象的自我形成与发展起着重要的作用。但与此同时，社区矫正对象还根据自己的生活意义把自我形象的各类信息协调与整合起来，形成自我意识。这种整合是根据各种信息对社区矫正对象个体不同的生活意义而进行的，社区矫正对象个体也总是趋向于以对自己最有利的方式整合自我形象，形成自我图式。但不同的途径所获得的信息并非完全一致，甚至截然相反，也就是社区矫正对象依靠自我定性方式获得的自我评价往往与外界他人的评价存在着较大的差异和差距。例如，社区矫正对象常将犯罪归因于客观原因，而外界和他人评价则将其犯罪归因于社区矫正对象个体，这样势必会产生自我意识间的矛盾斗争。这种矛盾斗争还体现在社区矫正对象现实自我与理想自我的对立上，比如社区矫正对象的理想自我也常是一个遵纪守法、功成名就的形象，这与现实自我形象形成较大反差。然而，也正是这种矛盾和对立，成为社区矫正对象自我意识不断发展的内在动力。

三、社区矫正对象自我意识培养的方法

社区矫正对象自我意识转化是否成功，效果如何，主要取决于有效的培养方法的运用，下面从内外两种途径介绍促进社区矫正对象自我意识转化的具体方法：

（一）阐释教育法

这种方法是指社区矫正机构首先应对社区矫正对象进行有关自我意识方面的教育，使社区矫正对象能够深刻意识和领悟到客观地认识自我、正确地评价自我、积极地体验自我和有效地控制自我。这对社区矫正对象个体自身的社区矫正及未来的社会生活具有重要的现实意义，能激发社区矫正对象探索和解决“我是谁”“我应该是怎样的人”以及“我将来会变成什么人”等问题的需要和动机，促使其在社区矫正实践的过程中，真正脱胎换骨，成为新人。这也属于心理教育的一个方面。

（二）心理示范法

这种方法是指社区矫正机构可有意识地、专门地在社区矫正对象群体中选择在自我意识转化方面成绩显著或具有一定潜质，并具有较好的交往能力以及较强的表达自我感受能力的社区矫正对象，让其向其他社区矫正对象讲述和描绘自己的自我认知、自我体验和自我控制，特别是元认知的思维过程，促使意识过程中不易被觉察和观察到的心理过程，能够清晰地呈现在被教育转化的其他社区矫正对象面前，从而起到心理示范的作用。

（三）角色扮演法

这种方法是指让社区矫正对象扮演特定的角色，通过角色认知与角色规范，让社区矫正对象感悟和体验角色的心理，并培养一定的自我意志力，从而使社区矫正对象对自我认知、体验和意志有更新、更深和更准确的认识与评价。例如，可让社区矫正对象扮演“被害人”的角色，从而对自己犯罪行为的危害性有切肤之识，产生强烈的补偿心理，并增强悔罪、改罪的意识和行为。正如著名的社会心理学家米德所认为的那样：“通过角色扮演，个体在社会生活中将自己视为一个被评价的客体，这不仅有助于人际间的适应，更重要的是在与具体的他人的互动中产生了暂时的自我形象。这种自我形象逐渐定型就形成了一种

稳定地将自己确定为某一类客体的自我观念，即形成把自己确定为某一类人的自我意识。”

（四）作业反馈法

这种方法是指在自我意识转化的过程中，社区矫正机构应将社区矫正对象的社区矫正表现和结果以及自我意识转化的效果向社区矫正对象及时、适时地予以反馈，使社区矫正对象明确自我的现状和需要改进与提高的方面，使之通过自我调控的方式不断地改变自我并朝着既定的转化目标前进。作业反馈法运用奖惩的方式使社区矫正对象的自我意识不断得到强化，使社区矫正对象的自我意识转化更具针对性和有效性。

（五）自我反省法

这种方法是指社区矫正对象对自己的犯罪行为、社区矫正表现和个性心理等进行自省和评价，认识自我的得失与优劣所在，进而转变其自我意识的方法。此种方法可在社区矫正机构的指导下运用，在一个适宜的反思和无干扰的环境中，要求社区矫正对象对“过去的我”“昨天的我”和“现实的我”以及“今天的我”的所作所为、所思所想进行充分而又深刻的反思、省察、分析与判断，了解和掌握自我言行的正误及矫正行为的是非等并加以矫正。此外，也可运用自我记录的方式让社区矫正对象对每日或一定时间段的自我活动进行全面检查、分析和评判，使社区矫正对象不断地修正与完善自我。

（六）自我暗示法

这种方法是指社区矫正对象运用语言、思想等自我刺激，影响自己的情绪、情感及意志或加深对某一观念的认知以及要求自己按照某一方式去行动。对社区矫正对象自我意识的转化具有积极意义的自我暗示，主要表现为两类：一类是通过言语和观念的暗示，使社区矫正对象明确角色身份，增强社区矫正对象自我矫正意识。另一类则是通过自我暗示的方式，使社区矫正对象从悲观、沮丧或冲动、焦虑的不良情绪状态中摆脱出来，并使之保持积极的社区矫正心态，激发自我矫正的信心和勇气，重新构建新的自我。例如，当矫正惰性出现或“罪犯角色”意识淡化时，可用“我是一名罪犯，我必须用真诚悔过的心洗刷耻辱，补偿罪孽，获得心灵的慰藉”等语言加以暗示；当丧失重新做人的信心时，可反复暗示自己，“我是个能够矫正好的人，只要真心付出，就能成为自己想要成为的那种人”“会好的，一切烦恼和痛苦都会过去的”等；当情绪过分冲动时，可暗示自己“要冷静，要制怒，否则会后悔莫及的”等。

（七）自我效能法

这种方法是指让社区矫正对象学会期望他自己有能力在一个特殊的环境和情境中落实或付诸一项行动或是产生一种所希望的结果。社区矫正对象在期望自己社区矫正成功，成为自己理想中的自我时，他们就可能会付出最大的努力。当他们面对的是挑战自我的任务时，也可能会出现较强的自我意志力，这就使自我成功的概率大大提高。可让社区矫正对象在理想自我目标的基础上，经常想象自己期望中的“理想我”，并按自我期望去努力。

由于自我效能感主要来源于社区矫正对象以往成功与失败的经验，倘若失败的次数过多，期望总是不能实现，社区矫正对象就会出现无助感，不再继续尝试。特别是在社区矫正初期，首次的社区矫正成功与否对社区矫正对象的自我效能的高低会起到至关重要的作用。因此，社区矫正机构应当注意多为社区矫正对象创设社区矫正成功的情境、任务和活动等，并通过替代强化的方式，提高社区矫正对象的自我效能感。

(八) 自我强化的方法

这种方法是指社区矫正对象用自己能够支配的方式或手段来加以增强、维持或减弱、消除已有行为和心理的方法。社区矫正对象的这种自我强化应与社区矫正机构对社区矫正对象的奖惩保持性质与方向上的一致性、协调性及同步性。社区矫正对象可以自我社区矫正目标、积极的自我意向和理想的自我目标为参照。社区矫正对象倘若实施了有利于社区矫正目标实现的行为，就对自己的这种行为进行适时的、恰当的正性强化，通过奖励的方式使这种行为得以继续或加强，使之出现的频率和次数增加。相反，倘若社区矫正对象的社区矫正言行与自我意向或社区矫正目标相背离，就要对自己的行为进行相应的、合理的负性强化，运用惩罚的方式使此类言行弱化或消失，并促使自我形象和行为得以改变，从而起到转化自我的作用。

第九章 社区矫正对象心理调适

第一节 社区矫正对象心理调适机理

一、心理调适

心理调适有广义和狭义之分，广义的心理调适是指人们改变自己的行为以适应生活环境，包括对自然环境的适应和对社会环境的适应。狭义的心理调适是指一种社会行为方式，即人们部分改变自己的态度、行为，以适应社会环境的行为过程。

二、社区矫正对象心理调适

社区矫正对象心理调适，是指在社区矫正过程中，社区矫正工作者运用心理学相关理论和技术，改变社区矫正对象的态度、行为，以适应社区矫正环境和社会环境的服务活动。

社区矫正对象心理调适，是用心理技巧改变个体的心理状态，是对社区矫正对象进行心理矫治介入的具体范式，包含着社区矫正工作者情感介入的各种具体的技术。调适的基础和核心是心理调适。这是因为必要的心理调适，才能改变一个人对外界环境的态度和行为方式，从而适应外部的各种环境。因此，社区矫正对象心理调适有两种含义：一是改变心理活动的绝对强度，减低或者提高心理力量；二是改变心理状态的性质，由消极的状态变为积极的状态。

社区矫正对象心理调适与心理治疗是有区别的。心理调适是一种消极的个案矫正技术，强调保持、维持原有的适应状态；而心理治疗，则是积极的个案矫正技术，注重的是潜力的开发和发展。

三、心理调适的原因和目的

（一）心理调适的原因

心理调适的原因主要有：

第一，由冲突引起的心理调适。任何冲突不可能无休止地进行下去，总会出现和解、妥协、统治与服从心理调适的情况。

第二，由社会变迁导致社会某方面发生变化，人们不得不适应新的环境，调整自己的认知与行为。

第三，由个人的生活环境变化引起。个人在生活内容、社会地位、居住条件发生变化等情况下，也会去调整自己的态度和行为。

（二）心理调适的目的

心理调适的过程表现在社会生活的各个方面，它是人们不断适应社会生活环境的行为方式之一，也是保持社会稳定的重要途径之一。对社区矫正对象进行心理调适，其目的是提高社区矫正对象的社会适应能力，适应社会的发展变化；使社区矫正对象适应社区矫正环境，保证社区矫正顺利进行，并达到预期的社区矫正目标。心理调适的过程往往不易被发现。因此，在对社区矫正对象进行心理矫治过程中要仔细观察和分析可能出现的心理调适现象，研究其发生的原因、对社区矫正对象社区矫正活动或社会生活的影响，给予相应的心理调适回应。社区矫正工作者对社区矫正对象的心理调适服务，贯穿于社区矫正的全过程。

四、心理调适基本理论

自我防御机制是心理调适的重要心理机制。自我防御机制是“自我用来应付本我和超我压力的手段。自我受到本我和超我的威胁而引起强烈的焦虑和罪恶感时，焦虑将无意识地激活一系列的防御机制，以某种歪曲现实的方式来保护自我，缓和或消除这种情绪上的不安和痛苦”。①

自我防御机制首先由西格蒙德·弗洛伊德提出，后由他的女儿安娜·弗洛伊德对之进行了系统的研究。在她的著作《自我和防御机制》中强调“每一个人，无论是正常人还是神经症患者的某种行为或言语，都在不同程度上使用全部防御机制中的一个或几个特征性的组成成分”。她认为，只要能够运用这些防御机制来维持平衡，而没有表现出适应不良的行为，那就不能看作病态。只有在不适当的时机，不适当地应用防御机制以致不论在自己内心安宁方面，还是与他人的交往方面，都与其生活不相称、不相和谐时，才可能称之为病态。如果一个人对任何有意识的或无意识的不愉快情感都作出刻板、不加选择、公式化的防御反应，便可以认为其患了神经症。

通过以上心理调适的基本理论就可以看出，自我防御机制有以下几个特征：

1. 防御机制不是蓄意使用的，它们是无意识的或至少是部分无意识的。固然，人们时常会做一些有意识的努力，但真正的防御机制是无意识进行的。

2. 防御机制是支持自尊或通过自我美化（价值提高）而保护自己及防护自己免于受伤害。从其作用和性质来看，防御机制可分为积极的防御机制和消极的防御机制。

---

① 林传鼎、陈舒永、张厚粲主编：《心理学词典》，江西科学技术出版社1986年版，第156页。

3. 防御机制似有自我欺骗的性质，即以掩饰或伪装真正的动机，或否认可能引起焦虑的冲动、动作或记忆的存在而起作用。因此，自我防御机制是借歪曲知觉、记忆、动作、动机及思维，或完全阻断某一心理过程而防御自我免于焦虑。实际上，它也是一种心理上的自我保护法。

4. 防御机制本身不是病理的，相反，它们在维持正常心理健康状态上起着重要的作用。但正常防御功能作用改变的结果可引起心理病理状态。

5. 防御机制的表现形式具有多元性，可以单一地表达，也可以重叠地表达。

五、社区矫正对象的心理防御机制

所谓防御机制，是指"个体应付和适应挫折，以避免焦急、焦虑等情绪侵害的自我防御方式"① "是个体在精神受干扰时保持心理平衡的手段……指人在潜意识中自动进行克服本我和自我冲突时所致的焦虑，以保护自我的方法"。② 所谓挫折，是社区矫正对象在从事有目的的矫正活动中遇到障碍或干扰，致使个人目的不能实现或驱使目的的动机不能获得满足时的情绪状态。当社区矫正对象个体受到挫折时常常会引起自尊心或自信心的丧失、失败感或愧疚感的增加，从而形成紧张、不安，兼有恐惧的焦虑情绪状态。为了摆脱这种令人不愉快，甚至痛苦的心理情境，社区矫正对象个体就要采取多种方式，或者尽量避免和减低焦虑的发生，或者使个体的挫折心理压力得以解除和减少，以保持个体自尊心理的平衡。虽然社区矫正对象个体的自我防御方式的共性是使自己不受焦虑等情绪侵害和保持自尊心理的平衡，但是根据各种防御方式的特性，可以将其分为积极的和消极的防御方式。积极的防御方式主要在于保持和提高社区矫正对象个人的自尊，消极的防御方式主要在于躲避和减低焦虑。

一般来说，社区矫正对象的心理防御机制分为两个阶段：一是社区矫正对象接受社区矫正前，在侦查审判阶段的自决心理机制；二是社区矫正对象在接受社区矫正中的心理防御机制。

（一）社区矫正对象的自决心理机制

自决心理机制不同于一般人遇到挫折后的防御机制，它是犯了罪的人在受审时为开脱自己罪责的心理自决方法。这是犯罪心理学家谢伊克斯和麦特兹提出的犯罪者自决法。自决心理机制的特点在于犯罪者内心抛弃了罪疚感、自责感，使内在的道德感中立化，失去了道德的监督。自决心理机制表现为犯罪者为给自己开脱罪责，而采取多种自决法。依据犯罪心理学家谢伊克斯和麦特兹的列举，有如下方法：③

1. 推卸责任的手段，把自己的罪过归咎于环境。

2. 否认实际危害的手段，总是借消除实际危害而排除个性意识中的过失感。

---

① 于真、许德琦主编：《调查研究知识手册》，工人出版社 1986 年版，第 356 页。

② 朱智贤主编：《心理学大词典》，北京师范大学出版社 1989 年版，第 186 页。

③ 于真、许德琦主编：《调查研究知识手册》，工人出版社 1986 年版，第 356 页。

3. 否定受危害的存在，以此为罪行辩解。

4. 斥责谴责者的手段，妄指他人的错处，嫁祸于人。

5. 在犯罪情节严重的时候，犯罪者以有比遵纪守法更重要的事促使他犯罪为借口。

（二）社区矫正对象社区矫正中的心理防御机制

在社区矫正过程中，社区矫正对象的自我心理防御是一个非常重要的，同时也是较为常见的心理现象。社区矫正对象的心理防御机制，有助于他们释放消极情绪，并使社区矫正对象能够推迟直接面对某些问题的时间，以便使其正确地看待社区矫正中所遇到的问题。

由于不同的社区矫正对象个体所受到的挫折不同，各自的挫折感受程度和心理品质各异，因而防御机制的作用有许多表现形式，如升华作用、替代作用、补偿作用、理智化作用、表同作用、投射作用、曲解作用、自居作用等。

1. 升华作用

升华作用“是一种积极的防御方式，它主要是指将层次较低或不为社会接受的动机愿望加以改变或提高正向行动作用”① “特指被压抑于无意识中的本能冲动，常转向社会所许可的活动中去寻求变化的、象征性的满足”。② 升华作用不同于消极的文饰、幻想等作用，也不同于积极的替代、补偿等作用。它的特点在于使原来不能实现的挫折，在更高的升华境界中得到实现。因此，升华作用能使社区矫正对象在逆境中发愤、在困难中进取，从而获得更大、更多的矫正成效。了解升华作用在社区矫正对象的活动中的作用，对于了解社区矫正对象的行为有重大的指导意义。

2. 替代作用

替代作用与升华作用在外部行为表现上有些类似，但在心理状况上略有不同。升华作用主要出于情感的激励，替代作用则主要是由认知支配而自觉行动产生的作用。此作用表现的过程是：当社区矫正对象的动机开始不为社会接受，或预料到个人从事的活动难免要遭到失败，于是，社区矫正对象凭借生活经验，自动放弃不为社会所接受的动机而转向符合社会标准的动机，将可能失败的某种活动用另一种可能获得成功的活动代替，这样就使自己的活动由失败、挫折转变为成功，并获得社会的赞许。由于这种过程始终贯穿了社区矫正对象个体的正确认知因素，因而是一种具有自觉特点的心理活动过程。

3. 补偿作用

补偿作用“是个人所从事的某种有目的活动受到挫折或因个人生理上或心理上有缺陷而达不到原定目的时，改以其他活动来弥补因失败而丧失的自信和自尊，代偿因自己生理和心理的缺陷而造成的心理上的不安之感”。③ 因此，补偿作用是一种积极应对挫折的防御方式。社区矫正对象的补偿作用有时表现为过度补偿。过度补偿是社区矫正对象不受暂时的失败或自己某方面的缺陷的束缚，反而加倍努力，结果其成果超过了一般正常程度。

---

① 于真、许德琦主编：《调查研究知识手册》，工人出版社 1986 年版，第 356 页。

② 朱智贤主编：《心理学大词典》，北京师范大学出版社 1989 年版，第 593 页。

③ 于真、许德琦主编：《调查研究知识手册》，工人出版社 1986 年版，第 357 页。

4. 理智化作用

理智化作用是一种自我控制的方式，它是通过情感的高级部分——理智感来自我控制低级的情绪，或调节内心感觉的作用。而理智感之所以能自我控制情绪，是由于理智感和人的求知欲望、认识兴趣、解决问题的需要的满足与否等相联系；理智感使社区矫正对象对符合逻辑的思维活动及其正确结论产生喜悦、高兴、赞叹等感受，反之则产生怀疑、轻视、恐惧等感受；理智感使社区矫正对象在认识过程中对新问题的出现往往产生紧张感，对假设产生怀疑，对偏见和谬论产生鄙视和讽刺，并为了获得新的认识、追求新的发现而克服困难，付出努力。因此，理智感使社区矫正对象用理智的尺度衡量自己的一切，使自己的言谈举止不易为情绪所左右。正因如此，以理智感来自我控制情绪的理智化作用，就是一种积极的有重要意义的自我控制方式。

5. 表同作用

作为一种防御方式的表同作用，“是指个人在现实生活中无法获得成功或满足时，把自己与某一特定成功的人相比较，或将自己比拟成幻想中成功的人，借此在心理上分享他人成功之喜，以消除或减少个人因挫折而产生焦虑的痛苦”。① 表同作用因表同对象不同，其作用效果也有差异。但当表同对象纯系幻想或脱离现实的人物时，尽管把幻想或脱离现实的人物俨然当作英雄去表同，而在现实生活中却“依然故我”，这不仅不会消除或减少社区矫正对象因挫折产生的焦虑，反而导致更多的失望和焦虑。因此，以幻想和不切实际的对象进行表同作用属于消极的防御方式。此外，社区矫正对象个人表同的对象还有团体。由于个人是团体的一分子，团体的成功和失败被视为个人的成败。这种心理作用反过来，当社区矫正对象个人受到挫折产生焦虑时也使团体有所分担，因此社区矫正对象个人以团体为表同对象可减少自己的焦虑。表同作用表现在一些未成年社区矫正对象中比较明显。

6. 投射作用

“投射作用是一种消极的防御方式，它是在一定的社会标准下，个人将自己的过失或大家所厌恶的态度、意念等，透过他人或转移到别人身上，其目的在于掩饰自己，使内心得以安宁。”②

投射作用分自觉和不自觉两种情况。自觉的投射作用是社区矫正对象明知诿过于人不对，也深知过失责任在己，但为了维护个人的自尊，故意将过失排除于自身之外，而转嫁给别的社区矫正对象。不自觉的投射作用，是将不良的特质排除于自身之外并加诸他人的潜意识倾向。了解投射作用的原理，有利于对社区矫正对象进行心理调适。

7. 曲解作用

“曲解作用是一种消极的防御方式，它是指个体将外在客观事实加以歪曲变化，以符合自己内心需要的方式，取得虚假的暂时的心理平衡”。③ 社区矫正对象的曲解作用分自觉的和不自觉的两种情况。自觉的曲解作用是社区矫正对象自己明知歪曲了事实，而仍故

① 于真、许德琦主编：《调查研究知识手册》，工人出版社 1986 年版，第 358 页。

② 于真、许德琦主编：《调查研究知识手册》，工人出版社 1986 年版，第 359 页。

③ 于真、许德琦主编：《调查研究知识手册》，工人出版社 1986 年版，第 360 页。

意以歪曲的理论与其他人或社区矫正工作者、管理工作者辩驳，其目的是维护自己的自尊心，或硬顶难关。这种社区矫正对象一般个性较强，不易被人说服。因此，对这种社区矫正对象，要格外小心，尽量不与他发生争执。不自觉的曲解作用，一般是指一些患精神病的社区矫正对象因夸大性的妄想和幻觉所致。当然，有些不自觉的曲解作用不属于精神病人的妄想和幻想，而属于误解、猜测错误等情况。

8. 自居作用

"自居作用是一种自我防御方式，其特征在于把自己所钦佩或崇拜的人的某些特点，或某一团体中重要人物的主张作为自己的特点，从而引以为自豪和自居的情感满足。"① 自居作用往往在未成年社区矫正对象中表现出来。其表现的情况有两种：第一种情况是只利用自己所钦佩或崇拜的人在社会上的名声、荣誉、优越地位等，来满足自己的愿望；第二种情况是在日常言语或行动上处处表现自己，以老大自居，从而使自己感到自豪和自居情感得到满足。

六、正确认知社区矫正对象的防御机制

对于社区矫正对象在社区矫正中的防御心理，社区矫正工作者应该给予充分的理解并正确地看待。

（一）社区矫正对象的防御心理是一种正常的心理反应

社区矫正对象的防御心理是社区矫正过程中的防御心理的外在表现。社区矫正对象心理防御机制的产生，是其维持心理健康的内在需求。因为在社区矫正过程中，有些消极情绪可以通过直接采取行动避开刺激而解除；有些情绪因刺激无法避开而不能解除。同时，对社区矫正对象而言，他们的很多欲望、想法不能被社会文化、道德或自己的意识所接受。在这些情况下，如果刺激、欲望、想法过于强烈，而社区矫正对象的意识又无法应付，就会产生消极情绪，社区矫正对象就会在不知不觉状态下启动心理防御机制，通过上述方法来保持心理平衡。由此可以看出，心理防御的共同特征是"自欺"而无法"欺人"。

（二）客观看待社区矫正对象出现的防御心理现象

当社区矫正对象出现防御心理时，不要对其实施攻击或批评打击。社区矫正对象的心理防御对其心理健康，可以说是有益也有弊的。其好处是当社区矫正对象面临心理压力时，能保持心理平衡，减轻痛苦。总体来说，绝大多数社区矫正对象的心理防御机制，都不是对付消极情绪的理想手段，因为它们歪曲、掩盖或否认现实，阻碍心理发展。社区矫正对象在社区矫正过程中，大多会形成一套惯用的心理防御手段，久而久之便成了相对固定的观念、态度和行为模式，成为自己的性格特点。而这些性格缺陷极端发展，就会产生

---

① 于真、许德琦主编：《调查研究知识手册》，工人出版社 1986 年版，第 360 页。

人格障碍，比如，如果由心理防御而表现出的想法或行为属于破坏性的、无意义的、怪异的或超出社会规范的，就可视为心理疾病的症状，而所有这些都会妨碍社区矫正对象的矫正生活。但是，这种症状又为社区矫正对象难以意识和认识，因此，也是最难以治愈的。

（三）面对社区矫正对象出现的防御心理现象要冷处理

当社区矫正对象的防御心理表现得非常突出时，社区矫正工作者不仅提出自己的指导性建议，而且要给予一定的时间让其思考，只要有充足的时间，他们最终必然会采取理智的行动。由于心理防御是在无意识状态下进行的，因此会“当局者迷，旁观者清”。社区矫正工作者、其他人明明知道该社区矫正对象在找借口，而该社区矫正对象自己却不以为然。这是每个正常人都会产生的心理“盲点”，或者说是人患病的“基础”。社区矫正工作者不能让社区矫正对象来为自己找出病根，而应由社区矫正工作者来做。

（四）社区矫正工作者充分认知心理矫治的局限性

要充分认识到在面对社区矫正对象的防御心理时，社区矫正工作者所具有的局限性，不要自认为能解决社区矫正对象存在的所有问题，其实，在心理矫治工作中，社区矫正工作者对社区矫正对象的很多心理问题和心理障碍，甚至是心理疾病，都是无能为力的。

第二节　社区矫正对象心理调适的主要技术

一、社区矫正对象心理保健技术

心理作用对人体有至关重要的作用。如果一个社区矫正对象常常处于颓废、沮丧、愁闷的精神状态，那么，诸多病症的发病率就要比乐观、开朗、愉悦的社区矫正对象高得多。因此，对于人身自由受到限制的社区矫正对象而言，使其学会心理保健，无疑是为他们提供了一味身心放松、防病健体的“妙药”。

（一）保持心理卫生

心理卫生是提高社区矫正对象心理素质，增进身心健康的重要方面。心理卫生与生理卫生一样，是保障社区矫正对象健康必不可少的。新的医学模式突出了心理卫生在疾病预防和治疗中的重要意义，提出了健康受社会、心理、生物等因素影响的观点。为了健康就要讲究卫生，可讲究卫生并不是单纯的洗手、消毒、更衣等，这些还不是保证社区矫正对象健康的全部内容。因为对社区矫正对象而言，被科以刑罚，就是人生的一大挫折，同时，还要接受来自方方面面的挑战，这些心理因素对健康的影响与生物因素相比，往往会产生更大的冲击。因此，为了保证健康，社区矫正工作者要让社区矫正对象明白，不但要讲究个人卫生、环境卫生、生理卫生以预防各种疾病，同时，还必须注意心理卫生，以预防精神病、变态人格、心血管疾病、行为适应不良等身心疾患。心理保健应当从培养社区矫正对象的健康心理和完善人格着手，增强社区矫正对象对挫折和逆境的耐受力，平稳地适应客观环境的变故，保持身心健康。做好社区矫正对象的心理保健工作，能使社区矫正对象以积极有效的心理活动、平稳而正常的心理状态，去适应社区矫正环境、社会环境。为此，社区矫正工作者必须对社区矫正对象心理卫生与保健给予足够的重视，应积极通过有效的教育和训练，培养其健全的人格、健康的心理并具备较强的社会适应能力，以保持其完整、稳定、健康的心理状态。

社区矫正工作者帮助社区矫正对象做好心理卫生的要求主要有以下几点：

第一，使社区矫正对象保持良好的自我意识，做到自知自爱，在自我观察、自我认定、自我判断和自我评价中正确地实现自知，在自尊、自信、自制和自强的基础上自爱。

第二，使社区矫正对象具有良好的社会功能，即能使社区矫正对象融入社会以适应社会的需要，社区矫正的现实环境以适应个体需要，社区矫正自身以适应环境的要求。

第三，使社区矫正对象具有良好的人际关系，消除孤独感，获得安全感。

第四，使社区矫正对象能积极参加劳动和各种实践活动。

(二) 学会心理按摩

心理按摩是保持心理健康的又一重要方式，社区矫正工作者应帮助社区矫正对象学会心理按摩。具体是让社区矫正对象学会以下心理按摩的方式：

1. 幽默

幽默是一种美丽的“转化剂”，它可以使烦恼化为欢畅，能让痛苦变为愉快，将尴尬变为融洽，有利于调节情绪和消除身心疲劳。目前，美国一些科研机构已经推行幽默疗法，此疗法使患者全身肌肉得到放松，解除烦恼、内疚、抑郁的心理状态。研究表明，人在欢笑时，脑、胸、腹、嘴、唇等部位的肌肉必须同时运动，而构成笑容满面的肌肉就有40多块。这就能刺激大脑产生一种儿茶酚胺激素，促使人体内产生吗啡物质，从而减轻工作疲劳。

2. 欣赏音乐

音乐可以增进健康，辅治疾病，使人延年益寿。经常欣赏优美动听的音乐，不仅有益于陶冶情操，而且还有化干戈为玉帛的奇妙作用。国外有很多医生用音乐来止痛、解毒、消除紧张情绪，并治疗神经衰弱和失眠。医生们指出，悦耳动听的音乐通过人的听觉影响大脑皮层，使内分泌系统分泌一些有益于健康的激素和酶。因而，当一个人听到自己喜欢的音乐时，呼吸就会加深，神经就会松弛，疲劳便得以消除。因此，经常播放一些音乐，对社区矫正对象心理调适具有积极的作用。社区矫正机构对那些在社区矫正中精神紧张、压抑、苦闷的社区矫正对象，引导甚至以矫正作业的方式，要求他们每天听听轻松的音乐，无疑有助于他们自我心理调适，保持心理健康。

3. 书法

书法是一种很好的养生、健身活动。挥毫泼墨，不仅得到艺术上的高雅享受，而且能怡情养性、增进健康。它与气功、太极拳相似，静中有动，外静内动，练书法时，“意在笔先”“凝神静虑”，运笔时气沉体松，专心致志，可使人心情舒畅，乐此不疲。社区矫正机构和社区矫正工作者可以矫正作业的方式，鼓励或要求社区矫正对象每天练练书法，可达到对他们心理调适的作用。

4. 绘画

绘画也是一种使人心情舒畅、精神焕发的艺术活动，尤其是到野外一边写生作画，一边欣赏自然美景，更有盎然之情趣，有益于身心健康。国外一些医院还采用绘画疗法治疗疾病，选一个清静之处，让病人调色涂抹，通过绘画，使患者自然地将压抑在心头的感情发泄出来，调节精神，改善病情，加快恢复健康，从而获得其他医疗手段所达不到的良好效果。同样，社区矫正机构和社区矫正工作者在社区矫正对象中成立绘画兴趣小组，或以矫正作业的方式，鼓励和要求社区矫正对象适当绘画，可达到对他们心理调适的作用。

5. 观花

在阳台上或监舍中种植数盆鲜活的花草，闲暇时观赏玩味，任凭斑斓的色彩美化“眼界”，置身于花丛之中，心情舒乐爽然。与花为伴，以花为友，浇花、施肥、剪枝、移植，可以使社区矫正对象性格变得开朗起来。医学家通过研究发现，芬芳扑鼻的鲜花味可以用来治病，特别是对忧郁症、焦虑和恐惧症这些牵涉心理的病症具有特殊疗效。例如，天竺花香能使人神经安定镇静，促进睡眠，消除疲劳；米兰香味能使气喘病人感到心情舒适；薰衣草花香能使心动过速病人的心率得到减缓；丁香花香对牙痛病人有镇痛安静的作用。

6. 读书

“常读书，乐忘忧，脑运动，气血舒，好养生，利康寿”，此话是有道理的。因为读书可以移情易性、振奋精神，以增强免疫功能，颇具保健之益。据报道，国外已兴起了别具一格的书籍疗法，德国就有医院为病人开设了专门的图书室，使不少慢性病患者，尤其是患有神经系统及心理疾病的患者，沉湎于书中而很快康复。其实，我国古代的文人墨客早就认识到了这一点。《韩昌黎集》记有一事，唐代元和八年，韩愈染病，头疼难忍，后李贺送来一本诗稿给他看，读之竟疾去痊愈。读书与著书一样，随着情绪的表达和转移，能起到调整神态，平衡人体阴阳气血的心理作用。从这个意义上来讲，书是一味养生的妙药。在社区矫正对象中成立读书小组，或把有积极意义的书籍作为矫正作业要求社区矫正对象每天去读，对社区矫正对象调适心理和自我发展具有重要的意义。

7. 沉思

社区矫正工作者应帮助社区矫正对象学会沉思。多位著名的美国医学专家透露，沉思冥想可以预防甚至治愈多种疾病，包括心脏病、关节炎和癌症等。耶鲁大学医学院外科医生、前医学院教授伯尼·塞格尔说：“沉思冥想是松弛思想的行为，这种行为可治愈和预防多重沉疴，甚至可以治愈和预防被视为绝症的艾滋病和癌症。”哈佛大学的赫伯特·本森医生也有同感，他说：“沉思冥想带来的完全松弛，在对抗疾病方面是一种强有力的工具。”沉思冥想可预防甚至治愈重病，是因为它会对身体传送到免疫系统的化学剂起一定作用。近年来，欧美一些国家用“想象疗法”治癌颇为流行。患者运用此法，至少可以增强治愈疾病的信心，缓解痛苦，减少折磨。用此法治病，方法简单，便于推广，易为病人接受。精神心理学的研究表明，大脑与人体之间存在着尚未被人了解的渠道，这个渠道沟通着思维活动与免疫之间的联系。通过“想象疗法”可以强化免疫系统的功能，从而能有效地抑制疾病的发展，或使疾病逆转而痊愈。“想象疗法”的秘诀在于给患者建树一种信心，使患者看到希望，增强战胜病魔的勇气。科学家预言：运用“想象疗法”将治愈许多慢性病。

二、社区矫正对象心理疲劳的消除技术

(一) 心理疲劳的概念

疲劳有两层含义：身体疲劳和心理疲劳。心理疲劳的大部分症候，是通过身体疲劳表现出来的，所以往往被人们忽视。心理疲劳是指由于长期的精神负担，在工作、事业开创、人际关系处理和角色扮演以及对事业和家庭的不断权衡方面，总是处于一种思考、焦虑、烦闷、恐惧、抑郁的压力之中，使心理陷入“心力衰竭”的状态。

朱智贤教授在其主编的《心理学大词典》(1989 年版) 中将心理疲劳定义为：“人体肌肉工作强度不大，但由于神经系统紧张程度过高或长时间从事单调、厌烦的工作而引起的疲劳。它表现为：感觉体力不支，注意力不集中，思维迟缓，情绪低落，并同时伴有工作效率降低、错误率上升等现象。心理疲劳的持续发展，将导致头痛、眩晕、心血管和呼吸系统功能紊乱、食欲减低、消化不良以及失眠等。”① 心理是否疲劳，可以进行测量。心理疲劳的测量涉及：心率、大脑皮层诱发电位、反应时、闪光融合频率、主观评定、主作业和辅助作业测定等。

近半个世纪以来，高血压、冠心病、肿瘤等已成为严重威胁人类健康的疾病。这些疾病的病因、病理较为复杂，但一般与精神、心理、社会环境及生活方式等因素有密切关系。世界卫生组织在一份报告中曾指出：“工作紧张是威胁许多在职人员健康的因素。”这一结论明确指出了过度劳累对人体的危害。随着经济的高速发展、生活节奏的不断加快，太累、太疲劳已是人们正常生活中的“流行词”了。心理疲劳正在成为现代人的“隐形杀手”。

医学心理学的研究表明，心理疲劳是由长期的精神紧张所产生的压力、反复的心理刺激及复杂的恶劣情绪逐渐影响形成的。如果得不到及时疏导化解，长年累月，在心理上会造成心理障碍、心理失控甚至心理危机；在精神上会造成精神萎靡、精神恍惚甚至精神失常，引发多种身心疾患，如紧张不安、动作失调、失眠多梦、记忆力减退、注意力涣散、工作效率下降等，以及引起诸如头痛、荨麻疹、高血压、缺血性心脏病、消化性溃疡、支气管哮喘、月经失调、性欲减退等疾病。

据临床观察，患心因性疾病的社区矫正对象，绝大多数都有较长一段时间的疾病发展过程，由于没能及时消除心理疲劳，最后导致心理病患。

(二) 社区矫正对象心理疲劳的症状

具有心理疲劳的社区矫正对象，在社区矫正中一般表现为如下症状：

1. 早晨起床后，浑身无力，四肢沉重，心情不好，甚至不愿意和别人交谈。

---

① 朱智贤主编：《心理学大词典》，北京师范大学出版社 1989 年版，第 764 页。

2. 对学习、劳动或工作提不起精神，什么都懒得做，劳动或工作中错误多、效率低。

3. 容易感情冲动，神经过敏，遇事稍不顺心便大动肝火。

4. 眼睛易疲劳，视力迟钝，全身感到不舒服；晕眩、头痛、头重、背酸、恶心等。

5. 困乏，但躺在床上又睡不着。

6. 没有食欲，挑食，口味变化快等。

心理疲劳表现突出的社区矫正对象，似乎总是忍受着一种精神痛苦的折磨，心中积压着诸如悲伤、委屈、苦闷、烦恼、不平等抑郁之情，总感到自己生活得很累，期盼能解脱一些。

(三) 社区矫正对象心理疲劳产生的原因

社区矫正对象的心理疲劳是在长期社会生活中不知不觉潜伏在其身边的，它不会以较快的速度作用于社区矫正对象，而是经过长期的积累，到了一定的时间，达到了一定的"疲劳量"，才会引发疾病，所以，在社区矫正中，无论是社区矫正工作者，还是社区矫正对象自己，都容易忽视这一问题。

心理疲劳，它与因连续工作而致使肌体能量消耗的生理疲劳不同，它是人长期从事一些单调、机械的工作活动，伴随着肌体生化方面的变化，中枢局部神经细胞由于持续紧张而出现抑制，致使人对劳动或工作、生活的热情和兴趣明显降低，直至产生厌倦情绪。心理疲劳常常带有主观体验的性质，并不完全是客观生理指标变化的反映。对于产生心理疲劳的社区矫正对象，轻者出现厌恶或逃避工作、学习、生活的症状，重者还可出现抑郁症、神经衰弱、强迫行为等，也可能会产生吸烟、酗酒等现象。

(四) 消除心理疲劳的具体技术

要解除心理疲劳，社区矫正工作者必须引导社区矫正对象学会消除心理疲劳的方法。

1. 引导社区矫正对象对自我有一个客观正确的估计和要求，尤其是社区矫正目标不能定得太高、太难或过急，凡事要讲求一个适度，根本办不到的事不要硬拼蛮干，避免长期超负荷运转。

2. 如果心理疲劳是由于劳动或工作过于单调、机械所致，说明社区矫正对象所从事的劳动或工作并未把其价值和潜能充分地发挥出来，使其产生了厌烦的心理。在这种情况下，社区矫正工作者最好提供必要的帮助，改变社区矫正对象的劳动或工作性质。

3. 对于心理上的疲劳，社区矫正工作者应指导社区矫正对象根据自己的性格和爱好，通过各种富有强烈情感体验的活动来充实自己的业余生活，如可去散散步、看电视、聊天、读书等，从而避免因从事的活动过于单一而产生单调、消极的心境。

4. 社区矫正对象一旦陷入紧张的心理疲劳，社区矫正工作者可以辅导其通过按压劳宫穴来解除。劳宫穴在手掌正中的凹陷处。心包经是由植物神经系统所控制的，当社区矫正对象心理疲劳时，心包经的功能就会紊乱，进而会引起全身的植物神经失调。所以，按压劳宫穴有消除心理疲劳之功效。

三、社区矫正对象情感困扰调适技术

（一）情感调适基本理论

从广义上讲，情感是人对客观事物的态度体验。从狭义上说，情感是与人的社会性需要相联系的一种复杂而又稳定的态度体验。一个人对自我情感的控制，不仅对自身的事业、人际关系等产生影响，而且对人的身心健康也产生较大的影响。

心理学家和临床医生告诉我们一个十分有趣的现象：许多“点火就着”“炮筒子”脾气的人，患身心性疾病的概率并不高；相反，那些外表看起来很文静，成天一声不响，但内心总是不平静、好生闲气、闷气和钻牛角尖者，患身心性疾病的，却很多，究其原因是和一个人的情感因素——感情势能直接相关的。

近年来，西方兴起一门心理学的新理论——感情应力学。它的基本理论认为：外界各种不良刺激作用到人体之后，会日积月累，形成潜在的“能量”——感情势能。人体对这种感情势能的承受能力是有限度的，一旦超过限度，感情势能就会从体内释放出来，使人体的循环、消化、血液和神经系统功能发生紊乱，进而导致发生多种严重的身心性疾病，如冠心病、高血压、消化系统溃疡、哮喘、神经症等。

社区矫正对象中，那些经常生闷气、生闲气、斤斤计较和好钻牛角尖的人，之所以易患身心疾病，原因就在于感情势能中的消极情感不断积累，进而超过人体所能承受的限度，对肌体造成损害。为此，在社区矫正过程中，首先，社区矫正工作者要防止社区矫正对象感情势能的形成和积累，尤其要想方设法不让感情势能在社区矫正对象的体内积累，也就是不让消极情感、情绪存积起来。其次，让社区矫正对象能及时宣泄自己的不良情绪，使心理恢复平衡。再次，使社区矫正对象学会宣泄不良情绪、情感的方法，即有效地、科学地把消极情感及时地排解出去。最后，还要使社区矫正对象认识到过分的或不当的情感宣泄有害自己的身心健康。

（二）宣泄技术

情感调适的主要方法就是宣泄疗法，即社区矫正工作者引导社区矫正对象把自己心中积郁的痛苦倾吐出来的一种心理调适方法。宣泄疗法在现实心理矫治中有一定的功效。当社区矫正对象把自己的内心矛盾与痛苦情绪体验宣泄出来后，不仅能减轻心理上的压力，也能减轻或消除他们的紧张情绪，恢复平静的心情。但是，想让社区矫正对象把内心的痛苦倾吐出来并不是件容易的事。因此，宣泄疗法的效果往往取决于社区矫正对象对社区矫正工作者的信赖程度。在临床上，不少社区矫正对象不愿暴露自己所患疾患的真正原因。因此，社区矫正工作者千万不能操之过急，要真心实意地向他们讲解清楚，关心他们、尊重他们，逐步与他们建立起关怀的、友爱的、平等的信任关系。这样，社区矫正对象才能逐渐说出自己内心真正的想法。

社区矫正工作者希望社区矫正对象的不良情绪尽可能地及时发泄出来，但要让社区矫正对象发泄也要讲究方式方法，要通过正常的途径和渠道发泄和排解不良情绪。社区矫正工作者要帮助社区矫正对象澄清：不良情绪之所以能危害身体健康，主要是因为它能刺激体内器官，产生一定的感情势能，在强烈的情绪突发时或者突然的震惊和极度愤怒时，肌体往往能产生超乎寻常的力量。这时肌体处于高度兴奋的“应激状态”，交感神经受到刺激，也兴奋起来；消化活动被抑制，人体的糖分从肝脏中释放出来，肾上腺素分泌增多等。身体为满足情绪的需要而重新全身动员，做出适应情绪需要的调整。这时如果体内骤增的能量不能得到及时的发泄，便会危害身心健康。不良情绪的发泄在很大程度上也就是这种能量的发泄。比如有些社区矫正对象在暴怒时会如雷霆般地发作，大声咆哮、怒吼，甚至暴跳如雷。这实际上是这些社区矫正对象为了使突然激发起来的能量得以释放。为此，社区矫正工作者对这些社区矫正对象要持理解的态度，不能采用简单批评等方法，使社区矫正对象的感情势能被压抑。当然，发泄因怒气而产生的能量，并非一定要采取大发脾气的办法，社区矫正工作者可以引导社区矫正对象采取其他更好的办法来解决。

不良情绪能量的发泄虽来势汹汹，好像势不可挡，但在一定控制范围内的适当宣泄是可以改善社区矫正对象的情绪健康的。比如，当社区矫正对象盛怒时，社区矫正工作者不妨让其出去跑一圈，或做一些能消耗体力又能转移思想的体育运动。当社区矫正对象累得满头大汗、气喘吁吁时，就会感到精疲力竭。相信这时社区矫正对象的气恼情绪已经基本平息下来，积聚的怒气也已经消失掉一大半。这些活动都能把因盛怒或不恰当而激发出的能量释放出来，不至于淤积在体内产生不良反应，既不至于使怒火郁积心中而危害身体，又不因发脾气而做出过激的举动产生不可挽回的损失。这是发泄突发而又强烈的暴怒情绪的较好方法。不过值得提醒的是：对于年纪较大的社区矫正对象，社区矫正工作者一般不宜让其通过重体力劳动发泄，特别是有心脏病、高血压的社区矫正对象，过激、活动量过大的运动反而不利于他们的身心健康。社区矫正工作者让社区矫正对象选择哪种活动，要量体裁衣，适合他们的身体及能力。过量的运动透支，即使正常的身心也会有一定损伤。所以社区矫正工作者在让社区矫正对象进行发泄活动时，在他感到累了的时候就应该及时叫停。另外要提醒社区矫正对象注意安全，因为在情绪的控制下，体内有太多冲动，动作往往不能准确和协调，容易造成一定的意外损伤。

哭也是不良情绪能量发泄的一种方法。哭，不仅能释放积聚的能量，而且能调整肌体平衡。社区矫正工作者在面对社区矫正对象痛苦和悲伤时，不妨让其大哭一场。让社区矫正对象在宣泄室、家中或无人之处的痛哭，是一次纯真的感情爆发，如同夏天的暴风雨，越是倾盆大雨，天晴得越快。许多社区矫正对象在痛哭一场之后，觉得畅快淋漓，痛苦和悲伤心情随着泪水的流淌而减少许多。这种方法是有其科学原理的。美国生物学家福雷博士，曾选了一批接受试验的志愿者，组织他们观看一些令人悲恸欲绝的电影或戏剧，并要求他们在痛哭时把事先发放的试管放在眼睛下面，将眼泪收集起来。结果发现，一个正常的人在哭泣的时候，流出的眼泪有 100 微升到 200 微升，即使一场号啕大哭，眼泪也只有一两毫升。哭泣对心动过速、血压偏高者均有不同程度的缓解或减轻的作用。经过对眼泪的化学分析得知，原来在这些渐渐流出的眼泪中，含有一些生物化学物质，正是这些生化物质能引起血压升高、消化不良或心率加剧。把这些物质排出体外，对身体当然是非常有利的。

（三）悲观情绪的排除技术

在社区矫正过程中，社区矫正对象经常出现兴奋、欢乐、沮丧、消极等心理波动。情绪乐观的社区矫正对象也有不幸与烦恼，但善于排遣解脱。也有一些社区矫正对象大部分的生活被消极情绪占领，或哀叹后悔、灰心丧气，或牢骚满腹、怨天尤人，不善于解脱排遣。实践证明，要摆脱这种悲观情绪，社区矫正工作者需要帮助社区矫正对象学会下面的积极调适技术。

1. 客观看待现实，别盯住消极面。
2. 客观评价自己，不当欲望的蠢人。
3. 宽以待人，不要过于挑剔。
4. 面对挫折，学会躲避。
5. 与人为善，不要制造人际隔阂。

（四）用理性思维克服劣性情绪的技术

从心理学角度看，当肌体的生理需要与客观现实产生强烈抵触时，人就会出现劣性情绪，如恐惧、愤怒、绝望等。一个缺乏理智的社区矫正对象往往无法驾驭、控制自己的情绪，进而难以约束自己的行为，直到做出意外的举动。从医学角度而言，劣性情绪对身心的健康极为不利。对此，当代美国著名的认知心理学家阿尔伯特·埃利斯提出了情绪理性化疗法，即引导当事人运用合乎逻辑的理性思维，加上正面的自我交谈，来减低应激反应和负面情绪。社区矫正工作者同样可借用情绪理性化疗法来帮助社区矫正对象消除劣性情绪。该疗法的具体步骤如下：

1. 找出引起社区矫正对象应激反应的应激源。
2. 分析社区矫正对象对应激源有哪些非理性认识，也就是对事物的不合理的评价。
3. 让社区矫正对象认识到所有不利于健康或事情解决的心理、精神、行为，都是由自己的那些非理性思维所引起的。
4. 让社区矫正对象能运用理性的思维方式来消除和代替原来非理性的思维方式，这是整个疗法中最关键的一步。
5. 社区矫正工作者需要观察社区矫正对象的情绪状态是否转为正常。倘若效果不明显，社区矫正工作者必须重新回到第一至第四个步骤，检讨社区矫正对象的那些思维仍然停留在非理性思维阶段，经过重复纠正后，尽可能将社区矫正对象的应激反应降到最低限度。

（五）宣泄情感应适宜

社区矫正工作者应让社区矫正对象学会适当宣泄消极情绪和情感，因为如果情感宣泄不当，也会破坏身心健康。这是社区矫正工作者在社区矫正对象心理调适时必须注意的问题，不能矫枉过正。

美国研究人员发现，经常发脾气的人容易发生房颤（一种心律不齐），靠发脾气来宣泄个人压抑情感的方式对心脏健康有害。据《循环》杂志报道，研究人员对平均年龄在48岁左右的1769名男性和1913名女性进行了为期10年的跟踪研究，发现那些急脾气、头脑容易发热，在受到批评或在失败时总爱与别人争论的人，发生房颤的概率比普通人要高出30%，而那些在发脾气后常出现头痛或肌肉酸痛的人出现房颤的概率更高。房颤容易导致猝死。

研究人员在研究过程中还发现，不仅是心脏病，那些爱生气的人死于任何疾病的概率都比心态平和的人高出20%。

研究人员说，人们一直认为发脾气可以帮助人驱散低落情绪对健康的负面影响，但就这项研究来看，过分宣泄自己的情感并不是一件有利于健康的事。这些研究成果，为社区矫正心理矫治工作提供了科学依据，对引导社区矫正对象适当宣泄情绪有一定的指导意义。

四、社区矫正对象的心理防护技术

（一）心理防护的基本理论

社区矫正对象在社区矫正过程中，不可能一帆风顺、风和日丽。困难、障碍、挫折、压力等，都会影响社区矫正对象的矫正和身心发展，甚至造成永久性的伤害。因此，社区矫正工作者帮助社区矫正对象在社区矫正过程中免受社区环境中不良因素的侵害，对于任何年龄层次的社区矫正对象来说，都是非常重要的。

医学心理学的研究表明：快节奏会产生紧迫感、压力感和焦虑感，引起心理应激反应。这种心理应激反应具有两重性：其一是能使人学会通过各种因素的调节，产生较好的适应能力，提高心理素质，有利于事业的成功；其二是如果持续的劣性应激难以解脱，则易引起身心疾病，影响身心健康。有关专家提出：持续的劣性应激，可导致体内的免疫活性物质（免疫球蛋白A、血清素和多种酶）的生物活性水平降低，肌体的生化代谢、内分泌功能和神经调节功能发生紊乱，对很多身心疾病的发生和发展起着推波助澜的作用。因此，社区矫正工作者帮助社区矫正对象学会缓解心理上的紧张状态，对社区矫正对象来说是非常重要的。

所谓心理防护，就是指当人们面临困难、冲突、挫折时，为不至于引起情绪上的过分痛苦与不安，使用一些心理上的措施或机制来进行自我保护。采用的防护方式可以是习惯性和潜在意识的方式，如消除内心焦虑不安与罪恶感，保持自尊的防卫行为，也可以是有意地进行的心理调节。

社区矫正工作者可以指导社区矫正对象采用一些心理防护手段来帮助其摆脱困扰，恢复心理平衡。让社区矫正对象学会主动采取有益的、适当的心理调节，不仅可以帮助其走出人生低谷和人生的困境，保持身心健康，而且可以调动其积极心理机制，激发心理潜能。如果社区矫正对象不会对自己的社区矫正生活进行心理调节、自我保护，那么社区矫正对象就会感到痛苦和烦恼，进而损害其健康。

社区矫正对象心理防护的功能具体包括以下几方面：

1. 减低情绪冲突。
2. 避免出现危险的冲动。
3. 缓和伤感经验。
4. 减轻失望的情绪感受。
5. 消除个人与情绪间的冲突。
6. 保持自尊。

心理防护可以帮助社区矫正对象更好地适应社区矫正环境，免遭外界因素和不良情绪的侵害和影响，有效地维护身心健康。

（二）社区矫正对象心理防护的具体技术

社区矫正工作者应指导社区矫正对象从以下几个方面着手进行自我心理保护：

1. 要实事求是地确定社区矫正目标

社区矫正对象在面对社区矫正时，要能客观认识和评价自己的能力，尤其是要正确把握自己的方位和坐标，脚踏实地地矫正自己，提高自己的心理承受能力，在社区矫正中保持心理平衡，制订切实可行的矫正计划和矫正目标，不要为自己根本无法实现的矫正目标而徒自伤神，弄得筋疲力尽。

2. 学会肌体的协调平衡

在社区矫正中，社区矫正对象若能平衡地利用身体各部分机能，则是社区矫正对象心理防护的巨大成功。平衡是多方面的，诸如脑力与体力的平衡，左脑（抽象思维）与右脑（形象思维）的平衡，大脑各神经中枢的平衡，站、坐、走的平衡，用眼与用耳的平衡等。这可使社区矫正对象的生理和心理的功能潜力得以充分发挥，保持身心健康。

3. 学会自我心理调节

社区矫正对象在社区矫正中出现烦恼和忧愁是在所难免的，但如果将忧愁痛苦强行积郁在胸中，必然带来危害。因此，当社区矫正对象情绪出现反常、心情不好时，社区矫正工作者应尽量让其学会通过正确的途径进行“宣泄”或转移，如到社区心理咨询室寻求帮助，或在心理宣泄室内进行宣泄，使消极情感得以挥发，情绪得以稳定。

4. 培养业余爱好

业余爱好可作为转移大脑“兴奋灶”的一种积极的休息方式，能有效地调节改善大脑的兴奋与抑制过程，进而消除疲劳，调节情绪，从紧张、乏味、无聊的小圈子中走出来，进入一个兴趣盎然的境界。大多数社区矫正对象均有一定的业余爱好，诸如音乐、舞蹈、书法、绘画、棋类、写作等，社区矫正工作者应鼓励他们根据自己的兴趣进行选择，适当“投资”，以调节情趣，缓解紧张感。

5. 养成体育锻炼的习惯

体育活动能有效地增强社区矫正对象身体各器官、各系统的功能。因此，可在矫正方案中安排每天进行一定时间的体育锻炼的矫正作业，使社会矫正对象养成体育锻炼的习惯。

五、社区矫正对象沮丧情绪调适技术

（一）社区矫正对象沮丧情绪调适的基本理论

沮丧是由严重失败与挫折而产生的情绪低落状态。这既是消极的情绪体验，也是意志软弱的表现。沮丧的心理成分有灰心、失望、狼狈、难堪等；行为上常伴有泄气、垂头丧气、软弱无力、无精打采等表现。社区矫正对象沮丧情绪的产生固然和失败、挫折及逆境有关，但更主要的是受个人主观因素的影响，如思维方式、意志薄弱、缺乏理想信念、控制调节自己感情的能力较差等。如果社区矫正对象沮丧严重，整日忧心忡忡，悲观绝望，自责自罪，会导致抑郁症。

社区矫正对象的沮丧情绪，一般是精神沮丧，大多处在精神状态不佳的阶段，其具体表现是：

1. 每时每刻都觉得情绪低落。
2. 忧虑不安、容易受到刺激而发怒。
3. 对平日的活动兴趣索然。
4. 常会在天未亮时就醒过来而无法入睡。
5. 食欲减退或丧失、体重下降。
6. 无法集中注意力或很难作出判断。
7. 感觉孤独无助和一无是处。
8. 希望通过酒精麻醉自己，取得解脱。
9. 死亡和自杀的阴影萦绕不去。

精神沮丧如果长期得不到缓解，压力过大，就会成为一种病状，即沮丧症，又称精神萎靡症，是一种轻微发作的抑郁症。一般来说，自尊心特别强的、缺乏抑制反应的和对社区矫正缺乏心理准备的社区矫正对象，都有可能出现沮丧症。

谭家峰在2000年《心理世界》第11期曾撰文对沮丧症进行了以下阐述：

沮丧的主要症状既有生理方面的，也有情绪、思维方面的。如：精神上持续忧郁，有烦躁感和空虚感，对生活失去信心；对前途悲观失望，有一种深深的负罪感，认为生活已毫无意义；不能接受外界的影响，对日常生活，包括性生活已无任何兴趣；严重的失眠，行为异常；精力不集中，记忆力衰退或优柔寡断；周身疼痛，平时有莫名其妙的哭泣等。

沮丧因人而异，男性多于女性，青壮年多于老年人。有些人在一生中，沮丧仅是一个短暂的插曲，而另一些人则可能经常遭受沮丧之苦。更有甚者，沮丧成为沉重的心理负担，可能视自己为行尸走肉。对于病情较轻的患者来说，沮丧表现为持续不断地发作。但病情严重的会进入医学界所说的“两级紊乱或暴发性沮丧”的阶段，其特征是暴怒异常，患者在这一轻一重两个极端中备受煎熬。

应该说，每个人一生中都会不可避免地发生忧郁与悲伤，问题是这些情绪变得强烈并且持续的时间太长，那便越过了忧郁的界限跨入了沮丧，如果不进行积极治疗，这种表现可以持续数年之久，甚至可能导致自杀。当然，如果进行积极的治疗，90%的患者可以康复。

（二）社区矫正对象沮丧症的特征

患沮丧症的社区矫正对象，其症状和谭家峰所述的六个方面基本相同，但在具体表现形式上略有差异。这可能与社区矫正对象所处的社区矫正环境密切相关。其具体特征如下：

1. 心境悲哀、冷漠。
2. 自我意象消极，时常自怨自艾。
3. 有回避他人的愿望，如一些社区矫正对象不愿出家门。
4. 食欲下降，常出现失眠。
5. 觉得自己比平时更敏感、更爱掉眼泪等。
6. 嗜睡懒动。

沮丧是由消极的情绪感或对生活的不满意，或是经常受挫折引起的。沮丧如同感冒一样会影响生活的乐趣。社区矫正工作者如果对社区矫正对象的沮丧症放任不管，延误治疗会使社区矫正对象的病情进一步恶化，还极有可能使其转化为慢性抑郁症患者。

（三）社区矫正对象沮丧情绪的具体调适技术

1. 社区矫正对象沮丧情绪的调适对策

社区矫正工作者可以指导社区矫正对象按下面的对策进行自我矫治，最大限度地缩短社区矫正对象的沮丧时间。

（1）正确面对社区矫正生活，主动加强体育锻炼。
（2）增进与社区矫正工作者、朋友、志愿者之间的彼此交往。
（3）对社区矫正持乐观态度。
（4）在社区矫正中发现自己的优势。
（5）积极想象。
（6）强化自我语言暗示。
（7）多做好事，乐于助人。
（8）回归自然。

2. 社区矫正对象沮丧情绪的自我疗法

沮丧症并不可怕，只要勇敢地承认它并及时治疗，是能够很快治愈的。对于患沮丧症的社区矫正对象，除了可采用上述八个方面的策略外，还可运用自我疗法，进行自我矫治。社区矫正工作者应指导社区矫正对象学会以下几种自我疗法：

（1）自我设问法。通过自己提问，自己回答，寻找产生沮丧症的原因。一旦找到并能做出答复，就有可能突然醒悟，得以解脱。

（2）元气恢复疗法。其原理就是“行动产生情绪”。具体来说，就是在心情特别沉闷时，为了驱散它，就要爽快行事，行动要有自信，不要愁眉不展，而要挺胸、扬眉、谈笑风生，考虑振奋人心的事，提起精神，驱散心头沉闷，直到恢复元气。

（3）自我调整法。社区矫正对象常因思考方法不对，学习、工作以及生活方式不良而屡遭挫折，感到沮丧。因而要让社区矫正对象对自己的思考、行为习惯和生活方式等进行适当调整，以适应变化的环境，有效地治愈沮丧症。

六、社区矫正对象焦虑情绪调适技术

（一）社区矫正对象焦虑情绪调适的基本理论

所谓焦虑，是指个体由于不能达到目标或不能克服障碍的威胁，致使自尊心与自信心受挫，或使失败感和内疚感增加，形成一种紧张不安，带有恐惧的情绪状态。

有关统计资料显示，随着我国社会的进步、经济的发展，人们的生活节奏明显加快，焦虑作为一种精神疾患呈现明显增多的趋势，并已成为影响人们身心健康的重要“隐患”之一。世界卫生组织的研究表明，焦虑症和抑郁症的发病率呈逐渐上升的趋势。一般来说，焦虑可分为三类：一是现实性或客观性焦虑，是由客观上对自尊心的威胁引起的。比如社区矫正对象对获得社会认可的法律地位所产生的焦虑。二是神经过敏性焦虑，即不仅对特殊的事物或情境发生焦虑反应，而且对任何情况都可能发生焦虑反应。它是由心理—社会因素诱发的忧心忡忡、挫折感、失败感和自尊心的严重受挫引起的。三是道德性焦虑，即由于违背社会道德标准，在社会要求与自我表现发生冲突时，引起的内疚感所产生的情绪反应。

心理学界对焦虑发生的原因论说法不一：心理分析学派认为是潜意识之间的冲突引起的；认知学派则认为是知觉、态度与信念的冲突引起的；人本主义者认为是由达到自我实现时发生的思想冲突引起的。一般认为，焦虑与学习的关系密切，高度焦虑只有与高度的能力相结合才能促进学习，高度焦虑与低能力或一般能力相结合则抑制学习，把焦虑控制在中等程度，才有利于一般能力水平者的学习。

在社区矫正中，临床观察发现，作为精神疾病之一的焦虑，不仅类型各异，表现也有所不同。其中，有些社区矫正对象凡是接触到某些情境，触摸或看见某些物品，甚至处在任何场合，几乎都会产生思维和情绪的变化，从而产生焦虑，而且这种焦虑之感常常出现得莫名其妙。虽然社区矫正对象自己也明知没有必要，但又难以自控和消除，以致十分苦恼。

非常明显，社区矫正对象焦虑积郁在胸，堵塞了快乐感觉的神经通路，短时的焦虑，事过境迁，不留痕迹；持续的焦虑，可能内化为性格特征。如果一个社区矫正对象久陷焦虑的情绪而不能自拔，内心便常会被不安、恐惧、烦恼等体验所累，行为上就会出现退避、消沉、冷漠等情况，而且由于愿望的受阻，常常会懊悔、自我谴责，久而久之便形成心理疾病。

焦虑以恐惧为主要的情绪特点，还有其他多种情绪成分，如愤怒、痛苦，以及内疚感、羞愧等。焦虑症的突出特点是常常会持续性或发作性地感到恐惧不安、提心吊胆、紧张焦虑，似乎就要大祸临头。患焦虑症的社区矫正对象情绪反应之强烈与生活、学习、劳动或工作环境中实际存在的困难很不相称，但却控制不住自己，无法摆脱精神上的痛苦，并且还伴有心悸、胸闷、心前区不适、气短、窒息感、头晕、怕冷、恶心等某些植物性精神亢进的症状。

（二）指导社区矫正对象正确看待焦虑

无疑，长期高度的焦虑对社区矫正对象的身心是有害的，这正如弗洛伊德所言：如果一个人个体不能适当地应付焦虑，那么这种焦虑就会变成一种创伤，使这个人返回到婴儿时期那种不能自立的状况。

然而，心理学家又认为焦虑是引起一个人行为中紧张状态的力量，是促使一个人去减少这种紧张状态的动力。也就是说焦虑是由紧张带来的，而每个人在工作和学习中都需要处在一定高度的紧张状态，否则将一事无成。此外，焦虑的反应虽有种种不舒服的症状，但短暂的焦虑反应本身并不会对身体产生危害后果。一旦焦虑反应消除，肌体立即会恢复正常的功能，不会引起“心脏病”之类的永久性躯体病变。所以短暂的焦虑是一种适应性的情绪，只有社区矫正对象对焦虑本身感到焦虑时，焦虑才具有破坏性。

丹麦著名的哲学家斯隆·契克格达认为，在我们面临发展自己的可能性时，都会产生一种向往的心态，如果没有这种紧张不安、跃跃欲试的冲动，任何成功和进取都是不可能的。回避焦虑不可能使问题得以解决，担忧得以消除，依然要置身于焦虑刺激的状态下，去做胜败未卜的追求或探索，只要坚持去做，到一定时候，就不会产生焦虑了。因此，消除焦虑的最好方法是正视它，并且全身心投入进去。

（三）社区矫正对象焦虑情绪调适的具体技术

1. 自我心理治疗日记

现代社会的许多快节奏与高度竞争性以及监狱的特定环境，使得焦虑成为社区矫正对象所普遍和经常体验到的一种情绪状态。不过许多社区矫正对象在深受这一情绪的折磨时，却常常弄不清自己真正焦虑的是什么，到底值不值得，也没有积极开动大脑，认真仔细地考虑出对付的策略，于是任凭这种情绪肆意蔓延，最后变成为担心而担心、为焦虑而焦虑，不少严重的心理障碍就由此而产生。社区矫正工作者可以引导社区矫正对象在焦虑时，采用“心理自我治疗日记”的方法进行调适，即要求社区矫正对象把每天遇到什么令其苦恼的事，产生了什么焦虑，这种焦虑表现为什么样的矛盾心理统统记在一个小本子上。陷于严重焦虑而不能自拔的社区矫正对象，往往不自觉地通过主观的想象，过于放大所焦虑事物的不良后果。所以在要求社区矫正对象写心理自我治疗日记时，要引导社区矫正对象本着实事求是的态度进行客观分析，其结果必然是排除了主观上的“假”，辨明了客观上的“真”，使社区矫正对象自己的主要精力不再耗费在虚假的幻想上。在心理矫治实践中，发现社区矫正对象开始时会有许多想法和实事可记，渐渐的这种日记题材的来源会枯竭。此时，社区矫正对象就会发现原来在很多方面是自己吓唬自己，而不是那个焦虑事件的本身。

此外，社区矫正对象遇到了某些焦虑不安的事件，乃至影响了正常的工作、学习和生活时，把可能出现的后果一一写出来，特别是要把可能出现的最坏结果罗列出来，并做好充分的思想准备，然后再针对每一种可能的情况，找出相应的对付策略，那么就会感到事情向越来越好的方向发展。

2. 身心训练

英国一位博士设计了一套将心理与身体训练相结合的独特方法，成功地治愈了几千位患有焦虑的病人。其方法是：

（1）准备。练习者坐在椅子上，脚掌着地，两臂自然下垂，闭上双眼，然后腹式呼吸3次。吸气时注意体会各部位的紧张感，注意放松、放松、再放松。

（2）背部放松。身体移至椅边，闭眼，注意背部的感觉。呼气后仰，伸展脊背至不舒服止。再呼气，拱背，向前减缩双肩，然后下垂双肩，肩胛骨靠拢，并肩。轻轻地呼气，垂肩。反复做3遍。

（3）头部放松。呼气，下巴垂至胸前。吸气，头由重力自然支配左右旋转，转到后背时开始呼气，向左经后背绕至胸前。先做3次右绕头运动，再做3次左绕头运动。注意右旋转时左侧脖筋舒展，向后转时，喉部肌肉舒展。

（4）面部放松。先吸气，面部各部分肌肉向内收缩，将紧张压力集中在鼻尖上。然后呼气，口尽量张大，眉毛上挑，脸拉长，如同打哈欠状。

这套身心训练，随时随地都可以做，用两三分钟即可。它可让社区矫正对象有效放松身心，除却焦虑情绪，保持良好的身心状态。

3. 残酷疗法

以焦虑对焦虑。美国巴洛医生，主张以焦虑对抗焦虑，不惜“下猛药”，你越焦虑害怕什么，就越让你在治疗中体验什么，就像给病人注射“恐惧活性病毒”一般，直到你心理上获得抗焦虑的抗体。巴洛的病人治愈率高达85%，而且至少在两年内不复发。尽管他的医学实践仍被视为另类医学，被指责为太过残酷，但是，一些医学界专家人士认为，巴洛疗法很可能成为焦虑症以及其他精神疾病治疗的权威和流行疗法，甚至可以成为“精神抗生素”。巴洛治疗焦虑紊乱症的方法简单得出奇，但是它的哲学意义以及临床效果不是那么简单。传统的治疗焦虑症的方法是教病人学会一些放松技巧，但是巴洛疗法却恰恰相反，其是让病人重复面对他最为焦虑的情境，最终适应而达到治愈目的。巴洛宣称，他可以在短短的5到8天时间里消除某些病人的焦虑症状。巴洛的中心理念是：人们害怕的不是外在的东西，焦虑症的症结在于内在化的恐惧，之所以出现焦虑感是因为人没有处理好与内在化恐惧的关系。

第十章 社区矫正对象心理咨询

在社区矫正过程中，社区矫正对象可能会出现不适应的情况或者遭遇负面事件，产生痛苦、焦虑、恐惧、敌意、自卑、内疚等消极情绪和不良心理状态，再加上社区矫正对象在进行社区矫正前就可能存在工作经历、生活环境、个人能力等方面的现实困难，出现人格障碍、抑郁状态、焦虑状态等方面的心理问题。所以心理咨询在预防和减少社区矫正对象重新犯罪，进一步提高社区矫正对象心理健康水平，帮助社区矫正对象以全新的面貌、健康的心态回归社会等方面发挥了重要作用。

第一节 心理咨询的基本问题

想要回答“什么是心理咨询”的问题是很难的。国内外众多学者进行了多年的探讨，仍旧众说纷纭，没有任何一种定义能涵盖心理咨询的全部内涵，能获得心理学专业工作者的一致认同。

一、心理咨询的概念

心理咨询不仅是为来访者提供心理学方面的有关信息，它同时还通过诸如征求意见、劝告、寻求帮助、参谋等活动，建立一种人与人之间的关系，是一种双向活动过程。就其在整个社会中的活动性质来看，它是一个服务的领域。

心理咨询在国外被称为咨询（counseling），内容涉及就业指导、教育辅导、心理健康、婚姻家庭咨询等生活的各个方面。对国内外心理咨询的定义进行总结，结合社区矫正工作实际，社区矫正中的心理咨询需要具有以下几个共同特征：

第一，心理咨询需要承担心理咨询工作的社区矫正工作人员与社区矫正对象之间建立良好的人际关系。矫正工作人员需要运用心理学专业技能创设良好环境，帮助社区矫正对象更好地理解自己，更好地生活。

第二，心理咨询是一系列的双向活动过程。在心理咨询过程中，承担心理咨询工作的社区矫正工作人员需要使用一系列理论和技术，社区矫正对象需要接收新信息，改变旧行为，学习新行为，学会解决问题的技能，双方需要共同努力，各尽其责，都涉及了一系列心理活动。

第三，心理咨询是专业化的特殊服务活动。社区矫正的心理咨询是在社区矫正这一特殊领域进行的，承担心理咨询工作的社区矫正工作人员需要经过专业训练，具备掌握和使用心理学的技术和方法的能力，为社区矫正对象提供个别或团体的咨询和指导服务，帮助他们认识自己，发现问题，作出决定，解决问题，促进个人发展，取得更大成就。

在这里，我们认为，社区矫正工作中的心理咨询是承担心理咨询工作的社区矫正工作人员运用心理学的理论和方法，与社区矫正对象建立良好的人际关系，帮助他们通过自我探索解决心理问题，促进心理健康，增强社会适应能力，实现个人发展和潜能发挥的一系列社会服务活动。

二、心理咨询的类型

社区矫正中的心理咨询对象，特指社区矫正对象。社区矫正对象的心理状态可分为心理正常和心理异常。心理正常包括心理健康和心理不健康。但是心理正常和心理异常之间并不是无法逾越的，而是一个连续体，是量变到质变的过程。广义的社区矫正心理咨询，可以根据心理咨询的层次和心理咨询的具体形态进行分类。

（一）按心理咨询的层次分类

按心理咨询的层次，可以将社区矫正心理咨询分为四种类型：一是障碍咨询。这类社区矫正对象精神正常，但遇到了与心理有关的现实问题并请求帮助，如失恋、择业、丧亲等。二是成长咨询。这类社区矫正对象精神正常，但心理健康水平较低，产生心理障碍导致无法正常学习、工作、生活并请求帮助，如经常容易发脾气而引发家庭矛盾。三是发展咨询。这是运用心理学的理论和方法，激活社区矫正对象的动能，开发社区矫正对象的心理资源和潜力，为了社区矫正对象得到更好发展的咨询。四是心理疾病的治疗。这是心理咨询的特殊对象，即临床治愈或潜伏期的精神病患者。因本书设置有心理治疗专章，所以本章只介绍前三类心理咨询。也有学者根据“灰色区”的概念，认为心理咨询的对象是浅灰色区、深灰色区和精神康复期的患者。

（二）按心理咨询的具体形态分类

社区矫正对象生活经历的纷繁复杂使得其心理活动丰富多样，决定了心理咨询的内容十分广泛。

第一，社区矫正对象各个时期所遇到的心理问题，如入矫初期的不适应问题、社区矫正中的人际关系处理问题、职业选择问题、婚姻家庭中的问题等。

第二，社区矫正对象各种情绪与行为障碍，如焦虑、抑郁、恐怖、紧张情绪的分析、诊断及防治。

第三，社区矫正对象各种不可控制的强迫思维、意向和强迫行为、动作的诊断及治疗。

第四，社区矫正对象某些性心理、生理障碍，如性变态、阳痿、早泄、性欲异常等问题的辅助治疗。

第五，心身疾病，如冠心病、高血压、溃疡病、支气管哮喘等心理社会因素的探讨与心理治疗。

第六，社区矫正对象康复期精神病的心理指导，促进其更好地适应社会与生活，预防复发。

第七，长期慢性躯体疾病久治不愈，需要心理支持及指导的社区矫正对象。

第八，有其他心理疑虑而需要咨询的社区矫正对象。

三、心理咨询的原则

无论采用何种咨询理论，使用何种咨询技术和方法，都要遵循心理咨询的原则，因为心理咨询的原则是对心理咨询工作的基本要求。是否遵循原则关系到心理咨询工作能否顺利开展，能否取得预期的效果。

（一）保密原则

保密原则是社区矫正心理咨询工作中最重要的原则，是双方建立信任关系的前提。如果心理咨询没有了保密性，社区矫正对象就失去了对心理咨询师的信任和安全感，也意味着心理咨询失去了存在的基础。社会人员对社区矫正、心理咨询的偏见会对社区矫正对象的生活造成困扰；在心理咨询过程中，社区矫正对象也可能会说出一些未向他人讲述过的私人秘密。所以，承担心理咨询工作的社区矫正工作者更要保护他们的隐私，在没有得到对方同意的情况下，要对来访社区矫正对象的姓名、身份、谈话内容等严格保密，不得随意泄露。但是对于有明显自杀意图者、存在伤害别人的行为和意图者应突破保密原则。

（二）理解性原则

很多来访的社区矫正对象是因为担心自己不被他人接受或理解而出现心理问题。理解性原则要求承担心理咨询工作的社区矫正工作者能认识到来访社区矫正对象的心理和行为是可以理解的，要尝试或尽力理解社区矫正对象的想法，并能设身处地地体会社区矫正对象的情绪和情感体验，深入体验并接纳社区矫正对象的心理世界和精神世界，让社区矫正对象感受到理解与支持。这不仅有助于建立良好的咨询关系，更能有效地帮助社区矫正工作者找到社区矫正对象问题的根源。

（三）价值中立原则

价值中立原则又称价值无涉原则。社区矫正对象的心理疾患大多与自己的犯罪行为或者矫正身份相关联，而任何一种犯罪行为都会或多或少地给社会或公众造成损害。由此，对社区矫正对象的心理咨询活动，极易产生价值涉入问题。所谓“价值涉入”，是指在心理咨询过程中，社区矫正工作者把自己的价值观和道德倾向直接带入心理咨询活动中，从而使承担心理咨询工作的社区矫正工作者戴上“有色眼镜”去看待社区矫正对象，看待心理咨询活动，给社区矫正对象贴上“坏人”的标签。这种价值涉入直接阻碍了心理咨询的开展。具体表现在：（1）在认识社区矫正对象的问题上，只讲“应该怎么样”，不看“实际怎么样”。脱离社区矫正对象的实际状况而过早地出现价值涉入。(2) 将犯罪视为一种非文化现象，只讲犯罪与文化的异质对立，不讲犯罪与文明的同质关系。(3) 认定社区矫正对象以前犯罪产生的恶劣结果必然是由相同恶劣的心理动因所致。(4) 对环境因素和人的心理行为随意作道德标定。

价值中立原则要求承担心理咨询工作的社区矫正工作者一方面要尊重来访社区矫正对象的价值观，不轻易评判他们的行为好坏；另一方面也不能将自己的观点和态度强加于社区矫正对象身上，强迫他们接受。保持价值中立有利于承担心理咨询工作的社区矫正工作者站在客观、理智的立场上收集信息、分析问题，准确把握社区矫正对象的情况，不易受到社区矫正对象的情绪、思想的干扰和影响。

(四) 自愿原则

自愿原则，即社区矫正对象自愿原则，也称为“来者不拒，去者不追”原则，这是确立咨询关系的基本条件。在一般情况下，一方面，前来进行心理咨询的社区矫正对象必须是完全出于自愿的。社区矫正对象能意识到自己的困惑和烦恼，有自我改变的意愿和动机，积极主动地寻求社区矫正工作者的帮助，才能从根本上促使个体完成转变，取得良好的咨询效果。另一方面，来访的社区矫正对象有权利在任何时间、任何阶段结束咨询。但是由于社区矫正工作的特殊性，部分社区矫正对象可能不是自愿来到心理咨询室的，承担心理咨询工作的社区矫正工作者也不能拒绝了事，而是付出更多精力来调动他们的求助动机。

(五) 助人自助原则

助人自助原则，也称为不包办代替原则。社区矫正心理咨询的根本目标是促进社区矫正对象自我成长，帮助他们自强自立，自己面对和解决生活中的问题。心理咨询中，来访的社区矫正对象是心理咨询活动的主体，承担心理咨询工作的社区矫正工作者的作用是助人自助，帮助社区矫正对象分析情况，讨论目前面临的困境，鼓励积极行为，让他们学习理性处理问题，而不是教导社区矫正对象应该如何做。

(六) 综合性原则①

综合性原则要求承担心理咨询工作的社区矫正工作者从整体的角度看待问题。

第一，心身的综合，心身一体。心理和生理相互影响、相互作用、互为因果。心理问题可能出现躯体化的情况，身体不适也可能会带来紧张、焦虑等不良情绪。所以，社区矫正工作者要用生理心理综合的思维看待分析问题。在心理咨询中，要特别注意社区矫正对象把心理问题躯体化，即把心理上的不适、障碍感知为或表述为躯体问题。不仅如此，从临床实践来看，有些社区矫正对象的心理问题，是生理状况影响心理状态而产生的。比如，躯体疾病常带来心理上的焦虑不安、情绪压抑，或者生理上的某些不足引起了自卑、

---

① 乐国安主编：《咨询心理学》，南开大学出版社 2002 年版，第 19~20 页。

忧郁、痛苦。这就需要承担心理咨询工作的社区矫正工作者善于仔细分析，运用辩论统一的态度来对待，而不宜孤立地看问题。

第二，原因的综合，即多重原因。引起社区矫正对象各种问题的原因可能是生理、心理、社会等多重因素综合作用的结果，一因多果，一果多因，互为因果，错综复杂。这就要求承担心理咨询工作的社区矫正工作者在对来访社区矫正对象进行心理咨询时，要透过现象看本质，从多层面、多角度进行探讨和分析，透过表面原因找到深层原因，并能找出核心原因。

第三，问题的综合。人的某种心理活动往往是与整个心理活动联系在一起的，牵一发而动全身。思维、情感、行为三者是互相联系的，很难完全割裂开来，一般来说，一者有问题，另两者或多或少、或迟或早也会有相应的不适应。社区矫正对象的问题往往不是单一的，如人际关系障碍也会同时表现为抑郁、暴躁、烦闷等情绪问题，因此，承担心理咨询工作的社区矫正工作者应善于分析，抓住主要矛盾，寻找最合适的突破口，纲举才能目张。

第四，方法的综合运用。目前心理咨询流派众多，每一种方法都有适合的来访类型，但是也都有局限性。在实际咨询活动中，有针对性的综合方法往往比单一的方法更有效。当然，这些方法应该是相互配合、相互促进的。综合的方法往往针对社区矫正对象心理的各个方面，并且针对社区矫正对象的不同层面的心理需求运用的，如实行宣泄、领悟根源、调整认知、矫正行为、模仿学习等。有时，适当地运用药物也是必要的，如对患抑郁症的社区矫正对象，指导其适量服用抗抑郁药，既可防止病情加重，出现不良后果，也可使其情绪稳定而使咨询容易进行。在实践中，承担心理咨询工作的社区矫正工作者要综合使用适合社区矫正对象的方法，以最有效为原则，更好地帮助社区矫正对象。

（七）灵活性原则

承担心理咨询工作的社区矫正工作者在不违反心理咨询原则的前提下，根据具体情况，灵活地运用各种咨询理论、方法和技术，采用灵活的步骤，针对社区矫正对象的不同问题，在不同的咨询阶段，对不同的咨询对象可以采用合适的方法，以取得最佳的咨询效果。这就要求心理咨询师首先要有扎实的基础、广博的知识、明察的能力、丰富的经验以及灵敏的反应，在把握社区矫正对象共性的基础上，最大限度地根据社区矫正对象的个性、特殊性作出判断、选择，采取不同的咨询方法。

（八）时间限定原则

一般来说，一次心理咨询的时间通常是 50 分钟左右，每周一至两次，原则上不能随意延长咨询时间和间隔，如果双方不能赴约需在本次咨询前提前告知对方。对咨询时间进行限定能让社区矫正对象有安定感，让他们能珍惜也能更好地利用咨询的时间。每周的时间间隔能促使社区矫正对象充分回味咨询体验，帮助他们回归社会，逐步实现个人成长。当然，时间限定也不是绝对的，可以根据社区矫正对象的状态、发展程度进行调整。

四、心理咨询的任务

杨凤池认为，心理咨询的具体任务是帮助来访者建立和体验新的人际关系，认识内部冲突，纠正不合理观念，付诸有效行动。① 在社区矫正工作中，心理咨询能帮助社区矫正工作者和社区矫正对象发现和处理现有的问题和内心冲突，促进社区矫正对象全面认识自我，改变适应不良的行为方式，增进社会适应能力。从社区矫正对象的心理问题、心理困惑的层面上看，心理咨询的任务主要有：

（一）帮助社区矫正对象提高人际交往能力

心理咨询工作本身就是建立真诚、相互理解、信任的新型人际关系的过程。社区矫正对象经历复杂，在人际交往方面可能会存在障碍。心理咨询能帮助社区矫正对象发现人际交往过程中存在的问题，学习掌握人际交往技巧，增强社会适应性。

（二）帮助社区矫正对象分析问题，解决问题

社区矫正工作者与社区矫正对象一起分析目前遇到的问题和困境，找到产生问题的原因，探讨解决问题的方法，帮助社区矫正对象意识到解决问题的关键在于自己，采取新的、有效的行动去改变适应不良行为，学会与外界和谐相处。

（三）帮助社区矫正对象发现并纠正不合理信念

认知理论认为，不合理信念通常是引发人们消极情绪和不良行为的直接原因。社区矫正对象由于经历复杂，人格等方面可能存在缺陷，会比较容易出现不合理信念，继而引发犯罪行为。承担心理咨询工作的社区矫正工作者需要启发和引导社区矫正对象进行自我反思，一旦发现社区矫正对象的不合理信念，要促使其做出改变，形成正确观念。

心理咨询是咨询双方合作的过程，心理咨询任务的完成取决于咨询双方相互作用的质量。

五、心理咨询的过程

心理咨询需要遵循一定的步骤和过程。在心理咨询过程的阶段划分上，不同的心理咨询师提出了不同的看法，但是整体咨询过程的内容都是相似的，心理咨询师可以根据实际情况灵活划分咨询阶段。在咨询的初期阶段的主要任务是建立良好的咨询关系，收集信息，进行心理评估；中期阶段的主要任务是帮助来访者明确咨询目标，制定咨询方案，分析问题，解决问题；后期阶段的主要任务是巩固咨询成果，评估咨询效果，停止咨询。

---

① 杨凤池主编：《咨询心理学》，人民卫生出版社 2018 年版，第 4 页。

（一）初期阶段

初期阶段的关键任务是在相互信任的基础上成功地与来访社区矫正对象建立良好的咨询关系和相互理解、信任的气氛，这种关系自身就具有治疗效果，也能促进来访社区矫正对象敞开心扉，帮助心理咨询师更好地理解社区矫正对象，而这个任务将贯穿整个心理咨询过程。承担心理咨询工作的社区矫正工作者要尊重社区矫正对象，耐心倾听，保持真诚、热情的态度，对来访社区矫正对象的情感和想法能做到共情，并给予积极关注，是建立良好咨询关系的必要条件。

与此同时，收集信息的工作已经同步展开。承担心理咨询工作的社区矫正工作者收集的信息一定要全面，根据心理咨询工作的需要，内容最好能涵盖社区矫正对象遇到的矛盾冲突，对过去、现在、未来的看法和情感，对自身、他人、社会等的想法和感受，乃至他们的人际关系、社会支持水平、应对方式等。

在咨询的初期阶段，承担心理咨询工作的社区矫正工作者要对来访的社区矫正对象进行心理评估。初始阶段需要矫正工作者迅速而充分地作出评估，对社区矫正对象的问题和原因进行分析，这决定着社区矫正对象是否适合进行心理咨询，心理咨询师是否有能力对社区矫正对象进行咨询，如何确定咨询方案等工作内容。会谈法、测验法、观察法是最常用的心理评估手段。承担心理咨询工作的社区矫正工作者和社区矫正对象也可以表达对咨询及对方的期待。

（二）中期阶段

咨询的中期阶段是心理咨询中最重要的阶段，也是发展双方的咨询关系，与社区矫正对象共同探讨和解决问题，促进社区矫正对象成长的重要阶段。中期阶段往往较长。

在咨询的中期阶段，承担心理咨询工作的社区矫正工作者首先要与社区矫正对象共同商议并确立咨询目标，以便使这些目标更实际、更有效、更容易实现。咨询目标应是积极、具体、可行、可评估和属于心理学范畴的。在整个咨询过程中，随着咨询的进展，咨询的目标可以有所调整。

矫正工作者和矫正对象还需要在尊重、平等的氛围下共同商定咨询方案。咨询方案应该包括咨询目标、咨询方法和技术的原理过程、咨询效果评估、双方的责任权利义务、咨询和收费设置等内容。社区矫正工作者需要向社区矫正对象解释清楚咨询方案，达成共识。

承担心理咨询工作的社区矫正工作者可以帮助社区矫正对象重新梳理、审视自己的问题，找出隐藏在内心深处的深层次问题，促进社区矫正对象领悟，让他们有意识地体会并领悟自己的心理困难或情结，让他们更加清晰地看到自己在认知和情绪方面存在的问题，从而学着觉察和控制自身心理问题。有时，社区矫正对象容易陷入对事件负性情绪反应之中，而忽略了事件的积极意义，矫正工作者要立足于现实，从正向、积极的角度引导社区矫正对象正向思考，客观、理性地关注事件的两面性，缓解负面情绪和行为。

在这个阶段承担心理咨询工作的社区矫正工作者需要综合运用心理咨询的理论、技术和方法，这是确保咨询取得良好疗效的关键。社区矫正工作者选择何种疗法需要从社区矫正对象的实际情况出发，根据社区矫正对象的问题性质、个性特征，与社区矫正对象一起探讨选择咨询方法，也需要考虑到咨询目标的实现、心理咨询师的技术所长等因素。

（三）后期阶段

咨询的后期主要是对整个心理咨询过程进行总结，巩固和保持心理咨询的成果，评估心理咨询效果，适时终结心理咨询。

在心理咨询后期，承担心理咨询工作的社区矫正工作者要同社区矫正对象一起回顾整个咨询过程，回顾咨询要点，检查咨询目标的实现情况，肯定社区矫正对象取得的成绩和进步，并指出还有哪些需要注意的问题，帮助社区矫正对象真正掌握咨询中学到的方法，成为自己的心理咨询师。

咨询的终止需要社区矫正工作者与来访社区矫正对象一起商讨、确认，达成共识。根据杨凤池的观点，咨询效果的评估需要结合矫正对象对矫正工作者以及咨询效果的满意度、咨询结果是否显著、咨询时效是否超过投入、社区矫正对象是否有足够的变化等情况进行判断。根据张日昇的观点，来访社区矫正对象出现自我接纳、接纳他人、症状缓和、对将来的志向性增强、接纳来自他人的评价、对咨询矫正工作者的客观态度等变化，就意味着可以结束咨询了。结束咨询一般会循序渐进，避免社区矫正对象出现分离焦虑，甚至咨询效果产生倒退的情况。①

第二节　心理咨询的理论

心理咨询虽然实操性很强，但是技术的实践离不开理论的指导，承担心理咨询工作的社区矫正工作者理论基础是否扎实也决定着咨询效果的好坏。本节主要介绍在心理咨询领域影响较大、经常使用的理论流派：精神分析理论、行为主义理论、人本主义理论和认知理论。

一、精神分析理论

精神分析理论是伟大的心理学家西格蒙德·弗洛伊德（Sigmund Freud，1856~1939）所创立的理论流派，他在现代心理学史上享有崇高的地位。美国著名的心理学史家波林（Boring）曾在书中写道：“谁想在今后3个世纪内写出一部心理学史而不提弗洛伊德的姓名，那就不可能自诩是一部心理学通史了。”

精神分析理论于19世纪末20世纪初产生，是心理学理论体系中最重要的组成部分。虽然弗洛伊德和他的精神分析学说有不足或缺陷，也有很多人对他的精神分析学说提出批评和异议，但是仍旧掩盖不了其对人类作出的贡献。

在精神分析学说的基本理论中，与心理咨询有关的部分主要是无意识和压抑的理论、

① 杨凤池主编：《咨询心理学》，人民卫生出版社2018年版，第87~88页。

人格构成学说、性心理的发展等学说。

（一）无意识和压抑理论①

无意识和压抑理论是精神分析理论的基础。精神分析理论认为无意识是一切意识行为的基础。早期的精神分析认为在意识和无意识两个部分中间夹着前意识，三者共同组成了人的精神生活。弗洛伊德曾经用冰山来形容意识和无意识：心理活动的意识部分好比冰山露在海洋面上的小小山尖，而无意识则是海洋面下边那看不见的巨大的部分。

意识（consciousness），是个体可以直接感知到的心理部分，如人在清醒状态下知道自己想要做什么以及如何去做。

在意识下面潜藏着的是无意识。无意识（unconsciousness），也叫作潜意识，不仅包含了人们不能意识到的自己某些行为的真正原因和动机，也包含了人们在清醒的意识下面潜在的、正在进行着的心理活动，各种为人类社会、伦理道德、宗教法律所不能容许的、原始的、动物性的本能冲动以及与各种本能有关的欲望。这些无法得到满足的情感经验、本能欲望与冲动被压抑到无意识之中，它们是心理活动的原动力。但它们并不肯安分守己地待在那里，而是在无意识中积极地活动着，不断地寻找出路，追求满足。

介于意识与无意识之间的是前意识（preconsciousness）。前意识中的内容可召回到意识中去，也就是说其中的经验经过回忆是可以记起来的。其中的观念可以说暂不属于意识，但随时能够变成意识。

人的心理活动中的意识、无意识和前意识之间保持动态平衡。前意识之中的内容与意识之中的内容可以相互转换，而无意识部分的东西要进到意识中来则非常困难。无意识之中的各种本能冲动或动机、欲望一直都在积极活动之中，力求在意识的行为中得到表现。但因其不为社会道德、宗教法律允许，所以当其出现时，就会在意识中唤起焦虑、羞耻感和罪恶感加以抵抗，进行压抑。弗洛伊德认为无意识的动机都是向上运动的，向外推的，而意识却施以相反的力量，向下、向内紧压，这就是所谓的压抑。

压抑的功能是把不被社会、规则允许的主体的经历和回忆、各种欲望和冲动保存和隐藏起来，不让它们在意识中出现。但这些东西并未消失，而是存在于无意识之中以梦、口误、笔误、记忆错误等方式出现。

（二）人格构成学说

弗洛伊德将人格结构分为本我（id）、自我（ego）和超我（superego）。

本我是由与生俱来的本能冲动组成，是人格中最隐秘而鲜为人知的部分。本我代表生物本能和欲望，比如摄食、饮水、性等，追求“快乐原则”，一味寻求无条件的、即刻的满足。本我唯一的出路就是通过自我。

自我是现实化的本能，在与环境接触过程中从本我发展而来，遵循现实原则。自我要调节本我的原始需要，要在超我的指导下，按外部现实的条件去驾驭本我的要求。自我在

① 乐国安主编：《咨询心理学》，南开大学出版社2002年版，第217~219页。

人格结构中代表着理性和审慎，它在同外界现实的相互作用中成长，对外感受现实，正确认识现实和适应现实，对内调节本我，节制欲望的宣泄。

超我也称为理想自我，它从自我中分化而来，是道德化的自我，是最文明的一部分。超我遵循道德原则，是在长期社会生活中将社会规范、道德观念等内化的结果，包括自我理想和良心。超我的主要作用是按照社会道德标准监督自我的行动。

弗洛伊德认为本我、自我、超我之间不是静止的，而是不断地交互作用。自我在超我的监督下，按现实可能的情况，只允许来自本我的冲动有限地表现出来。在一个健康的人格之中，这三种结构的作用必然是均衡、协调的。如果这三种力量不能保持这种动态的平衡，则将导致心理失常的产生。

自我使外部世界、超我和本我得到满足的要求和需要相互协调。如果自我难以忍受压力，就会产生焦虑反应即现实性焦虑、神经性焦虑和道德性焦虑。心理防御机制的产生是为了应对焦虑。常见的有10种自我心理防御机制：压抑、否认、反向形成、投射、置换、升华、合理化、退行、认同和理智化。如某社区矫正对象认为某个矫正工作者经常针对自己，背后诋毁自己，这种心理防御机制就是投射。他将自己对矫正工作者的恶意投射到该矫正工作者身上，认为是矫正工作者不喜欢自己，与自己作对，所以自己才不喜欢他，避免产生自责的痛苦。

（三）性心理的发展

弗洛伊德认为人有两种本能：生本能和死本能。生本能包括以食欲为基础的自我保存本能即自我本能，如饮食、排泄、避害等，以及以性欲为基础的种族保存本能即性本能，如求偶、性欲、帮助等。生本能具有正向的、积极的、建设性的作用，可使生命得以延续和不断发展。而死本能代表恨与破坏的力量，用以解释某些黑暗的、具有破坏性的行为，要使生命回复到无机状态。死本能向外表现为破坏、攻击、侵害等行为，如战争、斗殴等；向内则表现出自毁现象，如自残、自杀等。两种本能有机地结合在一起，生命就在它们的冲突和相互作用中表现出来。

弗洛伊德认为性本能这种以性欲为基础的种族保存的本能背后还有一种驱力叫作“力比多”（libido）。力比多驱使人寻求快感的满足，为人的行为提供动力。在力比多的推动下，个体趋向于有利于其生存的快感的满足。在弗洛伊德的理论中，性的概念被扩大了，包括使生命得以延续和发展的广泛内容在内。

弗洛伊德认为，人的发展即是性心理的发展，源于力比多的驱动。他将人的性心理发展分为五个阶段，每个阶段中性欲满足的对象也是不同的，每一阶段的性活动都可能影响人的人格特征，甚至成为日后发生心理疾病的根源。其中，儿童早期的经历在弗洛伊德看来，对一个人其后的心理发展是至关重要的。

1. 口唇期（0~1岁）

这个阶段婴儿欲望的满足主要来自口腔的活动，如吮吸、撕咬、咀嚼、吞咽等。如果这个时期口腔活动受限，会对成人后的行为产生不良影响，如抽烟、贪吃、酗酒等。

2. 肛门期（1~3岁）

在这个时期，婴儿通过排泄和控制大小便时肌肉紧张产生的刺激获得快感，也是对婴幼儿进行卫生习惯训练的关键时期。如果控制过严就会产生“肛门性格”，表现为冷酷、顽固、刚愎自用、吝啬等。

3. 前生殖器期（3~6 岁）

在这个阶段，儿童已经可以分辨两性了，快感的满足主要集中于生殖器官的刺激，幼儿喜欢抚摸自己的性器官。这时，男孩会出现恋母情结和阉割焦虑，女孩会出现恋父情结和阳具嫉妒。

4. 潜伏期（6~12 岁）

在这个阶段，儿童兴趣扩大，注意力转移至外部世界，原始的性欲倾向呈现出潜伏状态。男女儿童之间情感疏远，团体活动中呈现男女分离的趋势。

5. 青春期阶段（12~18 岁）

男性 13 岁左右，女性 12 岁左右开始进入青春期，这时生理、心理开始出现两性差异。性的需求转向异性，并有了两性生活的理想和婚姻家庭的意识，性心理发展趋于成熟。

弗洛伊德认为，性心理的发展过程如不能顺利地进行，发生停滞或者倒退，就可能导致心理的异常，成为各种神经症、精神病产生的根源。

二、行为主义理论

行为主义研究在 20 世纪初弗洛伊德进行精神分析研究时就已经开始。行为主义主张研究可观察的行为，而不是意识。行为主义对西方心理学有着巨大影响，被称为西方心理学的第一势力。

与精神分析不同，行为主义的基本理论主要是从实验中发现总结的，主要包括经典条件作用理论、操作性条件作用理论和模仿学习理论。

（一）经典条件作用理论

20 世纪初，伊万·巴甫洛夫（I. Pavlov）在研究狗的消化过程时，无意中发现经典条件作用，也就是应答性条件作用。他发现狗在食物（无条件刺激）出现时分泌唾液，这是对特定刺激自动发生的反应，不需意识控制和学习即可实现，这就是无条件反射。但是当其他刺激物如铃声与食物共同出现多次后，仅仅单独出现刺激物如铃声（条件刺激），狗就会分泌唾液，这就是条件反射的形成。巴甫洛夫将这种后天习得的对一个中性刺激的反射行为称为条件反射，这个中性刺激就是条件刺激。条件反射的建立必须依赖于一种无条件反射，如没有与食物结合的铃声是不会引起狗分泌唾液的。条件刺激（如铃声）和无条件刺激（如食物）多次结合，就会形成对条件作用（如分泌唾液）的强化，强化次数越多，条件作用越巩固；若没有无条件刺激的强化，只有条件刺激多次出现，则条件反射就会削弱或消退，也就是说如果在条件作用建立后，只多次出现铃声，却没有出现食物，多次重复以后，狗听到铃声就会分泌唾液的反应会逐渐减少，甚至消失。

行为主义心理学的创始人华生（J. B. Watson）明确地将条件反射的研究纳入了心理学范畴。华生将刺激（S）与行为（R）联系起来，认为一定的刺激必然引起一定的反应，而一定的反应也必然来自一定的刺激。因此，心理学研究的任务就是确定刺激与反应之间联系的规律，以便预测行为和控制行为。华生非常重视环境的作用，他曾说过："给我一打健全的婴儿和我可用以培养他们的特殊世界，我就可以保证随机选出任何一个，不论他的才能、倾向、本领和他的父母的职业及种族如何，我都可以把他训练成为我所选定的任何类型的特殊人物如医生、律师、艺术家、大商人甚至乞丐、小偷。"华生还利用实验研究了情绪的变化。他找了一个不满 1 岁的儿童小阿尔伯特（Albert）作为被试。小阿尔伯特起初对白鼠很感兴趣，并试图触摸它，这时助手突然敲响了铁棒。巨大的响声让小阿尔伯特十分惊恐，并号啕大哭。多次重复后，小阿尔伯特对白鼠产生极度恐惧，并将恐惧情绪泛化到了小猫、兔子等任何带毛的东西上。对于孩子来说，巨大响声属于无条件刺激，引起的惊恐反应属于无条件反射，多次使小白鼠和响声同时出现，使得小白鼠成了条件刺激，小阿尔伯特只要一看到白鼠就会惊哭不止，形成了条件反射。华生将这种通过条件反射产生的某些情绪上的条件反应称为条件情绪反应。他认为，不良的条件情绪反应，可以通过条件反射方法加以消除。

经典条件反射理论是行为治疗最基本的理论之一。该学说中可以解释和说明人的许多行为是通过学习得来的。条件反射的应用对于消除不良行为、塑造健康行为有重要的意义。但是华生的实验违背了伦理原则，过分简化的行为解释不能说明行为的复杂性。

（二）操作性条件作用理论

操作性条件作用最初是由桑代克（E. L. Thorndike）进行研究的。桑代克将一只饥饿的猫关在迷箱中，在箱外猫可见的范围内摆上食物，它可以用抓绳或按钮等三种不同的动作逃出笼外。为了逃出迷箱吃到食物，猫在笼子里做出很多行为。最后，它偶然碰到了机关打开笼门，以后每次桑代克将该猫放入迷箱，猫的错误行为越来越少，只有成功的反应保存了下来。根据这个实验结果，桑代克提出了效果律，一种行为发生的次数受后果的影响，出现了好效果的行为就被保持下来，效果不好的行为被消除。

美国新行为主义的主要代表斯金纳（B. F. Skinner）设计了斯金纳箱进行研究，并提出了操作性条件作用理论。关在箱子里的饥饿白鼠按压箱内的杠杆，食物就会滚入食物盘。刚开始时按压杠杆是白鼠偶然的行为，随着实验的进展，白鼠为了获得食物就会有意按压杠杆，于是按压杠杆这个行为就得到了强化，形成了按压杠杆就能获得食物的条件反射，这就是操作条件反射。斯金纳将行为分为两种：一种是应答性行为，即巴甫洛夫的经典条件反射，是某种特定刺激诱发的行为，如铃声引起狗分泌唾液；另一种是操作性行为，即个体操作环境的行为，如老鼠压杠杆等。斯金纳认为，学习就是"如果一个操作发生后，接着给予一个强化刺激，那么其强度就增加"。斯金纳提出了强化和惩罚。强化是呈现令人愉快的刺激物或者撤销令人厌恶的刺激物引起行为的增加，如社区矫正工作者在矫正对象表现优秀时给予表扬和鼓励，激励社区矫正对象继续努力。惩罚是呈现令人厌恶的刺激物或撤销令人愉快的刺激物使行为发生的可能性减少，如社区矫正工作者在社区矫正对象不配合矫正工作时给予的批评和处罚。斯金纳认为，避免行为消退的关键在于强化，只要给予奖励，行为就会获得强化，否则就会消退。斯金纳认为包括心理疾病在内的大多数行为都是习得的，并提出了行为矫正术，认为可以通过积极的强化来改变行为。这一理论被广泛应用于社区矫正实践工作中，卓有成效。

（三）模仿学习理论

个体在获得习得行为的过程中并未直接得到强化，而是通过模仿获得的。

通过让儿童观察成人击打芭比娃娃和观看成人攻击行为电影，美国心理学家班杜拉（A. Bandura）发现，与其他儿童相比，观察暴力行为的儿童明显表现出更多攻击性行为。他认为，人的社会行为是通过观察学习获得的，并将观察学习分为注意过程、保持过程、动作再现过程和动机过程。模仿学习可以在既没有模型也没有奖励的情况下发生，个体仅仅通过观察他人的行为反应就可达到模仿学习的目的。所以在社会学习的过程中，环境如社会关系、榜样等起着决定性作用。

班杜拉对榜样的作用和观察学习的研究解释了人类的学习过程。人的一些不良行为就常常是通过观察学习而形成的。模仿也有助于人们学会许多重要的技能，在心理咨询过程中，能使用模仿对一些不良行为加以矫正，建立新的行为模式。

三、人本主义理论

人本主义理论于20世纪60年代在美国兴起，被称为心理学的第三势力，主张心理学不应该研究意识和行为，而应该以人为中心，研究人的本性、潜能、自我实现等内容。人本主义理论重视人们的主观经验世界；反对教育的、行为控制的治疗倾向，而是倡导由来访者主导治疗过程，咨询师是来访者的朋友和伙伴，提出以人为中心的治疗方法；认为人的本性是善良的，会主动向好的、强的、完善的方向发展，相信人能够依赖自己，自主自立，主张改善环境以利于人性的充分发展，达到自我实现。亚伯拉罕·马斯洛（Maslow. A. H.）和卡尔·罗杰斯（Carl Rogers）是人本主义理论的代表人物。

（一）马斯洛需要层次理论

马斯洛认为动机是促进人类生存和发展的内在动力，而需要是动机的源泉，并在1943年提出了需要层次理论。他将人类的需要由下至上分为生理需要、安全需要、归属和爱的需要、尊重的需要和自我实现的需要五个层次。马斯洛认为人的需要按层次排列，需要层次越低，力量越强大，随着层次上升，需要的力量相应减弱；低层次的需要得到部分满足后才有动力促使高一级需要的产生和发展；人在每一个时期，都有一种需要占主导地位，而其他需要处于从属地位。所以生理需要（如饥饿、渴、性）是最基本也是最强有力的需要，自我实现的需要是人类最高层次的需要。

（二）人性论

罗杰斯强调人具有主观性。他认为人所得到的感觉是他自身对真实世界感知、翻译的结果，相信每个人都有其对现实的、独特的主观认识。

罗杰斯认为，人的本性是诚实的、善良的，是可以信赖的，人性中的恶是防御的结果。人性发展的基本倾向是建设性的，人具有追求美好生活、为美好生活而奋斗的本性。鉴于人类本身就有追求自我实现的倾向性，能主动寻求自我成长和发展，如果给他们提供适宜的环境，一个人将有能力指导自己，调整并控制自己的行动，从而达到良好的主观选择与适应。

（三）自我概念

人本主义理论认为，自我和自我概念是不同的。自我是一个人真实的面貌；自我概念是对自己心理现象的知觉、理解和评价。自我概念并不总是与真实的自我一致，如某些人的人际关系不佳，但自认为朋友很多，人际关系很好。如果个体的自我与自我概念完全一致就认为达到了自我实现。

自我概念是在个体与环境相互作用的过程中形成的。婴儿只对自身感觉和本体感觉进行反应，这是在无意识的有机体水平上进行的。婴儿对那些不利于自身发展的体验会采取拒绝的态度，如拒绝感受疼痛或者饥饿，而喜欢能满足发展需要的体验，如新奇感和安全感。随着与他人和环境的作用，儿童开始分化出自我意识，区分出“主体我”“客体我”，并形成了大量的积极和消极的自我概念。有的体验会让儿童感到快乐、满足，有的则相反。对于儿童来说，想要获得他人尤其是重要他人的积极评价是儿童在早期学习得到的，但是有时这些评价会与自身体验起冲突，比如儿童骂人感觉到快活，但是却被父母批评。这时儿童为了获得父母的认可，就对自己产生歪曲的言语评价，如“我觉得这种行为是不令人满意的”。这种评价不是建立在个体自身的评价过程之上的，而是建立在对他人评价的内化或对他人评价的内投射的基础之上的，罗杰斯称之为价值的条件化。如果儿童为避免出错而不是为了自己真正的需要，会产生一些错误的知觉，干扰儿童固有的自我成长和发展的倾向。个体在价值条件作用上内化的程度受到所处的环境和对积极的评价需要的程度的影响。例如，社区矫正对象认为挣钱是很重要的，“如果我不能挣到很多的钱，我就是失败者”这种想法不仅内化了应该怎么做，更内化了如果做不到别人对自己的评价。这时，他们不仅脱离了自己的体验，而且对自我的评价也是很低的。所以价值的条件作用的内化，会起降低人的自身评价的作用，即会产生“自我压抑”。个体会感到自我受到威胁，并采用防御机制来对抗焦虑。如果防御失败，意识水平上的自我概念和自我无法达到一致，就会出现心理适应障碍。

所以人本主义理论认为，人们的自我实现倾向受到阻滞导致出现心理问题，咨询或治疗的目的就是要排除这种障碍以重新确立起良好的动机驱力。所以咨询师或治疗师的主要任务是提供一种安全和信任的氛围以及适当的条件，促使来访者重新整合其自我实现和自我评价过程。人本主义治疗理论在心理咨询和治疗中被广泛应用。

四、认知理论

认知理论是于20世纪五六十年代在美国诞生的一种心理咨询和治疗理论。一些学者发现人的情绪、情感、动机和行为是由认知活动决定的，很多来访者的不良情绪和行为是不良认知和思维方式的结果。所以，可以通过矫正人们的认知模式来缓解不良情绪和行为状态。其中，贝克（A. T. Beck）和埃丽斯（A. Ellis）的理论和治疗方法被人们广泛运用。

（一）贝克的理论

贝克认为，适应不良的行为与情绪都源于适应不良的认知，每个人认识外部世界、处世的方式和方法很大程度上决定了他的情感和行为，认知上出现歪曲是导致不良情绪和行为的直接原因。贝克提出了常见的一些认知歪曲。

1. 任意的推断。个体在证据缺乏或证据不足的情况下就草率下结论，如社区矫正对象路过某商店门口时，店主刚好泼了一盆水出来，社区矫正对象就认为店主针对自己，看不起自己。

2. 选择性概括。个体仅仅根据个别细节而不考虑其他情况就对整个事件得出结论，如社区矫正对象仅仅因为朋友的某句话不合自己心意，就认为朋友不尊重自己。

3. 过度引申。个体仅通过一件事的观察就能得出关于能力、操作或价值的普遍性结论，如社区矫正对象找工作面试失败，就认为自己很没用，活着没有意义，进而出现悲观、痛苦的情绪。

4. 夸大或缩小。个体对客观事件的意义作出歪曲的评价，如社区矫正对象认为自己犯了罪，自己的一辈子就完了，没有希望。

5. “全或无”的思维方式。个体评价事物时，要么全对，要么全错，将生活看成非黑即白的单色世界，没有中间色。如社区矫正对象认为世界上要么是好人，要么是坏人。

基于此，贝克总结了认知疗法的五种基本技术：识别自动思维、识别认知性错误、真实性验证、去中心化和抑郁、焦虑水平的监控。

（二）埃丽斯的理论

埃丽斯认为人的本性中有趋向于成长和自我实现的积极的倾向，也有非理性的不利于生存发展的消极倾向。人的情绪是由人的思维、信念引起的，所以非理性或错误的思维和信念是情感障碍和异常行为产生的重要因素，并提出了合理情绪疗法对个体的非理性信念进行辩论，形成合理信念。

合理情绪疗法理论又称为ABC理论。埃丽斯认为人们的经历、发生的事件不是引起消极情绪的直接原因，人们产生的信念才是影响认知、情绪和行为结果的直接和主要因素。埃丽斯使用字母A、B、C来表示事件、认知和情绪之间的关系。A代表诱发性事件（Activating events）；B代表个体需要诱发性事件后产生的信念（Beliefs），也就是对这一事件的看法、解释和评价；C代表个体产生的情绪和行为结果（Consequences）。通常人们认为是事件A引起了情绪和行为反应，ABC理论认为事件A只是间接原因，人们对事件的信念B才是直接原因。

例如，社区矫正对象碰到熟人迎面走过，却没有跟自己打招呼。某些社区矫正对象可能会想：“他是不是知道我犯罪了，看不起我，所以不想搭理我？”这时他就会产生愤恨的情绪反应，以后也不会将对方视为朋友。而另一些社区矫正对象可能会想：“他可能正在想事情，所以没有注意到我，即使看到我而没理我，也可能是有特殊的原因。”进而，这些社区矫正对象会继续保持平和的心态，做自己的事情。在这个案例中我们会发现，社区矫正对象出现不同的情绪和行为反应是由不同的想法引发的，而不是熟人不理自己这一同样的事件引起的。同时，第二个人的信念是待人要宽容，而第一个人的信念是“别人不能看不起我”，很明显第二个人的信念是合理的，引起的是适当的、适度的情绪反应，第一个人的信念是不合理的，导致不适当的情绪行为反应。如果个体长期处于不良情绪中，就会导致情绪障碍产生。

（三）不合理信念的特征

韦斯勒（Wessler）总结了不合理信念的三个特征：绝对化要求、过分概括化和糟糕至极。

绝对化要求是最常见的不合理信念，是人们从自己的意愿出发，对某一事物怀有必定会发生或不会发生的信念。这种信念通常含有“必须”和“应该”的字眼，如我必须成功、每个人都不能看不起我等。由于事物发展不可能以个人意愿为转移，所以当绝对化要求难以实现时，就会出现难以接受和适应，陷入情绪困扰。

过分概括化是一种以偏概全的思维方式，是对自己和他人的不合理评价，如社区矫正对象没有找到工作，就认为自己是个“废物”；朋友在某些地方不合自己心意，就认为这个人不可交。对自己的不合理评价表现在以自己做的某件事或几件事的结果来评价自己整个人的价值，导致自责自罪、自卑自弃或者焦虑、抑郁情绪。对他人的不合理评价表现为别人稍有差池就认为对方一无是处，责备他人，产生敌意和愤怒情绪。埃丽斯主张不要评价整体的人，而是评价人的具体行为和表现。

糟糕至极是认为一件不好的事情发生将会带来非常可怕、糟糕，甚至是灾难的后果的想法。比如社区矫正对象认为一旦身边的人知道自己犯过罪，肯定会招来歧视，自己和家人这一辈子就毁了。这种想法会令个体陷入绝望、悲观等极端不良情绪中难以自拔。糟糕至极通常与绝对化要求相联系，当事物的发展没有按照他们的要求发生时，他们就会无法接受，认为糟糕到极点。

承担心理咨询工作的社区矫正工作者选择何种心理咨询理论进行工作取决于他自己熟练运用的理论倾向以及来访社区矫正对象的个性特点和问题情况。每种咨询理论都各有优势，同样也有缺点，在心理咨询实践中，常常需要根据实际情况综合使用各种咨询理论、技术和方法方能达到较好效果。同时，随着心理咨询在我国的发展，各种咨询理论更新较快，不断地学习和实践也是当代社区矫正工作者的必由之路。

第三节　社区矫正对象心理咨询的技术

基本的心理咨询技术和方法贯穿于整个心理咨询的过程中。与来访的社区矫正对象建立并维持良好的咨询关系，根据不同目的选择适合的谈话方法，采用参与性和影响性咨询技术推动咨询活动的开展，这是无论何种咨询流派都需要使用的基本咨询技术。心理咨询说到底是一种社会交往方式，心理咨询技术也是人际交往的技术，所以掌握这些方法不仅能有效推动心理矫治工作开展，也能帮助社区矫正工作者与社区矫正对象建立良好关系。

一、咨询关系建立技术

在社区矫正中，承担心理咨询工作的社区矫正工作者与社区矫正对象之间围绕改变社区矫正对象的心理行为问题而建立的专业关系，就是咨询关系，也称为咨访关系。咨询关系非常重要，是心理咨询取得成效的基础。良好的咨询关系是促进来访社区矫正对象积极改变现状、发挥潜力的动力，本身就具有心理治疗的作用。鲍勃·贝托林诺（Bob Bertolino）提出了咨询要取得效果必须具备的四个要素中，良好的咨访关系起到了至少30%的作用。

（一）良好咨询关系的特征

咨询关系是承担心理咨询工作的社区矫正工作者和社区矫正对象互相信任、亲近、深入的关系，不同于一般人际关系，具有自己显著的特征。①

1. 咨询关系是一种同盟关系

咨询关系是承担心理咨询工作的社区矫正工作者和来访的社区矫正对象之间的治疗合作伙伴关系。良好的咨询效果需要双方共同努力，建立治疗同盟，形成新的、亲密的、建设性的人际关系，从而帮助他们减少防御，认真探索自己，出现积极的情绪体验，提升自尊心，尝试新的认知方式和行为方式。

2. 咨询关系是一种保密性的关系

咨询关系与其他社会关系不同的地方在于，咨询关系是在一定时间期限内保密的特殊关系。保密性是双方信任的前提，也是心理咨询工作必须遵守的原则。保密性使社区矫正对象有安全感，保证自我暴露和自我探索的顺利进行。

3. 咨询关系是一种有限制的关系

咨询关系只存在于咨询期间，咨询结束后承担心理咨询工作的社区矫正工作者和社区矫正对象的咨询关系就停止，同时在咨询关系之外不能产生其他关系，否则就突破了咨询设置，违反了伦理要求中对双重关系的规定，并可能对咨询效果产生影响。不仅如此，在咨询过程中，社区矫正对象和承担心理咨询工作的社区矫正工作者的权责要明确，社区矫正对象要承担的责任社区矫正工作者绝不能越俎代庖，不能代替他们解决日常生活中的问题。同时，心理咨询还有时间和专业的限制。

4. 咨询关系是一种客观性和主观性相统一的关系

在心理咨询过程中，承担心理咨询工作的社区矫正工作者需要遵守的一个重要原则就是客观、中立的立场，这也是咨询关系与亲朋好友等其他社会关系的重要区别。只有保持客观中立，社区矫正工作者才能对社区矫正对象的情况进行理性分析和判断，才能引导并帮助他们寻找解决问题的办法。咨询关系的主观性在于承担心理咨询工作的社区矫正工作者要保持热情、真诚、尊重、共情的态度对待社区矫正对象，并给予他们积极关注，创设温暖、安全的氛围。

---

① 乐国安主编：《咨询心理学》，南开大学出版社2002年版，第70~72页。

（二）心理咨询关系的影响因素

心理咨询关系是承担心理咨询工作的社区矫正工作者和社区矫正对象之间的关系，所以矫正工作者的态度、专业水平、人格特征等都会影响关系的建立和发展，社区矫正对象的咨询动机、对咨询的态度等同样也会对咨询关系产生影响。但是由于承担心理咨询工作的社区矫正工作者是心理咨询的引导者，需要利用专业技能促使咨询关系建立，所以在这里主要介绍承担心理咨询工作的社区矫正工作者的态度对咨询关系的影响。人本主义心理学家罗杰斯认为咨询师的热情、尊重、真诚、共情、积极关注能使心理咨询更有效。

1. 热情与尊重

很多来访的社区矫正对象是第一次来到心理咨询室，可能不知道自己应该怎么表现，会怀有忐忑不安的心情，但是又期待心理咨询能真正帮助自己解决问题，这时候承担心理咨询工作的社区矫正工作者对他们表达出热情和尊重对于建立相互信任的咨询关系就非常重要。

热情（warmth）也被译为“温暖”，是承担心理咨询工作的社区矫正工作者对社区矫正对象的主观态度的体现。矫正工作者要从语言、动作、姿势、眼神、面部表情等多方面充分流露出对社区矫正对象的关心。矫正工作者通常会用语言表达热情：“有什么我能帮助你的吗？”“你希望从我这里得到哪方面的帮助？”等。不仅如此，矫正工作者认真、耐心地倾听，前倾的体态，关切的眼神、语气等非语言行为本身也是热情的体现。热情不仅仅是一种技能，很难通过实践获得。只有真正关心社区矫正对象的社区矫正工作者，才能最大限度地表达出对社区矫正对象的热情。

尊重（respect）是承担心理咨询工作的社区矫正工作者接受、悦纳社区矫正对象的人格、价值观、行为特点等。社区矫正工作者和社区矫正对象生活在不同的环境中，他们的很多想法和行为都可能是不同的，甚至存在较大差异。这时，社区矫正工作者要承认并尊重每个人的差异性，将社区矫正对象视为有自己的思想情感、内心体验、生活追求的平等的人，既要接纳社区矫正对象与自己相同的观点，也要接纳与自己不同的观念；既要接纳他们正向、积极的一面，也要接纳他们负向、消极的一面。尊重还意味着对于不同年龄、性别、社会背景的社区矫正对象，社区矫正工作者要做到一视同仁。例如：

社区矫正对象：我被判刑后，我的妻子闹着要跟我离婚，曾经引以为傲的工作也没了，还让父母、家人丢尽了脸，我真是没用（哭泣……）。

社区矫正工作者：（身体前倾，递给社区矫正对象纸巾）被判刑确实给家庭、工作和生活带来很大的变化，我能够感觉到你现在很痛苦，如果我是你，我在这个时候也会很难过。这件事情对你造成的影响很大吧？

2. 真诚

真诚（genuineness）是社会交往中的重要品质。在心理咨询中，社区矫正工作者的真诚能为社区矫正对象提供安全、可靠的氛围，减少社区矫正对象的阻抗，也能为社区矫正对象树立榜样，让他们无须伪装，可以无所顾忌地表达自己。

真诚指的是承担心理咨询工作的社区矫正工作者对来访的社区矫正对象态度诚恳、表里如一，开诚布公、直截了当表达自己的想法，将真实的自己置于咨询过程中。研究表明，真诚的表达应该包括以下五个方面：一是社区矫正工作者可以采用恰当的支持性的非言语行为如目光接触、微笑、前倾的坐姿等来传递真诚。二是社区矫正工作者在咨询过程中不过分强调角色、权威或地位，可能使社区矫正对象觉得更加真诚。三是社区矫正工作者的言语、行为和情感要保持协调一致。例如，当社区矫正对象嘲讽挖苦承担心理咨询工作的社区矫正工作者时，矫正工作者可能会感到不高兴，这时应承认这种情感的存在，不要强加掩饰。四是社区矫正工作者要保留自然地表达自己的能力，但是要注意负面情绪的表达。五是社区矫正工作者要根据社区矫正对象的成长需求，在恰当的时候以言语和非言语的方式向社区矫正对象披露个人的情况，这有助于拉近与社区矫正对象之间的距离，促进社区矫正对象暴露自己的一些真实情况。

当然，真诚并不完全等于说真话，而是基于社区矫正对象的成长与进步的需要。真诚也要适度，心理咨询师的自我暴露是为了帮助社区矫正对象，而不是满足自己倾诉、表达或发泄的需要。①

3. 共情

共情（empathy）也译为“同感”“同理心”等，是承担心理咨询工作的社区矫正工作者能设身处地地理解、体验社区矫正对象的内心世界。共情是影响咨询关系的建立和发展的首要因素，是心理咨询的基本特质。共情能帮助社区矫正工作者理解社区矫正对象，更准确地掌握信息，令社区矫正对象感到被理解，促进社区矫正对象的自我探索，使咨询关系进一步发展。共情也具有治疗效果。

共情反应不仅指的是社区矫正工作者从来访矫正对象的内心参照体系出发，设身处地地体验他们的内心世界，也包括矫正工作者运用技巧将自己对矫正对象内心体验的理解准确地传达给对方，还要引导矫正对象对体验感受做进一步思考。

伊根（Egan）将共情分为初级共情和高级共情。初级共情与咨询技巧中的参与技巧有关，如“我能理解你的感受”。高级共情对矫正工作者有更高要求，需要使用影响性技巧直接影响来访者，这部分我们将在后面详细介绍。卡库夫（R. Carkhuff）将共情的层次水平分为毫无共情反应、片面而不准确的共情反应、基本的共情反应、较高的共情反应和最准确的共情五个部分。

下面举例说明不同水平的共情是怎样表现的。②

社区矫正对象：自从我被判刑后，妻子觉得我丢脸，我们两个的关系更加恶化了。虽然我已放低姿态，尝试同她和谐相处，但还是行不通。

水平 1 的社区矫正工作者：我相信将来总会行得通的。[安慰和否认]

或者：你应该努力去理解他的观点。[建议]

或者：为什么你们两个不能相处？[问题]

水平 1 的社区矫正工作者的反应包括问题、安慰、否认或建议。

水平 2 的社区矫正工作者：你与妻子的关系正处于困难时期。

水平 2 的社区矫正工作者的反应只针对矫正对象信息中的内容或认知成分，而忽视了

① 乐国安主编：《咨询心理学》，南开大学出版社 2002 年版，第 85 页。

② 改编自杨凤池主编：《咨询心理学》，人民卫生出版社 2018 年版，第 63 页。

其中的情感成分。

水平 3 的社区矫正工作者：你尝试与妻子相处，但又不成功，因而感到沮丧。

水平 3 的社区矫正工作者的反应中包含理解，但没有指导。它是针对矫正对象明确信息中的情感和意义做出的反应。

水平 4 的社区矫正工作者：你似乎无法接近妻子，所以感到沮丧。你想让她对你宽容些。

水平 4 的社区矫正工作者的反应既有理解，也有指导。不仅辨明了矫正对象的情感，也指出了信息中所隐含的社区矫正对象的不足之处。“你无法接近”隐含着社区矫正对象应该做而没有做的努力。

水平 5 的社区矫正工作者：你似乎不能接近妻子，所以感到沮丧。你需要她对你宽容些。你可以采取这样一个步骤，即向妻子表达出你的这种情感。

水平 5 的社区矫正工作者的反应是最高水平的共情，包含了水平 4 的所有反应，另外至少还包括了社区矫正对象能够采取的措施，以克服自己的不足，并达到所希望的目的，如“向妻子表达出你的这种情感”。

表达共情时，承担心理咨询工作的社区矫正工作者要尽量抛弃自己的参考框架，站在社区矫正对象的角度，设身处地感受社区矫正对象的内心世界。社区矫正工作者要关注社区矫正对象的言语和非言语信息，表达出对社区矫正对象的情感和内心冲突的充分理解。但是，共情也要适度，要在咨询过程中及时验证是否达到共情以及共情的程度，并确定后期咨询的方向。

4. 积极关注

积极关注（positive regard）是一种共情的态度，是承担心理咨询工作的社区矫正工作者用积极、正向的态度看待社区矫正对象，着重强调他们的言语和行为中的积极方面或长处，帮助他们全面看待自己，发现自己的优点，利用自身的积极因素促进自己发生改变。

正确的积极关注立足于社区矫正对象的客观实际，以客观事实为依据，以解决社区矫正对象的问题为目标，发掘社区矫正对象的闪光点，并有针对性地进行关注，而不是泛泛而谈。例如，“你目前的困难不算什么，你有很多优点，我相信你能处理好”。这样的关注就脱离实际，让社区矫正对象感到不被理解。因为，虽然这句话表明社区矫正工作者关注了社区矫正对象积极的方面，但没有立足现实，忽视了社区矫正对象的不足之处，片面夸大他们优点。社区矫正工作者要帮助社区矫正对象客观认识自己，既要平和理性地看待自己的缺点，也要充分发挥自身的优点和资源。例如，某社区矫正对象因担心邻居们知道自己的社区矫正对象的身份而感到非常紧张。她说：“我感觉邻居最近看我的眼光都和以前不一样，几个人围在一起说说笑笑，我一过去立马就不说了，他们肯定是知道我犯过罪了，不想和我打交道，一想到这我难受极了。想到平时别人对我的好印象都会因为这件事而改变，想到他们会和别人说，想到周围邻居都会知道，家人朋友都会知道，我儿子的同学可能也会知道，我真觉得太难堪了！以后还怎么做人呢……”

社区矫正工作者：“如果周围邻居知道了你的身份，这的确是一件让人觉得难堪的事情。但尽管如此，你还是选择主动与邻居交往，你希望他们能接受你。而且在这种情况下，你仍旧积极参加社区矫正活动……”

二、谈话技术

会谈是依据一定的目标而进行的谈话，是社区矫正工作中经常用到的方法，通过交流使社区矫正工作者了解社区矫正对象各方面的信息，这对进行个性化矫正、矫正效果提升具有深远的意义。心理咨询性的会谈比普通会谈复杂得多，是心理咨询的主要形式。来访的社区矫正对象大多具有各种各样的心理问题，在咨询过程中，承担心理咨询工作的社区矫正工作者借助于言语或非言语的形式与社区矫正对象进行交流，目的是帮助社区矫正对象解决心理问题，促进其个人的成长和潜能的发挥。

心理咨询里的会谈目的是实现咨询目标。共情、热情、尊重、真诚、积极关注等建立良好咨询关系的关键因素都是通过会谈起作用的。会谈虽然是社区矫正工作者和社区矫正对象的交流方式，是相互的，但是承担心理咨询工作的社区矫正工作者在会谈中起主导作用。会谈技术的使用体现出社区矫正工作者的技术流派和个人风格。

根据会谈的目的，心理咨询过程中的会谈分为收集材料的会谈、诊断评估的会谈和心理咨询的会谈。①

收集材料的会谈是会谈的最基本形式，目的是收集与社区矫正对象问题有关的资料、信息，是心理咨询工作的前奏，通常会在初始面谈中进行。收集材料的会谈的目的是要了解社区矫正对象都有哪些需要帮助的问题，这些问题对他产生了哪些影响，他自己怎样看待这些问题，与这些问题有关的各种人物、条件、环境因素都有哪些，与社区矫正对象的性格、个人生活环境、经历等是否有关等情况。

诊断评估性会谈的目的是判断社区矫正对象的主要问题是什么，是否适合进行心理咨询。承担心理咨询工作的社区矫正工作者需要在收集对方资料的基础上检验各种假设，必要的情况下可以借助心理测验。如果发现社区矫正对象可能处于异常心理状态，社区矫正工作者需要进行转诊。

心理咨询会谈的目的是要帮助社区矫正对象发生改变，实现自我成长。这类会谈是心理咨询过程的核心。在这个过程中，承担心理咨询工作的社区矫正工作者要运用不同的理论和方法与来访的社区矫正对象进行会谈，实现咨询目标。

影响会谈的因素有很多，从承担心理咨询工作的社区矫正工作者方面来看，他们的性别、人格特点、对社区矫正对象的态度、专业水平、采用的技术和方法等都会影响会谈效果；从来访社区矫正对象方面来看，来访者的动机、水平、对咨询的期待、对承担心理咨询工作的社区矫正工作者的看法等对会谈效果同样至关重要。除此之外，咨询场所的环境、场地布置等因素也会影响会谈的效果。

三、参与性技术

在心理咨询中，承担心理咨询工作的社区矫正工作者通常采用言语或非言语的方式进

① 钱铭怡主编：《心理咨询与心理治疗（重排本）》，北京大学出版社 2019 年版，第 41 页。

行社区矫正工作，参与性技术和影响性技术是言语化的咨询方式。

承担心理咨询工作的社区矫正工作者经常通过采用倾听、提问等技术积极地参与到咨询过程中，这能帮助社区矫正工作者发现来访的社区矫正对象的问题，对于咨询关系的维持也起到了重要作用，这种技术就是参与性技术。常见的参与性技术包括倾听、开放式提问和封闭式提问、鼓励和重复、内容和情感反应、具体化、参与性概述、非言语行为的理解和把握等。

（一）倾听

承担心理咨询工作的社区矫正工作者在心理咨询过程中最常使用的技术就是倾听，往往听比说更重要。倾听表达了对社区矫正对象的积极关注，促进社区矫正对象的自我表达，是建立咨询关系的必要条件；促进社区矫正对象有针对性地倾诉苦恼，宣泄情绪，本身就有治疗作用。通过倾听，社区矫正工作者才能了解社区矫正对象的心理问题及其根源，才能同社区矫正对象一起找到解决问题的办法。所以，倾听是咨询过程的基础。

倾听是在社区矫正对象进行表达时，承担心理咨询工作的社区矫正工作者借助言语或非言语的方法和手段，让社区矫正对象感受到社区矫正工作者正在积极、认真、关注地听他们的叙述，并表示理解和接纳，从而鼓励社区矫正对象把他们的感受和观念表达出来，使社区矫正工作者对其有充分的、全面的了解和准确把握的过程。倾听不是单纯地听社区矫正对象的话语，而是一种主动的听，是参与式的倾听，要真正感悟到社区矫正对象所讲述的事实、体验的情感和持有的观念等。①

倾听的过程，是一个主动引导、积极思考、澄清问题、建立关系、参与帮助的过程。倾听时，承担心理咨询工作的社区矫正工作者要沉着、冷静、认真地听社区矫正对象的叙述，可以伴随着“嗯”“哦”“原来是这样”“还有吗”等的话语进行适当的反应，让社区矫正对象感受到社区矫正工作者的理解和关注。社区矫正工作者也可以通过眼神的注视、身体适当前倾、微笑等非言语行为来表达自己的接纳。

倾听时，心理咨询师要重点关注来访的社区矫正对象的经历、情绪和行为，这样才能发现社区矫正对象的问题。例如，社区矫正对象回家后妻子不停地抱怨（经历），这让他感到焦虑、烦躁、郁闷（情绪），他忍不住与妻子吵架并动手打了她（行为）。倾听不仅要理解社区矫正对象的言语信息，还要关注、留意他的非言语信息，如面部表情、行为动作、语音语调、目光等，将两者结合起来，才能产生完整、准确的理解。例如，上述的社区矫正对象在叙述时用手挠头，默默流泪，可以看出社区矫正对象懊悔、痛苦，又不知所措。倾听时，无论社区矫正对象表达的内容是什么，都要给予社区矫正对象无条件的尊重，不能随意打断，更不能带有偏见，否则不仅会产生片面的判断，而且影响咨询关系。

（二）开放式提问和封闭式提问

在咨询过程中，为了引导来访者思考，根据不同的目的和具体情况，心理咨询师通常

① 杨凤池主编：《咨询心理学》，人民卫生出版社 2018 年版，第 116 页。

需要运用开放式和封闭式的提问方式，促进心理咨询顺利开展。

1. 开放式提问

开放式提问被认为是最有用的会谈技巧之一，通常在会谈开始或转换话题时被采用，目的是让社区矫正对象就社区矫正工作者提出的问题进行详细的说明，让社区矫正工作者能获得所需要的事实资料，使谈话朝预定方向发展。社区矫正工作者通常采用“什么”“如何”“为什么”“能不能”“可不可以”等词进行询问，促使社区矫正对象自由地讲出更多的情况、想法、情绪等，而不用“是的”或“没有”等几个简单的词来结束回答。

例如：

社区矫正对象：我的妻子经常不停地抱怨我，这让我很生气。

心理咨询师：能不能告诉我，这事为什么使你感到生气？

社区矫正对象：因为我觉得我妻子看不起我，尤其是在我入矫以后，这让我感到沮丧。

很明显，这个心理咨询师使用了开放式提问的方法，引导社区矫正对象对自己生气的原因进行自我反思、自我剖析和自我探索。

开放式的提问看起来没有倾向性的答案，使社区矫正对象的回答比较自由，但开放式问题的目标都始终趋向于社区矫正对象问题的特殊性，是为了帮助社区矫正对象分析问题，而与心理咨询内容无关的话题不要提问，因为询问是咨询的需要，而不是为了满足社区矫正工作者的好奇心。另外，开放式提问要注意词语的选择和语气语调，并且要建立在良好的咨询关系的基础上，否则，社区矫正对象就可能产生被讯问、被指责、被窥探的感觉，产生怀疑和抵触情绪。

2. 封闭式提问

封闭式提问通常在会谈过程中使用，是为了澄清事实、缩小讨论范围或令会谈集中探讨某些特定问题。承担心理咨询工作的社区矫正工作者通常以“是不是”“要不要”“有没有”“对不对”等词语进行提问，社区矫正对象大多以“是”“否”或其他简短的语句作答。使用封闭式提问，社区矫正对象的回答比较简单，可以用来澄清问题，也可以制止社区矫正对象喋喋不休、漫无边际的叙述。同时，封闭式提问也可以帮助社区矫正工作者把社区矫正对象偏离某一主要内容的话题重新牵引回来。

例如：

社区矫正工作者：你刚才是不是提到你父母不喜欢你，喜欢你的弟弟？

社区矫正对象：是的，因为我是个女孩。

社区矫正工作者通过封闭式提问向社区矫正对象澄清了他的父母对他的态度，成长环境是影响社区矫正对象心理发展的重要因素。而社区矫正工作者使用“是不是”的方式提问，社区矫正对象只能采用“是”或“不是”来回答，达到心理咨询师澄清问题的目的。

但是，封闭式提问限制了社区矫正对象的回答，所以不宜过多使用，否则会压制社区矫正对象自我表达的积极性，也可能破坏咨询关系。社区矫正对象可能会产生被讯问的感觉，也可能将解决问题的责任转移至社区矫正工作者身上，产生依赖，丧失自我改变的主动性。社区矫正工作者一次最好提问一个问题，否则社区矫正对象可能会产生混乱，结果可能只回答了最不重要的那个问题。

(三) 鼓励和重复

鼓励是指承担心理咨询工作的社区矫正工作者通过言语或非言语等方式对社区矫正对象进行鼓励，促使其进行自我探索和改变的技术。社区矫正工作者通常对社区矫正对象的话进行直接简单的重复，来强调某部分内容或者鼓励他们继续讲下去。

承担心理咨询工作的社区矫正工作者通常使用“嗯”“好”“接着说”“还有呢”“以后呢”“我明白”等过渡性短语鼓励社区矫正对象，或者简单重复社区矫正对象叙述的内容中能反映问题的关键词语，尤其是社区矫正对象回答中最后一句话往往是他们认为比较重要的内容，引导社区矫正对象的谈话向更深的层次展开。社区矫正工作者的微笑、点头、神情专注等非言语行为表达鼓励。

例如：

社区矫正对象：我在外面工作了一天，一回家妻子就指责我每天在外面瞎跑，不关心家人，质问我什么时候才能做点对家里有用的事。

社区矫正工作者：哦，对家里有用的事。

社区矫正工作者使用的鼓励和重复的技术抓住了社区矫正对象这段叙述的关键问题，不仅表达了社区矫正工作者在认真听，也在鼓励社区矫正对象详细讲讲“什么是对家里有用的事”。通过社区矫正对象的叙述，社区矫正工作者能了解他对“有用的事”的想法，从而反映出他对家庭的态度。

(四) 内容反应和情感反应

内容反应和情感反应是心理咨询中使用较多的参与性技术。

内容反应又称为释义，是指承担心理咨询工作的社区矫正工作者对社区矫正对象的思想内容进行综合整理后，再用自己的言语反馈给社区矫正对象本人。内容反应一方面可以澄清社区矫正工作者的理解是否准确，另一方面可以帮助社区矫正对象进一步回顾自己的想法和困扰，重新梳理自己叙述的内容。社区矫正工作者尽量用自己的语言将社区矫正对象信息的主要内容或概念表达出来，不能超过或减少社区矫正对象叙述的内容，但是社区矫正对象言语中最具有代表性、最敏感、最重要的词语最好保留。

情感反应与内容反应很接近，区别在于内容反应是对社区矫正对象言语内容的反馈，而情感反应则是对社区矫正对象的感受、情感内容重新梳理加工后反馈给社区矫正对象。情感反应不仅能检查社区矫正工作者对社区矫正对象情感方面的理解程度，也能帮助社区矫正对象觉察和接纳自己的感受。

在心理咨询中，承担心理咨询工作的社区矫正工作者很多时候是将内容反应和情感反应结合起来使用的。

例如：

社区矫正对象：我复习考会计从业证已经有一段时间了，还有几天就要考试了。前一段时间，我突然发现大脑一片空白，以前复习的好多内容都记不清楚了。我心里一下子就慌了，看书的时候总是不能集中注意力，学习效率特别低。我拼命告诉自己“抓紧时间复习，要提高学习效率”。可越是这样，就越紧张不安，越难以集中精力复习，我该怎么办呢?

社区矫正工作者：你发现自己遗忘了以前学习过的很多知识，现在你迫切地想复习好，但越是急切，你越是紧张、烦躁，对吗?

在这里我们可以发现，社区矫正工作者的反馈中既有内容反应，又有情感反应。比如“你发现自己遗忘了以前学习过的很多知识，现在你迫切地想复习好”这就是社区矫正工作者对社区矫正对象前面所述情况的整理总结，是内容反应；“急切”“紧张”“烦躁”是对社区矫正对象所述感受的提炼，是情感反应。

（五）具体化

很多时候来访社区矫正对象描述的思想、情感、行为、事件常常是内容模糊、混乱，甚至是不合理的，也可能会存在对事情有曲解、夸大等情况，如果承担心理咨询工作的社区矫正工作者不了解清楚，没有把握真实情况，就可能会对社区矫正对象的问题出现错误诊断，误导咨询方向，就不可能实现咨询目标，更不可能达到预期的咨询效果。

在咨询过程中，社区矫正对象在信息表达时出现下列情况，社区矫正工作者应当使用具体化技术：一是问题描述模糊。有时，社区矫正对象使用模糊不清、笼统、过分概括话的词语描述自己的问题，令人摸不着头脑，如“我觉得自己完了”“我丈夫真是个笨蛋”“我觉得没有前途”等。二是对某些事情的认知存在歪曲、夸大。如社区矫正对象可能与某个亲戚人际关系不良，就认为“身边的人都欺负我、针对我、孤立我”。三是在对某些概念不清楚的情况下就对号入座。如社区矫正对象自述每天晚上入睡较慢，最近心情不好，就坚定不移地认为自己“得了抑郁症”。

承担心理咨询工作的社区矫正工作者可以借助开放式提问来实现具体化的操作技术，帮助社区矫正对象详细准确讲述具体情况，澄清他们的问题。如“你的意思是……”“你说你觉得……，你能说得更具体点吗?”“你是怎么知道的?”“你所说的……是指什么?”“你能给我举个例子吗?”等。

（六）参与性概述

承担心理咨询工作的社区矫正工作者在一次会谈或一个阶段结束前，或者判定社区矫正对象所说的有关内容已经基本清楚时，就可以采用参与性概述的方法，将社区矫正对象表达的信息整理总结后再反馈给社区矫正对象。

参与性概述就是承担心理咨询工作的社区矫正工作者将社区矫正对象各方面的信息进行归纳整理，并以概括的形式将它们表达出来。社区矫正工作者把会谈中社区矫正对象表达的零散信息分门别类，以一个或几个主题串联起来，可以使社区矫正工作者和社区矫正对象一起回顾叙述的内容，更清晰地了解当前的具体问题。例如，在收集资料的会谈结束后，社区矫正工作者可以对社区矫正对象的问题进行概述：“从前面的谈话可以发现，你现在苦恼于和亲戚的关系不佳以及是否离婚的问题，除此以外，还有其他的问题吗?”

（七）非言语行为的理解和把握

在心理咨询过程中，社区矫正对象表达出来的言语信息固然重要，但他们通过目光、语调语气、面部表情、动作、姿势等无意识动作传达出来的非言语信息比言语信息更能泄露内心的秘密。在这样的情况下，承担心理咨询工作的社区矫正工作者既要倾听社区矫正对象的言语，也要留心观察并及时觉察社区矫正对象的非言语信息，准确把握这些非言语信息的含义，对于理解社区矫正对象的心理状况非常有用。例如，社区矫正对象刚进咨询室时面色凝重、语气低沉，经过若干次咨询后，社区矫正对象明显长舒一口气，靠在座椅后背上，语气轻快很多，开始出现笑容。这说明心理咨询起到了效果。

四、影响性技术

承担心理咨询工作的社区矫正工作者既要参与到咨询过程中，引导社区矫正对象将问题叙述清楚，更要对社区矫正对象的观念、思想和行为进行干预，让他们实现自我改变。影响性技术有面质、解释、指导、内容表达和情感表达、自我开放、影响性概述和非言语行为的运用。

（一）面质

有时社区矫正对象的言谈举止中可能存在一些矛盾信息，比如叙述自己痛苦的回忆时却面带微笑。这时如果承担心理咨询工作的社区矫正工作者置若罔闻，就可能会错过社区矫正对象深层次的问题。这时就需要用到面质的技术。

面质又称对质、对峙，是承担心理咨询工作的社区矫正工作者运用言语反应描述在社区矫正对象的感受、想法和行为中存在的明显差异、矛盾冲突和含糊的信息。通过挑战和质疑社区矫正对象表述的内容，协助社区矫正对象对自己的感受、信念、行为及所处境况进行深入了解，消除其掩饰心理，促使其向更深层次的自我认识和更积极的行为迈进。

在咨询过程中，社区矫正对象的言语和行为可能存在自相矛盾、不一致的地方。一是理想和现实的矛盾，如矫正对象说想成为一名会计，所以想考会计从业证，现在却没有看书学习，他的理想和现实是矛盾的；二是言行不一致，如“你说你想彻底戒烟，但是你现在却在抽烟，你能解释一下吗”；三是前后言语不一致，如“你说你母亲对你的成长不闻不问，完全不关心，现在又说她特别爱你”。①

面质技术的使用对于社区矫正对象来说可能是应激事件，所以应该建立在具有良好的咨询关系和信任度的基础上。使用面质技术时，要以事实为依据，在事实不充分、不明显时，一般不宜采用面质。面质使用的动机是只针对问题中的矛盾，而不是社区矫正工作者发泄情绪的工具。可以使用尝试性面质，如“你能不能解释一下……”

---

① 雷秀雅主编：《心理咨询与治疗（第2版）》，清华大学出版社2017年版，第92~93页。

（二）解释

解释就是承担心理咨询工作的社区矫正工作者对社区矫正对象思想、情感、行为和事件之间的联系或其中的因果关系的阐述。与参与性技术的不同之处在于解释是从社区矫正工作者自己的参考体系出发的，而参与性技术是从社区矫正对象的参考体系出发的；解释针对的主要是社区矫正对象没有直接讲出或没有意识到的那部分内容，而参与性技术则仅仅针对社区矫正对象已经表达出来的内容。

解释是最重要的影响技巧之一，它能帮助社区矫正对象在个体已有认识的基础上，以一种新的视角重新看待他们的问题，能更好地理解自己的问题，可能引发认知、情绪和行为的改变。解释也是最复杂的影响技巧之一。解释需要依据各种有效的心理咨询和治疗理论，根据不同社区矫正对象的具体问题，结合心理咨询师的观察、实践和经验，形成符合实际情况的解释。

解释通常是在充分收集了有关资料后，结合相关理论和实践经验，根据社区矫正对象的需要和意愿，承担心理咨询工作的社区矫正工作者做出的对于社区矫正对象的主要心理问题及性质、问题原因和演变过程、咨询的过程方法等内容的解释说明。解释应适时适当，并建立在与社区矫正对象良好关系的基础上，因为过多的解释可能会引起社区矫正对象的阻抗。解释也要考虑社区矫正对象的文化背景、理论修养、领悟能力等特点，做出适合社区矫正对象本人的解释。

例如：①

一位男性社区矫正对象，因犯故意伤害罪被判处有期徒刑一年，缓刑一年。在参加社区矫正活动时，该社区矫正对象不合群，经常独来独往，甚至与同伴出现言语和肢体冲突。社区矫正工作者对其进行心理咨询时，其自述小时候一直被寄养在某地农村的亲戚家中，因其姓氏与村中人们不同，作为外姓人常常受到欺负。长大以后与人相处不是很好，没有交往很深的朋友。与别人谈自己感兴趣的事情还可以，如谈的东西其不太了解就会感到索然无味，离群自走。

对这类情况，精神分析的解释可能是“你从小到大与人交往时都缺少安全感”。这种解释将来访者的童年经历，与成人后的行为、心理体验联系起来。

行为主义理论的解释可能是，与人交往使社区矫正对象感到害怕、紧张、焦虑，采取某些逃避措施之后，紧张害怕的心情有所缓和，焦虑下降。最初是偶然、无意识地这样做，以后则形成了条件反射，一有类似的情况出现，就采用同样的逃避措施以减轻焦虑。

认知理论的解释可能是“你当时的想法使得你产生了离开人群的行为。你当时的想法可能是：别人聊的东西我不知道，如果别人知道我不懂，他们会怎样看我？我可受不了别人那种看不起我的眼光”。认知理论更关心矫正对象在面对他人时是怎样想的，也就是说关心他的认知结构。

---

① 改编自钱铭怡主编：《心理咨询与心理治疗（重排本）》，北京大学出版社2019年版，第51页。

（三）指导

指导是最有影响力的技巧。指导就是承担心理咨询工作的社区矫正工作者直接告诉社区矫正对象做某件事、说某些话以及如何做或以某种方式行动。指导技术的实施需要根据各种不同的心理咨询理论，或者根据心理咨询师的咨询经验，灵活而富有创造性地加以运用，使之真正成为有效的指导。承担心理咨询工作的社区矫正工作者应当明确自己对社区矫正对象进行指导的目的、内容、效果等，叙述清楚、明确，能让社区矫正对象理解并落实。指导技术应该根据社区矫正对象的个人情况，需要结合社区矫正对象的受教育程度、思想认知水平、人格特征等特点，在良好咨询关系的基础上进行，而不是以权威的身份强迫社区矫正对象。

某些学者不赞成使用指导技巧，他们认为这可能存在操纵、控制和支配社区矫正对象的意味。社区矫正工作者在会谈中应该主要使用参与性技术和非言语技巧帮助来访者认清、理解他自己的情感、态度和行为模式，很少使用指导技巧，以避免代替社区矫正对象作决定。

例如：

社区矫正对象：有些话我跟您谈过之后感觉好多了。

社区矫正工作者：是的，有时候倾诉就是一种治疗，你在家里也可以适当地多和家人或朋友倾诉。

（四）内容表达和情感表达

内容表达是承担心理咨询工作的社区矫正工作者向社区矫正对象传递信息、提出建议、提供忠告、给予保证、进行解释和反馈等，以影响社区矫正对象，促使社区矫正对象实现咨询目标。影响性技巧都是通过内容表达起作用，指导、解释、影响性概述、自我开放等都是内容表达。

情感表达，是指承担心理咨询工作的社区矫正工作者向社区矫正对象告知自己的情绪、情感活动状况，以及对社区矫正对象的情绪、情感等，以影响社区矫正对象。情感表达的目的是为社区矫正对象服务，促进社区矫正对象的思考和心理咨询的深入，而不是为了满足社区矫正工作者自己的表达欲望或宣泄自己的情感。

内容表达和情感表达与内容反应和情感反应的不同之处在于：内容表达和情感表达是影响性技术，是从承担心理咨询工作的社区矫正工作者的角度出发，表达的是社区矫正工作者的看法和情感，目的是对社区矫正对象产生影响；内容反应和情感反应是参与性技术，是从社区矫正对象的角度出发，反映的是社区矫正对象在言语或非言语行为中流露出来的观念和情感，目的是澄清和回顾社区矫正对象的叙述和感受，让社区矫正对象感受到社区矫正工作者的理解。

例如：

社区矫正工作者：我很欣赏你的真诚和勇敢。最近我也看到了你的情绪改变，你不再急切地一味要求我直接给你答案，而是懂得了自己去思考观察。这些都是很好的改变。

这段内容是在咨询快结束时，社区矫正工作者对社区矫正对象的变化进行的反馈。我们可以发现，“真诚和勇敢”是社区矫正工作者对社区矫正对象的情感表达，表达的是社区矫正工作者对社区矫正对象的情感。社区矫正对象与之前相比发生了改变，不再要求心理咨询师直接给答案，而是学会自己思考观察，这是社区矫正工作者对社区矫正对象治疗效果的反馈，是内容表达。

（五）自我开放

自我开放，也称自我暴露，是指承担心理咨询工作的社区矫正工作者将自己的思想、情感、经验等有关信息告诉社区矫正对象。社区矫正工作者向社区矫正对象的自我开放同样重要。自我开放是手段而不是目的。社区矫正工作者恰当、适度的自我开放，能使社区矫正对象产生共情、温暖和信任的体验，增加社区矫正对象对社区矫正工作者的认同感以及对会谈的兴趣，促进社区矫正对象的自我表达，有助于彼此建立相互信任和开诚布公的咨询关系。

自我开放有两种形式。一种是承担心理咨询工作的社区矫正工作者向社区矫正对象传递自己对他言行的体验与感受，这种自我开放在心理咨询中经常出现，包括正性信息的自我开放和负性信息的自我开放。如“我很欣慰你在遇到困难的时候能来到心理咨询室寻求帮助”，社区矫正工作者将自己对社区矫正对象来心理咨询室寻求帮助的行为体验反馈给他，传达出对对方行为的鼓励和强化，从而进一步促进这种行为的发生，这是一种积极信息的自我开放。但有时自我开放也会传递负面信息，如“上次咨询留下的作业你没能完成，我感到有点沮丧，我想也许你有什么原因?”这种方式一方面能促进社区矫正对象进一步思考自己没有完成作业的动力学原因，另一方面也能让社区矫正对象感受到社区矫正工作者的共情和在场。传递负性信息时一定要审慎，要以良好的咨询关系为基础，说话时口气要委婉、含蓄，表达要真诚，要体恤对方的心情，不能只顾着表达自己的情绪。第二种形式的自我开放是承担心理咨询工作的社区矫正工作者暴露与社区矫正对象所谈内容有关的个人经历和体验。如，“你说你被丈夫抛弃感到孤独、痛苦、难过，我能想象得出来，因为我以前也有过类似的痛苦难过的体验，当时感到整个世界都昏暗了。除了这些，你还有其他的感受吗?”社区矫正工作者在讲述自己的经验时，内容应简明扼要，因为目的是表达社区矫正工作者的共情和理解，促进社区矫正对象更多地自我开放。所以，在自我开放之后，社区矫正工作者提了一个开放性的问题，把会谈话题转回到社区矫正对象身上。

（六）影响性概述

影响性概述一般在会谈告一段落时使用，是承担心理咨询工作的社区矫正工作者将自己所叙述的主题、意见等经组织整理后，以简明扼要的形式表达出来。与参与性概述的不同之处在于，影响性概述的内容是社区矫正工作者表达的观点、看法和建议，而参与性概述是社区矫正对象叙述的观念、感受和体验，所以相较而言，影响性概述对社区矫正对象的作用更广泛。

影响性概述经常和参与性概述结合使用。在会谈结束时，社区矫正工作者首先对社区矫正对象叙述的内容进行归纳，然后讲述咨询双方所做的工作，最后总结出自己的主要观点。这样会使整个咨询过程脉络清楚，条理分明，有利于社区矫正对象抓住会谈要点，掌握会谈中学到的东西。影响性概述可以让社区矫正对象自己来完成，或者以社区矫正工作者提问让社区矫正对象回答的方式来进行，社区矫正工作者借此了解社区矫正对象对咨询过程的了解、把握程度，并在适当时机进行修正。

（七）非言语行为的运用

承担心理咨询工作的社区矫正工作者的非言语行为在心理咨询过程中非常重要，可以对言语内容进行补充，也可以有单独的含义。例如，社区矫正工作者的微笑、点头表达出对社区矫正对象的鼓励和支持；社区矫正工作者恰当的目光接触、身体前倾也能让社区矫正对象感受到自己在被关注、被认真倾听，能促进社区矫正对象的表达；社区矫正工作者说话的语调、语气也很重要，声音是否温暖、顺耳，能否让人有兴趣听下去，能否让人感受到共情、理解、关切，对心理咨询的过程也是很重要的。

第十一章　社区矫正对象心理治疗

在社区矫正工作中，对社区矫正对象的心理治疗是专业性、技术性最强和难度最大的工作。从社区矫正的实际工作看，大多地方还不具备心理治疗的基本条件，其中最大的难题是心理治疗的专业人才缺乏。尽管在很多地方都在开展心理矫治工作，但是从工作的形式和实质内容看，大多处于探索阶段，并不具有心理治疗的规范性、实质性特征。《精神卫生法》第28条第2款规定："疑似精神障碍患者发生伤害自身、危害他人安全的行为，或者有伤害自身、危害他人安全的危险的，其近亲属、所在单位、当地公安机关应当立即采取措施予以制止，并将其送往医疗机构进行精神障碍诊断。"第52条规定："监狱、强制隔离戒毒所等场所应当采取措施，保证患有精神障碍的服刑人员、强制隔离戒毒人员等获得治疗。"参照法律规定，社区矫正工作中如果出现精神障碍患者，社区矫正工作者应能及时反应，帮助社区矫正对象和心理治疗专业机构及时对接，为有心理治疗需求的社区矫正对象提供相应的心理治疗服务，社区矫正工作者能够借鉴心理治疗相关知识和技术开展一些工作。

心理治疗是一种程序化或标准化比较明显的语言性治疗技术，其专业性很强，对实施者、被治疗者的选择和实施场所等均有比较严格的要求或限定。本章将心理治疗工作者称为"心理治疗师"，心理治疗的对象在不同的语境中，被称为"来访者""求助者""社区矫正对象"。

第一节　社区矫正对象心理治疗概述

一、心理治疗的概念

心理治疗的目的在于解决患者的心理问题，减轻患者的焦虑、抑郁、恐慌等精神症状，帮助治疗对象能以有效并且适当的方式应对自身心理问题①。

对于心理治疗的从业人员，因为长年的学习与职业训练，对于心理治疗的概念和意义总体是非常清晰的，但对于患者或不了解该领域的人，很难分清楚"心理咨询师、心理治疗师、心理医生、精神病医生或心理学家"等复杂的概念及其中的差别。因此，搞清楚心理治疗的概念和内涵，有利于社区矫正对象的心理矫治工作进行合理的安排与接洽。

---

① 李红玉、王凤琴主编：《护理心理学（第2版）》，江苏科学技术出版社2019年版，第96页。

（一）心理治疗的界定

《心理治疗规范（2013）》对心理治疗进行了定义，认为心理治疗是一类应用心理学原理和方法，由专业人员有计划地实施的治疗疾病的技术。心理治疗人员通过与患者建立治疗关系与互动，积极影响患者，达到减轻痛苦、消除或减轻症状的目的，帮助患者健全人格、适应社会、促进康复。心理治疗要遵循科学原则，不使用超自然理论。《临床与咨询心理学工作伦理守则（第二版）》将心理治疗（psychotherapy）定义为："在良好的治疗关系基础上，经过专业训练的临床与咨询专业人员运用临床心理学有关理论和技术，帮助与矫治心理障碍患者，以消除或缓解其心理障碍或问题，促进其人格向健康、协调的方向发展。心理治疗侧重心理疾患的治疗和心理评估。"

（二）心理治疗的相关法律规定

《精神卫生法》第23条第2、3、4款规定："心理咨询人员不得从事心理治疗或者精神障碍的诊断、治疗。心理咨询人员发现接受咨询的人员可能患有精神障碍的，应当建议其到符合本法规定的医疗机构就诊。心理咨询人员应当尊重接受咨询人员的隐私，并为其保守秘密。"第51条规定"心理治疗活动应当在医疗机构内开展……心理治疗的技术规范由国务院卫生行政部门制定"，第76条中有关违犯该法的处罚情形中就包括了"心理咨询人员从事心理治疗"。所以根据该法必须严格区分心理咨询和心理治疗，否则就是违法行为，后果将非常严重。

二、心理治疗与心理咨询的联系与区别

（一）二者的联系

从临床心理实际工作来看，心理治疗与心理咨询在很多方面相互重叠。都是强调良好的人际关系，重视助人者与被助者之间的人际互动及其相互影响，认为这是帮助求助者改变和成长的必要条件。所遵循的理论、方法和原则一致，二者都依据精神分析、行为主义、认知心理学、人本主义心理学等理论及使用相应的方法，遵循保密、时间限定、感情限定等原则，遵守一定的道德准则与伦理规范。在临床心理学中一般对二者并不做区分，实际工作中也可见心理咨询中有治疗，而心理治疗也离不开咨询，有效的心理治疗中必然包含很多咨询方法。正如经常被人们引用的美国人哈恩的一句话：极少有咨询工作者和心理治疗专家对已有的在咨询与治疗之间的明确区分感到满意。我国著名心理学家陈仲庚认为两者没有本质区别，无论在关系的性质上、在改变和学习过程上、在指导的理论上都是相似的；如果说有区别的话，也是人为的、非本质的。①

① 张伯华、刘天起、张雯主编：《心理咨询与治疗教程》，山东人民出版社2010年版，第4页。

（二）二者的区别

心理治疗与心理咨询的细微不同是，心理咨询因接触求助者问题层面较浅，更多使用认知心理学、人本主义心理学、行为主义理论与方法；心理治疗则因接触求助者问题的更深层面，相对更多地使用精神分析理论与方法。工作内容相似，相似之中有不同。因此从实施主体、实施客体、工作内容和工作场所方面我们可以将心理咨询和心理治疗进行区别。

1. 实施主体的不同

实施心理咨询的主体是心理咨询师，其资格由国家劳动和社会保障部认定，需要通过其组织的资格考试；心理治疗师由国家卫健委所认定，除须掌握心理学相关知识外，还需要有一些医学知识背景（不一定具有职业医师资质）。

2. 实施客体的不同

客体是指工作的对象。心理咨询的工作对象主要是指非精神心理异常的正常人群或心理不健康人群，工作重点是加强人们的社会适应能力；心理治疗的工作对象是精神异常或心理异常的患者，心理治疗的重点工作是矫治他们的心理精神疾病，消除临床症状。

3. 工作内容的不同

心理咨询工作的主要内容是协助求助者解决在一定的社会背景下的适应和发展问题、人格问题等，可以借助日常活动开展，形式多样。心理治疗则是运用各种特定的心理治疗技术，帮助患有精神心理疾病的患者解除症状，治疗疾病。一般是通过和工作对象会谈的方式进行疏导和治疗。

4. 工作场所的不同

心理咨询工作场所和设施只要满足条件（即有个体咨询需求和有资质的心理咨询师），就可以在人群中设置心理咨询机构，如社区、学校、企业、部队等；心理治疗的工作场所和设施要求较高，《精神卫生法》中规定心理治疗必须在医疗机构中设置。

具体如表 11-1 所示。

表 11-1 心理咨询与心理治疗的区别

比较内容	心理咨询	心理治疗
实施主体	有资质的心理咨询师	有资质的心理治疗师
实施客体	正常人群或心理不健康的人群	精神或心理异常的患者
工作内容	应对适应问题和健全人格	消除症状、治疗疾病
工作场所	无严格要求	医疗机构内
适应证	日常生活中的问题	神经症性疾病等
关注重点	当前困惑	过去经验
治疗时程	短	长
涉及的深度	浅	深

三、实施心理治疗的基本条件

（一）心理治疗师应具备的基本条件

心理治疗师必须具备一定的专业水平。心理治疗是为有心理疾患的社区矫正对象提供服务的，不仅需要心理治疗师具有丰富的理论知识，而且必须具备丰富的临床经验和娴熟的诊断、治疗技术，并达到规定的专业水平才有资格执业。

心理治疗以矫治心理疾病，特别是矫治情绪方面的疾病为首要目标。因此，心理治疗师的专业资格要求一般必须具备三个方面的条件：（1）与心理学、教育学相关专业的高等学历要求，在我国一般要求本科以上。（2）相关的医学特别是精神病学科的专业水平要求，我国要求医学专科以上学历，并具备相当的精神病学专业知识。（3）要有丰富的临床咨询经验。心理治疗过程中一般以心理治疗师为中心，来访的社区矫正对象自我认识水平较差或不具备自我心理调适的能力，因此在治疗过程中心理治疗师偏重药物治疗和专业的心理治疗技术，有时需采取与来访的社区矫正对象心理沟通的技巧。在这里心理学、精神病学与医学的结合性显得更为突出。因此，心理治疗师的医学专业水平尤为重要。

心理治疗师在相关的医学、精神病学理论专业水平方面并不占主导地位，但心理治疗师必须具备必要的心理学系统知识（如普通心理学、发展心理学、变态心理学、人格心理学等），经正规的专业训练，对每一种心理治疗的理论都有一定程度的了解，并运用于心理治疗实践之中。同时应掌握一些如谈话、解决问题等方面的心理治疗基本技巧和方法，并能运用一些基本的测量工具。尤其重要的是，合格的心理治疗师必须具有丰富的咨询门诊经验，一般要求具有几十至几百小时的心理门诊实习经验，并注重理论应用和实际操作的技巧。

（二）开展心理治疗应具备的基本设施

心理治疗必须以一定的物质条件和专业设备为依托，这是开展心理治疗的前提。这些基本设施包括：①

1. 治疗室

除了要求治疗室相对独立、安静、布置幽雅、光线适度和舒适等外，特定的心理治疗对治疗场所有自己独特的要求。

2. 心理治疗配套设施

除了需要心理测验相关设施来评价患者的症状和治疗效果外，特定的心理治疗技术需要一些特殊的配套设施，如催眠治疗需要钟摆等助眠器具，音乐治疗、沙盘治疗亦是如此。

---

① 李红玉、王凤琴主编，姜兆权、苏爱华、李晓敏等副主编：《护理心理学（第2版）》，江苏科学技术出版社2019年版，第98页。

3. 医疗设施等其他设施

按照相关规定心理治疗必须常规配备抢救药品和抢救设备。某些心理治疗还需配备特殊的医疗设备。如冲击治疗，需要配备心电监护仪等检测生命体征、脑功能的医疗设备。

（三）开展心理治疗对来访社区矫正对象的要求

各种心理治疗技术的适应范围都有一定的限制，所以基本上每种心理治疗技术对接受心理治疗的社区矫正对象是有一定要求的。例如催眠治疗，就要求来访社区矫正对象具有暗示性较强的人格特征；接受住院治疗的社区矫正对象，需要身体素质较好，没有明显或严重的躯体疾病等。

四、心理治疗的实施程序

尽管心理治疗的理论模式各不相同，治疗技术条件有侧重，但治疗程序大体一致，可分为三个阶段①。

第一阶段：这一阶段主要任务有三个，收集资料、确定心理诊断和设计初步治疗方案。收集资料的内容包括病史、个人史、过去史、工作生活情况、家庭文化背景等。内容尽量翔实，以便下一步作出诊断。心理诊断的任务是心理治疗师根据上述资料对来访社区矫正对象是否患有心理疾病及心理疾病的类型、程度均作出判断。如有心理疾病，则应判断是否适用心理治疗或应用哪类心理治疗方法。选定心理治疗方法后，可设计初步治疗方案。除了上述三个任务外，这一阶段还是建立良好医患关系的重要阶段。

第二阶段：在上一阶段的基础上充分运用心理治疗技术对来访社区矫正对象实施治疗，这一阶段任务最重。主要是与来访社区矫正对象一起分析认识其心理障碍的性质及因果关系，然后帮助来访社区矫正对象消除心理症状，重整心理状态，达到治疗目的。在这一阶段里，心理治疗师要根据来访社区矫正对象的病情和新近掌握的资料，不断调整和充实治疗计划，并由易到难、由浅入深地将来访社区矫正对象的心理问题逐个解决。

第三阶段：这一阶段为巩固治疗期，当治疗的主要目的已经实现后，心理治疗师可与来访社区矫正对象商定治疗结束时间，鼓励来访社区矫正对象在日常生活中注意巩固心理治疗成绩，保持心理健康水平。

五、心理治疗的疗效因子

对于大多数没有亲自体验过心理咨询或心理治疗的人，对心理治疗是否有效，如何达成心理治疗效果多是存疑或并不知所以然的，通过心理咨询与治疗领域的实践和相关研究发展，研究者已经对心理咨询与治疗可以达成矫治目标的效用成分达成了基本一致。

一系列包含了不同研究对象及多种研究方法的临床疗效研究结果均表明，不同流派的心理治疗的疗效并未发现存在显著差异。对这一现象的原因假设当然有很多看法，目前较

① 张理义、陈洪生主编：《临床心理学》，人民军医出版社 2015 年版，第 421 页。

为普遍接受的解释是：有效的心理治疗无论其理论取向为何，都包含了如下有助于求助者积极改变的共同核心要素——良好的咨询关系和治疗联盟；信念和期望的塑造；情绪的释放和宣泄；减轻焦虑、缓解紧张；解释和领悟；能力的培养（适应性提高）。有研究者根据他认为的与阳性治疗结果（阳性，是指接受治疗者的积极改变与未接受治疗者存在显著差异）有关的一系列过程提出了共同因素清单。他们将有效因素分为三类：支持因素（积极的关系、信任、情绪宣泄、共情、接纳等）、学习因素（认知学矫正性情感体验、反馈、内省、领悟等）以及行动因素（自我控制为调整、暴露、示范、现实检验、修通等）。①

（一）宣泄的心理治疗作用

荣格曾对宣泄的心理治疗价值进行研究，他认为“宣泄——创伤时刻的戏剧式复述，在清醒或催眠状态下其情绪的概括重述——通常具有良好的治疗效果。我们都知道只有个人感到一种不可抗拒的需要时，才会再去详述某种生动的体验，直到它失去感情价值就如同谚语所说的‘倾吐心声’，通过倾诉逐步地减弱创伤体验的情绪反应到它不再有干扰的影响力”。② 宣泄通过一而再，再而三地生活在创伤情景下，将自主意识重新进行整合，使创伤过程以一种可接受的内容逐渐地并入到意识层面。

在心理咨询与治疗中，倾诉、情感释放、发泄等行为都具有类似宣泄的治疗作用，但是如果治愈的效果唯一依赖于体验的复述之上，宣泄就可以由矫治对象独自去履行，如同一种封闭训练，也就没有心理矫治工作者存在的必要。但是事实上，矫治对象对一个理解和支持他的矫治工作者吐露他的体验，对矫治对象而言，这意味他难以操控的创伤情结带来的情绪能够在心理矫治工作者的接纳和支持下完成，在这个强大精神力量的战斗中，他不再是独自一人，他信任那个向他伸出手的人，借助心理矫治工作者的力量与不受控制的情绪展开战斗，他的意识心理的整合力量得到加强，直到他再次能够把难以控制的情绪置于其控制之下。因此没有人作为矫治工作者一样的存在，也是我国鲁迅文学作品中描述的祥林嫂受到创伤后不断述说却无法自我疗愈的关键事实原因。

宣泄本身也能够激起与维持求助者的情绪流动，某些心理咨询与治疗工作者将其视为治疗的核心。弗兰克把情绪宣泄称作情绪“唤起”，另一些人称作“情绪释放”或“情绪发泄”，都是指使求助者体验表达或释放某种情绪。弗兰克认为情绪唤起之所以起作用有三个原因。第一，情绪唤起给求助者提供了激励力量，使得他能够经受住改变的痛苦；第二，它加快了求助者的态度改变；第三，它增强了求助者对环境影响的敏感性。③

（二）情感调谐的作用

从母婴互动观察发展出的依恋理论与主体间理论，发现了在婴儿心理发展过程中与心理治疗性改变的相关性，照料者能在多大程度上体会婴儿的状态，识别其行为特异性，将

① 刘稚颖、吴继霞、李鸣：《心理咨询与治疗的案例评估和分析》，中国轻工业出版社 2018 年版，第 2 页。

② ［瑞士］C. G. 荣格著，高岚主编：《荣格文集》，长春出版社 2014 年版，第 11~30 页。

③ 江光荣：《心理咨询与治疗》，安徽人民出版社 1995 年版，第 41~63 页。

会和婴儿大脑生理成熟与躯体性照料一起决定婴儿的体验达到整合一致的性质和程度。例如，照料者在与婴儿面对面玩耍时对婴儿自发行为的动机、欲望和内隐目标的相互识别，以及对伴随这个过程的体验得以共同感受到，彼此共享双方的信号并确认这一共享，有着反应的一致性，就是情感调谐（affect attunement）。①

情感拥有它们自己的智慧。情感在个体成长和改变的过程中起到了决定性的作用。如果治疗师没有从主观上体会求助者的情感世界的能力，那么他会遗漏大量的资料，治疗效果会严重受损。求助者的痛苦、敌对或兴奋会以超出语言的多种方式洪水般地充满于两个人之间。情感具有传染性，它能够诱导出许多复杂的情绪反应。

情感调谐不同于单纯的理智层面认知的改变，是心理咨询与治疗工作者伴随下的一种体验性学习。这种体验性的学习可以与重新体验过去的生活相联系，如怀着新的认识重温过去的某一使症状加重的事件，或者发现自己在人际交往中的偏差。总之，体验性学习是认知与情感体验并重的学习。它的两种可能的情况是：体验到强烈的情绪感受，然后通过理智的力量认识感受的含义；或者伴随着新的认识产生强烈的震撼、惊奇和欣喜。②

（三）理解的作用

心理学研究中有一个专业词汇叫作心智化，指能够从外部的角度看待自己和从内部的角度理解他人的能力。人们进行社会交往时，个体的心智化能力能够用以推断他人的想法和行为活动，心智化的水平成为影响个体社会交往活动的重要因素。可见心智化不仅是对别人或者自己的一种想象性质的心理活动，也是对个体行为和心理意图的感受与解读。③

心智化能力使得个体的内在和外在之间建立了一个完整的联结，并且触动内在觉察能力的发展。它同样有助于求助者从分裂的自体逐渐进行整合，锻炼出内省、自我觉察等能力。

心理咨询与治疗工作者通过理解求助者的情绪、思维、幻想、信念和欲望在行为中的表达，使求助者的心智化能力得到提升。当个体心智化能力达到足够完善时，个体能够形成一个连贯的自我意识，形成可靠的人际关系。

对求助者的感受给予恰当的解释也能使求助者的支配感和控制感得到提升，人们似乎都有这么一种信念，理解了的就可以驾驭。各种心理咨询与治疗都以这样或那样的方式让求助者享受到这种体验。这些成功体验维持和增加了求助者的期望，强化了信心，减少了对失败的担忧。在行为治疗中，成功体验的作用是最明显的。心理咨询师总是把改进任务由易到难地加以组织，使得求助者不断地获得阶段性成功，显示出每次治疗都有进步的迹象。这样的安排使得求助者不断有成功体验，使咨询始终保持着一种推力。④

---

① 美国波士顿变化过程研究小组：《心理治疗中的改变：一个整合的范式》，中国轻工业出版社 2014 年版，第 8~37 页。

② 江光荣：《心理咨询与治疗》，安徽人民出版社 1995 年版，第 41~63 页。

③ 王晶瑶、刘果、杨姝同、韩继阳、莫小恩、王旭梅：《心智化：概念及其评估方法》，载《国际精神病学杂志》2017 年第 2 期。

④ 江光荣：《心理咨询与治疗》，安徽人民出版社 1995 年版，第 375~394 页。

（四）支持的作用

支持在心理咨询中有三层含义，一是心理咨询与治疗中支持性的态度，二是作为一种应对严重心理问题或心理障碍的专业技术，三是为求助者提供社会现实层面的环境支持，使其提升现实感和真实感。

人本主义心理学家罗杰斯认为，处于困境中的人在有足够支持的环境中可以自己解决问题。罗杰斯对这一简单的原则进行了最为清楚的阐释，他写道："个体内部有自体理解、改变自体观念、态度和自体导向的行为的巨大资源……而且如果我们能提供一个可定义的、促进心理态度的氛围，这些资源就会被触发。"①

支持性心理治疗对治疗师的技术要求非常高。治疗师必须理解发展史在病人疾病形成方面的作用，还必须透彻地理解治疗联盟和移情对医患关系的影响。由于和病人的关系构建得不够，因此关系更容易遭遇快速而始料不及的变化，支持性心理治疗这种治疗形式很难维系那种必要的、长期的关系。治疗目标和技术界定了支持性心理治疗。和其他以改变为导向的精神分析性心理治疗方法相比，在疾病、能力、生物因素和生活环境都已经限定了的情况下，支持性心理治疗旨在帮助病人重建他先前最好的功能水平。②

心理学家温尼科特提到促进性环境的抱持，认为环境对人的成长具有重要的作用，在婴儿和孩童时期，妈妈和家庭作为人类成长的环境要素对人的精神健康和情绪成熟非常重要③。对于社区矫正对象的相关研究可以发现，家庭和工作环境能否支持社区矫正对象对于他们非常重要，心理矫治工作者也可以通过心理咨询或治疗工作环境对其发挥抱持性的支持。

综上，比较各种关于心理矫治疗效因子的学说，我们可以发现，从理论到临床实践，心理矫治工作者对心理矫治疗效因子的认知是非常接近的，在具体矫治实践中，这些疗效因子融入了矫治过程，在其中自然地发生、生长、进行创造性的问题解决。

第二节　精神分析疗法

一、精神分析疗法的原理与机制

（一）精神分析疗法的原理

精神分析疗法是基于弗洛伊德的精神分析学说，而后衍生出的近代多种精神动力学治

① ［英］坦塔姆著，施琪嘉主译：《实用心理治疗与心理咨询叙述的基础》，中国医药科技出版社2010年版，第182页。

② ［美］罗伯特·J. 尤萨诺著，曹晓鸥译：《心理动力学心理治疗简明指南短程、间断和长程心理动力学心理治疗的原则和技术（第3版）》，中国轻工业出版社2018年版，第197页。

③ 郗浩丽：《客体关系理论的转向：温尼科特研究》，福建教育出版社2008年版，第47~60页。

疗方法。该疗法主要是通过精神分析治疗师与来访社区矫正对象为治疗而构建的工作联盟，在耐心而长期的治疗关系中，通过“自由联想”等内省方法帮助来访社区矫正对象将压抑在潜意识中的各种心理冲突（主要是幼年时期的精神创伤和焦虑情绪体验）挖掘出来，使其进入意识中，转变为个体可以认知的内容进行再认识，帮助来访社区矫正对象重新认识自己并改变原有的行为模式，达到治疗的目的。

精神分析疗法的目的不是单纯消除来访社区矫正对象的症状，而是注重人格重建、思维模式态度的改变，以及解决早年的心理冲突，消除潜意识心理冲突的影响，启发和扩展来访社区矫正对象的自我意识。通过分析达到认知上的领悟，促进人格成熟。

（二）精神分析疗法的机制

精神分析理论的创始人弗洛伊德强调无意识的作用。该理论认为童年时代的创伤、经历、未得到满足的欲望等被深深压抑到潜意识底层，通过转换作用造成各种心理障碍。精神分析的治疗就是要挖掘症状背后的无意识冲动或无意识动机，使来访者自己意识到其无意识中的症结所在，以来访者发生移情作为途径和手段，即是以无意识的情绪体验作为疗效的机制，从而帮助来访者实现意识层次认知的改变（领悟）、症状的缓解和行为的矫正，产生疗效。精神分析治疗所使用的方法是自由联想、催眠、释梦、口误笔误分析等非常规方法，主要是通过无意识的运行、非理性的思维、情绪情感的参与来起作用。

二、精神分析疗法技术

（一）精神分析的基本理论

精神分析基本理论中的许多学说在解释社区矫正对象的犯罪动机、犯罪心理构成、人格的发展及人格的变态方面，都起着重要的作用。精神分析理论在临床中的应用，即心理咨询和心理治疗的许多方法同样适用于对社区矫正对象的心理矫治。其中，与社区矫正对象心理咨询和治疗有密切关系的部分主要有：无意识和压抑理论、性心理的发展学说以及人格构成学说。这些理论的具体描述可参见本书第十章“心理咨询”，在此不再赘述。

（二）精神分析疗法的主要技术

1. 自由联想

自由联想是精神分析学派进行精神分析的主要技术之一。它是一个能打开神秘之门的基本工具，这扇门通向无意识、幻想、冲突和动机。这项技术常常导致对过去经历的回忆，有时候是被阻塞的强烈感情的释放，然而释放本身并不重要。在自由联想中，心理治疗师的任务是识别无意识中被压抑的内容。

自由联想法的具体做法是：让来访社区矫正对象在一个比较安静与光线适当的房间内，躺在沙发床上随意进行联想。心理治疗师则坐在来访社区矫正对象身后，倾听他的讲话。事前要让来访社区矫正对象打消一切顾虑，关于谈话的内容，心理治疗师保证为他保密。鼓励来访社区矫正对象按原始的想法讲出来，不要怕难为情或怕人们感到荒谬奇怪而有意加以修改。因为越是荒谬或不好意思讲出来的东西，可能最有意义并对治疗价值最大。在进行自由联想时要以来访社区矫正对象为主，心理治疗师不能随意打断他的话，但在必要时可以进行适当的引导。心理治疗师往往鼓励来访社区矫正对象回忆从童年起所遭遇到的一切经历或精神创伤与挫折，从中发现那些与病情有关的心理因素。自由联想的最终目的是发掘来访社区矫正对象压抑在潜意识内的致病情结或矛盾冲突，把他们带到意识域，使来访社区矫正对象对此有所领悟，并重新建立现实性的健康心理。

2. 释梦

弗洛伊德认为梦分为愿望梦、焦虑梦和惩罚梦，其本质都是愿望的满足。梦的材料和来源有三方面：①做梦前一天的残念；②睡眠中躯体方面的刺激；③幼年经验。梦的内容结构分为显梦和隐梦两个层面，通过稽查作用和梦的伪装，隐藏的愿望才能进入意识组成显梦。简而言之，梦的动力一是本我内的冲动，二是介于本我与自我间的稽查机制及自我和超我本身。稽查作用使隐梦所包含的无意识冲动进一步伪装和转化成显梦的内容，这种转化过程包括以下几种机制：①凝缩作用；②移置作用；③戏剧化作用，即用视觉形象表现抽象思维；④润饰作用。梦中的情感反映总是"真实"的，如果梦的情感反应与显梦内容不协调，说明其形成时发生了转化和象征，而与隐梦一致。梦是通往无意识的捷径，通过释梦可使压抑的本能冲动意识化，有助于揭露来访社区矫正对象症状的真实含义，破除阻抗，达到治愈。释梦的具体操作是心理治疗师利用来访社区矫正对象对梦中原意的自由联想揭示出隐梦的意义。而荣格认为梦是无意识发出的明确的信号，人们之所以认为梦杂乱无章，是动用投射作用掩盖自己对无意识语言的无知。梦就是他自己的解释，是无遮蔽的，是"无意识的出口"。荣格提到"梦是无意识心理的自发产物……是纯粹的自然：它把天然而未经粉饰的真实呈现给我们"。他否认弗洛伊德的所谓稽查作用和梦的伪装理论，认为心理是自我调节平衡的体系，梦其实是无意识进行的补偿活动，它的作用是"提供内心生活的秘密，向做梦者揭示出他人格中的隐藏因素"。

3. 对阻抗的分析与释义

阻抗，指来访者不愿意将以前受到压抑的无意识以有意识的形式表现出来。阻抗可以是一种观念、态度、感觉或者动作，它们使得来访者保持现状，拒绝改变。

阻抗可分为有意识的阻抗和无意识的阻抗。有意识的阻抗，如对心理治疗师的不信任，或担心说出不得体的话而拒绝进行联想等。而无意识的阻抗在心理治疗中则更有意义，且更难解决。征服阻抗是心理分析治疗过程中最艰苦的工作，来访社区矫正对象不能放弃对咨询的阻抗常常是终止治疗的一个重要原因。以下方法在一定程度上可有效克服来访者的阻抗：①正确地进行诊断。心理治疗师的正确诊断有助于减少来访社区矫正对象阻抗的产生。来访社区矫正对象最初所谈的问题可能仅仅是表层的问题，面对其深层的问题，心理治疗师若能及早把握，将有助于咨询顺利进行。②以诚恳助人的态度应对阻抗。在心理咨询过程中，一旦确认来访社区矫正对象出现了阻抗，心理治疗师应把这种信息反馈给来访社区矫正对象。反馈时，一定要从帮助来访社区矫正对象的角度出发，并以与对方共同探讨问题的态度向对方提出来访社区矫正对象的阻抗。绝对不能把来访社区矫正对象的阻抗当成故意制造事端来对待。③调动来访社区矫正对象的主动性积极面对阻抗。应对阻抗的主要目的在于解释阻抗，了解阻抗产生的原因，以便最终超越破解阻抗，使咨询取得实质进展。这里的关键是要调动对方的积极性，使之能与心理治疗师一同寻找阻抗的来源，认清阻抗的实质。④心理治疗师要解除戒备心理。解除戒备心理是指心理治疗师不必把阻抗问题看得过于严重，似乎咨询面谈中处处有阻抗。如果心理治疗师采取这种态度，就可能会对来访社区矫正对象产生不信任，从而影响面谈的气氛与咨询关系。⑤把阻抗的解除与移情的处理结合起来。有意识的直接阻抗容易克服，而间接的阻抗常以移情的方式表现，阻抗的解除还必须与移情的处理结合起来进行。负移情是阻抗的表现形式之一，咨询没有移情就不会有良好的咨询效果。只有在妥善地处理好移情以后才能破除阻抗，使来访社区矫正对象得到领悟，症状消失。

（三）对移情的分析与解释

移情通常表现在心理治疗的过程中，来访社区矫正对象受早期关系影响，扭曲地认识他与心理治疗师的当前关系。可以理解来访社区矫正对象通常把心理治疗师看作生活中对他们非常重要的他人。例如，在会谈中来访社区矫正对象往往把过去与父母的病态关系转移到与心理治疗师的关系上。当来访社区矫正对象出现移情，对心理治疗师表露出特殊的感情，把他当作上帝（热爱的对象，称正移情）或魔鬼（憎恨的对象，称负移情）时，心理治疗师需清楚地意识到自己的处境和地位，这是治疗过程中必然会出现的现象。移情被认为是有价值的，因为移情使来访社区矫正对象有机会重新体验一系列情感。通过与心理治疗师的关系，来访社区矫正对象可以表达他们原本被深埋在无意识中的感受、信仰和欲望。通过恰当的释义以及疏通这些早期情感，来访社区矫正对象可以改变一些长久以来的行为方式。

对移情的解释是精神分析和精神分析取向治疗中的核心技术，因为它使得来访社区矫正对象可以获得过去经验对他们当前心理功能影响进行及时和深入的了解。对移情关系的释义使来访社区矫正对象可以疏通那些使他们行为固着、情感无法成长的内在冲突。但是，心理治疗师一定要超脱自己，善于利用这一移情，循循诱导，让来访社区矫正对象认识到建立一个良好的人际关系的必要性。当这些从无意识过程中所暴露出的病态或幼稚情感和人际关系成为意识过程的内容时，这种不成熟的或“神经症性”的心理防卫机制就减弱了，移情问题也就随之消失了。

第三节　以人为中心疗法

以人为中心疗法由美国心理学家罗杰斯于 1940 年创立，强调来访者主观能动性的调动，发挥其潜能，不主张给予疾病诊断，治疗则更多地采取倾听、接纳与理解，即以来访者为中心或围绕来访者的心理治疗。1974 年，罗杰斯又提出将此疗法进一步延伸，更强调以人为本，进一步突出来访者为正常人，而非患者，只是他们心理发展过程中的潜能没有正常发挥而遇到阶段性问题，治疗本身就是指导来访者认识和了解自我，发挥潜能。

一、以人为中心疗法的原理和机制

以人为中心疗法的原理可以概括为如下几方面：①个体的现实世界是其行为的主要决定因素，它能使个体作出独特的决定和行为表现；②人生来就是好的、健康的，只有当创伤性的经验破坏了正常性的发展时，才会变得不健康；③人有能力意识到自己的行为，知道是什么激发了自己的行为；④人有能力控制其生活和命运，心理健康的人能接受个人的控制并有相应的行为；⑤心理健康的人的行为是有目标、有指向的，是受自我指导的；⑥心理治疗师不应该操纵来访者的任何事情，而应该创造条件使来访者作出有主见的决定。

人本主义疗法认为人都具有积极向上、自我实现的内在倾向，而当这种倾向性受到阻碍时就会通过防御机制来否认和歪曲自己的经验、体验。当这种矛盾被个人意识觉知时，焦虑就会产生。一旦防御机制失控，个人就会产生负面情绪和心理困扰，出现心理失调。心理失调的产生就是自我实现的潜能被压抑的结果。以人为中心治疗理论在治疗过程中强调未来生活的意义，认为心理治疗就是建立一种以来访者为中心的治疗关系，营造一种氛围使来访者体验到被关注、被尊重，使其正视自己的情感体验，认识其自我发展的潜能，最终通过来访者自我实现的潜能的发挥来达到治疗的效果。

罗杰斯认为，当自我观念与现实经验、理想自我与现实自我相冲突时，就会产生自我不和谐状态，冲突加剧便会产生心理异常。各种心理异常的产生机制都是由于社会环境不良阻碍了个体自我实现，使“理想自我”与“现实自我”差距扩大，两者冲突所致。

二、以人为中心疗法的主要技术

罗杰斯曾指出，“治疗的成功主要并非依赖于治疗师技巧的高低，而依赖于治疗师是否具有某种态度”，因此，罗杰斯的治疗策略中并不包括为来访者做什么的技术，没有什么固定的步骤、技术或者工具可以促进来访者产生朝某一治疗目标的进步，取代它们的就是对关系体验的促进策略。

（一）真诚

真诚是建立良好治疗关系的基础。在心理治疗师提供的真诚气氛中，来访社区矫正对象就能敞开心扉，诉说自己真正痛苦的问题。艾根认为，坦诚的交流包括以下几个方面。

1. 从角色中解放

心理治疗师并不固定自己的角色，无论在生活中还是在治疗关系中都应是真诚的、坦率的。虽然他们的职业是心理治疗师，但他们不必隐藏在自己专业角色的背后，而是继续保持与目前情感和体验的和谐，并与来访的社区矫正对象交流自己的情感。

2. 自发性交流

一个自发性的人会很自由地表达和交流。心理治疗师与来访社区矫正对象的言语交流与行为也应该是自然的，不应受某些规则和技术的限制，也不应该总是在掂量应该说什么，应该做什么。自发的心理治疗师表现很自由，不会出现冲动性或压制，他自然的言语和行为表现都是建立在自己的自信心基础上的。

3. 无防御反应

心理治疗师应努力理解来访社区矫正对象的消极体验，帮助他们深化对自我的探索。一个没有防御反应的心理治疗师很了解他自己的优势和不足，并且很了解该如何感受它们。因此，他们可以公开面对来访社区矫正对象的消极反应，并且不会感到受打击。他们能够理解这种消极反应，而不是忙于抵御这些消极的体验对自己的影响。

4. 一致性

心理治疗师应言行一致，他不应信奉一套而其行为却是另外一套，也不应心口不一。

5. 自我交流

心理治疗师在合适的时候要能够坦露自我，坦诚的心理治疗师会让来访社区矫正对象通过他的言语、非言语线索了解他的真实情感。

（二）共情

心理治疗的共情技术比心理咨询中的共情技术要求更高，主要是指心理治疗师要敏锐、准确地领会和理解来访社区矫正对象所要表达的意思和内含的情感，并将这种领会和理解向对方传递。较深入的通感则是理解并表述出潜在的、暗含的和深层的含义，帮助来访社区矫正对象从更广的范围认识自己的问题以及深层的意思。

心理治疗师对来访社区矫正对象的共情可以从言语和非言语行为两个方面表现出来。言语方面，共情式的理解就是要理解来访社区矫正对象的话语所反映的情感和认知信息。对来访社区矫正对象的理解可以分为表层理解和深层理解。表层理解只是领会了来访社区矫正对象原话的意思，而深层理解是听懂他的“话外之音”，这有助于来访社区矫正对象理解自己情感的更深层次的含义。非言语理解信息可以通过几种方式传达出来，如手势、身体活动和位置、面部表情、动作频率、声音特点、目光接触等，省略的、没有说出的话甚至家具的摆放也能传达非言语信息。

（三）无条件积极关注

无条件积极关注是指对于来访社区矫正对象热情关注，无条件地认为他是一个具有自我价值的人，接纳和欣赏他，使他感到温暖和安全。

心理治疗师表达对来访社区矫正对象的热诚关心，这种关心不是占有式的，也不是为了来访社区矫正对象的满足，它是创造一种仅仅表明“我关心”的气氛，绝非“如果你这样或那样做，我就关心你”的气氛。由于没有附加任何价值条件，所以斯坦德尔把这一态度称作“无条件地积极关注”。而罗杰斯则常常用“接纳”一词来描述治疗气氛。这意味着我们不但必须接纳来访社区矫正对象对“好的、积极的、成熟的、自信的”社会性情感的表述，而且必须同样地接纳他对“消极的、痛苦的、恐惧的”异常情感的表达。这也意味着要把他作为一个独立自主的人予以接纳和关注，允许他拥有自己的情感和体验，并允许他从中发现属于他自己的意义。当心理治疗师能提供由无条件积极关注所带来的安全气氛时，有意义的学习就有可能发生了。只有这样，来访社区矫正对象才能把心理治疗师当成一个能倾听和接收他思想、感受的人，才会逐渐与自己的内心交流，把过去完全或者部分排除在意识之外的经验重新进行整理，以更诚恳的态度对待自己，更坦率地表达自己，最终接受自己的真实经验，并将其整合到新的和谐的自我概念之中。至此，来访社区矫正对象就在这样的过程中成长了。

三、以人为中心疗法范例①

罗杰斯说："我真正地倾听一个人和那些此时此刻对于他很重要的含义，倾听的不仅仅是他的话，而是他的人，当我让他知道我听懂了他个人私下的含义的时候，许多事情就会发生。首先我看到的是感激的目光。他感到一种解脱。他想告诉我更多他的世界。他感受到一种全新的自由感。他对这种变化过程变得更加开放。我常常发现，我对一个人倾听得越深入，这种情形就越可能发生。几乎无一例外，当一个人意识到他被人真正理解，他的眼睛常常会湿润。我想他确实是在为快乐而流泪。那就如同他在说：'感谢上帝，有人听懂了我的话。有人知道我的感受。'"

从下面的简短摘录中，大家可以体验罗杰斯如何试着提供一面心理的镜子，以帮助来访者更清楚地看到他自己：

罗杰斯：这就是现在的感受，是吗？你对你自己没有用，对任何人也没有用。将来对任何人也没有用。你完全没有价值，是吗？这些就是糟糕的感受。你感觉自己一点儿用处都没有，是吗？

来访者：是的。（沮丧地低声自语道）这就是那个前两天跟我一起进城的家伙告诉我的。

罗杰斯：跟你一起进城的家伙真的告诉你，你一点儿用处都没有？这是不是你刚说的？我没有听错吧？

来访者：嗯。

罗杰斯：如果我没有猜错的话，这件事的意思是这个人对你很重要，并且他对你有一些看法？为什么是这样，他告诉你，他认为你一无是处，而他的话给了你沉重的打击。(来访者默默地哭了。）这些话让你流泪了。(20 秒的沉默。)

来访者：（有点挑衅地）然而我不在意。

罗杰斯：你告诉自己你一点不在意，但你的某些部分却非常在意。因为你的某些部分在为此哭泣。

罗杰斯认为心理治疗师最重要的贡献是接纳和理解来访者。假如给个体一个能够提供无条件积极关注的环境，这个环境是非评价性的和体面优雅的，那么人们能够接纳甚至自身最坏的特性仍能感受到价值和完整性。

最后值得一提的是，人本主义心理治疗的重点是促进成长而非治愈疾病。因此，将接

① ［美］戴维·迈尔斯著，黄希庭等译：《心理学导论（下册）人格、社会与异常心理学》，商务印书馆 2019 年版，第 219~220 页。

受治疗的人当成“来访者”或就是“人”，而不是“患者”。

四、心理治疗时应注意的问题

第一，在以来访社区矫正对象为中心的治疗中，心理治疗师不但要避免将自身的价值观与社区矫正对象的思想教育之内容带入治疗过程，而且一般治疗所常见的诸如决定治疗目标、解释、说明等方式、方法也一概不予采用。而心理治疗师所常用的就是重复来访社区矫正对象前面谈话的内容及要点的方式，对他进行言语反应，即鼓励和重复技巧。但是，我们也必须明白，这样做并不是说心理治疗师在治疗过程中完全处于被动的地位，恰恰相反，心理治疗师在创造良好的治疗气氛、帮助来访社区矫正对象认识自己并使其人格产生改变中，始终起着能动的作用，把握着社区矫正对象心理发展的方向。

第二，在以社区矫正对象为中心的治疗技术中，始终贯穿着让来访社区矫正对象自己认识自己，自己成长的原则，心理治疗师则服务于创造一种有利于社区矫正对象成长的气氛和环境。

第三，以人为中心的治疗要求心理治疗师与来访社区矫正对象形成良好融洽的关系，心理治疗师在治疗开始前应该向来访社区矫正对象说明治疗的目的、方法等，激发他们的自我主动性；心理治疗师要能够接受、理解、澄清对方的消极情感，促使来访社区矫正对象了解自己的问题所在，从而开始接受真实的自我，去掉自身所存在的问题，进一步成长。我们必须相信，社区矫正对象如果得到充分的理解与爱护，都有能力自主地改变他们的生活。

第四，以人为中心的治疗方法，所使用的范围比较广泛，可以用于对社区矫正对象各种心理障碍的治疗。

第四节　认知行为疗法

认知行为疗法的理论基础是贝克提出的情绪障碍认知理论。他认为，每个人的情感和行为在很大程度上是由自身认知外部世界、处世的方法或方式决定的。也就是说，一个人对外界的认知决定了他的内心体验和反应。基于这一理论，学者们相继在临床实践中推出了认知重建疗法、合理情绪疗法以及自我指导训练疗法等，即第一代认知疗法。然而，程序化的操作使得认知疗法借用于行为训练来实现认知重建的行为效果，为此一些研究者在1990年前后推出了第二代认知治疗疗法，即认知行为疗法（Cognitive Behavioral Therapy，CBT），用于治疗惊恐障碍、人格障碍等心理疾病。20世纪90年代，以斯蒂文·海斯为代表的心理学家推出了第三代认知行为疗法，如辩证行为治疗、接纳和承诺疗法等。相对于传统认知疗法要求来访者修正那些负性的想法，第三代认知行为疗法却试图让来访者与负性想法拉开距离，减少认知融合，致力于增加人们的心理灵活性。

一、认知行为疗法的原理和机制

贝克认知行为疗法认为，个体的思想与信念是其情绪状态和行为表现的基础，一个人的思想决定了他的内心体验和反应，因而不良认知往往会导致情绪障碍和非适应性行为。本疗法就是通过矫正这些不当认知，从而使来访者的情感与行为得到相应的改变，实现总体的治疗效果。

认知行为疗法是一种具有整合倾向的研究取向，在着眼于探究、考察和调整人的内在认知过程的同时，也保留了行为疗法的合理技术，重视来访者外在行为的矫正和训练。行为疗法发挥疗效是由于可通过改变行为而影响认知、情绪等内在因素的变化；认知疗法的总体疗效是由于认知可改变行为、情绪等治疗效效果标准。众多的心理研究成果也告诉我们，认知与行为是相互作用的，两者是双向起作用，这也是认知行为疗法兴起并在实践中证明其优于单一途径疗法的原因所在。

认知行为疗法是根据人的认知过程，影响其情绪和行为的理论假设，通过认知和行为技术来改变来访者的不良认知，从而矫正并适应不良行为的心理治疗方法。认知疗法强调，常见的心理障碍的中心问题是某些歪曲的思维。在社区矫正对象的认知治疗中，主要在于向来访社区矫正对象提供有效的方法以克服盲目、错误的认知。从广义的角度看，认知行为疗法包括所有能改变错误认知的方法，如说明、教育、批评、促膝谈心等。但作为一种特殊的治疗手段，相应地有其特殊的方法、技术和程序。首先，心理治疗师要向来访社区矫正对象说明一个人的看法与态度是如何影响其心情及行为的；其次，帮助来访社区矫正对象去检讨他所持有的对己、对人以及对四周环境的看法，从中发觉跟来访社区矫正对象主诉的问题有密切关系的一些“看法”或“态度”，并协助他们去检讨这些看法或态度与一般现实的差距，指出其错误认知的非功能性与病态性；最后，督促来访社区矫正对象去练习更换这些看法或态度，重建功能性的、健康的看法与态度，以便借此新的看法或态度来产生健康的心理与适应性的行为。

二、合理情绪疗法（Rational Emotive Behavior Therapy，REBT）

在现实生活中，合理的信念会引起人们对事物的适当的、适度的情绪反应，而不合理的信念则相反，会导致不适当的情绪和行为反应。当人们坚持某些不合理的信念，长期处于不良的情绪状态之中时，最终会导致情绪障碍的产生。因为情绪是由人的思维、人的信念所引起的，所以，每个人都要对自己的情绪负责。当人们陷入情绪障碍之中时，是他们自己使自己感到不快的，是他们自己选择了这样的情绪取向的。在这里，需要强调的是，合理情绪治疗并非一般性地反对人们具有负性的情绪。

应用合理情绪疗法对来访社区矫正对象进行治疗本身就是多维度和整合取向的。REBT一般是从来访社区矫正对象的情感困扰开始，然后结合其方法和行为对这些情感进行集中探讨。综合来看，心理治疗师可以根据具体情况使用认知、情感和行为三方面的技术。

（一）认知技术

1. 与不合理信念辩论

这是合理情绪疗法最常用的一种认知方法，包括治疗师对来访者的不合理信念进行积极的辩论以及教给他们如何进行辩论，从而动摇其不合理信念。采用这一辩论方法的治疗师要积极主动地向来访者发问，对其不合理的信念进行质疑。提问的方式可分为质疑式和夸张式两种。

（1）质疑式：心理治疗师直接向来访社区矫正对象的不合理信念发问，如“你如何来证明你自己的这一观点?”“是否这就算最糟?”等。认知模式是长期以来形成的，已融为性格的一部分，来访社区矫正对象一般不会简单地放弃自己的信念，面对心理治疗师的质疑，他们会想方设法为自己的信念辩护。因此，心理治疗师借助这种不断重复的辩论过程，使对方感到自己的辩解理屈词穷，从而让他们认识到：第一，哪些不合理的信念是不现实的、不合逻辑的；第二，哪些信念是站不住脚的；第三，什么是合理的信念，什么是不合理的信念；第四，最终以合理的信念取代那些不合理的信念。

（2）夸张式：心理治疗师针对来访社区矫正对象信念的不合理之处故意提出夸张的问题。这种提问方式犹如漫画手法，把对方信念不合逻辑、不现实之处以夸张的方式放大给他们自己看。例如，一个厌食症女孩认为只有瘦才会有人喜欢。这时，心理治疗师就可以问她“是否胖女孩是瘟疫，男生们见了会掉头就走”等问题，在这一过程中让她感到自己的想法不可取，从而放弃自己的不合理想法。

2. 认知家庭作业

合理情绪疗法要求来访社区矫正对象把自己的问题列一个清单，找到自己的不合理信念并与之辩论。家庭作业是用来寻找来访社区矫正对象那些不合理信念（如“应该”“必须”）的一种方法。做家庭作业的过程中，心理治疗师还鼓励来访社区矫正对象去面对一些有风险的情境，从而使他们质疑自己的自我限制性信念。例如，一个男子因为觉得自己不善言辞而害怕与异性交往，他可能被要求每天必须与几名女士交谈，心理治疗师会指导他抛弃那些消极的自我陈述（如“我看起来很蠢”或“女士都不喜欢跟我交谈”），而建立起更积极的信念（如“即使我表达不是很好，但也不是那么让女士讨厌，我们依然可以交流”）。

3. 改变语言

合理情绪疗法坚信不准确的语言是思维过程歪曲的一个重要原因。让来访社区矫正对象认识到“必须”“应当”和“应该”是完全可以改变为愿望的。与“如果……那就糟糕透了”相反，他们要学会说“如果……情况会变得有点麻烦”。来访社区矫正对象所使用的语言模式往往是无助和自我谴责的反映，通过治疗，他们可以学会使用新的陈述，进而以新的视角思考和行动。

（二）情感技术

1. 合理情绪想象

首先，让来访社区矫正对象想象其引发情绪困扰的场景；其次，让来访社区矫正对象保持想象，但要求改变自己的情绪，使之适度，并加以体验；最后，停止想象，报告是怎样想、怎样做才能使情绪体验有所改变。心理治疗师要及时强化合理观念，使来访社区矫正对象产生新的合理观念和认知。

2. 角色扮演

角色扮演包含情绪成分和行为成分。心理治疗师要经常打断来访社区矫正对象，及时引导他们看到正是他们告诉自己的话对他们造成了困扰，同时让他们知道怎样把不健康的情感变成健康的情感。例如，一个社区矫正对象因为害怕不被接收而不敢去单位面试，通过表演一次他与人事主管的面试，让他意识到了是自己的焦虑和不合理信念在作怪。又如，他认为自己必须被接收，如果得不到接收就意味着他是一个愚蠢和无能的人，然后在角色扮演中挑战自己的这些信念。

（三）行为技术

合理情绪疗法心理治疗师会使用很多标准的行为治疗技术，如系统脱敏、放松技术等，只要是在合理情绪疗法的认知取向的大框架下都是可以的。

三、贝克认知行为疗法（Cognitive Behavioral Therapy，CBT）

应用贝克认知行为疗法技术，心理治疗师并不太关心问题的细节和本质，而是关心来访者在日常生活事件中形成的可供选择的不同解释。心理治疗师通过检查来访者的自动想法让个体意识到自己思维模式中存在的歪曲，并注意其可能有的错误推理，之后会帮来访者看到自己是如何得出一个结论，而这个结论并没有什么证据支持或者它是建立在对过去经验进行歪曲了的信息之上的。这里介绍整个过程的三个技术：

1. 提问和自我审查技术

这种技术的目的就是能够尽快发现来访社区矫正对象行为问题背后的不正确认知观念。所谓提问，就是由心理治疗师提出某些特定的问题，把来访社区矫正对象的注意力导向与他的情绪和行为密切相关的方面。所谓自我审查，就是鼓励来访社区矫正对象说出自己的看法，并对这些看法进行细致的体验和反省。

2. 检验表层错误观念

所谓表层错误观念，就是指来访社区矫正对象对自己的不适应行为的一种直接具体的解释。例如，一个洁癖来访者认为不经常洗手就会影响到自己的健康，一个社交恐惧症来访者认为他缺乏跟人沟通的能力。总之，他们会寻找到具体的解释为其行为辩护。对于表层错误观念，可以使用以下技术。

（1）建议。心理治疗师建议来访社区矫正对象进行某一项活动，这一活动与他对自己的问题的解释有关，通过此活动来检验自己原有解释是否正确。例如，心理治疗师让社交恐惧症来访者与自己熟悉的人交流，看他是否存在语言沟通问题。

（2）演示。心理治疗师鼓励来访社区矫正对象进入一种现实或想象的情境，使他能够对其错误观念的作用方式及过程进行观察。例如，来访社区矫正对象怕在集中教育的讨论会议上发言，心理治疗师就让他想象出会议的场景，并让其开始在会议上发言，从而对其的不适行为和心理能够加以观察和体验。

（3）模仿。心理治疗师让来访社区矫正对象先观察榜样完成某种活动，然后要求来访社区矫正对象通过想象或模仿来完成同样的活动。例如，让电梯恐惧症来访者观察别人乘坐电梯的过程，然后复制这一过程。

3. 纠正深层错误观念

深层错误观念往往表现为一些抽象的与自我概念有关的命题，比如“我一无是处”“我是一个失败的人”等，它们并不对应具体的事件与行为，也难以在具体情境中加以检验。对此，我们常采用语义分析技术来应对。语义分析技术主要针对来访社区矫正对象错误的自我概念。它常表现为一种特殊的句式结构“主—谓—表”，如“我永远不可能成功”。

纠正错误核心观念的方法：首先，把主语位置上的“我”换成与“我”有关的更为具体的事件和行为，如“我上次做的事情不太成功”；其次，表语位置上的词必须能够根据一定的标准进行评价。通过这种语义分析和转换，心理治疗师就可以引导来访社区矫正对象把代表他深层错误观念的无意义的句子转变成具体的、有特定意义的句子，使他学会把“我”分解为一些特定的事件和行为，并在一定的社会参照下来评价它们，使他认识到他只是在某些特定行为上确实有一些问题，但除此之外的其他方面则可能是与常人一样的。

4. 贝克疗法范例

下面介绍的是一位抑郁患者应用贝克疗法进行心理治疗的过程①。

来访者：我同意你对我的描述。但我想我并不认为是我的思维方式让我沮丧。

贝克：那你是怎样理解它的呢？

来访者：当做错事时我感到沮丧。比如，没有通过考试。

贝克：没有通过考试怎么让你沮丧呢？

来访者：是这样的，假如我没有通过，我就不能进入法学院。

贝克：所以，没有通过考试对你来说非常糟糕。但是，假如考试失败能让人们有临床的抑郁表现，难道你认为每个不及格的人都会抑郁吗？……每个不及格者都抑郁到需要治疗吗？

来访者：不。但是这取决于考试对每个人的重要程度。

贝克：对，那么谁决定重要性呢？

来访者：我。

贝克：所以，我们需要考察你看待考试的方式，以及它对你进入法学院的可能性的影响。你同意吗？

来访者：同意。

贝克：你认为你理解考试结果的方式会影响你吗？你可能感到沮丧。你可能失眠，没胃口，甚至可能想是否应该放弃。

来访者：我一直在想我可能通不过。是的，我同意。

贝克：现在，考试失败意味着什么呢？

来访者：（眼泪汪汪）我将不能进入法学院。

---

① ［美］戴维·迈尔斯著，黄希庭等译：《心理学导论（下册）人格、社会与异常心理学》，商务印书馆2019年版，第226页。

贝克：这对你意味着什么呢？

来访者：说明我不够聪明。

贝克：还有呢？

来访者：我将永远不会快乐。

贝克：这些想法让你有什么感觉？

来访者：非常不快乐。

贝克：所以是考试失败的含义让你非常不快乐。事实上，认为你永远不会快乐是导致不快乐的一个重要因素，所以，你把不能进入法学院等同于"我永远不会快乐"，通过这样的解释，你让自己陷入困境。

我们常常用言语思考。因此，要求人们改变自己自言自语的内容可以有效地改变他们的思维方式。

第五节　家庭治疗

家庭治疗是以"家庭"为对象而施行的心理治疗，属于人际关系方面的治疗。它与以"个人"为对象而施行的个人心理治疗有所不同，其不太注重成员个人的内在心理构造与状态，而把焦点放在家庭各成员之间的人际关系上。家庭心理治疗师认为，家庭成员的心理行为问题或症状是由于家庭成员之间不良的交往模式或者不良的家庭结构引起、维持和发展的，可通过改变这种交往模式或者家庭结构来改变家庭成员的心理行为问题或症状。可以看出，家庭治疗主要是从"家庭系统"的角度解释个人症状与成员间的关系，基于家庭整个的改变来促使个人改变。

家庭治疗是心理治疗的一种形式，是将所存在的问题从个体转向关系的一种思考和实践的方式。为了处理存在的症状，包括家庭和更大的机构在内的系统必须改变。所有的家庭心理治疗师都把系统观作为他们的理论基石，在实际的治疗处理上也都相当重视家庭成员间的互动历程。不过，他们对于心理功能不良的本质的理论假设、对家庭模式的看法以及治疗干预的策略都有着显著的差异，因而形成了众多各有特色的家庭治疗学派。目前，在家庭治疗领域内有代表性的学派分别为结构式家庭治疗、分析式家庭治疗、体验式家庭治疗、策略式家庭治疗、叙事式家庭治疗。下面仅就家庭治疗的基本理论和常用技术予以介绍。

一、家庭治疗的原理和机制

家庭治疗的真正发展得益于1940年以后系统论和控制论的兴起。将系统论的观点运用于家庭治疗，也就是把家庭看成一个系统，将家庭成员看成系统的组成部分，并认为家庭中每个成员都有他（她）自己认识事物的模式，称为内在建构。内在建构决定一个人的一贯行为模式。一个人的内在建构与他的外在行为是相互作用、彼此影响的，其间的关系不是直线性的因果关系，而是反馈式的循环关系。同时，每个家庭成员的内在建构与外在行为又会在接受家庭其他成员影响的同时反过来也影响其他家庭成员的内在建构和外在行为，其间的关系同样是循环反馈式的，而不是线性因果式。也即家庭内的交互反应是发生在一个相互影响的互动网络内的，一个家庭系统中的每个成员的态度和行为都紧紧地、长期地、交互地而永无止境地循环且彼此关联在一起。因此，根据系统论的家庭观点，从个人的内在精神状况来分析某个家庭成员的病态心理和行为将不再是正确和必需的。

根据控制论的观点，系统还要维持一种平衡状态，即系统内部的各层级系统除了相互影响之外，每个层次的系统还会依照和遵循平衡的原则。当家庭成员彼此之间靠着信息的交换——言语、表情、手势等回馈机制的动作表示不平衡的状态发生时，系统即具有一种恢复平衡的趋势。其中，负向的回馈以一种削弱的作用来帮助保持平衡，而正向的回馈将加速偏差而引起更进一步的变化。例如，在负向回馈中，一对配偶可能在争吵中交换信息告诉对方“这该是停止的时候了，否则等一下我们都会后悔”；而在正向的回馈中，这对夫妻可能将争吵升级到双方都不考虑后果的程度。由此看来，在多数功能失调的家庭中，家庭系统进行的多是正向的回馈，从而使得系统不断维持了一种病态的平衡，而家庭治疗的功能旨在打破病态平衡，进而塑造出使家庭系统良性发展的平衡机制。

从家庭的角度来看，系统论强调家庭的结构和等级（如系统和子系统），而控制论则阐述了家庭内在的规则、自我调整和控制等。在早期的家庭治疗中，有些学派偏重于系统论，有些偏重于控制论，有些则将两者结合起来。

二、家庭治疗的主要技术

每个家庭治疗学派都有其完整的治疗理念和独特的治疗技术。下面将介绍家庭治疗中常用的典型技术。

（一）凸显家庭结构和关系

为了帮助家庭了解他们的家庭结构和关系，心理治疗师常运用一些具体的技术，让家人去认识体会。这些常用的技术有调整座位、比身高、家庭雕塑等。

当一家人进入治疗室时，家庭各个成员通常会依其个性、彼此的关系远近及与心理治疗师的关系而选择座位。例如，关系不太亲近的父母可能坐得远远的，不想靠近；被母亲宠护的小孩大概会靠近母亲而坐，甚至想跟母亲坐在同一个椅子上；身体虚弱，常受父母保护的孩子可能坐在父母两人之间，被左右保护着。假如家人的选座有特殊的模式，不但可用来指出给家人看，体会他们的人际关系，还可用调整座位的方法象征性地更改人际关系。譬如，请坐得很远的夫妻坐得近一些；让很怕父亲而坐得远远的孩子过来跟父亲临近而坐；或让黏在母亲身旁的小孩离开母亲，去跟父亲坐等，以具体的座位提醒他们宜保持的人际关系与角色。当然，只更换座位是毫无作用的，但以座位来时时提醒彼此的关系是很有助于改善家人关系的。

有时父母亲，特别是母亲，仍常把长大的孩子当成“小孩”，时时宠爱孩子，这时可让孩子站在母亲旁边比身高，帮助母亲去体会孩子已经不是仍能抱在身上的“小孩”，而是与成人同高的小“大人”，以唤起其领悟，应以大孩子或小“大人”对待孩子，不要再以替他换尿布、喂奶似的态度宠坏孩子。有些家人过分接近，不分个人的存在，彼此太过分地黏在一起，这时在治疗上需帮助他们认识各个成员的存在，尊重个人的界限与独立。对于这样的家庭，心理治疗师有时会去捏其中一个成员的手脚，然后故意问问其他家人有何感觉。假如有人回答说会感到疼，心理治疗师就问被捏的并不是他，他怎会感到疼。心理治疗师可以此具体情况说明过分接近不分离就犹如黏在一起的一团物体，一个人被捏了，其余的人还会觉得疼，通过这种方式来提醒家庭成员，让他们看到家庭关系与结构上的问题，从而促进其改变。

家庭雕塑是萨提亚体验式家庭治疗学派最具代表性的技术。它的主要做法是：采用雕塑的方法将语言文字转化为行动，摆出家庭成员的典型姿态，使家庭成员经历某一特定的过程，帮助来访社区矫正对象重新进入原生家庭历史和心理的矩阵之中，为来访社区矫正对象提供一个看待自己和父母、现在和将来的新视角，这种新视角为其带来更多可能性，并负有责任感。家庭雕塑协助来访社区矫正对象描绘家庭系统的互动，使家庭成员更清楚地看到自己，对不断重复的模式产生洞察。家庭规则可因此获得修正，新的行为也可得到被尝试的机会。

（二）善用家庭成员

1. 善用家庭成员，全面了解家庭情况

在家庭成员描述家庭的情况与问题时，描述者常会受到个人主观印象的影响，他们会判断某件事是否可以向治疗师描述，是否可以让外人知晓家丑与秘密。特别是由父母等成人进行描述时，这种考虑特别浓厚。因此，心理治疗师除了让父母叙述他们所认为的问题之外，还常请每个家人也叙述他们所认为的问题。在技巧上，特别是可以让那些较少有戒心的子女说说家里的情况。这样，一方面趁孩子们较无防备之际，心理治疗师可侧面地获得真实的家庭资料，了解家庭的内情；另一方面也可让成人去听一听孩子心目中的家庭。

2. 善用适当家庭成员做“副辅导者”，间接提供治疗意见

在家庭治疗时，心理治疗师可能会发现，在一家之中有时会有某位成员较成熟、稳重或有良好意见，能看出问题的性质，也能提供改善的方法或方向，这时，心理治疗师就可以使其成为副辅导者，以辅助治疗工作的进行。这位可协助心理治疗师的家人可以是成人，也可以是小孩，也不一定是某个固定的人，可根据情况而变化。心理治疗师毕竟是外人，其提供的看法不一定能发生作用；可是自己人的看法或建议，其意义有所不同，影响也较为不同。有时特别可加以利用的是小孩子的天真与率直的观感，它常可化解问题，也能找到解决问题的门路。

（三）现场角色练习

心理治疗里最困难的，莫过于心里知道却难以付之实际行动的改变。例如，丈夫心里知道要对自己的妻子体贴些，但跟妻子在一起时却不知如何在言行上表现得体贴些；妻子心里很明白不要对自己的丈夫过分啰唆，但见到丈夫就又开始啰唆起来。在个体治疗时，顶多可利用心理治疗师进行角色练习，而家庭治疗时却可以进行真实的角色扮演。例如，丈夫不知如何向妻子表示体贴，可让妻子指导丈夫如何说，如何用行动来表达情意，让她

提供意见，诱导丈夫如何去体贴。有时心理治疗师会意外地发现，并不是丈夫不会体贴，而是妻子不让丈夫向她亲热接近，只要丈夫向她表示体贴，妻子马上找各种理由表示拒绝。心理治疗师现场看到两人的实际行为反应后，就可以要求夫妻双方共同努力去改变。同样，面对妻子对丈夫过分啰唆的情形，不但要妻子练习如何减少啰唆，还得帮助丈夫如何及早应付妻子。家庭治疗的好处在于能请有关的来访社区矫正对象进行现场互动，让心理治疗师能去观察行为反应的本质，同时可扮演新的角色，尝试实行新的行为反应。

（四）安排家庭作业

家庭治疗的另外一个技巧是让家人做家庭作业，要求家庭在治疗结束回家后做些在家的功课，如复习在治疗时练习的行为，或讨论未曾讨论的话题等，到下次来治疗时再就这些作业做报告。通过家庭作业看看心理治疗师不在时家人自己会如何反应，其差别在哪里，以便将来治疗结束后家人仍能继续实行且保持新的行为反应，以保证治疗效果的长期作用。家庭作业有很多种，最简单的莫过于教他们讨论一家的周末活动要干什么。这样通俗的话题在每个家庭都可以讨论。这样的家庭作业不但可以在无形中让他们去沟通、交流，也可以让他们去实际计划他们的家庭活动，而心理治疗师则可以观察他们的家庭行为在如何演变。

（五）重构

重构是指替家庭做转负为正的解释，更改对事的看法，以维护家人对此事的观感及情感，这也是家庭心理治疗师常采用的技巧之一。譬如，父亲开口责骂大孩子整天跟弟弟吵闹，这时心理治疗师可替父亲重构解释为：孩子能“活跃讲话”很好，不用担心他很内向、没信心。母亲嫌女孩子太注重穿着，爱漂亮，可另解意为女儿懂得修饰外表，将来不用担心找不到男朋友等。每样事情都可以从不同角度来看、来解释，重构其实是从积极的角度来对家庭成员的反应作出解读，改善家人对亲人的看法与态度。

三、家庭治疗在社区矫正中的实施案例

在社区矫正实务工作中，有研究者运用家庭治疗的技术对一个 17 岁未成年社区矫正对象实施心理治疗，取得了良好效果。①

（一）个案基本信息

陈某，男性，汉族，初中辍学。陈某 17 岁时（2015 年）因故意伤害罪被判处有期徒刑一年零六个月，缓刑两年执行。缓刑期间在北京市某区司法局“阳光中途之家”定期参加个体心理矫治。因持续半个月情绪低落、为有伤人和自杀的想法感到害怕而主动咨询。主诉希望能消除伤人的冲动，不愿再次犯罪。心理治疗师对陈某进行初步评估后，征询当

---

① 徐超凡：《家庭治疗在社区矫正中的功能和实现》，载《河北法学》2017 年第 4 期。

事人同意，邀请其家庭成员参与治疗。

（二）个案概念化

个案概念化是基于特定的心理治疗理论视角对来访者的症状和心理行为的解读，并形成基于特定理论的工作假设，推动治疗工作的开展。家庭治疗个案概念化涵盖诊断概念化、临床概念化、治疗概念化等方面，为接下来的治疗假设形成、假设修正、实施扰动等提供计划和指导。

1. 诊断概念化

家庭治疗的核心理念即认为带症状者是整个家庭系统有问题的表象，只有去除带症状者的病态标签，才能因果循环地聚焦于系统问题，因此诊断概念化需要以系统观去描述家庭发生了什么，如家庭成员的个人信息、重要事件、交互关系、心理治疗师印象等。

以本案为例。成员信息：陈某18岁，家庭排行老二，有一个姐姐，青春期阶段性情大变，曾经乖巧可爱变得易激惹、蛮横任性。父亲45岁，高中学历，企业管理者。母亲44岁，高中学历，教师。姐姐23岁，大学本科，刚参加工作，搬离家庭独居。父亲性格外向、强势，是家中长子，陈某的奶奶早已过世，陈某的爷爷在陈某出事后受到刺激也已经过世。母亲性格外向、认真严谨，是家中长女，父母健在，与原生家庭联系密切。

重要事件：姐姐一直是家族的骄傲，自小陈某都生活在姐姐的光环下。上小学时听闻自己是领养的，在一次家庭矛盾中得到证实。交互关系：初始会见，母亲牵引陈某首先进入心理治疗室，姐姐随后，父亲左右环顾后低头进入。入座时，陈某和母亲距离较近，位于心理治疗师的右侧，姐姐正对心理治疗师，父亲座位疏远，位于心理治疗师的左侧。咨询时陈某与家庭成员鲜有互动，姐姐与心理治疗师互动积极，母亲维持与心理治疗师“合适”水平的应答，父亲偶有强行插言，整体氛围沉闷。

心理治疗师印象：母亲紧张拘谨，对陈某保护和控制；父亲事不关己且对陈某感到愤怒；姐姐主动性和表现欲强；陈某内在对家庭有深刻的内疚，但也有明显的防御性敌意。

2. 临床概念化

家庭治疗中临床概念化为家庭功能模式的发展和维持提供了解释和假设，不同流派具有不同的解释重点，总体包含家庭分化解离程度、出生次序、家庭结构、家庭关系模式、家庭规则与秘密、家庭资源等。以本案为例：

第一，家庭分化解离程度低，子女无法为自己真实的需求而思考、感觉和行动，陈某和姐姐都缺乏自我，姐姐一直用“讨好”的方式获得关注，陈某的症状从另一个侧面获得了父母的关注，去除被忽视感。第二，父母在家族中排行都是老大，家庭权力斗争频繁。第三，母子结盟，夫妻亲子系统存在焦虑时，两人的疏远最容易导致子女的介入而边界模糊，姐姐离家后母亲对陈某的保护和控制加剧，陈某作为归属感差的养子既需要这种紧密关系以带来安全感，却也对过分管束深感压力，试图通过症状带来反抗并平衡父母之间的关系。第四，家庭理念僵化，陈某的症状是对长期“成王败寇”教养理念的宣泄和挑战。第五，情感断绝，姐姐工作后独居，与原生家庭产生情感距离，保留边界。第六，家庭生活周期更替，陈某处于青春期。第七，不良沟通模式障碍情感的表达，常有敌意、批判甚至冲突，陈某的症状反映出长久的内在压抑感无处疏导。第八，家庭秘密，陈某的身世使其长期处于不安和紧张之中，又间接导致爷爷的离世，其症状在考验家庭对自己最后的接纳度。第九，家族文化中“重男轻女”思想严重，但当陈某反而不如姐姐，辜负了家族的期待后，父亲又长久表现出放弃的姿态，令陈某自觉多余。第十，家庭资源方面，陈某有主动求助、改过自新的意愿；母亲对陈某接纳和保护；姐姐对父母关系调和的意愿，以及对弟弟出事后表达的宽容和帮助；父亲愿意承担对陈某的教养责任。

3. 治疗概念化

家庭治疗概念化也是整个家庭治疗计划的雏形，主要说明治疗目标、治疗阶段、治疗方法、效果评估等内容。本案例使用系统式家庭治疗的基本理念和框架实施治疗，具体而言：治疗目标方面，即用陈某的症状扰动家庭内部的关系、模式和结构，促进家庭成员意识到陈某症状的意义和家庭应分担的责任；治疗方法采用轮流结盟、循环提问、家谱图、阳性赋意、悖论处方、家庭雕塑等；心理治疗师遵循“假设—循环提问—中立”的工作原则实现信息互动和修正假设以扰动固有模式。系统式家庭治疗的提问技巧是实现心理治疗师信息传达、假设验证、家庭扰动的关键，可使用的提问技巧通常有循环、差异性、澄清、假设、资源取向、改善恶化、前馈、责任回归、奇迹性等。

（三）治疗效果

在个案概念化的基础上，陈某同父母、姐姐共进行了四次家庭治疗，每周一次，每次1.5小时。在咨询关系持续的一个月内，父母之间实现缓和，父亲对陈某表现出一定接纳和谅解，全家出游一次。陈某自述“渐渐放开，觉得在家里舒服了”，后续社区矫正回访中，陈某表示伤人和自杀的想法再没出现过。

第六节　其他心理疗法

一、完形疗法

完形心理治疗又被称为格式塔心理治疗，是心理学的重要流派之一，由德国心理学家马科斯·韦特墨、沃尔夫冈·苛勒和科特·考夫卡共同创立。该理论强调人脑的运作是一个整体，故称为“完形心理学”。完形疗法是在该理论基础上创立的一种以人为中心的自我心理疗法，属于人本主义三大疗法之一，由美国精神病学专家弗雷德理克·S. 皮尔斯博士所创立。在20世纪40年代末和50年代初，皮尔斯出版的《自我、饥饿、攻击》一书标志着完形疗法的诞生。但由于缺乏系统的理论阐述和研究，该疗法并没有得到足够的重视和支持。随后，在众多学者的共同努力下，完形疗法在以往的基础上得到很大的改善和发展。现代的完形疗法在心理咨询领域的影响不断扩大，目前已遍布世界多个国家和地区，并且呈增长趋势。

（一）完形疗法的原理与机制

1. 完形疗法的原理

完形疗法是基于多种心理学理论思想创立的，其主要理论基础是完形心理学。其主要通过“空椅技术”等角色扮演的方法将内心的矛盾表现出来，从而解决由于内心冲突而造成的心理问题，同时也让来访者更好地了解和接受自我，以整合个人各方面人格，促进人格发展，达到治疗目的。

完形疗法的目的不在于消除某些来访者的行为，而在于帮助来访者成为统一而完整的个体，获得整合的人格，并且拥有独立面对现实和困难的能力。

2. 完形疗法的机制

完形心理学认为，拥有成熟健康人格的个体是与环境相互作用，有良好的觉知能力并且生活在此时此刻的。但由于外界环境的干扰，比如外在社会规范和他人的要求，有些个体不能真正了解自身的需要，获得这种整合、健康的人格，从而产生心理障碍。完形疗法就是要通过对冲突的挖掘以及以此时此地为中心的思想来指导意识，从而增强意识（即觉知能力），使来访者更好地认识自己、接受自己，由此获得整合的人格，达到治疗目的。

（二）完形疗法的主要技术

1. 空椅技术

空椅技术是完形疗法中最著名、最有力、运用最广的技术之一，属于角色扮演的一种。来访社区矫正对象通过扮演各种角色和转换位置，将内心的冲突表现出来，从而使来访社区矫正对象对自身有更加完整的理解。

空椅技术的具体做法是：放两把椅子，一把代表来访社区矫正对象，与之相对的另一把椅子代表与来访社区矫正对象有冲突的事物，来访社区矫正对象轮流坐在这两把椅子上扮演相应角色，并与对方对话。即来访社区矫正对象首先想象对方此刻正坐在对面的椅子上，自己向他充分表达内心的真实情感与想法。然后再交换位置，想象自己是对方，站在对方的立场上与自己对话。这里，另一把椅子上的有冲突的事物可以是人（比如自己的亲人）、物品（比如一个杯子），甚至一种生理状态（比如恶心）等。通过这种方式，让来访社区矫正对象不断转换角色，使矛盾显露出来，也让来访社区矫正对象了解自己的内在心理片段。

在空椅技术的治疗过程中，心理治疗师坐在一旁观察，发现问题症结，进行积极引导并监督来访社区矫正对象忘情地投入表演。这有助于冲突的解决，并能提高来访社区矫正对象此时此刻的意识，从而达到治疗目的。对空椅技术的研究表明，空椅技术对减少优柔寡断、提高亲密性和婚姻关系调节方面的作用是显著的。

2. 夸张

在夸张练习的治疗过程中，要求来访社区矫正对象对自己的行为或语言加以夸张，将其以夸大的方式重复地表现出来，由此让来访社区矫正对象体验其强度，从而对这些行为达到更清晰的了解。夸张的原理是“矫枉过正”，心理治疗师通过夸大来访社区矫正对象的不恰当行为，有意让其缺陷扩大，从而使来访社区矫正对象自己觉察和体会到自身的怪癖和其中的荒谬，从而矫正某些行为。例如，一位人际交往不佳的来访社区矫正对象口头禅是“你真笨”，在治疗过程中当他说出这句话时，心理治疗师可要求他多次大声地重复这句话，让其体会这句话的刺耳和攻击性。

3. 梦境治疗

皮尔斯认为梦是人类最自发性的表现，它不仅代表未完成的事件，也可能远超过此，是人动力整体的一部分。因此，在梦境治疗中，要求来访社区矫正对象把梦表演出来，从而使梦成为来访社区矫正对象意识的一部分，由此使梦与来访社区矫正对象相关联，达到人格的整合。

二、支持疗法

支持疗法又称支持性心理疗法、一般性心理治疗法，创立于 1950 年，是由索思（Thorne）首先提出的。支持疗法是心理治疗师应用心理学的知识和方法，采取劝导、启发、鼓励、支持、同情、说服、消除疑虑、保证等方式，来帮助和指导来访者分析认识当前所面临的问题，使其发挥自己最大的潜在能力和优势，正确面对各种困难或心理压力，以度过心理危机并适应现实，亦称为非分析性治疗。

（一）支持疗法的原理和机制

1. 提供适当的支持

当一个人心理上受到挫折时，最需要的莫过于他人的安慰、同情与关心。因此，这一原则就在于提供来访者所需的心理上的支持，包括同情体贴、鼓励安慰、提供处理问题的方向等，以协助来访者度过困境，处理问题，应付心理上的挫折。但需注意的是，心理治疗师的支持要适度且有选择性，就像父母不宜盲目疼爱或袒护自己的孩子一样。通常来说，“支持”不是“包办”，心理治疗师要考虑来访者所面临的心理挫折的严重性、自身的性格及自我的成熟性，应根据处理问题的方式及应付困难的经过而做适当的支持。此外，支持并非仅口中说说，而应在态度上有真切表示，让来访者体会到事情并非想象的那样糟。同时，鼓励来访者叙说的话要有事实依据，不能信口开河，否则对方是不会相信并接受的。

2. 调整对“挫折”的看法

协助来访者端正对困难或挫折的看法，借此来调节并改善其心理问题。例如，父母常因子女顶撞自己或不听话而气愤难平，心理治疗师可帮助父母了解子女青春期的心理特点，说明子女向自己的父母表示意见甚至提出相反的见解是可喜的事情，这表示孩子已经长大，开始有了自己的独立见解，并非完全是不敬长辈的表现。假如能以此想法去看待孩子的行为，也就能以稳重的心态去应付年轻人的言行。总之，检讨自己对问题和困难的看法，调整对挫折的感受，常能改变自己对困难的态度，使自己用恰当的方式去面对困难，走出困境。

3. 善于利用各种“资源”

这主要是帮助来访者对可利用的内外资源进行分析，看是否能最大限度地运用“资源”来应对所面临的心理困难和挫折。所谓资源，其范围相当广泛，包括家人与亲友的关心与支持、家庭的财源与背景、四周的生活环境及社会可供给的支持条件等。当一个人面临心理上的挫折时，往往会忘掉可用的资源而不去充分利用，经常低估自己的潜力，忽略别人可以提供的帮助。心理治疗师应在这方面予以指导，助其渡过难关。

4. 进行“适应”方法指导

其重点之一就是跟来访者一起分析，寻求应付困难或处理问题的恰当方式方法，并指导来访者正确选用。支持疗法的重点可放在分析、指导来访者采用何种方式去处理心理上的困难上，并考虑如何使用科学而有效的适应方法。

（二）支持疗法的主要技术

支持疗法很难说有什么独树一帜的专门技术，这种疗法通常采用的是一些能够给来访者提供心理支持、舒缓心理压力的一系列方法。

1. 倾听

心理治疗师在任何情况下都要善于倾听来访社区矫正对象的诉说。这不仅是了解来访社区矫正对象情况的需要，也是建立良好医患关系的需要。心理治疗师要专心倾听来访社区矫正对象诉述，让他觉得心理治疗师郑重其事地关心他们的疾苦，以便消除顾虑，增进信任感，从而树立起勇气和信心。此外，来访社区矫正对象尽情倾吐后，会感到轻松些。

2. 解释

当医患之间建立起信任关系，心理治疗师对来访社区矫正对象问题的来龙去脉及其实质、来访社区矫正对象所具备的潜能和条件有了充分了解后，可向来访社区矫正对象提出切合实际的真诚的解释和劝告。来访社区矫正对象常常记不清那么多，心理治疗师要用通俗易懂的语言把解释和劝告多讲几次，以便来访社区矫正对象回家后仔细领会。要注意的是，不论是保证还是解释，都应该实事求是，言过其实即使暂时有效，将来迟早要出问题。另外，解释过多不仅没有必要，甚至还有害处。

3. 鼓励

大多数来访社区矫正对象需要长期、经常的鼓励，结合生活具体处境和实际问题给予鼓励最为有效，含糊笼统的鼓励作用不大。尽管来访社区矫正对象的病情和处境千差万别，但需要鼓励的情况主要为两种：（1）在跟自卑做斗争的过程中，加强来访社区矫正对象的自尊和自信。（2）当来访社区矫正对象犹豫不决时，敦促他采取行动。心理治疗师可以用自己的经验或来访社区矫正对象过去成功的实例进行鼓励，但不要鼓励来访社区矫正对象去做他实际上办不到的事，这样的鼓励可能会起相反的作用，即挫伤来访者的积极性，降低他的自信心。

4. 建议

心理治疗师在来访社区矫正对象心目中一旦建立起权威，他提出的建议则是强有力的，但心理治疗师不能包办代替，要让来访社区矫正对象自己作出决定。心理治疗师的作用在于帮助来访社区矫正对象分析问题，让他了解问题的症结；提出意见和劝告，让来访社区矫正对象自己找出解决问题的办法，并鼓励他实施。心理治疗师提出建议要谨慎，要有限度、有余地，否则，如果来访社区矫正对象按建议尝试失败了，不仅对自己失去信心，而且对心理治疗师也失去了信心。另外，建议内容还包括建议来访社区矫正对象如何对付疾病、如何安排休养生活、如何处理各种人际关系等。

5. 保证

在来访社区矫正对象焦虑、苦恼时，尤其是处于危机时，给予保证是很有益的。但对来访社区矫正对象尚不够了解时，过早的保证可能无法实施，来访社区矫正对象会认为受了欺骗，可能使治疗前功尽弃。所以，心理治疗师在作出保证前一定要有足够的根据和把握，使来访社区矫正对象深信不疑。这种信任感是取得疗效的重要保证。如来访社区矫正对象问及疾病的预后，心理治疗师有把握的话，应尽量向好的方向回答，同时附上几条希望，指导来访社区矫正对象从哪些方面去努力才能实现其愿望。

6. 调整关系

心理治疗师多次为来访社区矫正对象提供支持后，来访社区矫正对象容易对其产生依赖，什么问题都要心理治疗师做主。这时就需调整心理治疗关系，引导来访社区矫正对象要信赖组织、亲人，信赖自己。

三、沙盘疗法

（一）沙盘疗法的原理与机制

沙盘疗法是基于荣格分析心理学发展起来的一种挖掘人类潜意识的治疗方法。该治疗方法与游戏相结合，让来访者使用沙、沙盘以及各种微缩模型在特制的箱子里进行创作，来表达自己的无意识世界，使来访者的无意识和意识得到沟通，展现真实的自我，从而获得心理成长，促进个体的自我治愈，达到治疗目的。荣格分析心理学强调“集体无意识”“原型”和“原型意向”以及“情结”。荣格将情结形容为“无意识中的一个结”，即一群无意识感觉与信念形成的结。该理论认为，个人无意识主要是由各种情结构成的，情结大多由创伤经验形成，由于强烈的创伤体验难以被意识承受而处于无意识中。而拥有有害行为的情结就是拥有心理疾病。情结一旦被激活，便从无意识状态呈现于意识。沙盘游戏治疗就是要来访者积极想象和创作，用意象将无意识具体化，从而使情结在意识中呈现出来。通过这种方式使意识和无意识得到沟通并且达到自性化，从而促进人格的整合和发展。

（二）沙盘治疗的设施要求与操作过程

1. 设施要求

沙盘游戏需要一个专门的房间，其中摆放沙盘、沙、各种微缩模型。其中微缩模型的种类应该尽可能丰富，除了人、动物、植物外，还应该有代表各国文化、历史人物、当今潮流的各种模型，甚至是一些想象中的事物等，以此来满足来访者的各种需求。个体沙盘的标准规格为 72 厘米长、57 厘米宽、7 厘米高，其底和边框为蓝色，沙子大概装到沙盘高度的一半，来访社区矫正对象就在此沙盘中进行创作。

2. 操作过程

首先，心理治疗师要与来访社区矫正对象建立信任关系，初步了解来访社区矫正对象的病情和基本情况。然后，由心理治疗师告知来访者，自由使用沙盘和道具来建造其脑中的任何场景。在建造过程中，心理治疗师坐在既不影响来访社区矫正对象创作也能仔细观察来访社区矫正对象建造过程的地方，默默观察建造过程、来访社区矫正对象的举动以及其泄露的各种信息。建造完成之后，心理治疗师要询问来访社区矫正对象每个形象的具体意义，或提出相关问题。围绕每一个主题都可以进行扩展和讨论，由此达到深入分析的目的。同时，心理治疗师也要观察来访社区矫正对象的一些特殊举动，并分析其含义。在整个沙盘游戏治疗过程中，要为来访社区矫正对象提供一个“自由而受保护”的空间，持有一种保护的、支持的、非言语和理解的态度促进来访社区矫正对象内在的治愈与转化。

其次，心理治疗师也是这个游戏的参与者，应该通过与来访社区矫正对象的沟通和分享达到真正站在来访社区矫正对象的角度看问题的目的，以便更好地做到与来访社区矫正对象共情。

最后，心理治疗师也应该是高质量的陪伴者和静默的见证者，通过与来访社区矫正对象的沟通交流建立一种相互信任、相互尊重的平等关系，从而在来访社区矫正对象独自面对自己的问题而产生恐惧时更好地陪伴。同时，见证来访社区矫正对象的改变与成长。

四、正念疗法

正念疗法是由美国麻省理工学院的卡巴金教授在20世纪70年代提出的一种心理疗法，近年来在美国心理学界受到很大关注，目前已成为心理治疗的常用方法。

（一）正念疗法的原理

“正念”这个概念来自佛教禅修，强调当下的意识，即对当下的一切进行有意识、有目的的关注和察觉，同时并不对此作出判断和分析。正念疗法是基于“正念”而发展出来的一种自我调节的心理疗法，属于精神训练的一种。通过把自己的注意力全神贯注地集中在当下的意识状态来专注、明了、统一自身当前的状态和感受，帮助人们从一种惯性又无知无觉的睡眠状态中醒过来，从而能触及生活里自觉与不自觉的所有可能性，让人们的心理问题得到很好的沟通，达到治疗的目的。

（二）正念疗法的主要技术

1. 静坐冥想

静坐冥想是正念训练中最主要、最基本、最核心的技术。具体做法是：静坐，调整呼吸，关注自己的呼吸节奏、腹部起伏，关注自身各种感觉，注意想法的生成、发展和消逝。

2. 全身扫描

全身扫描的具体做法是：躺下闭眼，按照一定的顺序感知身体的不同部位。在全身扫描的过程中，一定要精确地扫描和感知身体的所有部位。

3. 正念行走

正念行走的具体做法是：自由呼吸，不加控制地行走；注意力集中在行走本身和脚掌与地面接触的感觉，以及重心的改变和身体的移动。

4. 三分钟呼吸空间

三分钟呼吸空间的具体做法是：静坐闭眼，关注自己当下的想法、情绪和自己身体的整体感觉。

5. 正念瑜伽

正念瑜伽强调感知在瑜伽练习过程中的拉伸和运动，而不在意动作本身的完成度。

第十二章　社区矫正对象心理危机干预

在心理学领域中，危机主要是指心理危机。危机干预指对处在心理危机状态下的个人采取明确有效措施，使之最终战胜危机，重新适应生活。很明显，危机干预着眼于危机心理和行为的解除和转化，是心理矫治的一种特定形态，即心理危机干预。

第一节　心理危机干预概述

一、心理危机

（一）心理危机的含义

关于心理危机有许多种定义。心理学认为，“危机是一种认识，当事人认为某一事件或境遇是个人的资源和应付机制无法解决的困难。除非及时缓解，否则危机会导致情感、认知和行为方面的功能失调”。①

心理危机有一些常见状态，其中最为典型的是创伤后应激障碍，以此为例，可对心理危机定义做以下理解。

创伤后应激障碍是一种已构成焦虑性障碍的危机形态。在《美国精神疾病诊断分类手册》的诊断标准中，包含这样一些要素：第一，个体必须经历创伤事件，这些事件是紧急的或威胁生命的，或对自己和他人的身心健康有危险的，如躯体或性虐待、严重的车祸、被拘禁、自然灾害、危及生命的疾病等。第二，个体面临这些事件产生紧张、惊恐、无助，逐渐或很快就丧失了个人应付能力，出现了在创伤事件之前没有的、长期不断的焦虑性障碍症状，如强迫性地重复与创伤有关的情绪体验，类似事件的条件反射，或极力回避可能引起创伤回忆的人和事，兴趣缺乏并伴有孤独、抑郁，或长期处在高度警觉、戒备状态等。第三，这些症状导致明显的临床痛苦或在社会、职业以及其他生活领域的功能受损。

① ［美］B. E. Gilliland & R. K. James 著，肖水源等译：《危机干预策略》，中国轻工业出版社 2000 年版，第 4 页。

（二）心理危机的表现形态（状态）

对于心理危机，人们往往是从以下的表现形态来感觉它的：创伤后应激障碍（PTSD）；自杀；暴力（包括性暴力、家庭暴力等）；物质滥用（或称药物成瘾、药物依赖）；丧失亲人（包括分居、离婚和疾病等）；公共机构中的暴力（如恐怖与人质事件）等。①

由此可见，心理危机是因为有危险事件的客观存在。紧张性生活事件（包括应激、应激源、应激体验和应激反应等概念）在这里用心理危机、危险等词来替代，表明了这类事件对个体的紧急性和严重性。

心理危机是一种主观状态：其一，个体在认为某一事件威胁到自己需要的满足和有意义的存在，产生紧张反应时，才会进入危机状态；其二，个体面临危机无法应对时，出现心理危机，即心理失衡状态，乃至心理障碍；其三，心理危机得不到缓解，表现于外，便是行为功能的失调，即危机行为，导致危害性结果。

心理危机是一个过程，从个体感觉到危险事件的存在，引起紧张反应，无法应对而导致功能失调，时间或长或短，但都有一个发生、发展的过程。

心理危机并不必然导致心理和行为功能的失衡或失调，如果个体能够依靠自己的力量或在他人的帮助下战胜危机，就有可能预防或解除危机，避免危机行为的产生，或在危机行为出现时及时制止。

事实上，在一个人的生活经历中总会在某个时候遭遇这样那样的生活事件乃至具有危险性的事件，问题在于如何认识这些事件以及如何认识由此产生的紧张反应，能否调动自己的资源或在他人的帮助下依靠自己的力量来积极地应对眼前的困难，战而胜之。如果答案是积极的或肯定的话，心理危机也许就是个人成熟、成长或发展的契机。因此，吉利克和詹姆斯在《危机干预策略》一书的封面用汉字写下了“危机”两字，并且在前言中指出：“本书封面刻印的两个汉字既意味着‘危险’，又意味着‘机会’。这就是危机——所有文化中都常见的人类困难的基本涵义。”②

二、心理危机干预

心理危机干预，是指“对处在心理危机状态下的个人及其家庭应采取的明确有效的措施。使之能最终战胜危机的逆境，重新建立人际关系和适应社会生活”③。因此可以看出，心理危机干预是对处于危机状态中的个体提供帮助，使其从心理危机中解脱出来，缓解心理冲突、恢复心理平衡，避免心理危机行为产生、发展或恶化的一种过程与方法。

---

① ［美］B. E. Gilliland & R. K. James 著，肖水源等译：《危机干预策略》，中国轻工业出版社 2000 年版。依据书中介绍的危机表现形态归纳整理。

② ［美］B. E. Gilliland & R. K. James 著，肖水源等译：《危机干预策略》，中国轻工业出版社 2000 年版，（前言）第 7 页。

③ 朱智贤主编：《心理学大词典》，北京师范大学出版社 1989 年版，第 698 页。

从以上分析可以看到，个体对心理危机作出的反应有三个方向或三种结果：第一种是在理想的情况下，个体能够自己或在他人帮助下有效地应对心理危机，心理危机过后，他们产生了积极的变化；第二种情况是个体在他人的帮助下似乎度过了心理危机，但只是将开始的心理危机事件压抑在意识之外，问题并没有真正解决，在以后的生活中出现了长期的适应不良或其他慢性症状，心理危机的不良后果还会表现出来（吉利克和詹姆斯将此称为危机转移状态）；第三种情况是个体在心理危机发生后心理就崩溃了，如果不提供立即的、强有力的帮助，他们就不可能再向前走一步。除非个体能够自己解决心理危机，否则都需要提供帮助，即实施心理危机干预。

三、社区矫正对象心理危机干预

（一）社区矫正对象心理危机干预的概念

社区矫正对象心理危机干预是指对处在心理危机状态中的社区矫正对象，由专业的人员运用专业的理论和技术，寻求引起心理危机的本原性问题，有针对性地实施干预，使社区矫正对象从心理危机中解脱出来的一种有效服务方法。

社区矫正对象心理危机干预的作用表现在两个方面：第一，心理危机解除，即缓解社区矫正对象心理危机，制止危机行为的产生、发展或恶化；第二，心理危机转化，即在社区矫正对象从心理危机状态中稳定下来以后对其实施后继干预，使社区矫正对象心理由消极转向积极，获得良性发展。

从整个过程来看，干预是通过改变社区矫正对象的认知、调节社区矫正对象的情绪和调整社区矫正对象的行为来实现的。因此，实际上社区矫正对象心理危机干预也就是在特定的情境中，针对社区矫正对象心理及行为状态特征实施矫正的特殊措施。心理危机干预的作用，还将延续在此后的社区矫正活动中。

（二）社区矫正对象心理危机状态的表现

社区矫正对象中常见的心理危机状态有：自害行为（包括自杀、自残、自伤）；脱逃；愤怒（包括凶杀、伤害、殴打、纵火、劫持人质、破坏等）；焦虑；哀痛（包括亲人丧失/死亡、疾病、离婚和拒绝交往等）。

社区矫正对象自杀、脱逃以及严重暴力事件在我国社区矫正工作中属于“严防死守”的一类事件，是社区矫正安全工作的重中之重。与一般心理危机干预工作所强调的不同，社区矫正工作的心理危机干预是对处于心理危机状态中的社区矫正对象“提供帮助”，以恢复或维持社区矫正对象的“安全”，并由此保障社区矫正工作和社会秩序的安全。从心理危机干预的这一性质出发，社区矫正对象的焦虑和哀痛等危机状态也理所当然地成为恢复或维持社区矫正对象“安全”所要解决的重要方面，因为这些状态不仅对个体身心有极大的伤害，而且也成为自杀、愤怒等破坏性行为的促成因素，更为严重的是转移为危害社会安全的犯因性问题，对社会产生危害后果。

社区矫正对象心理危机是社区矫正中的危机行为。对于社区矫正对象来说，高频度的生活事件来源于社区或社会，高强度的生活事件来源于家庭。这些因素在实际中往往是综合性地起作用的。

有时候，当一个高强度的刺激促使社区矫正对象进入心理危机状态乃至产生危机行为，社区矫正工作者能比较清楚地看到这一行为的原因。但有时候，社区矫正工作者难以明白究竟是什么因素导致社区矫正对象自杀或产生其他危险性的不当行为，因为没有一个显见的、突发性的和高强度的刺激存在。事实如此的话，那就是在社区矫正对象的日常生活中很可能有一些高频度的负性刺激存在，心理危机是这些负性刺激日积月累的结果。

心理危机的产生又具有内源性，即与社区矫正对象的主观状态有关，或由于长期忧郁、焦虑、哀痛及适应不良而导致心理严重失衡，或由于突发性的心理冲突而导致精神崩溃。社区矫正对象的认知在其中起着很大的作用，如非理性的思维与自我否定等。

（三）心理危机干预模式

针对心理危机的三种情况，贝尔金等提出以下三种基本的心理危机干预模式，即平衡模式、认知模式、心理社会转变模式。① 这三种模式为许多不同的心理危机干预策略和方法提供了基础。在实际中，更多的是根据需要，将各种理论和方法很好地结合在一起，选择合适的方式。

1. 平衡模式

平衡模式也称为失衡模式。心理危机中的个体通常处于一种心理或情绪的失衡状态，在这种状态下，原有的应付机制和解决问题的方法不能满足个体的需要。平衡模式的目的在于帮助每个个体重新获得危机前的平衡状态。平衡模式最适合于早期干预，这时个体失去了对自己的控制，分不清解决问题的方向，更不能作出适当的选择。因此，干预者的主要精力应集中在稳定个体心理和情绪方面。在个体重新达到了某种程度的稳定之前，不能采取也不应采取其他措施。例如，对处在自杀危机中的个体，最重要的是使其放弃自杀念头，稳定情绪。马上追究自杀原因则没有多少好处。平衡模式也被视为一种短期的心理治疗或即时行为干预模式，一般被应用于危机的起始期。

2. 认知模式

心理危机干预的认知模式认为，在现实情况中，有些人总是给予自己否定和扭曲的信息，尤其在陷入两难处境时，个体对境遇的自我感知越来越朝消极的方向发展，一直到他们再也不相信在自己的境遇中有积极的成分。因此，心理危机往往源于对事件和围绕事件的境遇的错误思维，而不是事件本身或与事件和境遇有关的事实。该模式的基本原则是：通过改变思维方式，认识其认知中的非理性和自我否定部分，强化思维中的理性和自强的成分，使个体能够获得对自己生活中心理危机的控制。认知模式最适合于从心理危机中稳定下来并回到了接近心理危机前平衡状态的求助者。艾利斯等认知改变的治疗观点和方法对这种模式有很大的影响。

① ［美］B. E. Gilliland & R. K. James 著，肖水源等译：《危机干预策略》，中国轻工业出版社 2000 年版，第 25~28 页。

3. 心理社会转变模式

心理社会转变模式认为危机与心理、社会或环境等内部和外部的困难有关，“除非影响个体的社会系统也发生改变，或个体与系统适应，或个体懂得这些系统的发展变化规律及它们如何影响个体对危机的适应，否则难以获得持续性的解决”。① 因此心理危机干预的目的在于与求助者合作，以测定与心理危机有关的内部和外部困难，帮助个体选择替代他们现有行为、态度和使用环境资源的方法。结合适当的内部应付方式、社会支持和环境资源以帮助个体获得对自己生活（非危机的）的自主控制。与认知模式相类似，这种模式最适合于已经稳定下来的求助者。

四、心理危机干预与心理矫治

社区矫正对象心理危机干预与心理矫治的其他手段相比，其特殊性主要在于它首先考虑的是对处于心理危机状态中的社区矫正对象进行紧急调停，帮助社区矫正对象避免心理崩溃或从心理崩溃中迅速恢复过来，阻止危机行为的产生或减轻危机行为的后果。往往这是一个短暂的甚至是刻不容缓的过程，需要社区矫正工作者迅速地确定危机的性质，采用简便的行之有效的方法控制和改变社区矫正对象的行为，缓解和消除当前的危机状态。

如果说心理危机干预与心理矫治的其他手段有什么联系的话，那就是在社区矫正对象心理危机处于萌芽状态时，或正在发生、发展过程中，以及在社区矫正对象稳定下来以后，应及时地予以心理辅导，并积极地创造条件实施心理咨询和治疗。也就是说，在心理危机的紧急状态下，心理矫治要服从危机行为的干预需要；而在此之前或之后，心理矫治可以根据需要成为干预的主导。在这一点上，也可以看到社区矫正对象心理危机干预与社会上一般心理危机干预的一个很大的不同点，即社区矫正对象心理危机干预不只是在社区矫正对象求助时或在发现社区矫正对象处在心理危机状态时才开始的，也不是在心理危机消除后就告终的。社区矫正对象一直处在社区矫正机构的控制之中，处在社区矫正工作者的关注和矫正教育过程之中，可以凭借在这之前对社区矫正对象的了解和影响实施早期干预与心理矫治，或增强整个干预过程的有效性，并在危机解除后实施后继干预，将干预贯穿于整个社区矫正过程。

第二节　社区矫正对象心理危机干预的目标、步骤和形式

一、社区矫正对象心理危机干预的原则

社区矫正对象心理危机干预的主要目的，一是避免自伤或伤及他人；二是恢复心理平衡与动力。有效的心理危机干预就是帮助社区矫正对象获得生理、心理上的安全感，缓解

① ［美］B. E. Gilliland & R. K. James 著，肖水源等译：《危机干预策略》，中国轻工业出版社 2000 年版，第 27~28 页。

乃至稳定由心理危机引发的强烈的恐惧、震惊或悲伤的情绪，恢复心理的平衡状态，对自己的生活有所调整，并学习到应对心理危机有效的策略与健康的行为，增进心理健康。因此，对社区矫正对象心理危机干预必须坚持以下原则：

（一）问题导向原则

心理危机的产生，是由一定的问题引发的，要解决社区矫正对象的心理危机，必须从产生心理危机问题的根源着手，这就要求首先要确定干预的问题是什么。在这里，问题导向中的“问题”，就是紧紧抓住导致心理危机产生的本源，及时引导社区矫正对象接受有效的帮助，使他们的痛苦体验得到宣泄，从而具备摆脱心理危机的良好条件。所以说，坚持问题导向原则，是解决心理危机的着力点，以确定问题为先导，是心理危机干预的最基本的原则。

（二）合理建议原则

心理危机干预属于心理矫治活动，因此，是一种帮助和顾问行为。在实务工作中，切忌社区矫正工作者利用身份地位，对产生心理危机的社区矫正对象进行强制性要求。社区矫正工作者应以平等的态度，依据产生心理危机的本源性因素，对社区矫正对象提出善意的专业性的建议，提供建设性的指导意见，启发诱导社区矫正对象作出理性的选择，帮助社区矫正对象有所作为地对待心理危机事件，主动采取合适的、行之有效的应对行为。

（三）适度干预原则

心理危机干预要坚持助人自助。“助人自助”的根本在于先“助人”，通过“助人”，使社区矫正对象从中受到启发，领悟其中的道理，最终自我“救助”，自我成长，化解危机。这就要求社区矫正工作者不能对社区矫正对象产生危机的问题大包大揽，而是针对问题向社区矫正对象提供必要的信息和指导性意见，共同分析危机事件的成因，合理地安排处置计划。在充分尊重社区矫正对象自主抉择的前提下对心理危机进行有效但又合理谨慎的干预，即正当干预和谨慎干预，也就是说，只介入引起心理危机的问题领域，不过多过深介入社区矫正对象的私人领域，不对社区矫正对象的其他问题过多评价或进行价值判断。

（四）自我归责原则

在心理危机的干预过程中，涉及对问题产生原因的分析，探讨产生问题的责任归属，要求社区矫正工作者要注重引导社区矫正对象自我归责，强调自身的问题根源，一定不能怂恿社区矫正对象将心理危机发生的原因归咎于他人，如果这样，社区矫正对象会采取消极和回避的方式，甚至伤及他人。自我归责才能抓住实质性问题，促进社区矫正对象正视问题，增加解决问题的勇气，化解心理危机。

二、社区矫正对象心理危机干预的目标

（一）认知、情绪和行为的目标

心理危机干预首先针对社区矫正对象的危机行为。为避免或减轻行为后果，在紧急状况下可以采取外力强制干预的方式。但心理危机干预在本质上是一种通过缓解行为人的心理而使其从危机中解脱出来的措施。行为由认知所支配，受情绪所影响。因此在心理危机产生时，应以行为干预为首要目标，对引起这一行为的认知或情绪问题施加影响。在社区矫正对象稳定之后，则将干预的主要目标转向认知、情绪和行为的整体。

（二）基本和扩展的目标

心理危机干预的基本目标指向个体的心理危机状态，指向作为这一状态表现形式的行为人的认知、情绪和行为（包括危机行为和心理危机）。而认知、情绪和行为具有连续性，即心理危机状态中的认知、情绪和行为与心理危机状态前的认知、情绪与行为有着密切的联系。因此在心理危机干预的过程中，在心理危机得以缓解或解除以后，应及时地将干预的目标扩展到社区矫正对象的整个心理面貌，由此及彼、由表及里，增强干预的效果，促进社区矫正对象的矫正教育。

心理危机干预的扩展目标还包括影响社区矫正对象心理危机状态的个体外因素，即社会环境因素。吉利克和詹姆斯指出“危机的症状就像一张网，个体环境的所有方面都相互交叉在一起。一旦危机出现，就会有很多复杂的问题需要危机干预工作者进行直接的干预”。① 扩展目标可分为社区矫正机构、家庭与社会三个方面。其中有的构成了心理危机的刺激源，有的则起着间接的作用，应区别对待。

（三）即时、短时和长时目标

心理危机干预应区分轻重缓急。即时的或首要的目标是调停、制止危机行为；短时的或基本的目标是解除整个心理危机状态（包括心理危机和危机行为解除），使个体的认知、情绪和行为恢复到心理危机前的原有功能；长时目标则是心理危机解除后与整个矫治过程的衔接和发展。关系到心理危机解除的紧张性生活事件，应列入即时或短时的干预目标，否则，其他相关的社会环境因素则应在以后考虑。

三、社区矫正对象心理危机干预的步骤

心理危机干预的具体实施，在不同的干预者之间或因被干预者情况的不同而有很大的

① ［美］B. E. Gilliland & R. K. James 著，肖水源等译：《危机干预策略》，中国轻工业出版社 2000 年版，第 4 页。

差异，但仍有规律可循。心理危机干预的六步法已被专业工作者广泛采纳。前三步分别为：（1）确定问题；（2）保证安全；（3）给予支持，主要是倾听而非采取行动。后三步为：（4）提出并验证可变通的应对方式；（5）制订计划；（6）得到承诺，采用积极的应对方式。①

（一）确定问题

心理危机干预的第一步，是从社区矫正对象的角度确定和理解社区矫正对象本人所认识的问题。在整个心理危机干预的过程中，社区矫正工作者使用积极倾听、开放式提问、同情、理解、真诚、接纳以及尊重等方式探索和确定问题。这是心理危机干预的前提和基础。社区矫正工作者在干预的初期，必须全面了解和评价社区矫正对象有关遭遇的诱因或事件，以及寻求心理帮助的动机，同时建立起良好的信任关系，取得社区矫正对象的信任。

（二）保证安全

在心理危机干预过程中，社区矫正工作者将保证社区矫正对象安全作为首要目标。这里所讲的社区矫正对象安全，指确定社区矫正对象是否有自杀、他杀或其他威胁或伤人的危险性并将它降低到最小可能。虽然将社区矫正对象安全放在第二步，但在整个心理危机干预过程中都应该将这一点作为首要的因素考虑。基本原则是“一旦怀疑社区矫正对象不安全，立即予以帮助”。比如发现社区矫正对象有躯体伤害的倾向，应提一些直接用“是”或“否”来回答的问题。提问不要犹豫，但要予以同情、理解，明确表示社区矫正工作者非常关心和愿意帮助他。

（三）给予支持

这一步的重点是与社区矫正对象沟通与交流。通过与社区矫正对象沟通和交流，建立和保持双方的良好沟通和相互信任，有利于社区矫正对象恢复自信和减少对生活的绝望，有助于保持心理稳定和有条不紊的生活，以及有利于人际关系的改善。通过社区矫正工作者自己的语言和行为，使社区矫正对象知道社区矫正工作者是能够给予关心和帮助的人。社区矫正工作者不要去评价社区矫正对象的经历与感受是否值得称赞，或是否是心甘情愿，而是应该提供这样一个机会，让社区矫正对象相信“这里有一个人确实很关心你”。为此，社区矫正工作者必须无条件地以积极的方式接纳所有的社区矫正对象。能够在危机中真正给社区矫正对象以支持的社区矫正工作者，就能够接纳和肯定那些无人愿意接纳的人，表扬那些无人会表扬的人。这对身处心理危机而又无望的社区矫正对象来说是非常重要的。

---

① ［美］B. E. Gilliland & R. K. James 著，肖水源等译：《危机干预策略》，中国轻工业出版社 2000 年版，第 37 页。

（四）提出并验证可变通的应对方式

多数情况下，心理危机中的社区矫正对象不能恰当地判断什么是最佳的选择，有些人甚至认为无路可走了。因此在这一步中，社区矫正工作者有效的帮助能使社区矫正对象认识到，有许多可变通的应对方式可供选择，其中有些选择比别的选择更为适宜。应该让社区矫正对象从多种不同途径思考变通的方式，主要有：一是积极地搜索可以获得的环境支持，这是社区矫正工作者提供帮助的最佳资源，要让社区矫正对象知道有哪些人关心他；二是可资利用的应对方式，即让社区矫正对象可以用来战胜目前危机的行动、行为或环境资源；三是发掘积极的思维方式，可用来改变社区矫正对象自己对问题的看法并减轻应激与焦虑水平。如果能从这三方面客观地评价各种可变通的应对方式，就能够给感到绝望和走投无路的社区矫正对象以极大的支持。当然，最好的变通方式是帮助社区矫正对象找到合适的方法，而不宜将自己认为合适的选择强加给社区矫正对象。

（五）制订计划

这是从第四步发展而来的。社区矫正工作者与社区矫正对象共同制订行动步骤来解决其情绪失衡状态。内容包括：确定有另外的个人、团体和机构能够提供及时的支持；提供社区矫正对象现在能够采用的、积极的应对机制，确定社区矫正对象能够理解和把握的行动步骤，而且让社区矫正对象感到没有剥夺他们的独立性和自尊心。这一点非常重要，能够在社区矫正对象的心理上建立一条信念："我是有能力的，这是恢复自制能力的表现，这没有剥夺我的权利和自尊。"从而推动社区矫正对象的心理发展。

（六）得到承诺

心理危机干预的一个重要方面是要得到社区矫正对象履行计划的承诺。社区矫正工作者应该要求社区矫正对象口述要采取的步骤，以了解社区矫正对象对计划的认识和保证，并且可以澄清一些误解，为今后的督察做准备。承诺可以激发社区矫正对象积极应对的动机，同时鼓励和促进社区矫正对象相信行动步骤会行之有效的。如果不能得到社区矫正对象积极的承诺，那么再好的计划也会失败。

有经验的社区矫正工作者能够估计社区矫正对象会付诸多少行动，一般鼓励其尽可能地做到。如果社区矫正对象不能保证他们能做什么，则社区矫正工作者要接受他们哪怕是一小步的努力。

四、社区矫正对象心理危机干预的形式

在社会危机事件的危机干预中，强调危机干预者对危机进行干预的技巧，具体包括：（1）及时给予精神支持，承认和肯定危机者有能力应付危机；（2）必要措施的情绪宣泄；（3）在完全了解精神负担之后，给予希望和传递乐观精神；（4）在干预过程中，始终采取接受、理解、宽容的态度；（5）有选择地听取和反应；（6）尊重和理解危机者的情感；

(7) 劝告并提出建议。这些危机干预的技巧，同样适用于对社区矫正对象心理危机的干预，可以有效地运用于心理危机干预的不同形式之中。

(一) 电话心理危机干预

运用社区矫正热线电话实施心理危机干预，比较方便、及时，且经济、保密性强。社区矫正工作者应迅速地从音调、语气及简洁应答中了解社区矫正对象所处的境遇和情绪危机，基本策略是先稳定对方的情绪，再听其倾诉，晓之以理。

社区矫正工作者首先要以同情、平稳的态度来接纳社区矫正对象，与社区矫正对象建立心理上的接触与沟通，避免社区矫正对象挂断电话。要假设社区矫正对象是抱最后一线希望而寻求支持的，社区矫正工作者必须在最短的时间内了解情况，作出分析与判断，并给予解决问题的知识，给社区矫正对象以信赖感。说话声音必须平缓、稳重、温和，不要有高声调，所讲的内容不要有不赞成、冷嘲热讽或欺骗的成分。

(二) 面谈心理危机干预

面谈心理危机干预的基本方法为倾听、评估及干预技巧。

1. 倾听

准确和良好的倾听技术是心理危机干预所必需的，实际上有时仅仅靠倾听就可帮助社区矫正对象解决问题。社区矫正工作者应做到以下几个方面：(1) 全部的精力集中于社区矫正对象；(2) 领会社区矫正对象言语和非言语的交流内容；(3) 发现社区矫正对象准备与别人，特别是社区矫正工作者进行情感接触的状态；(4) 通过言语和非言语的方式建立信任关系，使社区矫正对象相信心理危机干预的过程。

2. 评估

从问题发生到解决，心理危机症状评估是中心，贯穿于整个过程。心理危机反应主要表现在生理上、情绪上、认知上和行为上，评估应从这几方面着手：

(1) 情绪反应：社区矫正对象常出现害怕、焦虑、恐惧、怀疑、不信任、沮丧、忧郁、悲伤、易怒、绝望、无助、麻木、否认、孤独、紧张、不安、愤怒、烦躁、自责、过分敏感、警觉、丧失感、空虚感，可伴发罪恶、烦恼、羞惭等。

(2) 认知反应：注意力集中于急性悲痛之中，导致知觉和记忆的改变，难以区分事物的异同，思维混乱、效能降低，解决问题的能力受到影响，不能把思想从危机事件上转移等。此种状态与精神疾病不同，因为一旦危机解决即可恢复正常。

(3) 行为反应：社区矫正对象不能完成生产劳动任务，不能专心学习；社交退缩、不与人交往，或采取不寻常努力以使自己不孤单；与他人关系紧张或疏远，容易自责或怪罪他人、不易信任他人；拒绝他人帮助；行为和思维、情感不相一致。

(4) 生理方面：食欲下降、头痛、疲乏、失眠、做噩梦、容易惊吓、感觉呼吸困难或窒息、哽塞感、肌肉紧张等。

3. 干预技巧

干预技巧包括非指导性技巧、合作性技巧和指导性技巧。非指导性技巧适用于不十分严重的心理危机情况。如果社区矫正对象能够认识到问题并可以自己应对，就应该采取非指导性方式。社区矫正工作者围绕社区矫正对象的内心世界，确定其能力、精力、能动性，以及作出合理选择的自主性，帮助其现实地积极地面对未来。社区矫正工作者不要说教，不要支配和操纵，也不许诺和保证。社区矫正工作者起着支持的作用，鼓励和帮助社区矫正对象树立起信心，使其认识到自己的内在潜能，认识到可以靠自己的能力和应付机制很好地处理和解决问题，只是目前暂时做不到而已。

合作性技巧是社区矫正工作者以平等的身份与社区矫正对象共同评估问题，选择社区矫正对象能够接受的解决问题的方式并采取切实可行的行动步骤。一般来说，适合这一方法的社区矫正对象比具备能动性的社区矫正对象心理危机程度要严重一些，但他完全可以通过合作来确定诱因，进行切合实际的选择，制订行动计划，并保证实施。社区矫正工作者此时起着会诊、参谋、催化和支持的作用。

指导性技巧适用于缺乏能动性，不能自我应对目前心理危机的社区矫正对象。社区矫正工作者确定问题、选择方法、制订计划，作为指导者、引导者和督促者让社区矫正对象付诸行动。

（三）社会支持系统的心理危机干预

社区矫正工作是依靠广泛的社会力量参与而开展的，社会支持系统是社区矫正对象心理危机干预的主导力量。当社区矫正对象出现严重的心理挫折，或者进入心理应激状态时，社区矫正机构和社区矫正工作者主要依赖社会支持系统的专业技能实施干预活动。社会专业机构和专业人员不仅具有专业的技术和技能，而且更易于与社区矫正对象平等交流，取得社区矫正对象的信任，从而最大限度地减轻或者化解社区矫正对象的心理危机。

第三节 社区矫正对象具体危机干预技术

一、社区矫正对象自杀的干预技术

（一）关于自杀

自杀是一种有意毁灭自己生命的行为。社区矫正对象自杀的原因是错综复杂的，在一定历史时期内，主导社区矫正对象自杀的因素是相对稳定的，所以，社区矫正对象自杀是有规律可循的。社区矫正对象是社会生活中的一个特殊群体，从一定意义上，他们所处的环境是被社会公众边缘化的。在这种状态下，由于生活的枯燥乏味和压力的增大，导致社区矫正对象的敌对攻击情绪和攻击行为增强，但社区矫正对象的法定地位使之对外的攻击受到了遏制，为了发泄消极情感，随之就增强了对自己的攻击性，社区矫正对象产生抑郁、绝望等不良情绪和心理危机不能得到及时恰当的干预，就会使社区矫正对象从内心深处体验到很强烈的无助和绝望。因此，在社区矫正中，自杀是社区矫正对象内向攻击机制的一种现象。

如何认识和看待社区矫正对象自杀，这是解决社区矫正对象自杀问题的基本理念依据。理念直接影响着社区矫正对象自杀问题的解决方式和方法。目前，对于这一问题学界争议颇大。从世界范围内看，一些大家学者也曾对自杀问题进行过诸多研究，比如，19世纪末，法国著名社会学家迪尔凯姆根据社会和个人的关系强弱，把自杀行为划分为四种类型：一是利他性自杀。这类自杀是指在社会习俗或群体压力下的自杀，通过自杀行为去实现某种人生的价值。二是自我性自杀。这类自杀是指有些人与所处的社会完全失去关联和感情，生无可恋，最终厌世自杀。三是失调性自杀。这类自杀多发生于原有对个人具有重大意义的关系被破坏的时候，个人就可能因为受到巨大的刺激而失控自杀。四是宿命论自杀。这类自杀是个人因为某些原因丧失了自由或对自身的控制能力，完全受外界指挥，因而感到命运根本不是自己可以掌握的，自觉人生无望而自杀。[①] 这是国外最著名的对于自杀的分类和基本观点，对于我们充分认识社区矫正对象的自杀具有一定的借鉴意义。但是，由于社区矫正对象自身的身份属性、法律地位和所处的社区矫正环境等因素，决定了其自杀原因的特殊性和复杂性。因此，针对社区矫正对象的自杀，也出现了诸多不同的观点：一是自杀疾病说。“自杀是一种疾病”，这是何兆雄先生提出的一种观点。孙平教授认为，何兆雄先生的“自杀是一种疾病”的观点是可以接受的。“如果将自杀当作一种疾病来看待，那就要从生理疾病和心理疾病两个角度来看待自杀的问题。过去人们只是认为自杀是心理疾病，自杀的人存在严重的心理障碍，许多人有精神方面的疾患，现在看来，这种观点过于片面了。”[②] 二是自杀传统说。孙平教授认为“实际上存在一种崇尚自杀的文化传统”。[③] 这一观点是孙平教授对自杀亚文化研究的结果，是值得人们关注的，因为文化传统是长期形成的人们共同遵守的行为习惯和规则，是一代又一代相互传承和潜移默化于人们内心的支配力量和精神依托。三是自杀逃避说。从社会学层面来看，这一学说具有一定的合理性，和迪尔凯姆的宿命论自杀具有高度一致性。从对自杀的统计情况和原因分析来看，为了逃避自身所处的困境而自杀的人占有相当大的比例。四是“贱视生命”说。孙平教授从生命的价值追求层面提出了自杀是“贱视生命”的观点，认为社区矫正对象对生命价值的理解相对单一，因此，“‘贱视生命’是犯人的一种普遍的价值观”。应该说，这一观点是对社区矫正对象自身生命价值取向的真实写照，也是部分社区矫正对象自杀的原因所在。五是自杀权利说。从个人权利的法律规定层面来看，“法无禁止即自由”，因此，有人认为，自杀是人所拥有的一项权利，生死是自己主观意志选择的结果。

---

① 连春亮、李玉成、殷尧：《罪犯矫正形态论》，群众出版社 2013 年版，第 196~197 页。

② 孙平：《监狱亚文化》，社会科学文献出版社 2013 年版，第 170 页。

③ 孙平：《监狱亚文化》，社会科学文献出版社 2013 年版，第 147 页。

（二）社区矫正对象自杀干预的理论分析

1. 社区矫正对象自杀的心理机制和心理过程

求生存是一切生命物体共同的本能特征。人类在社会发展过程中用智能克服了自身的弱点，使生存的本能发展为求生的欲望。在正常的社会环境状态下，人类正常的生理和心理需求是求生的欲望而不是求死的欲望，即便是自我完全不能适应社会环境、自然环境，或者心理发生异常，产生强烈的绝望情绪，其求死欲望也比求生欲望微弱得多。那么，社区矫正对象为什么会发生自杀现象呢？从理论上来说，包括以下两种：一是心理动因论，以弗洛伊德为代表。这一理论认为，自杀是一个人经历强大心理刺激时激发的内部矛盾冲突，和斗争直接相关。在特定情景条件下，这种刺激可使一个人倒退到更为原始的自我状态，甚至自我防御机制逆向发展，对来自他人或社会的敌意、侵袭、伤害等进行抑制，致使自我攻击机制向内投射，内化为自杀心理，促使了自杀行为的发生。二是社会学理论，以迪尔凯姆为代表。这一理论认为，决定个体产生自杀行为的决定因素是社会压力和影响，并将自杀分为四种类型：利己性自杀、失范性自杀、宿命性自杀和利他性自杀。利己性自杀是个体缺乏与群体的整合有关；失范性自杀是由社会规范的一种感知上的瓦解或真正意义上的瓦解所导致的；利他性自杀是与一种感知的或真正的社会凝聚力有关；宿命性自杀起因于社会对某一部分人的过度压抑与管制，个人失去了生活的希望。

现代科学家们通过大量的研究发现，“在自杀者的大脑里有一种新的异常物质，这一发现会导致更好地识别和医治有自杀倾向的人”。① 来自纽约大学和以色列魏茨曼科学研究所的研究人员，把12名非服毒自杀者的脑化学物质同12个因其他原因而死的人的脑化学物质进行了比较。研究人员发现，自杀者的脑细胞，含有一种叫作类鸦片素受体的蛋白质，其数量比其他死者脑细胞中这种物质的数目多1~8倍，差别最大的地方是同感觉和运动功能有关的某些大脑区。纽约大学神经生物学家比冈说：“我们大概可以找到一批新的对这种受体起作用的药物，以帮助医治沮丧情绪和预防自杀。”②

社区矫正对象自杀是其个体用残忍的方法毁灭自己肉体存在的行为。社区矫正对象自杀的心理机制和普通人自杀的心理机制相比，既有共同点，也有自身的特性。其不同之处有：

（1）外围社会环境不同。普通人所处的是自由自在的外在社会，具有法律所赋予的各项权利；而社区矫正对象所处的则是社区矫正环境，是国家行使刑事执行权的限制自由的场所。由于外围空间的差别，导致心理体验不同。

（2）生活环境和生活方式及生活内容不同。社区矫正对象的生活环境是社区矫正机构事先设定好的，很多内容是相对固定的，社区矫正对象个体主观选择性有限，只有被动地适应。

（3）法律地位不同。社区矫正对象是被刑罚惩罚的对象，在社区矫正中要接受强制性监督管理、矫正教育，行为举止受到法定限制，具有法律规定的规范性。

（4）对挫折的体验形式不同。普通人的主观挫折感一般比客观挫折感强烈，因此，普

① 《参考消息》1990年11月23日，第3版。

② 《参考消息》1990年11月23日，第3版。

通人自杀，往往是感到自己社会适应能力低，无法与社会进行竞争，社会环境不适合自己生存，无法达到自我实现的理想目标，因而感到生不如死，采取自我毁灭的方法进行自我攻击，以逃避社会现实。而社区矫正对象自杀，则是客观挫折感占主导地位，社区矫正对象往往认为，不是自己能力低，不适应社会的需求，而是由于自己生不逢时，命运不好，使自己不能得到充分的发挥，把自己的挫折和自己的欲求不能实现的原因归结为社会和法律的惩罚，主观上产生自卑、怨恨、报复、仇恨等强烈的情绪体验。

从社区矫正对象自杀的情绪过程来看，社区矫正对象的消极情感，在各种因素的复合刺激下，经过主体的反复体验，使消极情感不断得到强化，促使人的本能的防御机制寻找一个释放能量方式，以求得心理上的平衡。然而，社区矫正对象所处的社区矫正环境和法律地位，使其无法发泄消极情感，只有用自己的意志把消极情感压抑在心中。当压抑到一定临界度时，大脑中的化学物质就会失去平衡，发生情绪障碍，产生极大的压抑痛苦。为了从痛苦中解脱出来，就出现了生与死的选择，在求生与求死的动机斗争和矛盾冲突中，最终社区矫正对象选择了自杀。

2. 社区矫正对象自杀的心理因素

社区矫正对象自杀的心理因素是复杂多样的，每个社区矫正对象自杀都有其自身的原因，但是，归纳起来看，可以将其划分为浅层次的直接因素和深层次的间接因素。浅层次的直接因素是社区矫正对象自杀行为产生的直接刺激因素，它强化了社区矫正对象自杀的决意，使社区矫正对象的内在自杀意识外化为外在行为，它是社区矫正对象个体消极情感长期积累的瞬间爆发。因此，直接因素是社区矫正对象自杀的导火索，其根源在于深层次的间接因素。深层次的间接因素，是指社区矫正对象长期积累起来的并对社区矫正对象自杀起支配或主导作用的动力因素。社区矫正对象的消极情感经过长期的积累，并逐步地加以强化，因无法将其释放，而逐步地压抑下来。压抑时间越久，消极情感的能量积累就越多，自杀意识就越强烈，这就形成了一个完善的自杀心理机制。当社区矫正对象的自杀意识遇到浅层次的直接因素刺激后，自杀意识就转化为自杀决意和自杀行为。因此，社区矫正工作者分析一个社区矫正对象自杀的因素，不能只看到引起社区矫正对象自杀的直接因素，而是重在剖析和把握深藏在社区矫正对象意识领域的或者是信念体系中的深层次的间接因素。

3. 社区矫正对象自杀的人格特征

人格就是一个人的整个精神面貌和适应环境的总体表现。不同的人基于不同的生理基础和不同的外在环境影响，就形成了不同的人格特征。正是由于人格特征的不同，才导致了对外在客观刺激适应能力的差异。对于自杀的社区矫正对象来说，大多数在人格上都是具有倾向性的，这些倾向性表现在以下几个方面：

（1）性格特征。性格是情绪活动的倾向性和行为形式的总和。对社区矫正对象来说，正是由于性格特征的稳固性，才导致了在犯罪性质、作案手段、言谈举止等方面的区别。同时，性格特征还使社区矫正对象在环境适应性、对外界刺激的敏感性上表现出不同的特征，即使同样的环境，同样的外界刺激，由于社区矫正对象的性格不同，产生的后果却相去甚远。有学者研究表明，自杀的社区矫正对象是属于或接近于忧虑型（亦称内倾型）性格的人。由于这种性格的社区矫正对象心理活动比较隐蔽，多愁善感，外表沉静孤僻，少言寡语，一般不与他人交往，考虑问题比较偏执，情感和意志比较脆弱，思想消极，主观能动性差，极少透露自己的真实思想，对外界刺激的承受力极弱，所以，具有这种性格的社区矫正对象一旦心理发展出现障碍，就极易产生自杀行为。

（2）气质特征。所谓气质，就是人的高级活动类型的心理表现，是一个人的心理活动的动力特征和全部心理体现。气质是一个人生来就有的，不同的人所表现出来的气质也具有各自的独特性。有学者研究发现，自杀的社区矫正对象在气质特征上都具有共同的或接近一致的特征。他们大都属于抑郁质的类型，其情感发生慢而脆弱，但自身恶习较深，平时极少流露，在社区矫正中，表现一般化，对狱内的各项活动不是很感兴趣，适应环境的心理素质极差。

（3）能力特征。能力是一个人成功地完成某种活动所必须具备的心理特征。平常人发生自杀行为，往往认为自己能力太低，不能适应客观环境，经过努力奋斗也不能在这个世界上生存下去。而社区矫正对象产生自杀的原因，大多与常人相反，他们往往认为自己的水平高于别人，能力比别人强，之所以不能得到充分发挥，是由于社会太不公平，没有让他发挥才能的机会。因此，他们往往在失落感和挫折感支配下“含恨”而自我毁灭。

4. 社区矫正对象自杀前的行为征象

在矫正社区矫正对象的具体实践中，不难发现只要是真心自杀的社区矫正对象，为了达到自杀的目的，其行为一般都是比较隐蔽的。但是，由于自杀是一个人生与死的抉择，死后不能复生，因此，社区矫正对象在实施自杀行为前，都要经历长时间的动机斗争和矛盾冲突，必然影响其外在行为表现，使其出现反常行为。这种反常行为就是社区矫正对象自杀前的行为征象。

（三）社区矫正对象自杀危机的干预

自杀危机与其他危机的根本性区别在于自杀一旦成功就是终结性的，而且是对生命的终结，其结果无可挽回。因此，在社区矫正对象实施自杀行为前就进行有效干预，其重要性是不言而喻的。

干预的前提是了解和掌握社区矫正对象自杀的影响因素，以及了解和掌握社区矫正对象自杀的心理过程。前者是对社区矫正对象的自杀倾向性作出评估，后者是对社区矫正对象自杀的危险性作出评估。有几种评估的方式：第一种是量表或问卷的方式。可以参考使用 MMPI、EPQ、16PF、投射测验、焦虑量表、攻击性问卷等测量工具。但要注意这些量表不是针对自杀行为的，只是反映了一些相关因素。国外也有一些量表是专门为预测自杀而编制的，如贝克的自杀量表。第二种是在观察、访谈基础上根据经验作出判断。

二、社区矫正对象愤怒的干预技术

（一）社区矫正对象愤怒干预的理论分析

1. 认识愤怒

对社区矫正对象而言，敌意和愤怒是自我矫正的致命弱点。现代医学研究表明，愤怒不仅是强化和诱发心脏病的致病因素，而且是导致其他疾病并发的根源之一。因此，从某种意义上说，发怒是典型的慢性自杀。对社区矫正对象来说，学会抑制愤怒应是适应矫正的当务之急。

有人曾做过这样的实验，疑心和发怒会引起体内肾上腺素和其他的紧张素加速分泌；随着内分泌的变化，其呼吸加快并且粗重起来；心脏跳得更快或更吃力，手足的肌肉就会绷得紧紧的。如果连续出现这种状况，就有可能演变为严重的健康问题。

在对社区矫正对象进行心理矫治过程中，不难发现有些社区矫正对象脾气暴躁，动不动就大发雷霆，有些社区矫正对象则慈眉善目，有一副谦恭待人的好脾气。心理学的研究表明，发怒与“脾气”有关，而脾气则似乎是天生的。心理学把人的气质分为“胆汁质、黏液质、多血质、抑郁质”四种，其中胆汁质的人最大的特点就是爱发脾气，而黏液质的人则较少发脾气。

胆汁质的社区矫正对象容易发怒。这种社区矫正对象的性格外向，容易兴奋，反应速度快，但自控能力差，对外界因素的感受性很低，反应的不随意性很高。

弗洛伊德对易发怒的人有一段奇特的论述。他认为儿童在二到三岁的排便训练期如果受到挫折，就容易产生“肛门期固结”，这样的儿童长大以后可能形成的性格之一是“肛门排泄型性格”。这种人的能量容易向外，可能表现为过分好客，也可能表现为过分好斗和充满攻击性。另一种可能会形成的性格是“肛门滞留型性格”。这种人的能量容易向内，可能表现为过分的固执或压抑。

2. 发怒与教养有关

在文明社会里，发怒是一种不良的情绪反应，也是一种不良的行为表现。所以，社区矫正目标之一就是培养社区矫正对象良好的行为习惯，提高涵养。

3. 怒气的去处

仔细分析不难发现，社区矫正对象的怒气有五个去处：第一个去处是把怒气压在心里，生闷气。这样的社区矫正对象发怒时，怒发冲冠，青筋暴跳，涨红了脸，咬牙切齿，浑身颤抖，直喘粗气，心口发痛，胃部痉挛，甚至昏厥，但没有攻击行为。第二个去处是把怒气发在自己身上，如自己打自己耳光，自己骂自己，甚至选择自杀的方法以作自我惩罚。第三个去处是无意识地报复发泄。第四个去处也是最过激的去处是通常所见的外显地发脾气，大叫、大哭、大闹、大骂、大打，用很强烈的形式把怒气发泄出去。当然，还有一个去处是向其他人或社区矫正工作者倾诉，转移自己的注意力以抵消怒气。

（二）社区矫正对象愤怒的具体干预技术

针对社区矫正对象易怒的毛病，通过下面的八条措施社区矫正工作者可以帮助其完成这一心理、生理转变过程，性格臻于完善。

1. 承认自己的缺陷

让社区矫正对象告诉社区矫正工作者和其他信任的人，承认自己以往爱发火，决心今后加以改进。请求支持、配合和督促，逐步达到制怒目标。

2. 保持清醒头脑

让社区矫正对象愤愤不已的思绪在脑海中翻腾时，要提醒自己，保持理性，才能避免短视，恢复远见。

3. 推己及人

让社区矫正对象把自己摆到别人的位置上，也许就容易理解对方的观点与举动。在大多数场合，一旦将心比心，社区矫正对象的满腔怒气就会烟消云散，至少觉得没有理由迁怒于人。

4. 嘲笑自己

在那种很可能一触即发的危险关头，还可以让社区矫正对象用自嘲的方法，从自己多疑的性情中寻找乐趣。“我怎么了？像个 3 岁小孩，这么小肚鸡肠！”幽默是抖落猜疑的尘埃和卸掉发怒情绪的最好手段。

5. 训练信任

引导社区矫正对象寻找信赖社区矫正工作者的机会。让社区矫正对象认识到事实会证明，不必设法控制任何东西，也会使自己的服刑很顺当，这种认识就是一种意外收获。

6. 反应得体

受到不公正对待时，任何正常的社区矫正对象都会怒火中烧。但要让社区矫正对象明白无论发生了什么事，都不可放肆地大骂，而应该心平气和、不抱成见地让社区矫正工作者或其他人明白，他们的言行错在哪儿，为何错了。这种办法给对方提供了一个机会，在不受伤害的情况下改弦更张。

7. 贵在宽容

帮助社区矫正对象学会宽容，放弃怨恨和惩罚，使社区矫正对象明白并随后发现，愤怒的包袱从双肩卸下来，会帮助自己放弃错误的冲动。

8. 立即从自我做起

在和一些人交流中常常会发现，过去一些脾气不好的人会说：“我过去经常发火。自从得了心脏病，我认识到以前那些激怒的理由，根本不值得大动肝火。”我们可以此告诫社区矫正对象不要等到患上心脏病才想到克服爱发脾气的毛病，从今天开始修身养性。

也有人认为，针对易发怒的社区矫正对象，还可用下列方法指导他们学会制怒：

1. 认识评定法

一个心智健全的社区矫正对象是绝不会无缘无故发怒的，发怒总有原因和针对性。这个原因在易怒社区矫正对象眼中是不可忍受的导火索，但在其他人看来却不必或不屑为之动气。所以，要社区矫正对象学会制怒必须从提高其对外界刺激的耐受力和对外界刺激的客观评价入手。

第一步，让社区矫正对象对以往的行为进行一番回忆评价，看看自己过去发怒是否有道理。经过这样的回忆，社区矫正对象会发现自己有时候是明显的无理取闹。有一个很有趣的故事可以说明问题，一天老板对下属发火，原因是下属工作失误。这位下属不敢对老板生气，回家后便对妻子乱发脾气，妻子没法，只好对儿子发脾气，儿子又对猫发脾气。这一连串发脾气只有开头老板对下属发脾气是有些缘由的，后来的一连串发脾气都是无中生有。如果使社区矫正对象在发怒之前能想一想发怒的对象和理由是否合适、方法是否适当，发怒的次数就会减少 90%。

第二步，低估外因的伤害性。在社区矫正对象矫正中，可以观察到，易上火的社区矫正对象对鸡毛蒜皮的小事都很在意，别人不经意的一句话，也会使他耿耿于怀。过后，他又会把事情尽量往坏处想，结果，越想越气，终至怒气冲天。脾气不好的社区矫正对象喜欢自寻烦恼，没事找事。让这些社区矫正对象制怒的技巧是：当怒火中烧时，立即放松自己，命令自己把激怒的情境“看淡看轻”，避免正面冲突；当怒气稍降时，对刚才的激怒情境进行客观评价，看看自己到底有没有责任，恼怒有没有必要。

2. 能量转移法

怒气似乎是一种能量，如果不加控制，会泛滥成灾；如果稍加控制，破坏性就会大减；如果合理控制，甚至可能有所收益。

日本老板想出奇招，专门开辟一个房间摆上几个以公司老板形象制作的橡皮人，有怒气的职工可随时进去对“橡皮老板”大打一通，发泄过以后，职工的怒气也就消减了大半。如果社区矫正对象生气时，让其出去散散步，或者到心理宣泄室发泄一番，也与这种方法有异曲同工之妙。脾气暴躁的社区矫正对象经常发火已成为一种习惯，所以仅让他自己改正往往并不能持久，社区矫正工作者必须帮其找到一个监督员。一旦露出发怒的迹象，监督员应立即以各种方式加以暗示、阻止。社区矫正工作者可以让社区矫正对象最信得过的其他人来担任监督员。这种方法对下决心制怒但又不能自控的社区矫正对象来说尤为适合。

三、社区矫正对象哀痛的干预技术

（一）社区矫正对象哀痛干预的理论分析

1. 哀痛的概念

哀痛指人对丧失感的反应，比如亲人死亡、离婚、拒绝交往等。当一个人失去他原来所拥有的、所珍惜的人或事物之后，由于这些人或事物都与人有强烈的情感联结，所以失去他们将会令个人难以接受，痛苦万分。相对于难过的情绪，哀痛的情绪强度更强烈也更复杂，常会衍生愤怒、害怕，乃至“痛不欲生”的情绪体验和反应。每个人的哀痛经验都是独特的，对哀痛的反应也因人而异，例如人格特质便与哀痛反应有密切关系，性格内向的人对哀痛反应以逃避居多，而性格外向的人对哀痛的反应则较有攻击性，反应激烈。如不能及时干预，哀痛可能造成危害性结果，比如自杀或产生暴力行为。

2. 哀痛危机的原因

社区矫正对象哀痛的原因，在理论上有以下几种解释：

（1）理论解释。从精神分析学说来看，人的一生受早期经历的影响最大，其中一个重要的因素就是亲情，婚姻则可以视作亲情在成年以后的延续。在需要理论中，亲情是个体生存或发展过程中的一种难以替代的最基本的需求，这种需求的缺失会改变人的性格，影响到人的行为方式。用学习理论来解释，哀痛是一种刺激反应，而如何反应与学习有关。

（2）因素分析。引起哀痛的是明显的较大的丧失，如所爱的人死亡、亲密关系的中断，以及离婚等。由于社区矫正对象因犯罪受到刑事处罚，无形之中会与社会、与家庭产生心理隔阂，这些丧失所引起的情感创伤比一般人更为强烈。一些在社会正常生活中不是很明显的或者较小的丧失，如亲人或本人的伤病（失去健康）、家庭经济或其他方面的利益受到一些损失等，也因为社区矫正对象的法定身份而增强影响。

在所有的丧失中，自己所爱的人死亡是情感刺激与打击最大的事件。其次是家人与社区矫正对象的交往障碍，即使是自己所认可的交往中断或离婚，也会带来挫折、失败和沮丧感。

丧失对人的影响本来就难以消除，可持续多年乃至一生，对社区矫正中的社区矫正对象来说更是如此。早已从哀痛之中解脱出来，可说不定哪一天又会恢复到记忆中，尤其是在遭受某种打击时，或社区矫正对象自己感到无助时，从而引发哀痛，产生危机。此时旁观者往往难以理解。

也不是丧失（明显的较大的丧失）一定引起哀痛，如家庭关系长期冷漠或早已反目成仇等，引起哀痛的概率就很小。

（二）社区矫正对象哀痛危机的干预技术

1. 社区矫正对象哀痛危机的评估技术

哀痛的反应可分为初期、剧烈期以及消退或内隐期。哀痛的初期反应是震惊，还可能麻痹，没感觉，整个人仿佛被掏空了，不知如何反应。脉搏、血压、呼吸及肌肉活动度均增加，伴随有突出的恐惧和无助感。一段时间后会有痛苦感和失落感出现，此时人会变得容易流泪、难过、有罪恶感、生气、易怒、焦虑、寂寞等，还会出现如胃痛、失眠、暴饮暴食或食欲不振等生理症状，注意力也很难集中，这段时期旁人要提供支持和安慰则通常会被拒绝。因为哀痛需要一段时间才能慢慢消退，设法加速此过程反而可能收到反效果，这是剧烈悲痛阶段，也可能是心理危机高峰期。随着时间的推移，社区矫正对象的剧烈反应逐渐下降，此时有两种可能：其一，表示社区矫正对象逐渐接受现实走出危机而进入了消退期；其二，社区矫正对象不能接受现实而将哀痛内隐在心中。必须关注第二种可能，因为长此以往将导致抑郁症，产生新的危机，哀痛症状的诊断主要采用临床观察。社区矫正工作者对抑郁症的了解除临床观察外，可对社区矫正对象使用抑郁自评量表（SDS）进行测评。

2. 社区矫正对象哀痛危机的具体干预技术

社区矫正对象哀痛危机的具体干预，主要步骤和方法是：

（1）确定问题。社区矫正工作者要了解社区矫正对象家庭的重大变故，做好预案。

（2）保证安全。社区矫正对象因丧失而产生哀痛这是正常的，如不哀痛反而不正常。所谓保证安全，是防止其产生过度反应，给自身及社会安全带来不良后果。

（3）给予支持。悲痛需要释放，应提供机会，在合适的时间和地点让其宣泄自己的感情；让其述说心中的感受和对往事的回忆，从中捕捉下一步的干预点；适时地对其表示同情和理解。

（4）提出并验证可变通的方式。采用社区矫正对象可以接受的方法使其从剧烈的哀痛中冷静下来，比如引导其写信、发微信等劝导同样处于哀痛中的家人；在情绪稳定之后，与他商定应对措施和方法。

（5）制订计划。进一步的干预计划应当将社区矫正对象家庭包括在其中，并借此时机通盘考虑心理矫治的内容和方法。应当明白对处在丧失状态中的社区矫正对象进行有效的有针对性的帮助，能够起到比平时此类工作大得多的作用，产生积极的效果。社区矫正对象可以从中感受到社区矫正工作者的良苦用心，更可能由此学会如何懂得和面对生活，产生和增强自己的责任心，从丧失中吸取有意义的东西，重建自我。

（6）得到承诺。包括对家庭的承诺和对自己行为的承诺。